Ommo Grupe (Hrsg.)

Sport und Sportunterricht

Grundlagen für
Studium, Ausbildung und Beruf

Band 1

D1705933

Sport und Sportunterricht

Grundlagen für Studium, Ausbildung und Beruf

**Herausgegeben
von Ommo Grupe**

Band 1

Klaus Heinemann

Einführung in die Soziologie des Sport

 Verlag Karl Hofmann · Schorndorf

CIP-Titelaufnahme der Deutschen Bibliothek

Heinemann, Klaus:
Einführung in die Soziologie des Sports / Klaus Heinemann. – 4., völlig
neu bearb. Aufl. – Schorndorf : Hofmann, 1998
   (Sport und Sportunterricht ; Bd. 1)
   ISBN 3-7780-7714-7

Bestellnummer 7714

Titelfoto: Vom Verfasser

Gesamtherstellung in der Hausdruckerei des Verlags
Printed in Germany · ISBN 3-7780-7714-7

Inhalt

Vorwort zur 4. Auflage

Das 1979 geschriebene Vorwort zur ersten Auflage dieser „Einführung in die Soziologie des Sports" begann mit folgenden Sätzen: „Die Überschriften der sechs Kapitel dieser Einführung sind als Fragen formuliert. Damit kommt zum Ausdruck, daß vieles in der Sportsoziologie noch unerforscht und ungewiß ist und somit ein Fragezeichen verdient. Die schwierige Aufgabe bestand darin, eine Einführung in ein Gebiet zu schreiben, das selbst noch große Forschungslücken aufweist und bislang kaum systematisiert ist, die sich ausreichend durch Erkenntnisse der Soziologie absichert, zugleich aber auch für Nicht-Soziologen verständlich ist."

Innerhalb der letzten 20 Jahre sind viele dieser Forschungslücken gefüllt worden; in der Soziologie des Sports steht nunmehr ein umfangreiches, theoretisch fundiertes und empirisch abgesichertes Wissen bereit. Die Sportsoziologie hat sich damit als eigenständige Disziplin sowohl in der Sportwissenschaft als auch in der Soziologie fest etablieren können.

Daher war eine vollständige Überarbeitung dieser Einführung in die Soziologie des Sports unerläßlich. Alle Kapitel wurden neu geschrieben; neue Kapitel sind hinzugekommen – so die Kapitel über „Macht im Sport", „Technik im Sport", „Sport und Raum", über „soziale Mobilität" und „soziale Integration", über „Mitglieder im Sportverein", über „Austauschbeziehungen zwischen Sport und Gesellschaft" und „Sport in der modernen Gesellschaft"; schließlich erhielt das Buch eine neue Gliederung.

Die schwierige Aufgabe bestand nun nicht mehr darin, Forschungslücken zu füllen oder zu überspringen, sondern Lücken zuzulassen, also aus der Fülle vorliegender sportsoziologischer Erkenntnisse auszuwählen, was mir für eine systematische Einführung in dieses Gebiet besonders wichtig erschien. Der Leser ist also mehr als früher darauf angewiesen, aber auch in der Lage, auf weiterführende Veröffentlichungen zurückzugreifen, wenn er sich mit einzelnen Themen intensiver beschäftigen möchte.

Weitgehend geblieben ist die formale Gestaltung des Textes:
• *kursiv gedruckt* sind die Beschreibungen der Ziele eines jeden Kapitels;
• **Fett gedruckt** sind wichtige Aussagen und Zusammenfassungen am Ende eines jeden Kapitels.
• Grau unterlegt sind Definitionen zentraler Begriffe der soziologischen Fachsprache.

Kapitelüberschriften werden auf jeder linken Seite, Überschriften von Unterkapiteln auf jeder rechten Seite wiederholt.

Hamburg, Frühjahr 1998   Klaus Heinemann

1 Die Soziologie als Wissenschaft

1.1 Elemente soziologischen Denkens

Wissenschaftlicher Perspektivenwechsel

Für den Physiker, den Chemiker oder den Biologen sind die Gegenstände, mit denen wir täglich umgehen, etwas anderes als das, was sie in unserer Alltagswirklichkeit darstellen. Das glatte Papier wird für den Physiker ein bewegtes, wabenförmiges Geflecht von Atomteilchen; die Tinte spaltet sich für den Chemiker in ihre verschiedenen chemischen Elemente; der Tisch löst sich für den Biologen in die spezifische Struktur einer Holzart auf. Ebensowenig ist es der ganze Mensch, den wir auf einzelnen Folien – in Skelett, Nervenbahnen und Kreislauf säuberlich zerlegt – dargestellt finden oder von dem wir auf einer Röntgenaufnahme lediglich einzelne Knochen oder Organe erkennen.

Ähnlich wie Naturwissenschaftler und Mediziner konstruieren auch Sozialwissenschaftler „ihre" Wirklichkeit. So wie das Atomteilchen-Papier des Physikers und die Menschenfolien des Mediziners wissenschaftliche Konstrukte sind, so wird z. B. der „homo oeconomicus" zur eigentümlichen Kreatur der Wirtschaftswissenschaften, die rational Kosten und Erträge abwägt, den größtmöglichen Gewinn oder Nutzen erzielen möchte, an ihren eigenen Vorteil denkt und dabei isoliert von allen äußeren Einflüssen ihre Entscheidungen fällt; ebenso entsteht als homunculus aus der Retorte der Soziologie ein „homo sociologicus", der in seinem Handeln an den eng geknüpften Fäden sozialer Bindungen das vollzieht, was soziale Normen, Sitte, Recht und Brauchtum von ihm fordern.[1] Wir werden zwar diesen seltsamen Geschöpfen ebensowenig im Alltag begegnen wie den Konstrukten der Physik, der Chemie und der Biologie; und dennoch haben sie sich für die einzelnen Wissenschaften als unerläßlich erwiesen.

Auch die verschiedenen Sozialwissenschaften widmen ihre Begriffe, theoretischen Aussagen und ihre empirischen Befunden nur bestimmten Aspekten der Realität; die „Menschen" der Volkswirtschaftslehre, der Psychologie, Soziologie usw. sind nicht unsere Freunde, Nachbarn, Bekannten, Geschäftspartner, Sportkameraden, denen wir täglich begegnen. Es sind vielmehr Konstrukte, die entstehen, indem (a) bestimmte Elemente, die in der jeweiligen Wissenschaft als besonders wichtig erscheinen (wie die Atomteilchen des Physikers,

---

[1] Der Hinweis auf den homo sociologicus soll lediglich das Konstrukthafte soziologischer Aussagen demonstrieren. Bei der Darstellung verschiedener soziologischer Theorieansätze wird sich zeigen, daß wir es in der Soziologie mit vielen soziologischen „homunculi" zu tun haben.

die chemischen Elemente des Chemikers, die vollständige wirtschaftliche Rationalität bei den Wirtschaftswissenschaften, die Normentreue und -anpassung in der Soziologie) herausgegriffen und (b) zu modellartigen Aussagen zusammengefaßt werden. So kann man nicht eindringlich genug darauf hinweisen, daß die Aussagen einzelner Sozialwissenschaften „unsere eigenen Konstrukte sind, und daß die gleichförmigen Beziehungen, die wir zwischen ihnen auffinden, a posteriori Ergebnisse unserer eigenen geistigen Tätigkeit sind und nur in unseren Köpfen existieren" (*Goodfellow* 1954, 30 f.).

Wir müssen uns damit vertraut machen und abfinden, daß in jeder Wissenschaft, also auch in der Soziologie, eine Festlegung auf eine bestimmte Perspektive erfolgt, unter der sich die Wirklichkeit in ähnlicher Form verändert, wie sich die Wirklichkeit unserer Alltagserfahrung in den Begriffen, Theorien und Wahrnehmungen der Naturwissenschaften wandelt. Für die Soziologie sind – wie für jede andere Wissenschaft auch – Begriffe, Theorien und empirische Aussagen aufgrund der spezifischen Perspektive der Wissenschaft eng begrenzte, „einseitige" Aussagen über die Sache und niemals die Sache selbst – wie dies die Beispiele aus den Naturwissenschaften, der Medizin und den Sozialwissenschaften illustrieren. „Soziologisch" ist nicht ein Tatbestand der Alltagswirklichkeit, sondern die Art der wissenschaftlichen Untersuchung dieses Tatbestandes. Diese Tatsache dürfen wir nicht aus dem Auge verlieren, wenn wir die Möglichkeiten und Grenzen der Soziologie ebenso wie die der Sportsoziologie realistisch abschätzen wollen.

> *Soziologie* ist eine empirische Einzelwissenschaft, die bestrebt ist, mit ihren Begriffen, Theorien, Methoden und Forschungstechniken und den damit gewonnenen empirischen Befunden soziales Handeln ebenso wie institutionelle Ordnungen, Funktionen und Entwicklungen von Gesellschaften oder von ihren Teilbereichen zu beschreiben, zu erklären und zu prognostizieren. Sie ist weniger durch ihren Gegenstand bestimmt. Was Soziologie (und damit auch Sportsoziologie) *ist*, ergibt sich aufgrund ihrer Fragestellungen und der Perspektive, unter der sie die soziale Wirklichkeit behandelt sowie durch ihre Begriffe und die verwendeten Theorien.

„Empirisch" bedeutet dabei, daß soziologische Beschreibungen, Erklärungen und Prognosen auf der Grundlage einer systematischen, objektiven, d. h. empirisch nachprüfbaren Erfassung der sozialen Wirklichkeit basieren. „Einzelwissenschaft" besagt, daß Soziologie nur eine neben anderen Wissenschaften ist, die sich mit verschiedenen Tatbeständen der sozialen Wirklichkeit befassen.

Zwar ist es schwer, eindeutig die Perspektive einzelner Disziplinen der Sportwissenschaft zu bestimmen. Aber man kann grob sagen, daß sich Psychologen vorrangig auf Prozesse konzentrieren, die sich innerhalb von Personen abspielen – Variablen sind etwa kognitive Aspekte (Formen der Wahrnehmung, Aufmerksamkeit, Gedächtnis, Antizipation, Denken etc.), motivationale Aspekte (etwa Leistungsmotive und Aggression) und Aspekte des Lernens und der Persönlichkeit; in der Bewegungslehre werden Variablen um Phänomen wie konditionelle und koordinative Fähigkeiten und technische Fertigkeiten gebildet; der Soziologe konstruiert seine Variablen gerade aus den vom Individuum unabhängigen Tatbeständen, wie sie in sozialen Normen und Werten, sozialen Institutionen und Systemen zu identifizieren sind. Selbst wenn für die Erklärung des Sportengagements z. B. die Wirkungen genetischer Faktoren als noch so evident erscheinen mögen, wird der Soziologe in seinen Untersuchungen tunlichst seine (nur sozialwissenschaftlich trainierten) Finger davon lassen.

Diese Vielfalt der Einflußfaktoren auf das „Verhalten im Sport" und die sich daraus ergebenden Probleme illustriert Abb. 1. Sie macht deutlich, daß zwar einzelne Faktorenbündel von unterschiedlichen Disziplinen der Sportforschung untersucht werden, jedoch erst in der Summe der einzelnen Einflüsse sportliches Verhalten erklärt werden kann. Die Abbildung soll illustrieren, daß eine Vielzahl von Einflußfaktoren das Verhalten bestimmt, einzelne Wissenschaften jedoch lediglich eine begrenzte Zahl dieser Faktoren untersuchen können, andere unberücksichtigt lassen müssen. Daß zum Beispiel sportliche Leistungen sowohl von körperlichen Eigenschaften und motorischen Fertigkeiten, von biomechanischen Faktoren, subjektiven Leistungsansprüchen, von außen vorgegebenen Leistungsnormen und -erwartungen und ihrer Internalisierung im Prozeß der Sozialisation, aber auch von Klimabedingungen, der Gestaltung der Sportstätte, den Rechtsvorschriften, der wirtschaftlichen Lage, etwa den in Aussicht stehenden Siegesprämien und vielem anderen abhängig sind, ist ebenso unbestritten wie die Tatsache, daß anatomische, psychische, soziale, ökonomische oder klimatische Tatbestände mit jeweils anderen, also z. B. psychologischen, medizinischen, soziologischen oder ökonomischen Theorien erklärt werden müssen.

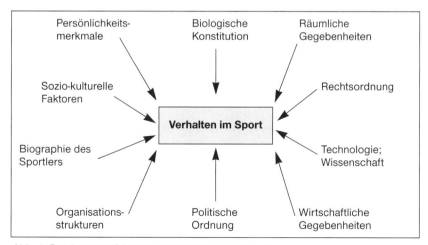

Abb. 1: Bestimmungsfaktoren des Verhaltens im Sport

Daß eine scharfe Abgrenzung und Trennung zwischen diesen einzelnen Bestimmungsfaktoren oft nicht ohne weiteres möglich ist, daß auch durchaus unterschiedliche Vorstellungen darüber bestehen, welche Einflußfaktoren einzelnen Disziplinen jeweils zuzuordnen sind, daß in interdisziplinärer Forschung versucht wird, diese Grenzen zu überschreiten, daß diese Faktoren in unterschiedlicher Form entweder über Lernprozesse, über eine Anpassung an sachliche, soziale und ökonomische Notwendigkeiten oder durch individuelle Entscheidungen wirksam werden, kann diese Graphik allerdings nicht zum Ausdruck bringen. Sie ist lediglich eine Illustration der Grenzen der Aussagefähigkeit einer Wissenschaft wie die der Soziologie des Sports.

Aufgabe einer Soziologie des Sports ist es, wie mit einer Lupe in immer größeren Detailaufnahmen ein immer genaueres Bild jenes Sektors zu gewinnen, das mit dem Begriff „sozio-kulturelle Faktoren" umschrieben wird.

Ziel dieses Kapitel ist es, (1.) mit der besonderen Denk- und Sichtweise der Soziologie vertraut zu machen, (2.) die Sensibilität für die kulturelle Relativität sozialer Phänomene zu erhöhen und (3.) deutlich zu machen, daß auch der Sport, wie wir ihn kennen, keineswegs natürlich, universell und selbstverständlich ist.

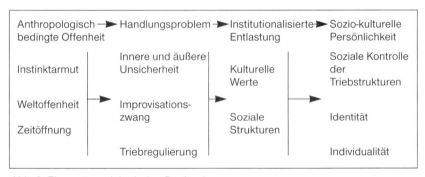

Abb. 2: Elemente soziologischer Denkweise

Anthropologische Gegebenheiten

Soziologisches Denken geht von Eigenarten menschlichen Handelns aus, die mit den Begriffen Instinktarmut, Umweltoffenheit und Zeitöffnung des Menschen gekennzeichnet werden können (vgl. Abb. 2).[2]

Instinktarmut besagt, daß Handeln nicht durch angeborene, artspezifische und erfolgssichere Verhaltensfiguren bestimmt ist, die durch genau festgelegte Reize ausgelöst werden; menschliches Handeln ist letztlich nicht

---

[2] Vgl. dazu z. B. *Gehlen* 1940, *Plessner* 1928 und *Tenbruck* 1971.

biologisch determiniert. Selbst zwischen organisch bedingten Bedürfnissen (Hunger, Durst, etc.) und der Art ihrer Befriedigung liegt ein weites Feld möglicher, kulturell unterschiedlicher Handlungen, die erlernt und erprobt werden müssen. *Umweltoffenheit* besagt, daß der Mensch aufgrund seiner biologischen Konstitution nicht an eine genau festgelegte, spezifische Umwelt gebunden ist; vielmehr besitzt er eine hohe Anpassungsfähigkeit an eine Vielzahl von Umweltbedingungen und kulturellen Gegebenheiten. *Zeitöffnung* bedeutet, daß sich der Zeithorizont des Menschen notwendigerweise zur Entzerrung und Verlagerung momentaner Eindrücke, Reize und Bedürfnisse in Vergangenheit und Zukunft öffnet, der Mensch also nicht (nur) in der Gegenwart lebt.

Natürlich setzt unser Organismus dem, was als Verhalten möglich ist, Grenzen. Aber organisch bedingte Bedürfnisse und Antriebsenergien setzen sich nicht zwingend und eindeutig in festgelegtes und immer gleiches Handeln um. Bedürfnisse und unsere Reaktionen auf diese sind nicht fest aneinander gekoppelt. Das bedeutet: Menschliche Antriebsenergien sind ungerichtet und unspezialisiert. Vor allem interkulturelle Vergleiche beweisen, daß es eine biologische Natur des Menschen nicht gibt, die Gesellschaften in ihrer Mannigfaltigkeit bestimmt und sie erklären könnte. Erst solche Vergleiche führen uns die kulturelle Relativität und Variabilität dessen vor Augen, was uns zunächst als selbstverständlich und „naturgegeben" zu sein scheint. Aber so wenig, wie der Hunger sämtliche Eßgewohnheiten, Tischsitten oder andere, die Nahrungsaufnahme vorbereitenden und begleitenden Handlungsformen erklären kann, können Durst oder Sexualität die Vielzahl menschlicher Handlungsweisen, die an diese biologischen Gegebenheiten geknüpft sind, erklären. Auch wenn sich nachweisen ließe, daß Menschen biologisch festgelegt ein bestimmtes Bewegungsbedürfnis haben, erklärt dies nicht, wie ein solches Bedürfnis in verschiedenen Gesellschaften befriedigt wird, sich also ein „Sport" so entwickelt, wie wir ihn in unserer Gesellschaft kennen.

Verhaltensformen sind zwar an biologisch nur in engen Grenzen verrückbare Tatbestände wie z. B. Geburt, Geschlecht, Alter und Tod gebunden; aber diese biologischen Vorgegebenheiten werden in verschiedenen Kulturen unterschiedlich sozial ausgestaltet. Die biologischen Gegebenheiten sind Ausgangspunkte, von denen aus jede Gesellschaft eigene Gestaltungsformen in einer fast unübersehbaren Variabilität schafft.

In verschiedenen Thesen der Verhaltensforschung wird aufgrund von Beobachtungen in der Tierwelt behauptet, daß Spiel und Sport des Menschen *instinktgebunden* seien. *Lorenz* (1965) und *Eibl-Eibesfeldt* (1969) deuten z. B. das Spiel als eine Art „Appetenzverhalten"[3]: So werden insbesondere Neugier-

---

[3] Damit ist ein von der vergleichenden Verhaltensforschung beschriebenes, zweckgerichtetes Verhalten gemeint, das aktiv eine bestimmte Reizsituation anstrebt, die ihrerseits einen angeborenen auslösenden Mechanismus anspricht.

de, das Erkunden unbekannten Terrains, das Manipulieren mit nicht vertrauten Gegenständen, das Suchen des Wechsels von Spannung und Ruhe, von Überraschung und Sicherheit als universelles Antriebsmoment und Grundlage des Spiels bei Tieren und Menschen interpretiert. Was beim Tier „ein neugieriges Durchprobieren eigener Verhaltensweisen an neuen und durch prägnante Gestaltbarkeit reizenden Objekten" ist, wird beim Menschen „die forschende Auseinandersetzung" mit der Umwelt *(Lorenz* 1965, 177 f.). Tiere können hochkomplizierte „Experimentspiele" entwickeln, die denen „kleiner Menschenkinder sowohl formal als auch inhaltlich völlig gleichkommen" *(Lorenz* 1965, 182). Als weiterer Beleg für die Instinktabhängigkeit von Spiel und Sport wird die These angesehen, daß auch der Mensch Aggressionstriebe besitze, die in einer für die Gesellschaft ungefährlichen Form im Sport abreagiert werden können.

Dem ist entgegenzuhalten, daß selbst wenn solche Instinktresiduen vorhanden sein sollten, sie nicht zwingend in eine bestimmte Handlung umgesetzt, sondern in unterschiedlicher Weise sozial kontrolliert und befriedigt werden; sie führen also keineswegs „natürlich" zu jenem Spiel und Sport, wie wir sie z. B. in unserer Gesellschaft vorfinden. Gerade aber diese kulturell unterschiedlichen Ausprägungsformen von Sport und Verhaltensformen im Sport sind u. a. Themen einer Sportsoziologie.

Handlungsprobleme des Menschen

Aus diesen anthropologischen Gegebenheiten entwickelt sich eine Vielzahl von Handlungsproblemen. Diese ergeben sich zunächst aus einer äußeren Unsicherheit. Da dem Menschen ein zielgerichtetes und erfolgsicherndes Instinktschema und damit eine feste und unmittelbare Einbindung in seine natürliche Umwelt fehlen, handelt er in vielfältiger Form unter Unsicherheiten, Entscheidungszwängen, fraglichen Erfolgschancen und Risiken. Es werden ständig fallweise Entscheidungen und Improvisationen gefordert, wenn wechselnde und unvorhergesehene Situationen eintreten; Erfolgschancen sind ungewiß und mit Risiken behaftet. Wie sollte ich meinen Hunger stillen (wenn mir niemand sagt, daß Fliegenpilze giftig sind und Hundefleisch unappetitlich ist), einem Fremden begegnen (von dem ich nicht weiß, was er im Schilde führt), meine Gesundheit erhalten (wenn mir niemand beweist, daß Sport gesund und Rauchen ungesund ist), wenn es für all dies nicht angemessene Regeln, Vorschriften und Normen gäbe?

Hinzu kommen innere Unsicherheiten dadurch, daß der einzelne über die Ziele seines Handelns, über seine Präferenzen, ihre rangmäßige und zeitliche Ordnung, darüber, ob sich der Aufwand lohnt, um eine Aufgabe zu bewältigen, im Zweifel ist und auch hier ein vielfältiger Entscheidungsdruck entsteht. So erfordert Handeln einen erheblichen Aufwand an Antriebsenergien, emotioneller Steuerung und Aufmerksamkeit. Das subjektive Bewußtsein von Last und Leistung resultiert nicht allein aus dem (technischen) Verhältnis von Aufwand und Anstrengung einerseits, Ertrag und Erfolg andererseits, ist also nicht nur physisch bedingt, sondern leitet sich bereits aus den anthropologisch bedingten Problemen der Handlungsführung, der Notwendigkeit der Bewältigung verschiedener Formen der Unsicherheit, der Spannung, des Risikos und der Belastung ab *(Tenbruck* 1971).

Solche Belastungen des Handelns erleben wir auch im Sport immer wieder: Reicht mein Können aus, um einen Wettkampf zu bestehen? Ist es sinnvoll, so viel Zeit in den Sport zu investieren? Werde ich die erwartete Leistung erbringen können? Werden die Wettkampfbedingungen für mich günstig sein? Wie wird sich der Gegner, wie werden sich meine Mannschaftskameraden verhalten? Wie stark muß ich mich anstrengen, um eine möglichst hohe Siegesprämie zu erhalten? Lohnt sich die Einnahme leistungssteigernder Mittel, oder ist die Gefahr, dabei erwischt zu werden, zu groß? Dies sind nur einige Beispiele für die vielfältigen Unsicherheiten und Belastungen des Menschen im Sport.

Rituale reduzieren dabei Unsicherheit und Angst und erleichtern es, hoch bewertete Ziele zu erreichen; sie erzeugen das Gefühl, nicht tatenlos auf ein folgenreiches Ergebnis warten zu müssen. Dies ist ein Grund dafür, daß Aberglaube und Tabus, wie sie in Maskottchen und ritualistischen Handlungen vor einem Wettkampf ihren Ausdruck finden, im Sport häufig sind. Skipper können böse werden, wenn auf ihrem Schiff unnütz gepfiffen wird, und viele werden im Frühjahr einen Pfennig unter den Mastfuß legen, obwohl sie wissen, daß nach dem gegenwärtigen Stand unserer meteorologischen Kenntnisse damit die für Seestürme verantwortlichen Mächte in keiner Weise beeinflußbar sind. Ob man vor einem Wettkampf ein Kruzifix berührt, die Kleidung in genau derselben Form anzieht, wie das letzte Mal, als man gewonnen hatte, ob man immer wieder dieselbe Startnummer haben möchte und diese in gleichbleibender Form befestigt, Ball oder Torbalken beschwört, darauf achtet, als letzter auf das Feld zu laufen, ein Amulett trägt, immer wieder zeigt sich in diesen Ritualen der Versuch, Angst und Unsicherheit zu verringern, die vor einem Wettkampf bestehen.[4]

Institutionalisierung als Problemlösung

Soziale Regelungen des Verhaltens entwickeln sich unter dem Druck solcher Handlungsprobleme. Die angeborene Instabilität zwingt den Menschen dazu, stabile Wert- und Verhaltensmuster zu entwickeln, um von fallweiser Improvisation und Entscheidung in allen Alltagsfragen entlastet zu sein, um also die innere und äußere Unsicherheit des Handelns zu verringern. Solche Handlungsmuster entstehen oft, indem Handeln, das sich bewährt hat, wiederholt wird. In der Gewöhnung verfestigen sich erste Modelle, die für immer wiederkehrende Situationen und Handlungsprobleme feste Verhaltensmuster und sichere Problemlösungen bieten. Diese Modelle lösen sich schließlich vom einzelnen, sobald sie für eine Vielzahl von Personen in festgelegten Situationen Gültigkeit besitzen. Es entstehen soziale Normen. Gelegentlich werden sie in feste Regeln gegossen, schriftlich und von den dazu legitimier-

---

[4] Eine Reihe von Beispielen für Rituale usw. im Sport findet sich bei *Gmelch* (1972, 128 f.).

ten Organisationen (Regierungen, Verbänden, Betrieben) als verbindlich beschlossen. Es entstehen soziale Institutionen, in die individuelles Verhalten eingebunden ist.

Soziale Normen sind für den einzelnen verbindliche, von außen vorgegebene Verhaltenserwartungen, die seinem Handeln zeitliche, d. h. über einen längeren Zeitraum stabile und kalkulierbare, sachliche, d. h. mit dem Verhalten anderer sinnvoll abgestimmte und soziale, d. h. kontrollierte und sanktionierte Geltung verleihen. Sie legen fest, was „man" in spezifischen Situationen zu tun und zu lassen hat, und diese Normierung ist so verbindlich, daß andere erwarten können, daß sich jeder – zumindest grundsätzlich – entsprechend verhält. Damit sind sie Grundlage für festgefügte Interaktionsmuster, die bewirken, daß der einzelne sich nicht am zufälligen Verhalten eines Partners, sondern an wechselseitigen Erwartungen und an gemeinsamen Einschätzungen und Bewertungen der Handlungssituation orientiert.

Gesellschaft ebenso wie einzelne gesellschaftliche Teilbereiche können als ein „Arsenal" von verbindlichen Verhaltensmustern verstanden werden, das dem einzelnen vorgefertigte Wertorientierungen und Verhaltensformen als sozial-normative Regeln, Rollen, Erwartungen usw. zur Verfügung stellt, um ihn von der Aufgabe zu entlasten, die Vielzahl der Handlungsprobleme, denen er sich gegenüber sieht, für sich immer wieder neu lösen zu müssen.

Handlungsprobleme, die sich aus äußeren und inneren Unsicherheiten ergeben, werden also durch Institutionalisierung gelöst, indem das Verhalten der Handelnden in immer wiederkehrenden Situationen durch von außen vorgegebene Verhaltensmuster festgelegt, geregelt und verbindlich gemacht wird. Durch Institutionalisierung wird die durch den Organismus gegebene Weltoffenheit (künstlich) in eine relative Weltgeschlossenheit umgewandelt.

Institutionen sind vom Menschen geschaffene, aber vom einzelnen unabhängig bestehende Rahmenbedingungen des Handelns. Sie schränken Möglichkeiten, zwischen denen man auswählen könnte, ein. Der Begriff bringt zum Ausdruck, daß menschliches Handeln und soziale Beziehungen nicht biologisch determiniert oder zufällig sind, sondern nach vorgegebenen Regeln, Verhaltensanforderungen, Rechten und Pflichten in einer angebbaren Gleichförmigkeit und Regelmäßigkeit ablaufen, also Produkte menschlicher Kultur und Sinngebung sind. *Institutionalisierung* bedeutet, daß Wissen, Erfahrungen, Situationsdefinitionen und Habitualisierungen standardisiert, „gespeichert" und in dieser Form tradiert werden.

Nicht der Inhalt sozialer Regeln und Normen ist durch anthropologische Gegebenheiten festgelegt, sondern die Tatsache, daß wir in einer insti-

tutionalisierten, sozial geordneten Welt leben; nicht, wie die Regelungen im Einzelfall aussehen, sondern daß überhaupt eine soziale Regelung des Verhaltens erfolgt, ist das Entscheidende. Soziologisches Denken macht uns darauf aufmerksam, daß diese institutionalisierte Welt auch anders sein könnte als die, die wir gerade vorfinden, daß sich in verschiedenen Gesellschaften und zu verschiedenen Zeitpunkten der gesellschaftlichen Entwicklung unterschiedliche institutionalisierte Regelungen durchgesetzt haben. Es erhöht unsere Sensibilität für die kulturelle Relativität gesellschaftlicher Regelungen und Gestaltungen der Daseinsformen, in denen wir leben und verhindert, diese als naturgegeben und selbstverständlich anzusehen.

Institutionen werden aber nicht allein durch soziale Normen und Regelungen gebildet. Vielmehr müssen zusätzlich zwei weitere wichtige Tatbestände berücksichtigt werden, um verstehen zu können, wie institutionelle Ordnungen beschaffen sind und in welcher Form Verhalten sozial determiniert wird. Gemeint sind „Macht" und „Sachgegebenheiten". Diese beiden Bestandteile institutioneller Ordnungen sollen ebenfalls allgemein erläutert werden, da sie auch im Sport große Bedeutung besitzen und somit in einer Sportsoziologie thematisiert werden müssen:

_1._ *Macht* bedeutet, so *Weber* (1956), die Chance, seinen eigenen Willen auch gegen Widerstreben des anderen durchsetzen zu können. Wirtschaftliche Macht ist dann die Chance, seine wirtschaftlichen Interessen gegen andere durchsetzen zu können. Marktmacht bedeutet die Chance, seine wirtschaftlichen Interessen gegenüber Marktpartnern durchsetzen zu können.

> Der Begriff „Macht" beinhaltet also (1.) eine soziale Beziehung zwischen zwei oder mehreren Personen, Gruppen, Organisationen oder Staaten, in der (2.) die Chancen, gegenüber dem anderen, seine Interessen durchsetzen zu können, ungleichmäßig verteilt sind, wobei (3.) der Stärkere sich insofern rational verhält, als er diese Chance als Mittel einsetzt, um seine Interessen zu Lasten des Schwächeren zu verwirklichen.

_2._ *Sachgegebenheiten:* In seinem Buch „Sachdominanz in Sozialstrukturen" (1972) hat *Linde* auf folgenden, auch für die Sportsoziologie bedeutsamen Tatbestand aufmerksam gemacht. „Sachen" – verstanden als Sammelbegriff für sachlich-materielle Gegebenheiten (z. B. Sportstätten, Infrastruktur) und technische Artefakte (z. B. Sportgeräte, Sportkleidung) – sind zwar von Menschen geschaffen; aber zugleich werden sie eine soziale Institution und Medium der Vergesellschaftung; denn durch sie werden Verhalten determiniert, soziale Beziehungen begründet, Dispositionsspielräume des Entscheidens eingegrenzt, Möglichkeiten und Formen künftiger Entwicklung festgelegt, kurz: Sie dominieren über Sozialstrukturen. Damit kommt ihnen die gleiche Bedeutung zu wie sozialen Normen, wie Recht und Macht. Diese Einsicht geht bereits auf *Durkheim* (1858–1917), einem der Gründer der modernen Soziologie, zurück, auf

den sich auch *Linde* beruft, der Sachen (soziologisch) den gleichen Rang bei-
mißt wie sozialen Institutionen.

**Die drei Elemente – soziale Normen, Macht und Sachstrukturen – wer-
den unter dem Begriff „institutionalisierte Ordnung" der Gesellschaft bzw.
einzelner gesellschaftlicher Daseinsbereiche (wie etwa der des Sports) zusammengefaßt.**

Zwar erscheint die soziale Welt als ein objektiver, vom einzelnen unabhängig
bestehender Tatbestand. Aber dabei darf nicht übersehen werden, daß die
Welt sozialer Institutionen, wie auch immer sie im einzelnen gestaltet sein mag,
vom Menschen gemacht ist. Dies ist besonders evident bei den Sachstrukturen: Gebäude, Straßen, Sportstätten, technisches Gerät sind von Menschen
konstruiert und gebaut. Aber sie sind zugleich „da", so daß man sein Verhalten
an ihnen ausrichten muß, da man nur schwer „mit dem Kopf durch die Wand"
kommt.

Die institutionalisierte Ordnung ist vergegenständlichte menschliche Tätigkeit. Gesellschaft ist also nicht nur objektive Wirklichkeit, sie ist zugleich
menschliches Produkt. Der Mensch ist in gleichem Maße der Urheber wie der
Vollzieher institutionalisierter Ordnungen; er erleidet und vollstreckt soziale
Normen; er glaubt an die Werte, die er selbst setzt; er wacht über die Unverän-
derlichkeit der sozialen Muster, schafft und verändert sie zugleich (vgl. *Ber-
ger/Luckmann* 1971, 65 f.).[5] Natürlich sind die Regeln einer Sportart – etwa im
Fußball – von Menschen, etwa von den Fußballverbänden, gemacht und man
kann sie sogar vor dem Spiel modifizieren – etwa ein kleineres Spielfeld festlegen oder mit einer geringeren Zahl von Spielern antreten. Aber dann gelten
diese Regeln für das Spiel als objektiver, vom einzelnen unabhängiger, also im
Prinzip nicht änderbarer Tatbestand.

Der Mensch als soziales Wesen

Der Mensch wird nicht als Mitglied einer Gesellschaft, sondern lediglich mit
Dispositionen für Gesellschaft geboren; ihr Mitglied wird er erst im Prozeß der
Sozialisation und der Verinnerlichung einer vorgegebenen sozio-kulturellen
Wirklichkeit. Neugeborene Kinder haben zwar biologisch ein Geschlecht; aber
zu Männern und Frauen werden sie erst in ihrer jeweiligen geschlechtsspezifischen Sozialisation. Mit der Sozialisation erfolgt der Aufbau einer sozio-
kulturellen Persönlichkeit. In diesem Prozeß vollzieht sich die Vergesellschaftung der individuellen Triebstruktur und damit die Möglichkeit ihrer Kontrolle,
die Integration der individuellen Bedürfnisse in den Erwartungshorizont sozia-

---

[5] Man kann sich diese Dialektik an folgendem Beispiel verdeutlichen: Die Preise,
die wir im einem Kaufhaus zahlen müssen, erscheinen uns als unabänderliche,
objektive Tatbestände. Im Prinzip können wir nur zu diesen Preisen kaufen oder wir
müssen es sein lassen. Aber diese Preise, die vom Kaufhaus festgesetzt werden,
sind Ergebnis eines Wettbewerbs und daher letztlich Folge der Kaufentscheidungen
von uns allen.

ler Rollen und die allmähliche Ausbildung einer eigenen Identität. Die Prägung der sozio-kulturellen Persönlichkeit erfolgt in einer besonderen und kulturspezifischen Eigenart. Diese Prägung beschränkt sich „nicht auf die jeweilige Figur, als die sich der einzelne, etwa als ‚Mann' im Sinn der jeweiligen Kultur, selbst identifiziert. Dazu kommt die gesamte psychologische Ausstattung der betreffenden Vorstellung – ‚männliche' Gefühle und Einstellungen z. B. bis hin zu somatischen Reaktionen. Zweifelsohne können weder der Organismus noch gar das Selbst losgelöst von dem gesellschaftlichen Gebilde, in dem sie Gestalt angenommen haben, wirklich verstanden werden" *(Berger/Luckmann* 1971, 53). Erst durch Sozialisation wird der einzelne in die Lage versetzt, innerhalb einer Gesellschaft bzw. in einzelnen gesellschaftlichen Daseinsbereichen in normativ und symbolisch strukturierten Handlungssituationen zu interagieren; erst so entsteht eine sozio-kulturelle Persönlichkeit.

Sozio-kulturelle Persönlichkeit bedeutet, daß biologisch vorgegebene Tatbestände durch die Gesellschaft überformt sind und in sozial zugelassene Verhaltensmuster überführt werden; sie ist das Ergebnis der Vermittlung biologischer, physiologischer und psychologischer Faktoren mit der institutionellen Ordnung; sie ist die Nahtstelle zwischen Individuum und Gesellschaft.

Drei Komponenten sind Ausgangspunkt und Voraussetzung soziologischer Betrachtung: (1.) Institutionelle Ordnungen sind (in ihren vielfältigen Ausprägungsformen) jeweils vom Menschen produziert; (2.) institutionelle Ordnungen sind ein objektiver, vom einzelnen unabhängiger Tatbestand; (3.) der Mensch ist durch den Prozeß der Sozialisation und Internalisierung Produkt der institutionellen Ordnungen.

Eine Untersuchung gesellschaftlicher Tatbestände, also auch eine soziologische Analyse des Sports, die einen dieser drei Tatbestände nicht berücksichtigt, ist einseitig und unvollständig. Sie muß von der Vielfalt und Veränderbarkeit sozialer Tatbestände in den verschiedenartigen Gesellschaften ausgehen und sie in ihrer Entstehung und als Ergebnis gesellschaftlicher Entwicklung zu erklären versuchen. Sie darf gesellschaftliche Wirklichkeit nicht als selbstverständlich vorgegeben oder gar biologisch bedingt hinnehmen. Sie muß zugleich von der objektiven, vom einzelnen unabhängigen Gestalt institutioneller Ordnungen ausgehen, die dem Verhalten – in den widersprüchlichen Tendenzen – Sicherheit, aber auch Starrheit verleiht und das Spannungsverhältnis mit berücksichtigen, das zwischen der Individualität des einzelnen, seinen Wünschen, Interessen, Bedürfnissen und Bestrebungen auf der einen Seite und den extern vorgegebenen objektiven Werten, Normen, Rollenstrukturen, Kontroll- und Sanktionsmechanismen auf der anderen Seite besteht. Das Spannungsverhältnis von Individuum und Gesellschaft, also die „ärgerliche" Tatsache der Gesellschaft, rückt damit in den Mittelpunkt. Die Analyse soziologischer Tatbestände muß schließlich umfassen, wie die Übernahme der vergesellschafteten Welt durch den einzelnen erfolgt, wie seine Identität geprägt wird, welche Fähigkeit und Bereitschaft der einzelne erworben hat und besitzt, die in einem Handlungsfeld gestellten Verhaltensanforderungen zu erfüllen. Diese drei Elemente der gesellschaftlichen Wirklichkeit müssen in jeder soziologischen Analyse – sei es von Familien- und Verwandtschaftsstrukturen, von Wirtschaftsorganisationen, religiösen Institutionen und eben auch des Sports – gleichermaßen berücksichtigt und aufeinander bezogen werden. Dies sind die Bausteine einer jeden soziologischen Analyse.

1.2 Soziologische Theorieansätze

Ziel dieses Kapitel ist es, (1.) deutlich zu machen, daß es nicht eine, sondern eine große Zahl unterschiedlicher theoretischer Konzepte gibt, die die soziale Wirklichkeit wiederum unter einer sehr begrenzten Perspektive beleuchten; (2.) die für die Sportsoziologie wichtigsten Theorieansätze verständlich zu machen und (3.) diese Theorien, ihren Aussagewert und ihre Grenzen zu beschreiben.

Soziologen haben eine Vielzahl unterschiedlicher Wege beschritten, wie die drei fundamentalen Tatbestände der gesellschaftlichen Existenz des Menschen, die im vorangegangenen Kapitel vorgestellt wurden, zu analysieren und in ihren Konsequenzen abzuschätzen sind. Es gibt nicht *die* soziologische Perspektive. Nicht nur verschiedene Wissenschaften konstruieren ihre je eigene Wirklichkeit; auch innerhalb der Soziologie bestehen unterschiedliche Blickwinkel und theoretische Konzepte darüber, wie die soziale Wirklichkeit analysiert werden kann bzw. sollte. Solche Konzepte unterscheiden sich einmal dadurch, welche Annahmen darüber gemacht werden, was institutionelle Ordnungen sind, wie sie entstehen und sich verändern. Entsprechend legen sie ein je unterschiedliches Gewicht auf die drei Säulen soziologischer Analyse: „Gesellschaften sind jeweils vom Menschen produziert"; „Gesellschaft ist ein objektiver, vom einzelnen unabhängiger Tatbestand", und „der Mensch ist Produkt der Gesellschaft". So kann man die verschiedenen soziologischen Zugänge danach gruppieren, ob sie primär die „Produktion" gesellschaftlicher Tatbestände, die „objektiven Tatbestände" oder den „Menschen als Produkt der Gesellschaft" zum Ausgangspunkt ihrer Wirklichkeitskonstruktionen nehmen. Was damit gemeint ist, wird deutlich, wenn im folgenden einige für die Sportsoziologie besonders wichtige theoretische Positionen vorgestellt werden:

Individualistische Theorien

Individualistische Theorieansätze behaupten, daß der soziologische Zugang zum „Gesellschaftlichen" (und damit auch zum Sport) von den handelnden Individuen aus erfolgen muß. Das, was im Sport geschieht, sei letztlich Prozeß und Resultat des Handelns der einzelnen. Nur der einzelne treibt „seinen"

Sport, schwitzt, freut sich, ist enttäuscht, gibt ihm Bedeutung, sucht sich seine Freunde, organisiert Wettkämpfe, trifft Entscheidungen in Vereinen und Verbänden, legt Regeln fest und interpretiert sie, engagiert sich ehrenamtlich, trägt Konflikte aus, sucht nach Einfluß, kämpft um Positionen, kauft und verbraucht Sportgüter – wenn auch meist in Kooperation und in Abstimmung mit anderen. Nur über individuelle Nutzenerwägungen, Präferenzen, Motive, Handlungspotentiale und Entscheidungen entfaltet sich Handeln, und auf dieser Grundlage entstehen Werte, Normen, Organisationen, Machtstrukturen und Sachgegebenheiten etc. Wie auch immer Mannschaften, Vereine, Familien oder Parlamente sich „verhalten", dieses Verhalten resultiert immer aus Entscheidungen und Handlungen ihrer Mitglieder. Zwar müssen sie äußeren Restriktionen – sozialen Normen, Macht, Knappheit von Geld und Zeit, Ausgestaltung von Räumen, vorhandenen Technologien – Rechnung tragen; aber dies sind lediglich Rahmenbedingungen jener individuellen Entscheidungen und Handlungen, die letztlich das soziale Geschehen auch im Sport bestimmen. Menschen handeln auf der Grundlage ihres freien Willens, zwar beeinflußt, aber niemals strikt festgelegt durch äußere Faktoren. Deshalb lassen sich, so die These, sozialwissenschaftliche Erkenntnisse nur aus der Perspektive der Handelnden gewinnen.

Das ökonomische Programm der Soziologie

Innerhalb dieses Ansatzes lassen sich wiederum verschiedene Versionen unterscheiden: Erwähnt werden sollen zunächst Konzepte, die (auch soziales) Handeln als zweckrationalen Wahlakt erklären. Sportler wollen nach besten Kräften gewinnen und eine möglichst hohe Siegesprämie einstreichen; ehrenamtliche Mitarbeiter wollen das Wohl des Vereines und ihren eigenen Einfluß soweit wie möglich mehren; Parlamentarier wollen die nächste Wahl gewinnen und dazu auch mit einer Förderung des Sports auf Stimmenfang gehen. Dabei werden sie ihre Mittel an Geld, Zeit und Können so einsetzen und unter den zur Verfügung stehenden Alternativen so auswählen, daß die gesetzten Ziele bestmöglich erreicht werden können. Ethische Bindungen und sozial-normative Festlegungen werden – so das Argument dieser Version – aus zwei Gründen erforderlich: Einmal, um einen allzu ausgeprägten Egoismus, der zu sehr zu Lasten anderer geht, einzudämmen – die Ethik der Fairneß, die Figur des „ehrsamen Kaufmanns" und Regeln demokratischer Kontrollen sind dazu passende Beispiele; zum anderen sollen soziale Normen den einzelnen dazu zwingen, sich dann nicht egoistisch-rational zu verhalten, wenn gerade dies das Erreichen des Zieles für alle verhindert, der einzelne also in eine der vielen „Rationalitätsfallen" zu geraten droht.[6]

---

6 Von Rationalitätsfallen wird gesprochen, wenn selbst dann, wenn alle sich rational verhalten, gleichwohl das Ergebnis von niemandem gewünscht wird, weil es niemandem die erhofften Vorteile bringt (vgl. dazu Kap. 5.4 „Abweichendes Verhalten in der Rationalitätsfalle" S. 185–188).

Interpretative Ansätze

Zwar umfassen interpretative Ansätze selbst wieder ein breites Spektrum von Aussagen und Erklärungsversuchen sozialer Wirklichkeit; dennoch lassen sich einige zentrale Aussagen folgendermaßen zusammenfassen:

Es gibt nach diesen Theorien keine „objektive", vom Erleben, Handeln und Deuten des einzelnen unabhängige Wirklichkeit. Wirklichkeit wird vielmehr im Handeln in den jeweiligen konkreten Situationen immer wieder von neuem konstruiert; sie wird durch das Handeln der Beteiligten geschaffen und durch gemeinsames Handeln immer wieder aufrechterhalten. Gehandelt wird in einer von den Beteiligten selbst konstruierten und interpretierten Wirklichkeit. Daher gibt es auch nicht „eine" Wirklichkeit; vielmehr hängt die erlebte Wirklichkeit von der jeweiligen Perspektive, Deutung, den beteiligten Interaktionspartnern und ihren Intentionen ab. Diese Konstruktion und Deutung der Wirklichkeit erfolgt im wesentlichen über Kommunikation, also über Symbole, ist also symbolisch konstruiert und vermittelt.[7]

Diese Ansätze interessiert in erster Linie nicht die Ordnung sozialer Systeme, sondern zum einen die Formen ihrer Entstehung in der täglichen Interaktion und die vielfältigen Reaktionen der Mitglieder auf diese Vorgegebenheiten, zum anderen die subjektiven Bewertungen, Deutungen und Interpretation vorhandener sozialer Ordnungen und Sachstrukturen. Sie gehen davon aus, daß Situationen und damit Handeln keineswegs vollständig durch soziale Normen festgelegt sind, daß vielmehr Wertvorstellungen oder Ideologien situationsspezifisch vom einzelnen interpretiert und angewendet werden müssen, daß die Legitimität sozialer Strukturen nicht eindeutig gesichert ist und ihre Umsetzung in Handeln ein großes Maß eigener Leistung erforderlich macht, daß Interessensgegensätze ausgeglichen werden müssen, und vor allem, daß die Identität des einzelnen, sein Selbstbild und das Image, das er bei anderen besitzt, erst in gemeinsamer Interaktion entwickelt werden können. Was ich „bin", also meine Identität und mein Image, ergibt sich nicht nur daraus, wie ich mich sehe und nach außen darstelle, sondern wie ich von anderen gesehen werden möchte und wie ich meine, daß andere mich sehen. Erst in dieser Konstruktion und Interpretation erhalten Tatbestände ihre Bedeutung, erscheinen als dieses oder jenes, entwickelt sich eine eigene Identität. Der Blick richtet sich also stärker auf jene Gegebenheiten, die in einer tatsächlichen und potentiellen Situation subjektiv erfahren und in Handeln umgesetzt und eventuell gestaltet werden, auf die individuelle Interpretation einer Situation, auf die interagierenden Menschen, die mit unterschiedlichen Intentionen, Erwartungen und Zielvorstellungen das situative Geschehen prägen.

So wird der einzelne (a) vorhandene Werte, Verhaltensnormen ebenso wie verfügbare Technologien usw. nicht ohne Modifikationen übernehmen; er

---

[7] Daher erklärt sich die Kennzeichnung einer dieser Richtungen als „Symbolischer Interaktionismus". Zum symbolischen Interaktionismus vgl. *Mead* (1934), *Goffman* (1959), *Krappmann* (1969).

wird sie vielmehr seinem persönlichen Stil anpassen, Präferenzen für bestimmte Verhaltensnormen und Wertorientierungen entwickeln, die mit eigenen Fähigkeiten, Erfahrungen und dem individuellen Temperament in Einklang stehen; jeder einzelne wird seine „Privatkultur" und seinen persönlichen Lebensstil entwickeln, die um so stärker individuelle Züge aufweisen, je differenzierter und offener eine Gesellschaft ist. Gleichzeitig wird er (b) je nach Situation und Zielsetzung aus dem vorhandenen und ihm zur Verfügung stehenden Repertoire von Werten und sozialen Normen unterschiedliche Muster auswählen, er wird eine andere Sprache benutzen, andere Umgangsformen zeigen, sich unterschiedlicher Taktiken bedienen, je nachdem, wer seine Interaktionspartner sind und welche Ziele er erreichen will. Erst in diesem Auswahl- und Anpassungsprozeß entsteht situationsspezifisch eine gemeinsame Basis, die ein sinnvolles Zusammenspiel des Verhaltens ermöglicht.

Auch Sport besteht nicht als „eine" Realität unabhängig von den handelnden Personen. Er ist vielmehr Teil des individuellen Lebensvollzugs; mit der Differenz der Perspektiven ergibt sich eine unterschiedliche Alltagswirklichkeit des Sports. Die Produktion von Regeln erfolgt in einem Prozeß langwierigen Aushandelns; Organisationsstrukturen des Sports werden erst in einem ständigen Kommunikationsprozeß erstellt; nur über kommunikative Verständigung werden gemeinsame Bedeutungen und Erwartungen gebildet; Regeln sind nicht nur verschieden interpretierbar, sondern interpretationsbedürftig. Dies erfordert ein Aushandeln dessen, was Regeln in konkreten Situationen besagen. Einfluß in einem Verein muß stets von neuem gewonnen, ausgeübt und stabilisiert werden. Das Durchsetzen der eigenen Interessen und Vorstellungen verlangt ein ständiges Aushandeln, ein Geben und Nehmen vielfältiger Gratifikationen. Sport muß immer wieder neu inszeniert werden, und dabei wird sich der einzelne möglichst vorteilhaft in Szene setzen wollen.

Nach diesem theoretischen Konzept entsteht soziale Ordnung aus Konsens über die Definition von Situationen, über die Deutung von Sachverhalten, die gemeinsame Konstruktion der Wirklichkeit in alltäglichen Situationen. Interpretative Konzepte in ihren verschiedenen Varianten stellen stärker das Geschehen in konkreten Handlungssituationen in den Vordergrund. Sie sehen Gesellschaft nicht als ein „Arsenal" vorgefertigter und allgemein verbindlicher Verhaltensnormen an. Soziale Normen werden nicht als Anforderungen betrachtet, an die der einzelne sich anzupassen und die er zu erfüllen hat. Sie sind vielmehr Einflußfaktoren neben vielen anderen Tatbeständen, innerhalb derer der einzelne seine Ziele verfolgt; sie sind Rahmenbedingungen, innerhalb derer er agiert, nicht reagiert.

Der Vorteil dieses Ansatzes liegt unter anderem darin, daß er die Bedeutung von sozialer Interaktion und die Komplexität des Handelns im Sport herausstellt, aufzeigt, wie Handlungssituationen von den Beteiligten definiert und gedeutet werden und welche Rolle z. B. Sport für die Konstruktion von Identität besitzt. Dieser Ansatz beleuchtet also stärker die „soziale Praxis des Sports".

Seine Schwächen zeigen sich, wenn es um die Analyse umfassender (Organi-
sations-)Strukturen und die Formen der Einbindung des Sports in eine Gesellschaft geht. Als eigenständige soziale Gebilde können sie in ihrer Entstehung
und Funktionsweise schwerlich erfaßt werden. Diese Grenze will die Systemtheorie überspringen.

Systemtheoretische Ansätze

Systemtheoretische Konzepte bezweifeln die Tragfähigkeit individuali-
stischer Ansätze. Sie verweisen darauf, daß Ziele, Interessen, Nutzenerwägungen des einzelnen und damit entscheidende Grundlagen des Handelns stets gesellschaftlicher Natur sind, also sich bereits als Ergebnis dessen darstellen, was sie erklären sollen. Sie machen deutlich, daß soziale
Systeme (z. B. Kirche, Familie, Sport und Sportvereine, Wirtschaft) nicht als
Produkt menschlichen Handelns erklärt werden können, daß vielmehr aus der
Verknüpfung individuellen Handelns Tatbestände mit Eigenschaften entstehen, die das individuelle Handeln nicht aufweisen und nicht auf dieses
zurückführbar sind. Soziale Systeme besitzen – wie es heißt – ein „höheres
Emergenzniveau". Sie sind eigenständige soziale Gebilde, die unabhängig
vom Handeln des einzelnen bestehen und sich nicht aus diesem Handeln
ableiten lassen; sie sind für sich identifizierbar, erlebbar und beschreibbar.
„Elementarteilchen" sind nicht individuelle Handlungen, sondern soziale
Systeme. Der Verein in seiner Geschichte, seinen Werten, Konflikten, Binnen-
strukturen etc. entwickelt eine eigenständige Identität und soziale Einheit, die
nicht in einzelne Handlungen zerfällt; die modische Entwicklung einzelner
Sportarten ist nicht auf Entscheidungen einzelner Sportler, Funktionäre und
Unternehmer zurückzuführen, kurz: Soziale Systeme sind nicht reduzierbar auf
einzelne, intentionale Handlungen der Individuen. Vielmehr wird das, was
Inhalt, Sinn und Bedeutung einer Handlung ausmacht, durch ein soziales
System erst konstituiert. Dies bedeutet, daß erst ein System Handlungen mit
einem bestimmten Sinn ermöglicht. So erhalten ein Tennismatch erst im
Regel- und Wettkampfsystem des Sports, die Vorstandssitzung und die auf ihr
getroffenen Entscheidungen erst in der spezifischen Organisation des Vereins
einen Sinn. Die gleiche tänzerisch-gymnastische Übung ist je nach Systembezug
Freizeitbeschäftigung, Arbeit, die Herstellung eines Marktgutes, therapeu-
tische Behandlung, ein ästhetisch-künstlerisches Werk, Darstellung von Symbolen einer bestimmten Kultur. Die Handlung wird nur in einem übergeordne-
ten Sinn- und Funktionszusammenhang verständlich. Ein Gegenstand erhält
erst in einem Systemzusammenhang seine Bedeutung: Daß ein Ball ein Fußball ist, ergibt sich nicht aus seinen chemischen, physikalischen und technischen Eigenschaften, sondern aus der Deutung und Nutzung dieses Gegenstandes im Sinnzusammenhang eines Spiels.

Auch Systemtheorien bilden keinen in sich geschlossenen Aussagezu-
sammenhang; vielmehr muß man sich auch hier in einem breiten Spektrum
von Aussagen und Erklärungsversuchen zurechtfinden. Zwei sollen an dieser
Stelle vorgestellt werden:

Strukturell-funktionale Systemtheorie

Erste Fassungen der Systemtheorien gehen von der Feststellung aus, daß für soziologische Tatbestände angesichts der Vielzahl und Komplexität von Einflußfaktoren eine ursächliche Erklärung nicht möglich sei.[8] So sei nicht zu beantworten, warum und durch wen soziale Tatbestände entstanden sind. Man denke an die vielen und oft vergeblichen Bemühungen zu erklären, „warum" Vereine im vorigen Jahrhundert entstanden sind, „warum" Menschen Sport treiben oder Surfen und Mountainbiking zu einer Modesportart wurden. Der Ausweg ist, daß man nicht nach den Ursachen fragt, sondern nach Funktionen, also danach, welchen Beitrag einzelne Strukturelemente leisten, um den Bestand eines Daseinsbereichs zu sichern.

Funktionen sind Beiträge, die Strukturelemente zur Problembewältigung sozialer Systeme leisten, also Relationsaussagen zwischen Problemen und Lösungsmöglichkeiten. Soziologische Funktionsaussagen können daher nicht aus Motiven und Einstellungen der Mitglieder, z. B. einer Organisation, wie sie in einer Befragung ermittelt werden können, abgeleitet werden. Eine *Funktionsanalyse* untersucht (a) die spezifischen Probleme, die innerhalb eines sozialen Systems gelöst werden müssen, und (b) die jeweiligen Strukturelemente und Regelungsformen, mit deren Hilfe das System seine Probleme bewältigt.

Eine strukturell-funktionale Theorie geht also davon aus, daß ein soziales System verschiedene Probleme bewältigen und Aufgaben erfüllen muß. Nach *Parsons* läßt sich dabei folgendes unterscheiden: Ein System hat Ziele zu erreichen (ein Betrieb hat Gewinne zu erzielen; Organisationen des Leistungssports müssen bemüht sein, internationale Wettkämpfe zu gewinnen), es muß sich an Gegebenheiten der Umwelt anpassen (das Training im Sport z. B. an die Erfordernisse der Schule, des Betriebes und der Familie), es hat eine Integration der Mitglieder zu sichern (also z. B. zu bewirken, daß Sportler die Werte, Ideologien und sozialen Normen, die im Sport gelten, im Grundsatz billigen und damit ein Zusammenhalt ermöglicht wird) und Konflikte (die z. B. zwischen Trainer und Sportler, zwischen Vorstand eines Vereins und Mitgliedschaft, zwischen Verband und Verein auftreten) zu bewältigen. Bleiben diese Probleme ungelöst, werden diese Funktionen also nicht erfüllt, ist ein System in seinem Bestand bedroht. Mit diesen Beispielen sind zugleich die vier Funk-

---

[8] „Erste Fassung" besagt, daß solche Überlegungen bereits auf *Durkheim* zurückgehen, einem der Begründer der modernen Soziologie. In den 30er Jahren hat *Malinowski* dieses Konzept zur Analyse von Institutionen archaischer Gesellschaften (der Trobiander) erfolgreich angewendet. Voll entfaltet haben dieses Konzept später *Parsons* und sein Schüler *Smelser,* der es erfolgreich bei der Erklärung von Prozessen sozialer Differenzierung in der Industrialisierung anwenden und überprüfen konnte.

tionen illustriert, die nach *Parsons* in einem System zur Sicherung seines Bestandes erfüllt werden müssen – *adaption* (Anpassung), *goal attainment* (Zielerreichung), *integration* (Integration) und *latent pattern maintenance* (Aufrechterhaltung normativer Muster) – daher das oft zitierte AGIL-Schema von *Parsons*.

Damit sind zunächst Funktionen angesprochen, die einzelne Strukturelemente nach innen, also für die Bewältigung von Problemen innerhalb eines Systems, zu erfüllen haben. Der Blick richtet sich aber zugleich nach außen, wenn behauptet wird, daß soziale Systeme zumindest eine dieser grundlegenden Funktionen in einer Gesellschaft erfüllen. Das politische System habe etwa die Funktion der Zielformulierung; das ökonomische System die der Anpassung; das kulturelle System (zu dem gelegentlich der Sport gerechnet wird) die Funktion der Integration, der Reproduktion kultureller Werte, der Schaffung von Wertkonsens und Solidarität.

Damit wird ein System zu einem Teilbereich einer Gesellschaft, das im Austausch mit anderen gesellschaftlichen Teilbereichen steht. Jedes System ist eine bedeutsame soziale Umwelt für die jeweils anderen. Es erfüllt für andere Systeme bzw. für eine Gesellschaft insgesamt Funktionen und erhält von anderen entsprechende Leistungen. Diese Theorie basiert auf der Vorstellung gesamtgesellschaftlicher Verflechtungen. Relative Autonomie und funktionale Abhängigkeiten bedingen sich gegenseitig. Ein System wie der Sport kann nur seine Leistungen erbringen und seine Funktionen erfüllen, wenn es Faktoren kombiniert, die es nicht selbst erzeugen kann. So ist Sport auf finanzielle Ressourcen aus der Wirtschaft, auf Erhaltungsgarantien durch den Staat, auf die „Vorsozialisation" seiner Mitglieder durch die Familie, die Sicherung ethischer Grundwerte durch Kirchen oder vergleichbare Institutionen angewiesen (vergl. Kap. 7.13, S. 272–275).

Diese Systemtheorie will zugleich die Evolution moderner Gesellschaften als einen Prozeß ständig zunehmender funktionaler Differenzierung erklären. So entstehen soziale Systeme, deren vorrangige Aufgabe es ist, je eine der genannten Funktionen zu erfüllen. So erfolgt eine zunehmende Steigerung der Effizienz, indem arbeitsteilige Strukturen entstehen, die hochgradig selektiv sind, also eine Vielzahl von Möglichkeiten, was sie machen und wozu sie dienen könnten, ausschließen und sich auf die Erfüllung weniger oder gar nur einer Funktion spezialisieren. Sportvereine sind eben nicht z. B. religiöse Veranstaltung, Familie, Wohlfahrtseinrichtung, Wirtschaftsbetrieb oder Gefängnis. Soziale Systeme reduzieren die Vielfalt – oder wie es heißt: die Komplexität – von Möglichkeiten, also den Unterschied zwischen dem, was möglich wäre und dem, was ist; sie sind gerade durch den Ausschluß vieler Möglichkeiten, sozialer Beziehungen und sozialer Bedeutungen definiert. Soziale Systeme sind gekennzeichnet durch Konzentration auf ein oder wenige Themen, um gerade durch diese Konzentration Höchstleistungen erbringen zu können. Sie eröffnen Problemlösungen, indem sie sich auf wenige Alternativen einschränken und eigene, interne Ordnungen erstellen, um ihre Aufgaben zu bewältigen. Soziale Systeme grenzen sich also von ihrer Umwelt durch eine geringere Vielfalt und innere Ordnung und damit nicht mehr beliebig veränderbare Komplexität ab.

Der Vorteil dieses Konzepts liegt darin, daß es zum einen die funktionale Bedeutung sozialer Systeme herausstellt, zum anderen die Verflechtungen von sozialen Systemen in einer Gesellschaft thematisiert. Man muß aber gegen dieses Theoriekonzept einwenden, daß es historische Entwicklungen und vor allem den Prozeß der Institutionalisierung vernachlässigt; daß die Bedeutung von sozialen Netzwerken zwischen Systemen und die darin eingelagerten Abhängigkeiten, Verpflichtungen und Solidaritäten unberücksichtigt bleiben; daß Konflikte weitgehend ausgeklammert werden; daß positive Funktionen im Vordergrund stehen, aber Dysfunktionen wenig Beachtung geschenkt wird.

Die Systemtheorie von Luhmann

In der *Luhmann*schen Systemtheorie wird vor allem die These der (funktionalen) Einbettung sozialer Systeme in eine Gesellschaft grundsätzlich in Frage gestellt, und zwar (1.) dadurch, daß die Systemautonomie mit den Konzepten der Autopoiese, der Selbstreferenz und der operativen Geschlossenheit in den Mittelpunkt gerückt wird, und (2.) indem statt Strukturkategorien Prozeßkategorien in den Vordergrund treten. Dieser Ansatz lenkt die Aufmerksamkeit vor allem auf den Binnenraum, also darauf, wie Systeme ihre inneren Strukturen selbst gestalten und welche Programme sie entwickeln, um ihre eigenen Probleme zu lösen.

Unter einem System werden solche sozialen Gebilde verstanden, die sich durch Mechanismen der Selbstreproduktion von ihrer Umwelt abgrenzen und sich in ihrer Umwelt eigenständig erhalten. Sie befinden sich in einem Zustand, in den sie sich selbst versetzt haben. Dies ist gemeint, wenn von „autopoietischen Systemen" gesprochen wird. Soziale Ordnungen entstehen nicht durch Rückgriff auf standardisierte Lösungen, sondern dadurch, daß sich die Akteure solange aufeinander einrichten, bis ein relativ stabiles Verhalten verwirklicht wird. Sport wie andere soziale Systeme erzeugen ihre Differenz zu anderen selbst und reproduzieren sie stets von neuem. Damit entwickeln soziale Systeme eine Eigendynamik; sie sind von außen nicht steuerbar, allenfalls beeinflußbar, d. h., Binnenzustände des Systems können von außen nicht determiniert, sondern allenfalls ausgelöst werden, und zwar nach Maßregeln, die das System selbst festlegt.

Wenn Systeme in dieser Form stets auf sich selbst bezogen, also „selbstreferenziell" bleiben, stellen sich zwei Fragen: (a) wie das Verhältnis zur sozialen Umwelt gestaltet ist, und (b) woran sich Entscheidungen in Systemen orientieren. Die erste Frage wird mit Verweis darauf beantwortet, daß soziale Systeme einen je eigenen Sprachfilter, einen „Code" entwickeln, mit dem sie relevante Informationen aufnehmen und verarbeiten. So wird etwa gesagt, daß das System Wissenschaft alle Informationen danach beurteilt und selektiert, ob sie der Wahrheitsfindung dienen oder nicht – alle anderen Informationen (etwa, diese Informationen kommen von Männern, Professoren, ethischen Minderheiten o. ä.) sind lediglich irrelevantes Rauschen, das ausgefiltert wird. Politische Systeme interessiert nur, was der Machterhaltung/dem Macht-

[handwritten margin notes: Autonomie in jedem System; Luhmann; Code: Sieg + Niederlage]

gewinn dienlich ist. Entscheidungen in der Wirtschaft werden ausschließlich unter dem Gesichtspunkt gefällt, ob sie die Liquidität sichern oder nicht. Solche Codes stecken den Rahmen einer Orientierung ab, innerhalb dessen Handeln als sinnhaft interpretiert werden kann.

In diesem Paradigma wird von einigen Sportsoziologen auch der Sport als selbstreferentielles System interpretiert. Danach entfaltet Sport seinen eigenen Sinn durch den Code „Sieg" bzw. „Niederlage". Aus dieser Dichotomie ergeben sich Handlungsorientierung und Deutungsmuster des Handels im Sport, unabhängig davon, wer wann wo Sport treibt *(Schimank* 1988, 1995). Selbstreferentiell bedeutet dabei, daß (a) der Sport seine Siegeskriterien selbst festlegt, daß (b) in die Bewertung sportlicher Leistungen keinerlei außersportliche Kriterien (etwa Bildungsniveau der Sportler, politischer Einfluß, finanzielle Potenz etc.) eingehen und (c) der Sport autonom die sportartenspezifischen Regeln dafür festlegt, in welcher Form und unter welchen Bedingungen sportliche Leistungen erbracht werden sollen und wann ein Sieg errungen ist.

Mit dieser Systemtheorie treten folgende Probleme auf: Zunächst ist fraglich, ob das System „Sport" überhaupt einen generellen Code (wie Wirtschaft, Politik oder Wissenschaft) ausbildet. Nicht bei allen Systemen nämlich ist dies der Fall. *Luhmann* nennt selbst als Beispiel Bildung und Gesundheit. Aber selbst wenn ein solcher genereller Code für den Sport bestünde, ist fraglich, ob „Sieg – Niederlage" ein solcher Code ist. *Luhmann* erkennt nämlich ausschließlich Macht, Wahrheit, Geld und Liebe als solche Codes an. Wenn aber Sport keinen dieser Codes verwendet, ist fraglich, wie er seine Grenzen aufrechterhält und als geschlossenes System bestehen kann.

Man kann das soziale System Sport so definieren, daß es dort nur um Sieg oder Niederlage geht; dann kann dies jedoch nichts erklären. Man kann auch schlicht behaupten, daß es im Sport nur um Sieg oder Niederlage ginge. In diesem Fall ist es tautologisch, wenn gesagt wird, alle Informationsverarbeitungen richten sich eben an der Erreichung dieses Ziels aus. Man kann (und muß) dieses Ziel aber auch hypothetisch unterstellen. Dann aber muß empirisch überprüft werden, woran sich Entscheidungen ausrichten. Dann genügt es nicht, wie *Schimank* (1988) dies macht, daß man einzelne Gegenbelege als pathologisch abtut. Systemtheoretische Konstrukte können empirische Überprüfungen nicht ersetzen – und dann wird man feststellen, daß diese Situationsdefinition „Sieg – Niederlage" allenfalls für das traditionelle Sportmodell gilt (vgl. S. 35), daß möglicherweise und hoffentlich Trainer von Kinder- und Jugendmannschaften sich beispielsweise nicht nur daran orientieren und daß – wie viele empirische Untersuchungen zeigen – die Informationsselektion in vielfältiger Form ökonomische und andere Rahmenbedingungen mit einbezieht, und es keineswegs schlicht um „Sieg oder Niederlage" geht.[9]

Münch (1986) macht daher darauf aufmerksam, daß diese Theorie wesentliche Merkmale moderner Gesellschaften nicht erklären kann: Differenzierung sei in modernen Gesellschaften immer zugleich auch mit gegenseitiger Pene-

[handwritten margin notes: Probleme; Weiterentwicklung der ...]

---

[9] Vgl. dazu zusammenfassend *Heinemann* (1995).

[handwritten: Kritik an Luhmann: ↓]

[handwritten right margin: Ohne wechselseitige Beeinfl. → zusammen bnch nach münch]

tration verbunden; nicht gegenseitige Abschottung und Autonomie, sondern wechselseitige Beeinflussung und Verflechtung etwa der kulturellen, ökonomischen und politischen Sphären sei Voraussetzung für die Bildung neuer ethisch-moralischer Ordnungen und immer weitergehender Selbstentfaltung. Ohne diese wechselseitige Verflechtung würden Daseinsbereiche eine Eigendynamik entwickeln, die letztlich verhindert, daß eine gesellschaftliche Ordnung entsteht. Gerade die wechselseitige Beeinflussung, also die „Interpenetration" verschiedener Daseinsbereiche, habe zu jener Ausprägung z. B. von Wirtschaft, Politik und eben auch Sport geführt, wie wir sie heute vorfinden. Daß etwa im Sport Solidarität, Fairneß, Verantwortlichkeit und Gemeinschaftssinn große Bedeutung besitzen, läßt sich kaum bloß aus Entscheidungen innerhalb eines Systems ableiten. Erst in dieser wechselseitigen Verflechtung entstehen gemeinsame normative Grundmuster, ist eine „ethische Durchdringung der Welt" möglich *(Münch* 1986).[10]

Natürlich kann man sagen, daß Entscheidungen in Vereinen auf vorangegangenen Entscheidungen in Vereinen resultieren – aber der strukturelle Rahmen des Vereins, begründet im Vereinsrecht, ist doch außerhalb des Vereins konstituiert, und ohne ihn sind Entscheidungen innerhalb des Vereins nicht denkbar und verstehbar.[11] So kann sich auch der Sport in modernen Gesellschaften trotz der Prozesse der zunehmenden Differenzierung nur durch Interpenetration mit anderen gesellschaftlichen Daseinsbereichen entfalten. Daher ist auch der Sport als ein offenes, sozio-kulturell durchwebtes Subsystem der Gesellschaft zu verstehen. Dies ist also auch mehr als der Austausch zwischen Systemen, der in der strukturell-funktionalen Theorie angesprochen ist.

Prozeß- und Figurationstheorie

Die Prozeß- und Figurationstheorie von *Elias* spielt zwar in der Soziologie generell keine so große Rolle wie die zunächst angesprochenen Ansätze. Für die Sportsoziologie haben jedoch *Elias* und vor allem seine Schüler *Dunning, Murphey, Maguire* u. a. einige beachtliche Beiträge auf der Grundlage dieses theoretischen Konzepts geliefert. Dies rechtfertigt es, auch diesen Ansatz kurz vorzustellen:[12] *Elias* möchte die in vielen traditionellen soziologischen Denk-

---

[10] So muß man z. B. feststellen: Das rationale Nutzenkalkül setzt sich nicht selbst seine Grenzen; gerade deshalb ist die Bindung des Handelns an verbindliche, außerhalb des Sports begründeter Normen und ethischer Werte unerläßlich, wenn vermieden werden soll, daß es destruktiv wirkt. Kurz: ökonomische Rationalität erfordert eine Bindung an eine Außenmoral, damit es regulierbar, berechenbar und vertretbar wird *(Heinemann* 1995, 58), vgl. dazu Kap. 7.4, S. 272–279.

[11] Eine ausführliche Kritik der *Luhmann*schen Systemtheorie findet man u. a. bei *Esser* (1995).

[12] Ausführliche Informationen finden sich in dem Überblicksartikel von *Krüger* (1997) und *Krüger* (1996). Zusammenfassend dargestellt ist dieser Ansatz bei *Elias* (1970; 1987). In dem von *Dunning/Rojek* (1992) herausgegebenen Sammelband sind Aufsätze zur Sportsoziolgie zusammengefaßt, die die Leistungsfähigkeit dieses Ansatzes illustrieren sollen.

ansätzen vorherrschende Trennung von Individuum/handelndem Menschen einerseits und Gesellschaft/System/Organisation/Institution andererseits, wie sie ja auch in den eben dargestellten Konzepten typisch ist[13], aufheben. Einen soziologischen Ansatz (etwa der der Systemtheorie), in dem Menschen allenfalls als „Umwelt" vorkommen, ebenso wie eine Theorie, in der Menschen völlig autonom handeln und „ihre" Wirklichkeit konstruieren und damit auch eine Soziologie, in der Gegenwart nicht als historisch entstanden erklärt wird, lehnt *Elias* als unzulänglich ab. Zwar handeln die Menschen eigenverantwortlich; aber dadurch, daß sie in vielfältige Netzwerke sozialer Beziehungen, Abhängigkeiten und Verpflichtungen, sozialer Zwänge und gesellschaftlicher Macht, also in sozialen Figurationen handeln, ergeben sich Entwicklungen, die sich ihren Intentionen und ihrem Einfluß entziehen. Das Zusammenleben von Menschen hat stets eine bestimmte Gestalt. Menschen können sich ebenso wie diese Figurationen verändern, seien sie noch so autonom; sie können nicht ohne diese Einbindung in Figurationen leben, aber umgekehrt können auch Figurationen nie autonom im Verhältnis zu den handelnden Individuen sein. Beide können sich verändern; aber die Veränderungen, die sich ergeben, verweben beide Seiten untrennbar miteinander. Soziale Ordnungen entwickeln sich erst in diesem Wechselspiel von individuellem, eigenverantwortlichem Handeln und der Weiterentwicklung von Systemen.

Auf dieser Grundlage deutet *Elias* den Prozeß der Zivilisation als Ergebnis
• zunehmender Arbeitsteilung, Spezialisierungen, wechselseitiger Abhängigkeiten und damit der Verlängerung der Handlungsketten;
• der Durchsetzung des staatlichen Gewaltmonopols und damit der Kontrolle von Gewalt und Aggression;
• der Verinnerlichung von zunächst von außen vorgegebener Zwänge: „Das Verhalten von immer mehr Menschen muß aufeinander abgestimmt werden, das Gewebe der Aktionen immer genauer und straffer durchorganisiert sein, damit die einzelnen Handlungen darin ihre gesellschaftliche Funktion erfüllen. Der einzelne ist gezwungen, sein Verhalten immer differenzierter, immer gleichmäßiger und stabiler zu regulieren" *(Elias* 1977, 317). Was zunächst als (äußerer) Fremdzwang entsteht, entwickelt sich im Prozeß der Zivilisation zunehmend zu einem Selbstzwang, d. h., der Zwang wird verinnerlicht und als eigener Handlungsantrieb erlebt. Zunehmende Bändigung der Emotionen, Vorrücken der Scham- und Peinlichkeitsschwelle, Kontrolle der Gewalt sind Beispiele für diesen Prozeß.

Der Vorteil dieses Konzepts liegt darin, daß es den Sport in eine längerfristige historische Entwicklung der modernen Zivilisationen einbettet und kulturelle Relativität verständlich macht. Der Nachteil ist, daß es sich dabei nicht um ein in sich geschlossenes theoretisches Paradigma handelt. Das Konzept von *Elias* ist daher eher als Aufforderung zu verstehen, bei der Analyse soziologischer Tatbestände den Prozeßcharakter des Wechselspiels sozialen Handelns und seiner Einbettung in Figurationen nicht aus dem Auge zu verlieren.

---

[13] ... und von Elias als „homus clausus" diskreditiert wurde.

Bei allen Theorien handelt es sich um hochabstrakte und selektive Konstrukte. Keine kann eine substanzielle Aussage über den Sport, die Sportorganisationen, den Sportler etc. machen. Theorien sind wechselnde Standorte mit je selektierenden Blickwinkeln. Dieser Einführung liegt daher kein bestimmtes theoretisches Konstrukt zugrunde. Vielmehr sollen Elemente der einzelnen Theorieansätze in jeweils unterschiedlicher Form verwendet und Sport in wechselnden Perspektiven sowohl als soziale Interaktion, als soziale Situation, als soziales System und eingebunden in verschiedene Figurationen interpretiert werden.

Soziolog. Theorieansätze

① Individualist. Theorien
(indiv. Handeln)

② Interpret. Ansätze
(symb. Interaktion)

③ Systemtheor. Ansätze
(soziale Syst. nicht reduzierbar
auf Handl. einzelner → wird
durch das soz. Syst. konstituiert)

④ Strukturell - funktion. s.
(best. Problembew.
Spezialisierung auf
ein Themenbereich
→ Höchstleistungen)

⑤ Systemth. von Luhmann
(Autonomie in jedem
Syst. / (ode))

⑥ Prozess- und Figura-
tionstheorie

ILIAS, basiert auf
Weiterentwicklung d.
Systems + Veränderungen
des Individuums
selbst in Bezug auf
Einbindung in die
Figurationen

2 Konzepte einer Soziologie des Sports

2.1 Was versteht „man"[14] unter Sport?

Sport als soziales Konstrukt

Es gibt eine Reihe von Untersuchungen darüber, wie häufig die Einwohner einer Stadt bzw. eines Landes Sport treiben. Aber Ergebnisse solcher Untersuchungen sind nur dann informativ, wenn bekannt ist, was jeweils unter „Sport" verstanden wurde. Doch bereits innerhalb einer Untersuchung können die einzelnen befragten Personen mit „Sport" je Unterschiedliches verbinden. Vor allem aber sind die Ergebnisse verschiedener Untersuchungen selten miteinander vergleichbar, weil sie meist unterschiedliche Definitionen von „Sport" zugrunde legen.[15]

Die Probleme, die sich auftun, wenn man bestimmen will, was unter Sport verstanden wird, sind immens; denn (1.) verbinden verschiedene Personengruppen mit dem Begriff „Sport" etwas gänzlich Verschiedenes – so kann etwa jemand, der mit seinem Hund „Gassi geht", dies (nicht nur für den Hund) als höchst sportlich einstufen; für andere sind nur Golf und Segeln „wahre" Sportarten, während wiederum bei anderen Sport erst bei einem Marathonlauf, für den man täglich trainiert, beginnt; (2.) verändern sich diese Vorstellungen im Lauf der Zeit – viele Bewegungsangebote, die etwa von kommerziellen Sportanbietern gemacht werden, hat man vor 15 Jahren keineswegs dem Sport zugeordnet, heute wird man sie selbstverständlich für Sport halten[16]; (3.) gibt es von Land zu Land große Unterschiede – bei dem Versuch, eine vergleichende Studie zum Sportengagement in verschiedenen Ländern durchzuführen, drangen die Schweden darauf, „Pilzesammeln" mit aufzunehmen, da dies in ihrem Land eine besonders beliebte Sportart sei, die Italiener hielten „Vogeljagd" für unverzichtbar, in Deutschland ist der Schachbund Mitglied der Deutschen Sportbundes; (4.) sind „man" auch Institutionen, die Festlegungen entsprechend ihrer jeweiligen Interessen vornehmen – der DSB definiert Sport (als Aufnahmekriterium) anders als ein Freizeitsportverband und der wiederum anderes als der Fitneßstudioverband; (5.) gibt es eine kaum noch übersehbare

---

[14] Da „man" mit einem „n" geschrieben ist, umfaßt man auch frau. Dies ist eine grundsätzliche Feststellung. Natürlich sind Sportler, ehrenamtliche Mitarbeiter, Trainer, Schiedsrichter Männer und Frauen. Aber das, was selbstverständlich ist, soll nicht durch eine unschöne Schreibweise (Innen) immer wieder zum Ausdruck gebracht werden.

[15] Ausführlich ist dieses Problem bei *Hartmann-Tews* (1996, 92–96) behandelt und belegt.

[16] Deshalb sind auch Aussagen problematisch, das Sportengagement habe im Laufe der Zeit zugenommen oder im Land A sei das Sportengagement höher als im Land B.

Fülle von Bemühungen von Sportwissenschaftlern zu definieren, was Sport *ist*
– und jeder behauptet von seiner Definition, sie und nur sie sei richtig, alle anderen daher falsch.[17]

Ist eine Soziologie des Sports also überhaupt möglich, wenn ihr Gegenstand so diffus und uneinheitlich verstanden wird? Zumindest sollte man Klarheit darüber haben, was diesen verschiedenen Konzepten und Bildern des
Sports gemein ist, so daß ein erstes gemeinsames Verständnis darüber erzielt
ist, was der Gegenstand einer Soziologie des Sports ist.

**„Sport" ist ein soziales Konstrukt. Nicht ein Bewegungsablauf – Laufen,
Springen, Werfen usw. – ist bereits Sport; gleiche Bewegungsabläufe finden
wir auch in der Arbeit. Zu Sport wird er erst durch eine situationsspezifische Rezeption und Bedeutungszuweisung durch die Handelnden etwa
als „zweckfrei", „erholsam", „gesund", „unproduktiv" „fair", „risikoreich",
„leistungsorientiert", „wettkampfbezogen", „kommunikativ", „freudvoll"
usw. und indem andere Merkmale wie z. B. „Schweiß", „Anstrengung",
„Routine", „Monotonie" als nicht konstitutiv ausgeklammert werden. Erst
durch solche „Konstruktionsmuster" entsteht ein Bedeutungsfeld, in dem
eine Aktivität als Sport interpretiert wird. Nur über solche Konstruktionsmuster werden zum Teil heterogene Handlungsstrukturen als Sport identifiziert (*Franke* 1978, 140).**

Fragen wir also, mit welchen Merkmalen das Bedeutungsfeld entstehen
kann. Offensichtlich muß man von folgenden vier konstitutiven Elementen ausgehen:

- *Körperliche Bewegung:* also eine spezifische Form des Umgangs mit dem
  Körper, des Zugangs zum Körper und die dafür notwendigen Fähigkeiten,
  Fertigkeiten und Kenntnisse, z. B. der Motorik, der Kraft, der Schnelligkeit,
  der Ausdauer.
- *Wettkampf:* also Leistungsvergleich, bei dem zu Beginn eines Wettkampfes
  die Teilnehmer als gleich, am Ende als ungleich entsprechend des erzielten
  Ergebnisses definiert werden.
- *Sportartenspezifisches Regelwerk:* also eine spezifisch sozial organisierte
  Form des Umgangs mit dem Körper; Sport ist nicht (nur) durch konkrete
  Handlungen, sondern durch ein Bündel von Regelungen definiert;
- *Unproduktivität:* Handlungen im Sport zielen nicht darauf, Produkte (wie z. B.
  in der Arbeit) zu erstellen oder ein Werk (wie z. B. in der Kunst) zu schaffen.[18]

---

[17] Vgl. zu Aussagegehalt und Problemen von Definitionen und zur Unsinnigkeit solcher
Behauptungen, eine Definition sei richtig oder falsch, *Heinemann* (1998 a).

[18] Nun könnte man darauf verweisen, daß Sport oft dem Einkommenserwerb dient,
Gesundheitsfunktionen erfüllt, Nationalbewußtsein steigern kann etc. Dies ist sicherlich richtig. Aber dem widerspricht nicht, daß der Wettkampf und sein Ergebnis nur
einen Wert in sich selbst haben. Vermarktet etwa wird das Ereignis, nicht das Ergebnis, gesund ist die Handlung, nicht der Gewinn des Wettkampfes etc. Man kann diese Aussage auch aus der These (vgl. S. 28) ableiten, daß das den Sport tragende
Selbstverständnis „Gewinnen – Verlieren" ist, daher etwa solche Nutzenerwägungen
außerhalb dieses Codes liegen.

Modelle des Sports

Aus diesen vier Konstruktionselementen werden nun verschiedene Modelle des Sports dadurch gebildet, daß entweder alle diese Elemente als unerläßlich eingestuft werden oder indem auf mindestens eins, oft aber auf mehrere dieser konstitutiven Elemente ganz oder zumindest teilweise verzichtet wird. Das Ergebnis dieser Bedeutungskonstruktionen ist in Abb. 3 zusammengefaßt.

	Körperliche Bewegung	Leistungs- prinzip	Sportartentypisches Regelwerk	Unproduktiv
Traditioneller Wettkampfsport	gegeben	gegeben	gegeben	gegeben
Professioneller Showsport	gegeben	gegeben	gegeben	nicht gegeben
Expressives Sportmodell	gegeben	bedingt gegeben	nicht gegeben	gegeben
funktionalistisches Sportmodell	gegeben	bedingt gegeben	nicht gegeben	nicht gegeben
traditionelle Spielkulturen	gegeben	bedingt gegeben	bedingt gegeben	gegeben

Abb. 3: Ausdifferenzierung des traditionellen Sportmodells

Danach ergibt sich die folgende Kennzeichnung der verschiedenen Modelle des Sports:

1. *Traditionelles Sportmodell:* In diesem Modell sind alle Konstruktionsmerkmale gegeben. Im einzelnen besagt dies: Wenn auch auf verschiedenen Leistungsniveaus – im Breiten-, Leistungs- und Hochleistungssport – so gilt doch, daß klar bestimmte Leistungsziele in einem disziplinierten, langfristig angelegten Training zu verwirklichen sind. So kann auch eine Einheit des Sports in einem Pyramidenmodell abgebildet werden, in dem Breiten- und Leistungssport organisch miteinander verknüpft erscheinen. Sport in diesem Modell wird durch ein eindeutiges (sportartenspezifisches) Regelwerk definiert, mit dem er als Wettkampf organisierbar und organisiert wird. Dieser Sport ist durch eine spezifische Wertstruktur gekennzeichnet. Sport in diesem Modell ist unproduktiv; er erfährt dadurch (z. B. gegenüber Alltags- und Arbeitshandlungen) einen spezifischen Bedeutungsinhalt, daß er nicht unter (z. B. kommerzielle) Nützlichkeitserwägungen und existentielle Zwänge fällt; er ist weitgehend konsequenzenlos und verweist in seinen Ergebnissen ausschließlich auf sich zurück. Jedenfalls enthält das „Kampfspiel in seiner soziologischen Motivierung absolut nichts als den Kampf selbst" (*Simmel* 1958, 200).

2. *Showsportmodell:* Bei diesem Modell bleiben die konstitutiven Variablen des traditionellen Modells erhalten; allerdings ist der Sport nicht mehr zweckfrei. Vielmehr wird Sport – insbesondere der Zuschauersport – Teil der Unterhaltungsprogramme und damit eingebunden in ein kaum noch übersehbares

Netzwerk kommerzieller Interessen, in dem folgende Gruppierungen miteinander verknüpft sind: Die jeweiligen Vereine, die Fachverbände, die für Planung, Organisation und Überwachung der Wettspiele zuständig sind; die (meist professionellen) Spieler, die Schiedsrichter, Trainer, Betreuer und ihre Organisationen bzw. Manager; die Zuschauer in den Stadien und vor den Fernsehgeräten; die mit dieser Unterhaltungsindustrie verbundenen Wirtschaftszweige wie Fernsehen, Printmedien, Inhaber der Stadien etc.; die Anbieter für Sportgerät, Sportzubehör und Sportkleidung. Damit wird die Verwertung von Unterhaltung in unterschiedlicher Form perfektioniert – als Kommerzialisierung von Sensationen (etwa erwarteter Aggressionen) von Risiken mit Lebensgefahr (z. B. Autorennen) und Klamauk (mit Bezügen zur Artistik) bzw. als Kommerzialisierung von Entertainment (etwa durch die Anreicherung traditioneller Sportarten mit Entertainmentelementen) (*Rittner* 1989).

3. *Expressives Sportmodell:* Im expressiven Sportmodell wird Sport auf einen bestimmten Typus unproduktiver körperlicher Bewegungen reduziert, in dem zwar Elemente der Leistung noch identifizierbar sein können, die aber nicht mit dem Bestreben nach Leistungsvergleich und (zukunftsbezogenem) Bemühen um ständige Leistungssteigerung verknüpft werden. Dieses Sportmodell leitet sein Selbstverständnis und seine Moral aus Werten und Normen wie „Spaß", „Freude", „Selbst- und Eigenwelt", vor allem aber „Erleben" ab. Es wird nicht mehr „Sport" im traditionellen Verständnis getrieben. Gesucht werden vielmehr Erlebniswerte; das unmittelbare Erlebnis rückt in das Zentrum des Sporttreibens. Sport soll gegenwartsbezogenes, freudvolles Erleben und die Ausblendung von Alltag, Zukunft und Zweck ermöglichen. Leistungsmomente und Wettkampfelemente treten in den Hintergrund.

4. *Funktionalistisches Sportmodell:* In diesem Modell wird Sport instrumentell verstanden; Sinn und Strukturen des Sports werden also vor allem aus verschiedenen, insbesondere auf den Körper bezogenen Funktionen abgeleitet. Verschiedene Ansprüche an den Sport verselbständigen sich in diesem Modell. Sport ist nicht mehr alles zugleich. Spezifische Effekte werden unter Vernachlässigung anderer Effekte bewußt produziert. Im Fitneß-Studio erfolgt Körperformung, beim Yoga sucht man Entspannung, beim Trimm-Lauf erhofft man sich Gesundheit. Mit dem Wunsch nach Körperformung, nach Gewichtsabnahme, nach Fitneß-Steigerung, nach körperlichem Wohlbefinden wird ein Nutzenbewußtsein adäquat aufgegriffen und spezifisch bedient. So wie es auf der einen Seite eine Verselbständigung der Motivkomplexe – Gesundheit, Fitneß, Spaß, Wohlbefinden, Spannung – gibt, finden wir auf der anderen Seite neue Formen der funktionsspezifischen Inszenierung. Man kann dies als Effizienzsteigerung durch Differenzierung und damit als gezielte Anpassung an spezifische, aber individualisierte Wünsche beschreiben. Was nicht dem unmittelbaren Bedürfnis entspricht – etwa Übungsbetrieb, Rituale, langfristiges Training – wird als unnötiger Ballast abgeschoben.[19]

---

[19] Mit der Ausdifferenzierung dieses Sportmodells entsteht für dem Sport eine vielfältige Substitutionskonkurrenz, denn: Je ausgeprägter die Differenzierung ist, um so größer wird die Wahrscheinlichkeit, daß Angebote außerhalb des Sports entstehen,

Abb. 4: Traditioneller Sport: Castellers in Katalonien.

5. *Traditionelle Spiel- und Sportkultur:* Zu beobachten ist in den letzten Jahren eine Wiederbelebung traditioneller, in diesem Sinn vorindustrieller Spiel- und Bewegungskulturen. Dabei werden sowohl Spieltypen wiederentdeckt, die bereits in Vergessenheit geraten waren, andere, zwar noch bekannte, aber wenig praktizierte Spielformen werden wieder stärker gepflegt, wiederum andere erhalten einen Wert als Touristenattraktion (vgl. z. B. *Renson* 1997). Diese Zunahme des Interesses an traditionellen Spielkulturen – sichtbar etwa an einer Reihe neuer Publikationen, an neuen, auch international wirkenden Organisationen und Kongressen[20] – ist zu erklären (a) aus der Suche nach Möglichkeiten lokaler Identifikation, (b) einer Opposition gegen eine Vereinnahmung durch eine globale Kultur und (c) einem Rückbesinnen auf die Wurzeln der eigenen Kultur.

Es entstehen unterschiedliche Sportmodelle mit unterschiedlichen Konstruktionsmustern. In diesen Modellen werden in unterschiedlicher Zusammensetzung einzelne konstitutive Merkmale in unterschiedlicher Kombination zusammengefügt. Je nachdem, wie diese Konstruktion erfolgt, werden Handlungsmuster als Sport identifiziert. Eine solche Konstruktion erfolgt von verschiedenen Personengruppen, in verschiedenen Ländern und zu verschiedenen Zeiten in je unterschiedlicher Form, so daß das geschilderte diffuse Bild des Sports entstehen muß. Daraus ergibt sich allerdings das Problem, das letztlich für jedes dieser Modelle eine eigene Soziologie des Sports entwickelt werden müßte; denn jedes dieser Modelle wird von eigenen Wertorientierungen und Rechtfertigungen getragen, ist unterschiedlich attraktiv für verschiedene Personengruppen, ist in unterschiedlichem Ausmaß kommerzialisiert und wird schließlich auch verschieden organisiert sein.

---

die sich ebenfalls an Präferenzen richten, deren Befriedigung in den verschiedenen Modellen des Sports in Aussicht gestellt wird: Geselligkeit kann auch in Gesangsvereinen, Körperformung durch Diät, Schönheit unter einem Solarium, Spaß in der Spielhalle, Spannung und Abwechslung auch durch Erlebnisreisen erreicht werden. Je spezifischer und abgegrenzter die Motive sind, um so mehr Alternativen kommen ins Spiel, gegenüber denen der Sport seine Besonderheiten demonstrieren und verteidigen muß; um so schwerer wird es, Mitglieder/Kunden zu binden; um so schwerer wird es, eine Sonderstellung des Sports (etwa im Sinne der Gemeinnützigkeitsförderung) zu legitimieren. Allerdings gilt auch spiegelbildlich: Sport wird Substitutionskonkurrenz für vieles, was diese Nutzenerwartungen erreichbar macht. Sport wird für viele nunmehr attraktiv, weil er zielgenau den Nutzenerwartungen entsprechend gestaltbar und vom Ballast seiner Multifunktionalität befreit werden kann.

[20] Deutlich sichtbar und beschrieben in dem Schwerpunktheft des „Journal of Comparative Physical Education and Sport" 19/2 1997 über „Traditional Games".

2.2 Schwerpunkte sportsoziologischer Forschung

Auf drei verschiedenen Wegen können Gegenstand, Problemstellungen und Selbstverständnis einer Soziologie des Sports bestimmt werden: Man kann fragen, was die Gründungsväter unter Sportsoziologie[21] verstanden haben; man kann pragmatisch behaupten, Sportsoziologie sei das, was Sportsoziologen machen, wenn sie das machen, was sie für Sportsoziologie halten; man kann aber auch versuchen, systematisch die Sportsoziologie innerhalb der Sportforschung und im Kanon der verschiedenen speziellen Soziologien zu verorten. Alle drei Wege sollen in diesem Kapitel beschritten werden, um so ein möglichst facettenreiches Bild darüber zu zeichnen, was Soziologie des Sports *ist.*

Ziel dieses Kapitel ist es (1.) deutlich zu machen, mit welchen Themen sich die Sportsoziologie beschäftigt, (2.) zu erläutern, welches der augenblickliche akademische Status dieses Faches ist und (3.) jene Probleme vorzustellen, denen sich dann die folgenden Kapitel zuwenden werden.

Entwicklung der Sportsoziologie

Bereits 1921 veröffentlichte *Risse* eine Soziologie des Sports, die sich kulturkritisch mit dem Sport beschäftigte. Aber diese Arbeit blieb weitgehend unbeachtet; sie hatte für die Begründung und weitere Entwicklung einer Sportsoziologie kaum Bedeutung. Wichtig ist vielmehr die Arbeit von *Plessner* (1952), in der die folgende These zur Diskussion gestellt wurde: Die Entwicklung der modernen Industriegesellschaft mit ihrer zunehmenden Mechanisierung und Spezialisierung bringe zwei gravierende Nachteile mit sich. Zum einen komme der Körper nicht mehr zu seinem Recht. Bewegungsarmut, einseitige körperliche und nervliche Belastungen und Entlastungen führen zu Zivilisationskrankheiten, die sich in Statistiken über die Zunahme von Herzinfarkten, von Managerkrankheiten, von allgemeinen Verschleißerscheinungen bis hin zu Haltungsschäden belegen lassen. Autos und Fahrstühle verursachen Bewegungsarmut. Angestellte sind an ihre Schreibtische, Arbeiter mehr und mehr an Steuerungspulte und Fließbänder gebunden, an denen sie nur einseitige, monotone Handgriffe auszuüben haben. Zum anderen hat der einzelne in der industriellen Arbeitswelt nur noch anonyme, auswechselbare Teilfunktionen auszuüben. Es werden zwar hoch spezialisierte Leistungen von ihm gefordert, als Person ist er jedoch nicht mehr geachtet und anerkannt. Der einzelne wird zu einem anonymen „Rädchen in einem Getriebe", das er selbst kaum noch überblicken kann. Diese Erfahrungen in der industriellen Arbeitswelt lassen deshalb das Bedürfnis entstehen, irgendwo noch als Mensch sichtbar zu bleiben, gesehen zu werden, Anerkennung zu finden, schöpferisch-gestaltend tätig zu sein, aber auch die Lust zu sehen, bewundert zu werden und zu bewundern. Das bevorzugte Feld zur Verwirklichung dieser von der Arbeitswelt

---

[21] Soziologie des Sports und Sportsoziologie werden synonym verwendet.

versagten Wünsche und Erwartungen bietet der Sport. Sport sei eine Aus-
gleichsreaktion „gegen die Anonymität des einzelnen in der Masse und der
Widerstand gegen die Entfremdung aller für alle durch die Intellektualisierung
des heutigen Lebens" (*Plessner* 1970, 10).

Insbesondere *Habermas* (1958) hat die Diskussion dieser Thesen fortgeführt, in dem er sie auf das gesamte Freizeitverhalten ausdehnt: Wie der einzelne seine Freizeit verbringe, sei stets durch Belastungen und Erfahrungen in
der Arbeit bestimmt: So wünsche man in der Freizeit entweder Regeneration
des Körpers von den Belastungen der Arbeit oder man setzt das in der Freizeit
fort, was man in der Arbeit erlernt hat und gewohnt ist[22] oder aber man sucht
in der Freizeit eine Gegenwelt, die die Fron der Arbeit vergessen läßt.

1968 legten *Linde* und *Heinemann* empirische Untersuchungen vor, in denen
zum einen Befragungsergebnisse zum Sportengagement von Beschäftigten,
zum anderen die Ergebnisse einer Auswertung von ca. 8500 Schulzeugnissen
über den Zusammenhang von schulischer und sportlicher Leistung zusammengefaßt wurden. Die Autoren setzen sich dabei kritisch und erstmals auch
empirisch belegt mit diesen Zusammenhängen von Sport und Arbeit auseinander. Aus den vorgelegten Befunden ergab sich, daß das Sportengagement
nicht aus den Erfahrungen der industriellen Arbeitswelt erklärt werden kann,
sondern Folge eines Selektionsprozesses ist. Gerade jene Personen nämlich,
die am stärksten den Arbeitsbelastungen ausgesetzt sind, die *Plessner* und
Habermas thematisierten, treiben am wenigsten Sport, obwohl sie nach den
genannten Theorien sportlich besonders aktiv sein müßten. Die Gegenthese
lautete: Personen, die erfolgreich im Beruf sind, besitzen Persönlichkeitsmerkmale, die sich auch im Sport gut einsetzen ließen und die im Prozeß der
Sozialisation geprägt würden. Nicht das Bedürfnis nach Kompensation von
Belastungen der Arbeit, sondern Sozialisation und Selektion bestimmen das
Sportengagement.

In dieser Zeit machte *Rigauer* (1969) auf Entwicklungen im Hochleistungssport aufmerksam, die zu Ähnlichkeiten des Sports mit der Arbeitsorganisa-
tion in der Industrie und in bürokratischen Verwaltungen führten. Die Grundprinzipien der industriellen Arbeitswelt, die sich in arbeitsteiliger Differenzierung, Spezialisierung und objektiver Leistungsbewertung niederschlagen, finden sich – so die These – in gleicher Form im Leistungssport wieder. Hier wie
dort sei die Leistung das zentrale Kriterium für soziale Planung; in beiden Bereichen sei ein organisierter Konkurrenzkampf konstitutiv; so wie in der Arbeit
habe sich auch im Sport das Rationalitätsprinzip mit seinen analytischen Trainingsmethoden, der langfristig, arbeitswissenschaftlich geplanten und erzeug-
ten Leistung niedergeschlagen. Der Sportler könne wie ein Arbeitsprodukt zur
Ware werden. Durch Schaulust oder durch kommerzielle oder politische Interessen motiviert, Leistungserwartungen gerecht zu werden, bestehe im Leistungssport ebenso wie in der Arbeit ein hoher Leistungszwang. „In der Industriegesellschaft sind bestimmte Arbeits- und Produktionsweisen zu gesell-

---

[22] Als typisch dafür werden do-it-your-self-Arbeiten genannt.

schaftlich so sehr dominierenden Verhaltensmustern aufgestiegen, daß sie normativ bis in die sogenannten Freizeitaktivitäten hineinwirken. Dem hat der Sport sich nicht entziehen können" (*Rigauer* 1969, 47).

Die ersten Sportsoziologen beschäftigten sich also vor allem mit Entwicklung und Stellung des Sports in der sich entfaltenden Industriegesellschaft. Dabei wurde besonders ausführlich das Verhältnis von Sport und (Industrie-) Arbeit thematisiert. Eine erste zusammenfassende Darstellung solcher Themen brachte das seinerzeit viel beachtete Büchlein von *von Krockow:* „Sport und Industriegesellschaft" (1972). In diesem Zusammenhang muß auch die Arbeit von *Eichberg* (1973) erwähnt werden, in der die Entwicklung des Sports sozialhistorisch mit der Entstehung von rationalem Denken und individueller Leistungsorientierung in Verbindung gebracht wird, Thesen, die später systematisch von *Guttmann* (1979) zusammengefaßt wurden.

In dieser ersten Phase ihrer Entwicklung wurde die Sportsoziologie von Soziologen vorangetrieben (z. B. *Eichberg, Grieswelle, Hammerich, Heinemann, Neidhardt, von Krockow, Linde, Lüschen, Weis*), die sich (neben anderen soziologischen Forschungsschwerpunkten) immer wieder Problemen des Sports zuwendeten. Das Interesse am Sport war in dieser Phase durch soziologische Fragestellungen bestimmt. Das Phänomen Sport wurde unter anderem deshalb als Untersuchungsgegenstand interessant, weil es oft besser als andere Bereiche die Möglichkeit bot, soziologische Theorien überschaubar und leichter kontrollierbar zu testen und zu ergänzen und Sport als Teil gesamtgesellschaftlicher Entwicklungen zu diagnostizieren. Es bestand noch keine Sportsoziologie als eigenständiges, etabliertes und anerkanntes Forschungsgebiet. Vielmehr wurde der Sport meist im Rahmen anderer Teildisziplinen der Soziologie wie der Gesellschaftstheorie, der Kultursoziologie, der Industriesoziologie, der Freizeitsoziologie, der Theorie sozialer Konflikte bzw. der Organisationssoziologie berücksichtigt. Die Sportsoziologen dieser Zeit waren auch weniger an einer soziologischen Durchdringung der inneren Gegebenheiten des Sports interessiert – oft hatten sie auch vom Sport wenig Ahnung – sondern daran, das Verhältnis von Sport und Gesellschaft besser erfassen zu können.[23]

In diese Zeit fielen aber schon erste Bemühungen, Sportsoziologie als eigenständige Disziplin wissenschaftlich-systematisch zu begründen und zu konstituieren. Beachtenswert sind dabei vor allem die Vorschläge von *Rittner* (1974), die Sportsoziologie in eine Soziologie des Körpers einzubinden. Aus diesem Vorschlag hat sich eine kontinuierlich verfolgte Diskussionslinie entwickelt, wie die Veröffentlichungen von *Klein* (1984), *Gebauer* (1988), *Baur* (1989), *Bette* (1989), *Hohner* (1985), *Kröner/Pfister* (1992) und *Eichberg*[24] belegen.

---

[23] Eine wichtige Ausnahme bilden dabei die empirischen Arbeiten von *Lenk,* der mit soziometrischen Tests den Einfluß von Konflikten auf die sportlichen Leistungen in Sportmannschaften nachweisen wollte.

[24] Die Arbeiten von *Eichberg* zu diesem Thema sind in dem von *Bale/Philo* (1998) herausgegebenen Sammelband zusammengefaßt.

Die Situation der Sportsoziologie in der ersten Hälfte der 70er Jahre wurde durch eine nicht immer tolerant ausgetragene Diskussion über Stellung und Abhängigkeiten des Sports in (kapitalistischen) Gesellschaften und damit über den Auftrag der Sportwissenschaften belastet. Eine an der sogenannten Frankfurter Schule[25] und zum Teil neo-marxistisch orientierte Sportkritik versuchte, den Sport auf seine „warenstrukturellen Bedingungen" zu reduzieren (*Rigauer* 1979), als Bestandteil einer Klassengesellschaft (*Vinnai* 1972) bzw. einer spätkapitalistischen Gesellschaft (vgl. etwa *Richter* 1972) zu deklassieren und die Sportpädagogik als „bürgerlich" (*Güldenpfennig* 1973) zu diffamieren.[26] Es besteht kein Zweifel, daß diese Diskussion lange Zeit die volle Anerkennung einer sozialwissenschaftlich orientierten Sportforschung vor allem durch die Sportorganisationen erschwert hat und Vorurteile aufbaute, die noch viele Jahre nachwirkten.

In der zweiten Hälfte der 70er Jahre entwickelte sich aus den ersten Anfängen eine eigenständige Soziologie des Sports. Es erschienen zunächst Sammelbände zur Sportsoziologie (*Hammerich/Heinemann* 1975/1979; *Lüschen/Weis* 1976, später *Kutsch/Wiswede* 1981); es folgten Einführungen in die Sportsoziologie (*Grieswelle* 1978; *Heinemann* 1980/1983/1990; *Rigauer* 1982, später dann *Voigt* 1992).[27] Professuren für Sportsoziologie wurden eingerichtet, vor allem weil mit einer wachsenden Bedeutung und Institutionalisierung der Sportwissenschaft die Sportsoziologie zunehmend auch Bestandteil der Sportlehrerausbildung wurde.

Parallel zu dieser fachwissenschaftlichen Entwicklung erfolgte die Etablierung der Sportsoziologie innerhalb der Sportwissenschaft bzw. der Sportwissenschaften. Die Sportsoziologie wurde zu einem ernst genommenen, allgemein anerkannten sportwissenschaftlichen Forschungs- und Lehrgebiet. Weniger gut konnte sie sich als spezielle Soziologie innerhalb der Soziologie etablieren. Das zeigt sich (a) an der Tatsache, daß die meisten sportsoziologischen Veröffentlichungen in sportwissenschaftlichen Zeitschriften erschienen sind (*Crum* 1988; *Winkler* 1995) und (b) daß alle Professuren und Dozenturen für Sportsoziologie Instituten bzw. Fachbereichen für Sportwissenschaft angehören.[28]

---

[25] Diese Schule – von *Horkheimer* und *Adorno* gegründet – versuchte, in der Verbindung der idealistischen deutschen Philosophie, des Marxismus und der Psychoanalyse *Freuds* die Lebensverhältnisse in einer kapitalistischen Industriegesellschaft in ihrer technisch-instrumentellen Rationalität und aufgrund einer totalen Bürokratisierung und Verwaltung des einzelnen zu erklären und Möglichkeiten einer radikalen Veränderung hin zu einem freiheitlich-humanen Sozialismus zu ergründen.

[26] Vor allem *Lenk* (1972) und *Schmitz* (1974) haben sich kritisch mit dieser Denkrichtung auseinandergesetzt.

[27] Eine hübsche vergleichende Darstellung dieser Einführungen hat *Deitersen-Wieber* (1994) versucht.

[28] Zusammenfassend ist der Entwicklungsstand der Soziologie des Sports bei *Heinemann* (1992), *Voigt/Thieme* (1993), *Voigt/Gries* (1993) und *Pilz* (1994) beschrieben worden.

Die Institutionalisierung der Sportsoziologie zeigt sich weiter in der Gründung und Arbeit von Wissenschaftsorganisationen: Eine Sektion „Sportsoziologie" besteht in der Deutschen Vereinigung für Sportwissenschaft. Daneben existiert eine Sektion Sportsoziologie innerhalb der Deutschen Gesellschaft für Soziologie, die aber keine besonders eigenständige Dynamik entwickeln konnte, denn Soziologen, die sich „nebenher" und zeitweilig mit sportsoziologischen Fragen beschäftigt hatten, zogen sich weitgehend aus diesem Feld zurück.

Im internationalen Bereich hat an der Entwicklung der Sportsoziologie die International Sociology of Sport Association (ISSA; früher unter dem Namen International Committee for Sociology of Sport – ICSS) großen Anteil. Es gibt drei Zeitschriften für sportsoziologische Fragestellungen: die International Review for the Sociology of Sport (herausgegeben von der ISSA); Sociology of Sport Journal (herausgegeben von der nordamerikanischen sportsoziologischen Vereinigung NASS) und Journal of Sport and Social Issues. Daneben werden in Deutschland vor allem in der Zeitschrift „Sportwissenschaft" sportsoziologische Artikel veröffentlicht.

Ausgewählte Themen der Sportsoziologie

Es kann nicht darauf ankommen, das gesamte Spektrum sportsoziologischer Forschung in Deutschland zu resümieren. Vielmehr sollen einige Forschungsschwerpunkte skizziert werden, mit denen auch im internationalen Vergleich Besonderes geleistet wird.

1. *Untersuchungen zu Sportorganisationen:* Besondere Bedeutung hat die Erforschung der Organisationen des Sports. Bereits 1966 hat Lenk einen ersten Entwurf einer Soziologie des Sportvereins vorgelegt. Die empirische Forschung begann mit der Karlsruher Vereinsstudie (*Schlagenhauf* 1977; *Timm* 1979); sie setzte sich fort mit der Kölner Verbandsstudie (*Winkler/Karhausen/Meier* 1985). Dazu kam die Untersuchung über Förderungseinrichtungen im Hochleistungssport (*Bette* 1984 a). Weiter zu nennen sind die Hamburger Untersuchungen über die Situation der Sportvereine (*Heinemann/Schubert* 1994), die von *Baur* u. a. (1995) für die neuen Bundesländer konkretisiert wurde, über kommerzielle Sportanbieter (*Dietrich/Heinemann/Schubert* 1990) und die Finanzsoziologie freiwilliger Vereinigungen (*Heinemann/Horch* 1990, *Horch* 1992); erwähnt werden soll schließlich die umfangreiche Untersuchung von *Emrich* (1996) über Olympiastützpunkte.[29] Damit verfügt die Sportsoziologie über vielfältige Daten über die Zusammensetzung der Mitglieder dieser Organisationen, die jeweiligen Angebote, die wirtschaftliche Lage, die Personalsituation, über Organisationskultur und Problemlagen, aber auch über ihre gesellschaftlichen Einbettungen. Wichtige theoretische Grundlagen zu diesen Arbeiten hat *Horch* (1983) mit seiner Untersuchung über Struktur-

---

[29] Einen zusammenfassenden Überblick über diese Arbeiten findet man bei *Horch* (1989).

besonderheiten freiwilliger Vereinigungen gelegt; denn die genannten Untersuchungen verstanden sich zugleich als Beiträge zur Weiterentwicklung einer Organisationssoziologie freiwilliger Vereinigungen; dazu hat *Horch* die erforderlichen theoretischen Grundlagen zur Verfügung gestellt.

2. *Untersuchungen zu Sozialfiguren im Sport:* Einen großen Raum nahmen weiter soziologische Untersuchungen zu jenen Personen ein, die im Sport agierten, oft mit dem Begriff „Sozialfiguren im Sport" zusammengefaßt. So wie es eine Soziologie des Unternehmers, des Studenten, des Arbeiters oder des Angestellten gibt, können auch Sportler, Trainer, Schiedsrichter, Zuschauer, ehrenamtliche und hauptamtliche Mitarbeiter als „Sozialfiguren" Gegenstand sportsoziologischer Forschung werden. So werden z. B. Aussagen und Erklärungen darüber zusammengestellt, aus welchen Sozialschichten sich Sportler verschiedener Sportarten rekrutieren, in welcher altersmäßigen Entwicklungsphase und durch welche Erlebnisse das Interesse für den Sport geweckt wird, wann dieses Interesse an der aktiven Sportausübung und der passiven Sportteilnahme erlischt, welches Berufsschicksal der Sportler, insbesondere der Spitzen- und Berufssportler hat. Das erste Interesse in diesem Themenfeld galt den Sportlern selbst. Dabei stellte man schon früh fest (vgl. z. B. *Lüschen* 1963), daß die Verteilung sozialbiographischer Merkmale (etwa in bezug auf Alter, Geschlecht, Schichten- und Konfessionszugehörigkeit) in den Personengruppen, die Sport trieben, nicht der Struktur der Gesamtbevölkerung entsprach. Der Sport und seine Organisationen wirken also stets selektiv. Diese Befunde wurden durch viele Untersuchungen etwa von *Linde/Heinemann* (1968), *Schlagenhauf* (1977) und später durch *Bachleitner* (1988) verfestigt; weiter sei auf die umfassende Untersuchung von *Frogner* (1991) über den Sport in verschiedenen biographischen Phasen, schließlich auf die Untersuchungen, die *Opaschowski* (1987, 1994) über die Ausdifferenzierung und den Wandel des Sportengagements durchgeführt hat, verwiesen.[30] Zwar erschienen seit den achtziger Jahren Veröffentlichungen, die sich mit der besonderen Situation der Frauen im Sport beschäftigten. Aber meist handelt es sich dabei um Einzelaspekte des Themas. Systematische und umfassende Darstellungen, wie sie z. B. *Hargreaves* (1994) für England vorgelegt hat, fehlen für den deutschen Sprachraum.

Intensiv ist in diesem Zusammenhang über ehrenamtliche Mitarbeiter, die für Vereine und Verbände eine besonders wertvolle Ressource darstellen, geforscht worden. Zu nennen sind zum einen die Arbeiten zu ehrenamtlichen Mitarbeitern in Verbänden (*Winkler* 1988) zum anderen *Heinemann/Schubert* (1992), die mit ihrer Studie zugleich Möglichkeiten und Folgeerscheinungen der Beschäftigung hauptamtlicher Mitarbeiter aufzeigten. Daneben wurde der Trainer/Übungsleiter thematisiert (*Krüger* 1980, *Bette* 1984, *Mrazek/Rittner* 1991; zsf. *Patsantáras* 1994).

In diesem Zusammenhang gewinnt in den letzten Jahren, nachdem die Beschäftigungschancen von Sportpädagogen in den Schulen zunehmend ge-

---

[30] Alle Arbeiten zu diesem Thema sind zusammengefaßt dargestellt bei *Tofahrn* (1997).

sunken ist, die Frage nach alternativen Berufsfeldern wachsende Bedeutung, der sich verschiedene Untersuchungen widmeten; diese stehen wiederum in Verbindung mit Arbeiten zur Professionalisierung im Sport und ihren Konsequenzen (*Buchheimer/Zieschang* 1992, *Hartmann-Tewes/Mrazek* 1994; *Haag/ Heinemann* 1987; *Heinemann/Dietrich/Schubert* 1990).

3. *Untersuchungen zu Gewalt und abweichendem Verhalten:* Ein ebenso beachtlicher Forschungschwerpunkt hat sich zum Themenbereich „Sport und Gewalt" entwickelt, wobei vor allem die Untersuchungen von *Pilz* hervorgehoben werden müssen. Bereits Anfang der 80er Jahre hatte das Bundesinstitut für Sportwissenschaft eine Projektgruppe eingerichtet, die sich mit dem Thema „Sport und Gewalt" mit dem Ziele beschäftigen sollte, nicht nur theoretisch und empirisch belegte Aussagen vorzulegen, sondern auch Strategien zur Eindämmung aggressiven Verhaltens zu entwickeln. Das Ergebnis dieser Arbeiten wurde 1982 (*Pilz* u. a. 1982) vorgelegt. In diesen und vielen nachfolgenden Untersuchungen wurden Gründe und Bedingungen aggressiven Verhaltens im Sport eruiert – etwa Spielverläufe, Verhalten der Schiedsrichter, Auftreten der Polizei, räumliche Gestaltung der Stadien, Interaktionen zwischen Fans und Athleten – ebenso wie biographische Besonderheiten, Lebensstil und typische Verhaltensmuster der Zuschauer (vgl. zfs. *Messing/Lames* 1996).

Da das Problem der Aggressivität in engem Zusammenhang mit dem Tatbestand von Fairneß steht, entwickelte sich in diesem Kontext zugleich eine intensive Auseinandersetzung mit den Problemen der Entwicklung und Bedeutung von Fairneß in modernen Gesellschaften und dem Bemühen, faires bzw. unfaires Verhalten von Sportlern und Zuschauern besser verstehen und u. U. positiv beeinflussen zu können (vgl. etwa *Pilz/Wewer* 1988 und *Lenk/Pilz* 1989).

Damit in Verbindung steht die besonders intensiv geführte Diskussion über Doping im Sport. Nachdem zunächst versucht wurde, Doping spieltheoretisch (*Breivik* 1992) zu erklären, ist man in jüngster Zeit dazu übergegangen, das Dopingthema in einen weiteren (system-)theoretischen Rahmen einzubinden (*Bette/Schimank* 1995).

4. *Wandel im Sport:* Große Aufmerksamkeit wurde schließlich der Frage gewidmet, welchem Wandel der Sport selbst in den letzten Jahren unterworfen war. In den entsprechenden Arbeiten wurde der Tatbestand aufgearbeitet und erklärt, daß das traditionelle, an Wettkampf und Leistungsvergleich orientierte Sportmodell zunehmend an Bedeutung verliert und einer Vielzahl unterschiedlicher Sportmodelle Platz macht.[31] So gibt es viele neuere Untersuchungen und theoretische Argumente, die Veränderungen in Bedeutung und Funktion des Freizeitsports diagnostizieren, so etwa, wenn von einem „Funktionswandel der Sportästhetik" (*Rittner* 1989, 359), vom „Abschied vom Pyramidenmodell des Sports" (*Heinemann* 1988, 71), vom „sechsfachen Sinn des Sports" (*Kurz* 1988, 127), von „Primär- und Sekundärmotiven im Sport" (*Opaschowski* 1987, 25) gesprochen wird. Diese Entwicklungen wurden etwas plakativ mit dem Schlagwort der „Nicht-sportliche Sport" (*Dietrich/Heinemann* 1989) zusammenge-

---

[31] Ausführlich dazu Kap. 2.1 S. 35–37.

faßt. Besonderes Interesse weckte in diesem Zusammenhang ebenfalls die Frage, wie sich Sport und Sportverein künftig weiterentwickeln werden. Damit hat sich insbesondere der vom DSB 1987 veranstaltete Kongreß „Menschen im Sport 2000" befaßt.[32]

5. *Sport und Gesellschaft: Cachay* (1988) konnte mit seiner groß angelegten Studie über „Sport und Gesellschaft", in der er die Entwicklung des modernen Sports in der Denkschule der Systemtheorie als Prozeß zunehmender Differenzierung und damit der Herausbildung eines funktionsspezifischen sozialen Systems nachzeichnete, an die ursprünglichen Themen der Sportsoziologie anknüpfen. Allerdings fehlen kontinuierliche Forschungen zu diesem Themenfeld. Zwar wurde gelegentlich versucht, Veränderungen des Sports mit dem Wandel der Werte in modernen Gesellschaften in Verbindung zu bringen (*Digel* 1986) bzw. den Sport in der modernen Industriegesellschaft neu zu verorten. Aber dies blieben Einzelarbeiten. Warum dies so ist, kann nicht ohne weiteres erklärt werden. Es mag sein, daß die *Luhmann*sche Systemtheorie den Blick zu sehr nach innen richtet; es ist auch denkbar, daß man fürchtet, damit wieder in das diskriminierte Fahrwasser einer marxistisch orientierten Sportsoziologie zu geraten.

Zusammenfassend lassen sich einige Besonderheiten der Sportsoziologie in Deutschland benennen, nämlich daß man

(1.) in der Sportsoziologie zunehmend eine solide und breit angelegte theoretische Fundierung anstrebt, wobei systemtheoretische Zugangsweisen eine leichte Dominanz besitzen;

(2.) in vielen Arbeiten um eine empirische Absicherung theoretischer Überlegungen und Hypothesen bemüht ist, so daß man sagen kann, daß die Sportsoziologie heute über einen soliden Fundus empirisch abgesicherten Wissens verfügt[33];

(3.) bei den Versuchen, die Entwicklungen des Sports besser zu verstehen und zu erklären, begrenzt um eine Einbindung des Geschehens im Sport in gesamtgesellschaftliche Zusammenhänge bemüht ist – etwa also in den zu konstatierenden Wertewandel, Veränderungen in Körpereinstellungen und Körperdeutungen allgemein und des Gesundheitsverhaltens insbesondere, wirtschaftliche Gegebenheiten als wesentliche Rahmenbedingungen der Entwicklung des Sports erkennt und damit an jene Tradition anknüpft, die in die ersten Phase der Konstituierung der Sportsoziologie zurückreicht;

(4.) sich zunehmend auch um eine wissenschaftstheoretische und forschungsmethodologische Auseinandersetzung und Fundierung bemüht,

---

[32] Vorüberlegungen und Ergebnisse dieses Kongresses sind in zwei Sammelbänden zusammengefaßt, und zwar in *Heinemann/Becker* (1986) und *Gieseler/Grupe/Heinemann* (1988).

[33] Es besteht dabei kein Zweifel, daß die vielfältigen finanziellen Unterstützungen, die die sportsoziologische empirische Forschung durch das Bundesinstitut für Sportwissenschaft erhielt, zu dieser positiven Bilanz wesentlich beigetragen haben.

wie etwa der von *Bette* u. a. (1993) herausgegebene Sammelband zu verschiedenen forschungsmethodologischen Ansätzen belegt.

Der systematische Zugang zur Soziologie des Sports

Eine soziologische Behandlung des Sports erfordert zwei analytische Schritte: Im ersten Schritt richtet sich der Blick „nach innen"; es wird also zunächst die institutionelle Ordnung des Systems „Sport" charakterisiert; im zweiten Schritt richtet sich der Blick „nach außen", d. h., es werden die Einbindung des sozialen Systems „Sport" in seine soziale Umwelt und damit u. a. das Thema Autonomie und gesellschaftliche Verflechtung behandelt (vgl. Abb. 5).

Perspektiven Analytische Ebene	Gesellschaft → Sport	Binnenstruktur des Sports	Sport → Gesellschaft
Kulturelle Ebene	Kulturelle Werte z. B. • Puritanismus • Leistungsprinzip • Gleichheitsideal • Wert der Gesundheit	Werte und Ethik des Sports, z. B. • Fairneß • Kameradschaft • Solidarität	Vorbildwirkung sportlicher Werte und Leistungen für andere gesellschaftliche Daseinsbereiche
Sozial-strukturelle Ebene	Einfluß gesellschaftlicher Daseinsbereiche auf den Sport, wie z. B. • Familie • Erziehungsinstitutionen • Kirchen • Arbeitswelt • politisches System	Soziale Struktur des Sports z. B. • Normen, Regeln und Rollen im Sport • Gruppenstrukturen • Differenzierung u. Spezialisierung nach Sportarten • Organisationen des Sports	Einfluß des Sports auf z. B. • Wirtschaft • Familie • politische Ordnung • Konsum • Gesundheitssystem • Massenmedien • Arbeitsmärkte
Personale Ebene	„Vorsozialisation" z. B. durch • Familie • Schule • Peer-group • Religion	Sportler/Trainer/ Mitarbeiter etc. als „Sozialfiguren" z. B. • Biographie • Sportlerkarrieren • Handlungspotential • Prägung durch den Sport	Transfer von Persönlichkeitseigenschaften z. B. • in berufliche Arbeit • Freizeitverhalten • Familie • Lebensgewohnheiten
Organische Ebene	Körper als soziales Gebilde; Bewegungsmangel; körperliche Zivilisationsschäden.	Körperformung, Fitneß und Körpererfahrung im Sport	Identitätsbildung; Entlastung des Gesundheitssystems;

Abb. 5: Problemstruktur der Sportsoziologie

Baut man eine Gliederung der Probleme einer Sportsoziologie auf diesem Grundgedanken auf, ergibt sich eine Systematik aus der Verbindung folgender thematischer Leitlinien. Die erste Leitlinie gliedert die thematischen Zusammenhänge von:

Gesellschaft → Sport → Gesellschaft;

die zweite Leitlinie untergliedert die erste auf vier verschiedenen Ebenen, nämlich:

Kulturelle Ebene – sozial-strukturelle Ebene – personale Ebene – organische Ebene.

Erste Leitlinie: Gesellschaft → Sport → Gesellschaft

Die erste Leitlinie, um die sich Probleme der Sportsoziologie gruppieren, läuft entlang der Beziehungen von Gesellschaft → Sport → Gesellschaft. Entsprechend ergeben sich drei Bereiche sportsoziologischer Forschung:

(1.) Der erste Bereich beinhaltet die vielfältigen Abhängigkeiten und Prägungen des Sports von kulturellen Wertsystemen und Leitbildern, sozial-strukturellen Gegebenheiten, der Art der Entwicklung einer sozio-kulturellen Persönlichkeit. Angesichts solcher Verflechtungen wird deutlich, daß der Sport nicht aus sich selbst heraus verstanden werden kann. In jeder Gesellschaft und zu unterschiedlichen Zeiten existiert(e) Sport in verschiedenartigen Gestaltungsformen und organisatorischen Einbettungen. Sport ist – auch bei gleicher Erscheinungsform – verschiedenartigen Deutungs- und Wertsystemen unterworfen und kann damit in verschiedenen Gesellschaften, sozialen Schichten oder Subkulturen Unterschiedliches bedeuten. Mit dieser Systematik wird Sport also nicht isoliert, sondern eingebunden in die jeweilige Gesellschaft, in der er existiert und sich entwickelt hat und in wechselseitiger Abhängigkeit von anderen gesellschaftlichen Institutionen (Familie, Staat, Wirtschaft, Kirche etc.) behandelt. So kann verhindert werden, daß wir Sport in seiner gegenwärtigen Ausprägung verdinglichen und als selbstverständlich hinnehmen. Welche kulturellen und religiösen Werte prägen das Ethos des Sports? Wie weit ist er von Bedingungen und Erfahrungen aus der industriellen Arbeitswelt abhängig? Welchen Stellenwert hat er im Freizeitverhalten des einzelnen? In welcher Form wird durch familiäre und schulische Sozialisation die Fähigkeit und Bereitschaft beeinflußt, Sport oder einzelne Sportarten zu treiben? Dies sind nur einige Beispiele für Fragen aus diesem Bereich.

(2.) Den zweiten Bereich sportsoziologischer Forschung bilden die institutionelle Ordnung und sozialen Prozesse innerhalb des Sports. Hier geht es z. B. um die Untersuchung von Wertorientierungen, ethischen Grundhaltungen und Ideologien, die dem Sport zugrunde liegen, um die Behandlung von Regeln und Normen, die die Interaktion z. B. zwischen den Sportlern regulieren, um Binnenstrukturen von Sportgruppen, von Sportorganisation, insbesondere von Sportvereinen und Sportverbänden, von Herrschafts- und Interessenstrukturen, von Führungsstilen in verschiedenen Sportmannschaften. Wie ist die organisatorische Gestaltung des Sports in einem Land? Wie sind die (formellen und informellen) Entscheidungs- und Kommunikationswege in verschiedenen Sportorganisationen? Wie sind die Regeln einzelner Sportarten ausgestaltet? Durch welche Gegebenheiten z. B. in der Gruppenstruktur, im Führungsstil, in der Identifikation mit den Gruppenzielen wird ein Leistungspotential aktiviert? Dies sind Beispiele für Fragen aus diesem Bereich.

(3.) Der dritte Bereich befaßt sich mit den Wirkungen, die der Sport auf den einzelnen, auf einzelne gesellschaftliche Daseinsbereiche wie Familie, Arbeitswelt, Politik, Kirche, Erziehungssystem, die soziale Schichtung und auf unsere Gesellschaftsordnung insgesamt ausübt sowie mit den spezifischen Funktionen und Beiträgen, die er zur Lösung von Problemen in einer Gesellschaft leistet. Vorher muß man sich mit der wechselseitigen Penetration und den funktionalen Verflechtungen befassen, auf die in den Theorien von *Parsons* und *Münch* aufmerksam gemacht wird (vgl. S. 25–29). Wirkt das Sportethos in andere gesellschaftliche Daseinsbereiche z. B. in den Beruf hinein? Welchen Einfluß haben Sportverbände auf politische Entscheidungen? Wie weit beeinflußt Sport Konjunktur, Beschäftigung und Wirtschaftswachstum? Hat der Sport eine Bedeutung für das Gesundheitssystem eines Landes? Welche Bedeutung hat er für die soziale Stellung, die der einzelne im Schichtsystem einer Gesellschaft einnimmt? Dies sind Beispiele für Fragen aus diesem Bereich.

Solche Abhängigkeiten von Gesellschaft → Sport → Gesellschaft sind nicht statisch; sie werden erst durch soziale Prozesse und in einem sozialen Wandel entfaltet und wirksam.

> *Sozialer Wandel* bedeutet Veränderung kultureller Werte und sozialer Strukturen, also z. B. die Änderung von Wettkampfregeln, das Entstehen neuer Sportarten und neuer Organisationsformen des Sports, die Veränderungen der Entscheidungsstrukturen in Verbänden.

• Die Vielzahl der Prozesse und Formen des sozialen Wandels, in denen sich die wechselseitigen Abhängigkeiten Gesellschaft → Sport → Gesellschaft sukzessiv vollziehen, kann als ein eigenständiger Themenbereich der Sportsoziologie genannt werden – obwohl diese Trennung nur analytisch ist; denn tatsächlich werden diese vielfältigen, in diesen beiden ersten Dimensionen behandelten Verflechtungen nur durch solche Prozesse wirksam, die wechselseitigen Einflüsse von Sport auf der einen Seite, Person, Gesellschaft und Kultur auf der anderen Seite nur verstehbar und vor allen Dingen zur Lösung praktischer Probleme gestaltbar, sofern die Prozesse, in denen sich diese Einflüsse vollziehen, bekannt sind.

Zweite Leitlinie: Kulturelle Ebene – sozial-strukturelle Ebene – personale Ebene – organische Ebene

Die Verflechtungen von Sport und Gesellschaft müssen auf verschiedenen analytischen Ebenen behandelt werden. Unterschieden wird dabei (1.) eine kulturelle Ebene, (2.) eine sozial-strukturelle Ebene, (3.) eine personale Ebene und (4.) eine organische Ebene.[34]

---

[34] Diese Einteilung folgt einem Vorschlag von *Parsons* (1966), die sich bis in die jüngste Zeit auch für die Sportsoziologie immer wieder als fruchtbares analytisches Prinzip erweist. Vgl. *Messing/Emrich* (1996).

1. Auf der *kulturellen Ebene* sind (a) jene Werte und Deutungsmuster zu finden, die Sport in seiner Bedeutung, Funktion und Stellung innerhalb der Gesellschaft rechtfertigen und legitimieren und ihm in einer kulturellen Wertskala seinen Standort zuweisen. Von besonderem Interesse ist daher, wie religiös (z. B. durch den Puritanismus) begründete Moralauffassungen und Leitbilder die Entwicklung des Sports bestimmen und allgemein geltende gesellschaftliche Wertmuster wie Gleichheit, Leistungsorientierung, Gerechtigkeit usw. auf den Sport einwirken. Eine Untersuchung des Sports auf dieser Ebene umfaßt (b) Wertmuster, die für das Verhalten im Sport selbst bestimmend sind, ohne bereits spezifische normative Verhaltensregelungen zu sein: Fairneß, Kameradschaft, Leistungsdisziplinierung, vor allem aber Gleichwertigkeit und Gleichberechtigung der Teilnehmer unabhängig von Geschlecht, ethnischer Herkunft etc. (*Messing/Emrich* 1996, 58) sind Beispiele dafür. Sie umfassen auch Wert- und Deutungsmuster, die das Verhalten des einzelnen im Sport beeinflussen und die Bereitschaft, Sport zu treiben, mitbestimmen. Gesundheits-, Körper- und Schönheitsideale, Bewertungen von Zeit und Arbeitsethos seien genannt. Schließlich müssen (c) jene Verbindungen zwischen Wert- und Deutungsmustern, die im Sport entwickelt werden und die in andere gesellschaftliche Daseinsbereiche hineinstrahlen und sich dort auswirken, untersucht werden. Fairneß und Kameradschaft werden zu Wertmustern, die auch in unserer Alltagswirklichkeit Gültigkeit erlangen können.

> *Kulturelle Werte* drücken aus, was in einer Gesellschaft oder innerhalb einzelner Gruppen in einer Gesellschaft als wünschenswert und erstrebenswert gilt; sie sind Maßstab für das Handeln. Sie bestimmen damit die Auswahl möglicher Handlungsweisen, -mittel und -ziele. Sie beinhalten z. B. Aussagen über „den" Menschen, z. B. also über die Gleichheit oder Ungleichheit von Rassen, über die Gleichberechtigung der Geschlechter, über „die Natur" der Gesellschaft, über den Rang, den einzelne Bereiche (z. B. Arbeit, Familie, Freizeit) in der Lebensgestaltung des einzelnen und für die Sinnerfüllung des Lebens besitzen, über Sinn und Bedeutung der Zeit – eben auch über den *Wert des Sports.*

2. Gegenstand der Untersuchung auf der *sozial strukturellen Ebene* sind (a) die Einflüsse, die von der Gesellschaft, einzelnen gesellschaftlichen Daseinsbereichen, z. B. der industriellen Arbeitswelt, der Familie, der Politik, auf den Sport ausgehen. Von besonderem Interesse sind die Sozialisationsmuster und -institutionen (z. B. Elternhaus, Schule, Peer-groups), durch die die Fähigkeit und Bereitschaft, Sport oder eine bestimmte Sportart auszuüben, geprägt werden. Auf der sozial-strukturellen Ebene werden (b) die vielfältigen Normen, Regeln und Rollenstrukturen, die organisatorische Gliederung ebenso wie die Sanktionsmechanismen untersucht, die das Verhalten des Sportlers prägen.

3. Auf der *individuell-personalen Ebene* werden Persönlichkeitsmerkmale und Handlungsorientierungen des einzelnen erfaßt, die für eine Soziologie in-

soweit von Interesse sind, als sie von den kulturellen und sozialen Gegebenheiten geprägt werden. Dazu gehören (a) die Prägungen der Persönlichkeit innerhalb einer Gesellschaft, die Identität oder das Selbstbild des einzelnen, durch das u. a. bestimmt wird, welche Verhaltensformen der individuellen Eigenart als angemessen oder unannehmbar, welche Tätigkeitsfelder als akzeptierbar oder nicht akzeptierbar eingestuft werden und welchen Aufforderungscharakter der Sport somit für den einzelnen besitzt. Von besonderem Interesse ist (b) das Persönlichkeitsprofil des Sportlers. Sportsoziologie wird hier zu einer Soziologie der „Sozialfiguren im Sport". Es geht zudem (c) um die Frage, inwieweit durch den Sport geprägte oder verstärkte Fähigkeiten, Kenntnisse und Dispositionen in anderen gesellschaftlichen Daseinsbereichen zum Tragen kommen, in welchem Umfang also zum einen im Sport erworbene Qualitäten auf andere Daseinsbereiche übertragen und dort wirksam werden können und zum anderen, inwieweit die in einem Daseinsbereich, also in diesem Fall im Sport erworbenen Fähigkeiten, Kenntnisse und Dispositionen mit den Anforderungen, die in anderen Daseinsbereichen gestellt werden, kompatibel sind und damit ein möglicher Transfer positiv oder negativ beurteilt werden kann.

4. Auf der *organischen Ebene* wird der Körper als soziales Gebilde thematisiert. Dazu stehen einmal die vielfältigen soziologischen Tatbestände zur Diskussion, die an der Physis unseres Körpers ansetzen und die bestimmen, wie wir uns letztlich auch im Sport unseres Körpers bedienen, über ihn verfügen können und zu ihm eingestellt sind und damit auch das Sportengagement mitprägen; es werden weiter Fragen behandelt, was im Sport als geregelte Form des Umgangs mit dem Körper selbst geschieht und wie der Körper im Sport – etwa als Instrument der Leistungssteigerung, als Raum ursprünglichen Erlebens – thematisiert wird. Schließlich geht es um die Frage, wieweit die im Sport bewirkten Veränderungen des Körpers etwa die Identität, Formen sozialer Selbstdarstellung und Chancen zu sozialen Kontakten beeinflussen, also über den Sport hinausreichen.

Verbinden wir nun die verschiedenen Gesichtspunkte zur Klassifikation der Problembereiche des Sports, so zeigt sich die Vielfalt der Themen und der Facettenreichtum, denen sich eine Sportsoziologie gegenüber sieht (vgl. Abb. 5, S. 47). Diese Abbildung verbindet die beiden behandelten Dimensionen, nach denen die verschiedenen Themen einer Soziologie des Sports gegliedert werden können; sie ist zugleich eine „Vergrößerung" jenes Elements, das in Abb. 1 (S. 11) mit „sozio-kulturellen Faktoren" bezeichnet wurde.

Die Zahl der Themen vergrößert sich noch, wenn als weiteres Unterscheidungskriterium die für eine Soziologie des Sports relevanten Phänomene und Probleme berücksichtigt wird, in welchen Gesellschaften sie auftreten (also etwa in archaischen, in hochkulturellen Gesellschaften oder in modernen Gesellschaften) bzw. im interkulturellen Vergleich die vielfältigen Verflechtungen von Gesellschaft → Sport → Gesellschaft auf den einzelnen analytischen Ebenen und in die vielfältigen Bedingungen von Entstehung, Erhalt und Veränderung sichtbar gemacht werden.

2.3 Probleme der Soziologie des Sports

Auf der Grundlage der Darstellungen soziologischer Denkweisen und der verschiedenen soziologischen Theorieansätze einerseits und der Erläuterung verschiedener sportsoziologischer Themenstellungen andererseits können nun jene vier Probleme bestimmt werden, die in dieser Einführung in die Sportsoziologie behandelt werden und auf die eine Anwort gefunden werden soll:

1. In welcher Form werden durch soziale Interaktionen und durch die Handelnden im Sport Verhaltensweisen, Denkstile und Deutungen entwickelt, die selbst wiederum Handeln, Erfahrungen, Dispositionen und den Umgang mit Sachverhalten im Sport sozial verbindlich, motivierend und erwartbar machen? Dies ist die Frage nach der institutionellen Ordnung im Sport (vgl. Kap. 3, S. 53–136). Wenn in Kap. 4 (vgl. S. 137–155) der Körper als soziales Gebilde behandelt wird, dann um zu zeigen, wie weit institutionelle Ordnung Einfluß auf ihn nimmt und in welcher Form dies für den Sport bedeutsam werden kann.

2. Welche Bewegungen und Veränderungen – etwa der Sozialisation, der sozialen Mobilität, des abweichenden Verhaltens – vollziehen sich im Sport? Dies ist die Frage nach sozialen Prozessen im Sport (vgl. Kap. 5, S. 157–190).

3. Wie sind die im Sport agierenden Personen in diese institutionelle Ordnung eingebunden? Dies ist die Frage nach den Sozialfiguren im Sport (vgl. Kap. 6, S. 191–261).

4. Wie und in welcher Form entsteht und entwickelt sich die soziale Ordnung des Sports in modernen Gesellschaften, und wie verändert sich die Grenzziehung zwischen Sport, Gesellschaft und anderen gesellschaftlichen Daseinsbereichen? In welcher Form und inwieweit ist Sport in seine jeweilige Gesellschaft eingebettet bzw. ist er Teil dieser Gesellschaft, und inwieweit entwickeln der Sport und seine Organisationen eine Eigendynamik? Dies ist die Frage nach einer Konkurrenz von relativer Autonomie, Penetration und (funktionaler) Verflechtung von Sport und Gesellschaft bzw. einzelnen gesellschaftlichen Daseinsbereichen (vgl. Kap. 7, S. 263–302).

3 Die institutionelle Ordnung des Sports

Im ersten Kapitel wurde erläutert, was unter der „Institutionellen Ordnung des Sports" (S. 15–18) verstanden werden soll. In Abb. 6 werden die einzelnen Elemente dieser institutionellen Ordnung systematisch zusammengefaßt. Diese Abbildung ist zugleich Grundlage der Gliederung dieses Kapitels.

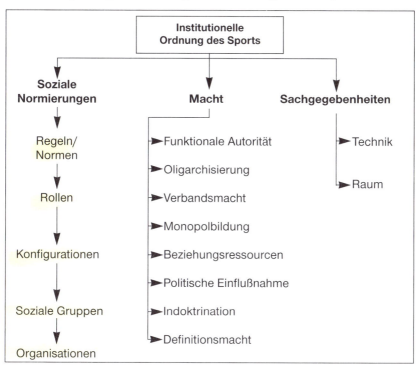

Abb. 6: Elemente der institutionellen Ordnung des Sports

3.1 Die soziale Organisation des Sports

3.1.1 Das Regelwerk

Ein Angehöriger der !Kung[35] wurde vor nicht allzu langer Zeit – wie, soll in diesem Zusammenhang nicht weiter interessieren – in unsere moderne Zivili-

---

[35] Die !Kungs sind eine Stammesgesellschaft in Afrika. Diese Schreibweise ist üblich, weil die !Kungs viele Schnalzlaute kennen, die in dieser Form gekennzeichnet werden.

sation verschlagen; und natürlich hatte er seinen Stammesmitgliedern, nachdem er wieder heil zu ihnen zurückgekehrt war, viel Erstaunliches über diese wundersame Welt zu berichten. Für das Ende seines langen Berichts aber hob er sich auf, was ihm besonders merkwürdig erschien. So schloß er: „Dann kam ich in eine schöne Landschaft; dort standen Leute, die mit Stöcken, an denen sich unten kleine Schaufeln befanden, mit großen Anstrengungen und oft vergeblich einen weißen Ball – nicht größer als ein Papageienei – immer wieder wegschlugen, bis er in einem kleinen Loch verschwand; aber kaum war der Ball in das Loch hineingerollt, wurde er wieder herausgenommen, und zwar von demselben, der den Ball kurz zuvor mühevoll dort hineingestoßen hatte. Dann sah ich, wie auf einem Platz acht Menschen in einer Reihe knieten; plötzlich hörte ich einen Schuß und diese Menschen stürzten los, als rannten sie um ihr Leben; aber nach ganz kurzer Zeit waren sie genau wieder dort angelangt, wo sie losgelaufen sind; sie hörten auf zu laufen, allerdings völlig erschöpft. Dann befand ich mich in einem großen, überdachten Raum; dort versuchten einige Menschen, einen Ball, groß wie ein Kinderkopf in einen hoch gehängten Korb zu schmeißen, während andere gerade dies zu verhindern suchten. Aber kaum war es einem von ihnen gelungen, den Ball oben in den Korb zu werfen, fiel er wieder heraus, denn er war unten offen". Da war ungläubiges Schweigen bei den !Kungs, bis der Chief endlich sagte: „Wir glauben, Du willst uns ein Nashorn ins Ohr stechen[36]; so unvernünftig können doch selbst diese Menschen nicht sein!"

– Oder doch? Unser !Kung suchte nach der Sinnhaftigkeit des Tuns, das er beobachtete. Die aber konnte er nicht (ohne weiteres) finden, denn im Sport geht es zunächst nur um die Zweckmäßigkeit. Was damit gemeint ist wird deutlich, wenn wir uns mit der eigenartig geregelten Welt des Sports eingehender beschäftigen:

Ziel dieses Kapitels ist es (1.) zu zeigen, in welch weitreichender Form Sport durch Regeln dominiert wird, (2.) zu zeigen, daß es sich beim Sport um einen recht eigentümlich gestalteten Daseinsbereich handelt, dessen Besonderheiten deutlich werden, wenn man ihn von außen, gleichsam mit den Augen der !Kungs betrachtet; aber zugleich soll (3.) verständlich werden, daß sich das Geschehen im Sport aus einer Mischung von institutionalisierter Ordnung und sozialer Praxis entwickelt, also Sport soziologisch nur in seiner „Doppelköpfigkeit" zwischen formalem Regelwerk und situationsspezifischen Ausführungsmustern analysiert werden kann.

Typen der Regeln und Normen im Sport

Sport wird durch ein Bündel von sozialen Normen bzw. Regeln konstituiert. Regeln sind zum einen Voraussetzung für die Bestimmung dessen, was „Identität" und Besonderheit einer Sportart ausmacht; zum anderen werden erst durch solche Regeln sportliche Leistungen miteinander vergleichbar.

---

[36] Bildhafter Ausdruck der !Kung für „einen Bären aufbinden".

Soziale Normen bzw. Regeln sind, wie auf S. 16 definiert, für den einzelnen verbindliche Verhaltensanforderungen in wiederkehrenden Situationen; sie verleihen dem Handeln zeitliche, d. h., über einen längeren Zeitraum stabile und kalkulierbare, sachliche, d. h., mit dem Handeln anderer sinnvoll abgestimmte und soziale, d. h., kontrollierte und sanktionierte Geltung. Sie bewirken, daß der einzelne sich nicht am zufälligen Verhalten eines anderen, sondern an wechselseitigen Erwartungen und an gemeinsamen Einschätzungen und Bewertungen der Handlungssituation orientiert.

Drei Typen von Normen bzw. Regeln können im Sport unterschieden werden:

1. *Regeln auf dem Sportplatz:* Damit sind jene Regeln gemeint, die eine einzelne Sportart definieren. Dabei können wiederum unterschieden werden:

* *Konstitutive Regeln,* die den generellen Rahmen einer Sportart bilden und in denen Zeit, Raum und das Ziel, also wann und unter welchen Bedingungen ein Wettkampf verloren bzw. gewonnen ist, festgelegt sind;

* *Prozeßregeln,* die die Sportart „in Bewegung" beschreiben, also bestimmen, was jeder Spieler machen soll bzw. nicht tun darf; sie legen die erlaubten und nicht erlaubten Spielzüge und die Mittel, die eingesetzt werden dürfen, um das Ziel zu erreichen, fest;

* *Fertigkeitsregeln,* also die Kenntnisse, Fähigkeiten und Techniken, die für die Ausführung einer Sportart beherrscht werden müssen (besonders offenkundig am Beispiel der Pflichtübungen in einzelnen Sportarten);

* *Strategische Regeln,* die von Spielern, Trainern oder auch Wissenschaftlern entwickelt und eingesetzt werden, um den Erfolg bestmöglich zu erreichen; diese Regeln konstituieren nicht das Spiel selbst, wohl aber seine optimale Ausführung;

* *Ethische Regeln,* die in positiven Einstellungen und Werthaltungen gegenüber dem Sport und seinen Regeln und Normen (wie z. B. Fairneß, Kameradschaft, Ehrlichkeit, Gleichheit) zum Ausdruck kommen; dazu gehört auch die Ethik des „guten" Athleten, die besagt, daß der Sportler immer bemüht sein soll, sein Bestes zu geben, stets neue Rekorde und Erfolge im Rahmen seiner Möglichkeiten anzustreben, dafür auch Risiko und Schmerz in Kauf zu nehmen und „seinen Preis" dafür zu zahlen bereit ist.

Auf der Ebene der Regeln besteht eine Sportart als abstrakte Einheit, also losgelöst von Raum, Zeit und Personen. Diese Einheit hat ihren eigenen Ursprung, ihre einzigartige Geschichte und Tradition. Nicht die konkreten Handlungen in einem Spiel, sondern das Regelwerk „konstruieren" eine Sportart; Staffellauf, Golf, Handballspiel, Skisprung usw. sind zunächst nicht Handlungen einzelner Individuen, sondern eine Anzahl geregelter Handlungsmuster.[37]

---

[37] „Keilen wird zum Boxen nach festen Standards, Raufen zum Ringen, Springen zu Weit-, Hoch- und Dreisprung, Laufen z. B. zum 100-m-Lauf, Wandern z. B. zum 20-km-Gehen usw. Hier werden Geräte, Übungsstätten und sportliche Tätigkeiten nicht in individuellen Absprachen normiert, sondern bestimmen als objektive Faktizitäten das sportliche Handeln" *(Grieswelle* 1978, 32).

Erst wenn diese verbindlich festgelegt und bekannt sind, werden Spieler und Zuschauer in der Lage sein, das, was in einem Wettkampf an Aktionen tatsächlich abläuft, zu verstehen und als Sportart zu interpretieren.

So können z. B. die Aufstellung einer Fußballmannschaft und die Durchführung eines Fußballspiels, wie sie in den entsprechenden Reglements festgelegt sind, ohne Bezugnahme auf irgendwelche Fußballspieler in irgendeiner Fußballmannschaft untersucht werden (vgl. *Loy* 1969, 56 f.); die Beziehung unter den Mannschaftsmitgliedern ist ohne Bezug auf einzelne Spieler, auf einen bestimmten Zeitpunkt oder auf einen bestimmten Platz definiert. Handlungsmuster zwischen abstrakten Positionen wie Torwart, Verteidiger und Stürmer werden von außen vorgegeben.

2. *Regeln und Normen am Rande des Spielfelds:* Damit sind Regeln und Normen gemeint, die zwar nicht eine Sportart konstituieren, wohl aber die Art der Ausübung des Sports entscheidend mitbestimmen. Als Beispiele sind zu nennen:

* *Verkehrs- und Vorfahrtsregeln,* wie wir sie beim Segeln, Surfen, bei Motorsportarten aber auch auf Skipisten kennen;
* *Bau- und Sicherheitsvorschriften,* etwa für Sportgeräte (z. B. Degen beim Fechten, Sicherheitsausrüstungen bei Segelbooten, Konstruktionsmerkmale bei Rennautos) und bei Sportanlagen;
* *Qualifikationsanforderungen,* etwa die vorgeschriebenen Leistungsnachweise wie z. B. Segel-, Tauch-, Motorboot- oder Angelscheine, Platzreife beim Golf;
* *Umweltschutzbestimmungen,* die etwa das Befahren bzw. Betreten bestimmter geschützter Gebiete, die Verwendung von Motoren (etwa auf verschiedenen Binnenseen) oder die Ausübung des Sports während festgelegter Zeiten zur Verringerung der Lärmbelästigung verbieten.

3. *Regeln und Normen außerhalb des Sportplatzes:* Damit sind Rechtsvorschriften gemeint, die sich zwar nicht unmittelbar auf den Sport beziehen, wohl aber (oft rechtlich fixierte) Rahmenbedingungen für den Sport und seine Ausübung darstellen. Als Beispiele seien Eigentumsrecht (vgl. ausführlich dazu *Heinemann* 1995, 32), Steuerrecht, Vertragsrecht, Arbeitsrecht und die Rechtsvorschriften über den Verein im Bürgerlichen Gesetzbuch genannt.

Der Eigenweltcharakter des Regelwerks im Sport

Regeln und Normen besitzen im Sport eine deutliche Dominanz. Aber Vergleichbares gibt es auch in anderen Lebensbereichen. Was ist also das Besondere dieses Regelwerks des Sports, das unsere !Kungs so aus der Fassung gebracht hat? Dies wird in folgenden Punkten deutlich:

1. *Die Wertlosigkeit des Ziels:* Regeln des Sports legen das Ziel sportlichen Handelns fest, also wann und unter welchen Bedingungen ein Wettkampf gewonnen bzw. verloren ist. Die Festlegung solcher Ziele ist willkürlich. Man kann einen 100-Meter-Lauf veranstalten, aber auch einen internationalen 85,36-Meter-Lauf starten; man kann zum Sieger küren, wer am höchsten gesprungen ist, aber auch, wer am höchsten und am weitesten zugleich ge-

sprungen ist; es ist willkürlich, daß beim Skispringen die gesprungene Weite und die Haltung beim Sprung (warum dies nicht auch beim Weitsprung), beim Schach nicht der beste Zug, sondern der optimale Zug unter Zeitzwang wettkampfentscheidend sind; es ist genauso willkürlich, daß derjenige beim Boxkampf gewonnen hat, der den anderen k. o. geschlagen hat – bei den Wettkämpfen im Griechenland Homers galt: „Wurde ein Mann bei den Wettkämpfen getötet, so wurde der Tote zum Sieger gekrönt" *(Elias* 1975, 90). Willkürlich ist auch, daß beim Fußball die Differenz der Tore (warum nicht auch die Zahl der Ecken, warum nicht stets die Zahl der auswärts erzielten Ecken oder Tore doppelt gezählt, warum nicht die Schönheit eines Passes, der athletische Einsatz des Torwarts?) das Ergebnis bestimmt. Faustball etwa, entstanden am Ende des vorigen Jahrhunderts, war ursprünglich dann am schönsten, wenn „der Ball ununterbrochen von der einen auf die andere Seite geschlagen wurde; überhaupt sollte sich jede Partei einer gewissen Ritterlichkeit befleißigen, d. h. der Gegenpartei solche Bälle geben, die sie sehr gut weiterschlagen konnte. Gültige Rückschläge wurden gezählt; wer zuerst 20 Punkte hatte, war Sieger. Neben spielerischem Können wird auch die spielerische Haltung bewertet, indem analog zur Wertung des Gerätturnens ein eigenes Bewertungssystem entwickelt wurde" *(Bernett* 1984, 143–154). Erst 1923 setzte sich die Vorteilswertung durch, d. h. die Zählung der Fehler des Gegners; damit erfolgte eine Umkehrung des ursprünglichen Spielgedankens.

Das Ergebnis eines sportlichen Wettkampfs ist nutzlos, es besitzt vor allem für andere Daseinsbereiche keinerlei Gebrauchswert. Es hat überhaupt keine Bedeutung, daß jemand 100 m in 11,0 Sekunden oder 11,1 Sekunden gelaufen, 8,80 m oder 8,81 m weit gesprungen ist oder wieviel Tore in einem Fußballspiel gefallen sind. Anders formuliert: Der Sport ist wertlos in seinen Ergebnissen und daher unproduktiv. Das Ziel ist nur darin wertvoll, daß man es (mehr oder weniger gut) erreicht. Sport verweist in seinem Ergebnis ausschließlich auf sich selbst zurück; der Wettkampf enthält nichts als den Wettkampf selbst. Die Frage ist nicht, ob es vernünftig ist, sich am Wettkampf zu beteiligen, sondern ob er „vernünftig" – im Rahmen seines Regelwerkes und seiner Organisation – ausgeübt wird.

2. *Regeln als Rituale:* Es ist nicht möglich, eine Sportart dadurch zu kennzeichnen, daß gesagt wird, welches Ziel die Sportler in einem Wettkampf anstreben – also etwa, möglichst viele Bälle in den (unten offenen) Korb zu werfen oder im Golf das kleine Loch zu treffen. Vielmehr sind für eine Sportart auch jene Regeln konstitutiv, die festlegen, wie dieses Ziel erreicht werden darf. Daß der Golfspieler den Ball nicht mit dem Fuß aus dem Raff stößt, der Fußballer den Ball nicht mit der Hand ins Tor werfen darf, der Segler das Vorsegel nicht etwas größer schneidern, der Rodler die Kufen nicht vorwärmen dürfen etc., geschieht nur deshalb (meistens) nicht, weil es durch Regeln verboten ist, obwohl ein solches Verhalten durchaus sinnvoll sein könnte, um das Ziel bestmöglich zu erreichen. Die Regeln sind nicht rational erklärbar und ableitbar aus der Funktion, möglichst gut zum Ziel zu gelangen.

Regeln dieses Typus werden als Rituale, ein Verhalten, das solchen Regeln folgt, als ritualistisch bezeichnet.[38] Die Regeln des Sports sind beliebige Festlegungen dessen, was knapp ist – Zeit, Geräte, Handlungstechniken, Bewegungen u. ä. Es gewinnt der, der diese für knapp erklärten Mittel optimal nutzen kann. Solche sozialen Normen sind für den Sport konstitutiv und unabdingbar. In unserem Alltagsverständnis ist dagegen eine Begründung dafür, warum ein bestimmtes Verhalten für die Erreichung eines Ziels nicht gestattet ist, ausschließlich mit dem Hinweis darauf, daß es dagegen Regeln gibt, die dies verbieten, und daß man es im Prinzip so, aber auch völlig anders machen könnte, zumindest ungewöhnlich. Meist nämlich sind wir bestrebt, die Sinnhaftigkeit von Regeln durch ihre Effizienz und Funktionalität zu begründen und daher bemüht, den kürzesten bzw. besten Weg zum Ziel zu finden.

Die Konstruktion des Sports mag also dem Außenstehenden unvernünftig erscheinen. Wenn man sich aber auf dieses „Spiel" einläßt, wird ein Höchstmaß rationalen Verhaltens erforderlich; denn man muß bestrebt sein, in einem bestmöglichen, ökonomischen Einsatz der Mittel, über die man verfügt, nämlich seinen Körper und die erlaubten Geräte und in der optimalen Anwendung und Kombination der Regeln das Ziel besser zu erreichen als die Mitbewerber. Die Instrumentalisierung bzw. Ökonomisierung des Körpers wird zum Selbstzweck: Körperliche Fähigkeiten und Fertigkeiten, Motorik, Kraft, Schnelligkeit, Ausdauer sind so zu optimieren, daß ein willkürlich festgelegtes Ziel nach willkürlich festgelegten Regeln möglichst gut und besser als von anderen erreicht wird.[39]

3. *Neutralität gegenüber den Gegnern:* Soziale Normen und Regeln im Sport spielen für die Festlegung der Erfolgsbedingungen eine entscheidende Rolle. Sie definieren die Konkurrenten zu Beginn eines Wettkampfes als gleich. Die Regeln des Sports stellen gleiche Wettbewerbsbedingungen für die Beteiligten her, sind also neutral gegenüber den Parteien. Diese Aussage beinhaltet zweierlei:

---

[38] Daneben gibt es andere Typen von Ritualen im Sport, auf die *Womak* (1994) und *Krüger* (1998) aufmerksam machen: Rahmenwerke eines Wettkampfes – zum Beispiel die Begrüßung, Verwendung von Symbolen, Handlungsweisen von Sportlern, mit denen sie z. B. ihre Unsicherheit verringern wollen (vgl. dazu auch S. 15).

[39] Diese Eigentümlichkeiten werden jedem dann bewußt, wenn man seine eigene sportliche Leistung jenen vermitteln will, die sich in dieser Sportart oder im Sport insgesamt nicht auskennen. Wie soll auch ein Segler, der einen schweren Sturm abgewettert hat, jemanden von seiner sportlichen Leistung überzeugen, dem allenfalls kleine Badeweiher vertraut sind; wie soll ein Bergsteiger, der die Eigernordwand im Winter erklommen hat, jemanden von seiner persönlichen Tat überzeugen, der nur das Flachland kennt; wie soll ein Golfspieler jemanden, der einen Tennisball kaum von einem Golfball unterscheiden kann, an der Begeisterung teilhaben lassen, die aufkommt, wenn man mit vier Schlägen einen kleinen Ball in ein 385 m entferntes kleines Loch befördert hat? !Kungs sind eben überall, und deshalb erfolgt das „verbale Wiederkäuen" sportlicher Großtaten vernünftigerweise nur unter Gleichgesinnten.

- *Schaffen sozialer Gleichheit:* Regeln des Sports ermöglichen es, mit Mitgliedern aus anderen sozialen Schichten, ethnischen Gruppen, Altersklassen, des anderen Geschlechts, mit arm und reich unter den Regeln der Gleichheit in Wettbewerb zu treten, auch wenn die sozialen Beziehungen im Alltag den Bedingungen sozialer Ungleichheit unterworfen sind. Daß jemand die Bildungschancen, die unsere Gesellschaft formal bietet, nicht ausschöpfen kann, mag daran liegen, daß er aus unteren Sozialschichten stammt; daß jemand nur ein niedriges Einkommen erzielt, kann seinen Grund darin haben, daß er einer sozial diskriminierten ethnischen Gruppe angehört; daß in einer Bevölkerung nur geringe Konsummöglichkeiten bestehen, kann Folge der Wirtschafts- und Gesellschaftsordnung oder der Ignoranz von Politikern sein. Soziale und politische Bedingungen können verhindern, daß trotz formaler Gleichheit der einzelne vorhandene Chance wahrnehmen, seine eigenen Möglichkeiten, Fähigkeiten und Kenntnisse voll entfalten kann, um zu erleben, was "tatsächlich" in ihm steckt. All diese sozialen Unterschiede, die das Leben des einzelnen und seine Chancen bestimmen, sollen im Sport (idealerweise) ausgeschaltet sein. Im Sport werden jene "quasi experimentellen" Bedingungen geschaffen, unter denen der einzelne unabhängig von der Vielfalt sozialer Unterschiede, die sein Leben formen, erleben und erfahren kann, was er "wirklich" ist.[40] So sollen im Sport jene Gleichheitsprinzipien, die in der modernen Gesellschaft insgesamt gelten, jedoch immer wieder verletzt werden, in idealer Form verwirklicht werden. Sport erscheint "fast wie der Entwurf einer Utopie: also ein Versprechen dessen, was allgemein sein sollte, aber nicht ist" *(von Krockow* 1972, 102). Sport soll diese gesellschaftlichen Prinzipien in sich aufnehmen und verwirklichen, so daß diese Werte nicht nur sichtbar werden können, sondern ihre Anwendung auch zum Erfolg führt. Damit wird die Gültigkeit dieser Werte auch jenen demonstriert, die in der Alltagswirklichkeit und in ihrer eigenen Biographie oft bitter erfahren mußten, wie wenig diese Werte doch geachtet werden.

- *Schaffen von Unsicherheit:* Durch die Regeln des Sports wird das Ergebnis offen und nicht vorhersehbar. Dies geschieht nicht nur formal. Vielmehr wird die Chancengleichheit entweder durch eine möglichst gleichmäßige Verteilung der Spielerqualitäten, die Einteilung in Leistungsklassen oder durch Handicaps (wie beim Golf), durch Vermessungsformeln oder Yardstickvorgaben (wie beim Segeln) gesichert, so daß die Erfolgschancen gleich verteilt sind. Soziale Normen im Sport stellen also zugleich sicher, daß der Ausgang der Konkurrenz (möglichst völlig) ungewiß ist. Dies erhöht nicht nur den Spannungsgehalt von Wettkämpfen, sondern bewirkt bei Sportlern selbst eine besondere Motivation. Wenn nämlich Erfolg oder Mißerfolg ungefähr gleich wahrscheinlich sind, wird die Leistungsmotivation in besonderem Maße stimuliert. Der sportliche Wettkampf kann mit so ungeheurem Ernst ausgeübt werden, verliert aber gleichzeitig an Ernst, weil

---

[40] Vgl. zu dieser Deutung des Sports *Ashworth* (1975, 51 f.).

nichts gilt außer der Fähigkeit, den anderen unter gleichen Ausgangsbedingungen zu besiegen, das Ergebnis aber keinen Wert außer dem in sich
selbst trägt.

4. *Eigenweltcharakter:* Es bestehen große Unterschiede zwischen Sport und
dem täglichen Leben: Sport kennt klare räumliche und zeitliche Grenzen, innerhalb derer der Wettkampf entschieden wird; im täglichen Leben dagegen
weiß man nie genau, wie lange eine Auseinandersetzung dauert (wann also
etwa eine konfliktreiche Sitzung beendet sein wird) und ob nicht wichtige
Entscheidungen bereits vorher am Telefon abgesprochen wurden; im Sport
gibt es ein klar definiertes Ziel, das im Wettkampf verfolgt wird, die Ermittlung
des Siegers erfolgt aufgrund objektiver Meßwerte, dem Gegner steht man
direkt gegenüber, die Regeln sind klar definiert und anerkannt, der Erfolg
hängt in erster Linie von den eigenen Fähigkeiten und dem eigenen Einsatz
ab. Demgegenüber sind im täglichen Leben die Ziele und Absichten der
Opponenten oft unklar und umstritten, das Ergebnis einer Auseinandersetzung ist oft schwer zu ermitteln und unterliegt einer subjektiven Bewertung,
die Opponenten sind oft nicht eindeutig auszumachen und ihre eigentlichen
Absichten bleiben verborgen, Regeln sind oft interpretationsbedürftig, der Erfolg hängt kaum von körperlichen Fähigkeiten, sondern von Intelligenz, strate-
gischem Geschick und Kooperationsfähigkeit ab; im Sport sucht man nach
gleichstarken Gegnern, an denen man sich messen kann und mit denen man
unter gleichen Bedingungen startet, im täglichen Leben kann man sich dagegen nicht immer seine Opponenten aussuchen (oft ist es eine anonyme
Bürokratie, hinter der sich Entscheidungsträger verbergen), und meist sieht
sich jeder unterschiedlichen Ausgangsbedingungen gegenüber. Dies mögen
alles einsichtige Gründe sein, warum viele den Sport schätzen; sie verweisen
aber auch auf die Schwierigkeiten, Erfahrungen im Sport auf andere Lebensbereiche zu übertragen.[41]

5. *Zwang zur Legitimation:* Wenn der Wettkampf nichts als den Wettkampf
enthält, im übrigen aber unproduktiv und nutzlos ist, bleibt offen, wozu er betrieben werden sollte. So möchte man wissen, welchen Sinn und Zweck es hat,
sich sportlichen Ritualen bzw. einer Instrumentalisierung des Körpers zu unterwerfen; denn für die wenigsten liegen Sinn und Zweck darin, ein – auch in
diesem Fall wiederum nur selten hohes – Einkommen zu erzielen. Anders
formuliert: Eine Rationalität im Sport, die nur nach einer Zweckmäßigkeit, nicht
nach der Sinnhaftigkeit fragt, reicht als Rechtfertigung nicht aus; Handeln muß
auch sinnvoll erscheinen. Der Wettkampf soll eben nicht nur „vernünftig"

---

[41] Man kann die Unterschiede in folgendem Bild deutlich machen: Das Fußballspiel
wird auf einem genau begrenzten Platz mit zwei feststehenden Toren innerhalb der
festgelegten Zeit zwischen zwei gleich starken Mannschaften nach genauen und
überwachten Regeln entschieden. Das „Fußballspiel" der Wirklichkeit kennt viele Tore, die auch immer wieder von irgendjemandem umgestellt werden, es gibt keine
räumliche und zeitliche Begrenzung, die Zahl der Mannschaften und ihre Stärke variiert, man weiß nicht, wann man gewonnen hat, weil immer wieder irgend jemand
die Regeln und die Ziele ändert.

durchgeführt werden, es muß auch „vernünftig" erscheinen, sich an ihm zu beteiligen. Oder: Wenn man sich schon im Sport schweißtreibend und kostenträchtig quält, möchte man gern wissen, welcher Nutzen daraus erwachsen kann. Es kann daher nicht überraschen, daß für diese Fragen ein ganzes Arsenal von Antworten bereitgehalten wird. Der Sport wird mit einer kaum noch übersehbaren Vielzahl von Rechtfertigungen, Nutzenzuweisungen und Deutungen abgedeckt, um die Blöße seiner Unproduktivität zu verhüllen. Gerade weil das Ergebnis wertlos ist, ist der Phantasie kaum eine Grenze gesetzt, seinen Nutzen zu „erklären".

> *Legitimation* meint die Rechtfertigung und Rechtmäßigkeit von Normen, Handlungsmustern und institutionellen Ordnungen; sie sichert, daß Handeln als sinnvoll und faktisch und normativ richtig erscheint.

Die Vielfalt von Legitimationen, die in immer wieder neuen Mischungen in sportpolitischen Erklärungen, Reden von Sportpolitikern und Funktionären, in pädagogischen Programmen, aber auch in Werbeprospekten etc. zu finden sind, können in drei Gruppen zusammengefaßt werden:

(a) Rationalistische Legitimationen: Sport sei gut, weil er einen individuellen oder kollektiven Nutzen stiftet; Sport helfe Spannungen und Aggressionen abzubauen und sei ein Gegengewicht zu Langeweile und der Routine des Alltags; Sport erfülle eine Sozialisationsaufgabe, indem er kulturelle Moral- und Glaubensvorstellungen vermitteln und den Charakter entwickeln hilft; Sport bringe Personen unterschiedlicher sozialer, regionaler, ethnischer etc. Herkunft zusammen, wirke also sozial integrativ; Sport habe eine gesundheitsfördernde und -erhaltende Wirkung usw.

(b) Strukturalistische Legitimationen: Sport präsentiert sich mit dem Versprechen, jene kulturellen Grundprinzipien, die in unserer Gesellschaft gelten, jedoch immer wieder verletzt werden, in idealer Form verwirklichen zu können; gedacht ist dabei vor allem an Leistungsgerechtigkeit und Chancengleichheit, die im Sport sichtbar und erlebt werden können und deren Anwendung in ihm auch zum Erfolg führt. Die Vorstellung soll erzeugt werden: Wie die Struktur des Sports geordnet ist, werde zur Möglichkeit, die Gesellschaft darzustellen; wer die Logik des Systems Sports verstanden habe, könne die Logik der Gesellschaft nachvollziehen.

(c) A-rationale Legitimationen: Sport sei gut, weil er in seiner Besonderheit gerade die normale Wirklichkeit ausblendet. Sport wird bei diesem Legitimationstypus mit seinen expressiven Gehalten in Verbindung gebracht; sein „Eigenweltcharakter", die Tatsache, daß Sport ein Bereich ist, in dem die normale Wirklichkeit ausgeblendet sein kann und so von den „ernsten" Lebenszielen und den vielfältigen Problemen des Lebens entlastet ist, macht ihn wertvoll. Diese Legitimation betont das Spielerische, Spaß- und Freudemachen, das „Überflüssige" und den Selbstwert im Sport.

Die Regeln und Normen des Sports konstituieren eine Welt, die in vielem grundlegend von jener abweicht, die wir in unserer Alltagswirklich-

Abb. 7: Dynamik der Handlungssituation.

keit kennen: Mit ritualistischen Regeln müssen Sportler Ziele bestmöglich zu erreichen versuchen, die wieder nur einen Wert in sich selbst haben. Da Ziele und Regeln ihre Rechtfertigung nicht aus ihrer Produktivität bzw. ihrem Gebrauchswert erhalten, werden sie überfrachtet mit vielfältigen, willkürlich formulierten Rechtfertigungen ihrer Sinnhaftigkeit. Diese Regeln sind zugleich neutral gegenüber den Teilnehmern dieses Spiels, auch wenn im Alltagsleben viele Formen sozialer Ungleichheit erfahren werden. So begründet sich der Eigenweltcharakter des Sports, der für viele so faszinierend, für viele (zumindest der !Kungs) aber auch einigermaßen befremdlich wirkt. Man muß sich stets dieser Eigentümlichkeiten des Sports bewußt sein, weil sie nicht nur ein Schlüssel für das Verständnis der kulturellen Relativität des Sport sind, sondern damit auch die Toleranz denjenigen gegenüber vergrößert wird, die für solche Merkwürdigkeiten keinen besonderen Enthusiasmus zu zeigen bereit sind.

Situative Ausführungsmuster im Sport

Das Regelwerk hat die Funktion, das Spielgeschehen zu organisieren; ihre optimale Umsetzung im Handeln aber ist Aufgabe der Sportler: Sport muß im Rahmen des vorgegebenen Regelwerks situationsspezifisch gestaltet werden.

Eine soziologische Analyse muß also stets der „Janusköpfigkeit" des Sports gerecht werden: Sport ist auf der einen Seite institutionalisierte Ordnung mit ihren Regeln, sozialen Rollen, Sachgegebenheiten und Machtstrukturen, auf der anderen Seite Handeln, dynamisches Geschehen, also soziale Praxis. Wer nur eine Seite sieht, vernachlässigt einen konstitutiven Teil des Ganzen.

Aus dieser „Doppelköpfigkeit" entwickeln sich zugleich jene dynamischen Elemente, die den Sport ausmachen. Aktionen im Spiel sind zum einen Teil durch Regeln fixiert, die die Identität des Spiels bestimmen, zum anderen Teil flexible, situationsbedingte Ausgestaltung der Regeln, um dem Spiel seine Dynamik zu verleihen. Die Dynamik des Sports ist „fixiert, weil ohne Konsens der Spieler über die Anerkennung eines einheitlichen Satzes von Regeln das Spiel kein Spiel wäre, sondern jeder würde isolierte Tätigkeiten ausführen. Sie ist elastisch und variabel, da sonst ein Spiel genau dem anderen gleichen würde. In diesem Fall würde ebenfalls sein spezifischer Charakter als Spiel verlorengehen. Damit muß ein ganz bestimmtes Gleichgewicht der Fixiertheit und Elastizität von Regeln vorliegen. Von diesem Gleichgewicht hängt die Dynamik des Spiels ab" *(Elias/Dunning* 1966, 129). Jede Beachtung der Vielzahl der Normen und Regeln schafft Zwänge, die das spontane, dynamische Handeln zurückdrängen; zu starke Berücksichtigung der dynamischen Wettkampfentwicklung bedroht das Regelsystem und damit die Identität des Spiels.

Sport ist durch ein Spannungsverhältnis gekennzeichnet, das zwischen den Zwängen des Regelwerks und der Dynamik der sozialen Situation entsteht. Dabei kann die Regelstruktur, die das Verhalten des Sportlers festlegt, die Spontaneität und individuelle Gestaltungs- und Verfügungsmöglichkeiten einschränkt, unterschiedlich rigide und formalisiert sein und damit unterschiedlichen Spielraum für individuelle Inszenierungen lassen. Dieses Spannungsverhältnis ist also zum einen abhängig von der Prägnanz, Präzision und Fixiertheit sozialer Regeln, zum anderen von Leistungswillen und Gestaltungsfähigkeit, also von der Persönlichkeit des Sportlers. Es müssen die Spannung zwischen Angriff und Verteidigung, zwischen Kooperation und Rivalität, zwischen Ordnung und Unordnung, zwischen Abwechslung und Langeweile einerseits – ein Paradebeispiel ist die Abseitsregel im Fußball (vgl. *Elias/ Dunning* 1966, 130) – und der dynamischen Gestaltung durch den Spieler im Handlungsgeschehen andererseits in eine Balance gebracht werden. Die Attraktivität einer Sportart oder eines Spiels hängt davon ab, wie diese Balance gelingt.

Dieses Spannungsverhältnis zwischen formalisiertem Regelwerk und situativen Ausführungsmustern veranschaulicht Abb. 8 (vgl. *Dreitzel* 1968, 172 f.).

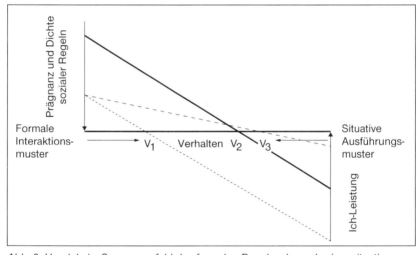

Abb. 8: Handeln im Spannungsfeld des formalen Regelwerks und seiner situationsspezifischen Ausgestaltung

Bei hoher Prägnanz und Dichte des Regelwerkes und bei geringer Ich-Leistungsfähigkeit und Ich-Identität[42] (eine Steigerung dieser beiden Elemente ist durch die Pfeilrichtung angezeigt) wird das Verhalten im Spielgeschehen in besonderem Maße durch die formalen Interaktionsmuster geprägt (V_1) – solche Sportarten werden sich in der Regel durch große Ordnung und Disziplin, aber durch wenig Dynamik und Abwechslung auszeichnen[43] –, während umgekehrt bei geringer Prägnanz und Dichte des Regelwerkes und aus-

---

[42] Vgl. zur Erläuterung dieser beiden Begriffe Kap. 5.1 S. 161.
[43] Zumindest wir Europäer müssen den Eindruck haben, daß Baseball in den USA diesem Typus zuzurechnen ist; Dressurreiten, Leichtathletik und Golf bieten sich als weitere Beispiele an.

geprägter Spielerpersönlichkeit das Verhalten stärker durch die situativen Gegebenheiten bestimmt wird (V_2), wie dies insbesondere in den neuen Sportarten – etwa Beach- und Streetball, Surfen u. ä. sichtbar wird. Auch bei gleicher Prägnanz und Dichte des Regelwerks wird eine Veränderung der Ich-Leistungsfähigkeit und Ich-Identität zu einer Veränderung des Handlungsgeschehens führen (V_3) – Beispiele hierfür sind Fußball und Eishockey.

Sport befindet sich in einem Spannungsfeld zwischen formalem Regelwerk und situativen Ausführungsmustern, das zum einen durch die Regeln in jeder Sportart bereits festgeschrieben ist, sich zum anderen aus der Persönlichkeit der Sportler und den konkreten Situationen im Wettkampf entwickelt. Diese „Doppelköpfigkeit" ist nicht nur strategische Größe für die attraktive Gestaltung des Wettkampfes; sie ist auch ein Schlüssel für das Verständnis dafür, welchen Reiz Sport bzw. einzelne Sportarten für die Sportler selbst und für die Zuschauer besitzen.

3.1.2 Soziale Rollen im Sport

Die vielen Normen und Regeln, die den Sport dominieren, fallen nun nicht wie ein warmer Landregen, der alle gleichermaßen durchnäßt, auf die Akteure im Sport hernieder. Vielmehr treffen sie den einzelnen wohlgeordnet, unter besonderen Gesichtspunkten gebündelt und organisiert. Normen werden um Positionen in sozialen Rollen zusammengefaßt. Der Schiedsrichter unterliegt anderen Normen und Regeln als der Torwart, der Trainer hat andere Aufgaben zu erfüllen als der Platzwart, an den Präsidenten eines Vereins richten sich andere Erwartungen als an den Schatzmeister.

> Unter *sozialer Rolle* versteht man die Summe sozialer Normen, denen der Inhaber einer sozialen Position entsprechen muß. Soziale Rollen sind Bündelungen von sozialen Normen um eine soziale Position, also positionelle Verfestigungen eines Satzes von sozialen Normen. Die soziale Rolle sagt noch nichts aus über das faktische Verhalten eines Positionsinhabers, sondern nur über die Rechte und Pflichten, die in einer Rolle zusammengefaßt sind und die ein Positionsinhaber wahrnehmen sollte, wenn er nicht Sanktionen in Kauf nehmen will.

Über das Medium der Rolle werden Gesellschaft oder einzelne gesellschaftliche Daseinsbereiche (wie der Sport) zu einem arbeitsteilig und u. U. hierarchisch gegliederten Gefüge aufeinander bezogener Verhaltensnormierungen organisiert, durch das Gleichförmigkeit, Regelhaftigkeit und Vorhersehbarkeit des Handelns der einzelnen Positionsinhaber ermöglicht werden. Mit der sozialen Rolle ist also zweierlei festgelegt: zum einen das Verhalten, dem der Inhaber einer Position gerecht werden sollte, zum anderen das Netzwerk sozialer Beziehungen, in das ein Positionsinhaber eingebettet ist und in das jene Positionen eingebunden sind, die legitimerweise Verhaltenserwartungen an einen Positionsinhaber richten können. Diese Eigenheiten sozialer Rollen sollen an einem Beispiel, und zwar an der Rolle des Sportlehrers, illustriert werden (vgl. Abb. 9)

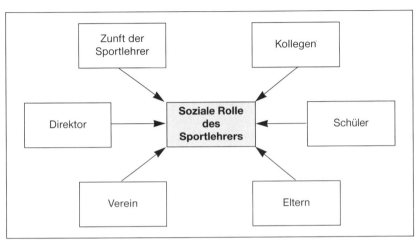

Abb. 9: Rollensatz des Sportlehrers

Aus dieser Abbildung ersieht man: Eine Rolle – hier die des Sportlehrers – ist in ein umfassendes Netz unterschiedlicher Verhaltensansprüche und Erwartungen eingebunden, die – zumindest zum größeren Teil – sozial-normativ festgelegt sind. Ein solches Netz entsteht immer dann, wenn jemand in seiner Position mit vielen Leuten, die sich in verschiedenen Positionen befinden, zusammenarbeiten muß und die unterschiedliche Ideen, Ansprüche und Anforderungen darüber haben, wie der Positionsinhaber – etwa der Sportlehrer – seinen Beruf ausüben sollte: der Direktor, der als Vertreter der Schulbehörde auf die Erfüllung der Lehrpläne und anderer Dienstvorschriften achten muß – dies unabdingbar, damit der Lehrer nicht seinen Posten verliert; die Schüler, die einen attraktiven Sportunterricht, faire Benotungen und keinen allzu hohen, permanenten Leistungsdruck erwarten – und gegebenenfalls haben Schüler viele informelle Sanktionsmöglichkeiten, mit denen sie dem Lehrer das Leben schwermachen können; die Kollegen, die sich Loyalität und gegenseitige Berücksichtigung ihrer Interessen erhoffen, und die Illoyalität leicht mit dem Abbruch sozialer Beziehungen ahnden können; die „Zunft der Sportlehrer", die erwartet, daß Standards und Ethos der Profession eingehalten werden; der Verein, der mit einer guten Zusammenarbeit und der Berücksichtigung auch seiner Belange rechnet, der aber kaum Mittel hat, diese Erwartungen durchzusetzen; die Eltern, die vom Lehrer volles Engagement und höchste Sachkompetenz fordern, damit ihre Kinder für ihre Zukunft bestens qualifiziert sind, aber mit diesen Erwartungen oft allein gelassen werden. All diesen Forderungen soll der Sportlehrer in seinem Beruf gleichermaßen gerecht werden.

Die verschiedenen Rollen, die in einem Handlungsfeld zur Verfügung stehen, lassen sich nun nach folgenden Gesichtspunkten charakterisieren und damit zu einem Gesamtbild der Rollenstruktur im Sport zusammenfassen (vgl. dazu Abb. 10):

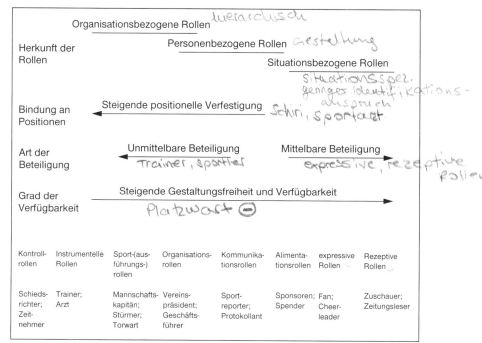

Abb. 10: *Analytisches Schema der Rollen im Sport*

1. *Herkunft sozialer Normen und Rollen[44]:* Die sozialen Normen und damit die Rollen, zu denen diese Normen zusammengefaßt werden, können unterschiedlich sein, je nachdem, ob sie (a) ihren Ursprung in der hierarchischen Struktur einer Organisation mit dem relativ formalen z. B. durch Satzung festgelegten Charakter der Regeln haben (organisationsbezogene Rollen) oder (b) stärker persönlichkeitsgefärbt sind, durch die Gestaltungskraft, Identifikationsfähigkeit und Ich-Leistung des Rolleninhabers geprägt werden und sich im wesentlichen als Bestandteil des durch den Sozialisationsprozeß vermittelten kulturellen Milieus entwickeln (personenbezogene Rollen); schließlich (c) unmittelbar aus der Situation entstehen, situationsspezifisch in sehr unterschiedlicher Weise artikuliert und sanktioniert werden und daher auch einen geringen Identifikationsanspruch besitzen. Die Herkunft der Rolle sagt also

---

[44] Solche Vorschläge zur Typologisierung von Rollen finden sich bei *Dreitzel* (1968, 156 f.), ebenso bei *Sarbin* (1954, 233 f.) und *Banton* (1965, 31 f.).

zugleich etwas über das Verhältnis Person/Rolle, über den Grad (sozial) erwarteter Identifikationen und Ich-Leistung, also der Dichte und Prägnanz, mit
der die Normen einer Rolle das Verhalten bestimmen *(Dreitzel* 1968, 105 f.).

2. *Funktionen der Rolle:* Wenn Sport als ein „Produktionsprozeß" interpretiert wird, in dem ein Ergebnis – z. B. das Gewinnen eines Wettbewerbs,
das Erreichen einer Leistungsnorm – nach vorgegebenen Regeln erzeugt wird,
können die verschiedenen Rollen nach ihrer Funktion und dem Grad ihrer
unmittelbaren oder mittelbaren Beteiligung an diesem Produktionsprozeß
nach einzelnen Rollentypen zusammengefaßt werden. Das Spektrum reicht
von den an dem Produktionsergebnis primär oder sekundär beteiligten Sport-
Ausführungs-Rollen, den instrumentellen Rollen, die für Training und Betreuung der Sportler zuständig sind, den Kontrollrollen bis zu den mehr mittel-
bar beteiligten expressiven und rezeptiven Rollen.

3. *Grad der positionellen Verfestigung:* Der Ort in einem Feld sozialer
Beziehungen kann unterschiedlich eindeutig fixiert und in seiner Existenz
losgelöst von einzelnen Personen als Position gesichert sein; so werden
Rollenerwartungen mehr oder weniger auf solche Positionen bezogen. Dieser
unterschiedliche Grad positioneller Verfestigung kennzeichnet auch verschiedene Rollen im Sport. So ist z. B. die Position des Schiedsrichters oder
des Sportarztes mit seinen Aufgaben, Rechten und Pflichten im Spiel-
reglement oder den Vereinssatzungen vergleichsweise eindeutig definiert und
ohne Zutun einzelner festgelegt; der Rolle des Fans, des Sponsors usw. fehlt
diese eindeutige positionelle Fixierung.

4. *Grad der Verfügbarkeit:* Schließlich können Rollen danach unterschieden
werden, in welchem Umfang der einzelne die Rolle nach seinen individuellen
Ideen und Vorstellungen ausgestalten kann und seine ganze Persönlichkeit
darin zum Tragen kommt oder aber der einzelne in einem engen Netz sozialer
Verpflichtungen eingefangen ist, das ihm kaum individuellen Spielraum beläßt.
Wir werden sehen, daß etwa Positionen ehrenamtlicher Mitarbeiter gerade
durch diese hohe Verfügbarkeit der Rolle gekennzeichnet sind, was etwa für
einen Platzwart nicht mehr ohne weiteres zutrifft.

**Mit diesen Kriterien lassen sich die verschiedenen Rollen im Sport zu-
sammenfassen. Damit ist zwar nur eine grobe Gliederung gewonnen, für
die viele Ausnahmen zu finden sind. Dennoch hat eine solche Charakteristik ihren Wert, indem sie (a) auf die soziale Herkunft sozialer Rollen
verweist, (b) Ansatzpunkte und Chancen ihrer Veränderung eröffnet, (c)
Schlüsse über die individuelle Gestaltungsfähigkeit, Verfügungsmöglich-
keit und die geforderte Ich-Leistung zuläßt und (d) Hinweise darüber
geben kann, wie Konflikte entstehen und gelöst werden können.**

3.1.3 Soziale Konflikte

Der Sport ist keine Welt voller Harmonie, Loyalitäten und uneingeschränkter
Solidarität. Vielmehr entsteht auch im Sport eine Vielzahl von sozialen Konflikten, bei denen gestritten, gekämpft, wegen derer oft auch andere verletzt,

diskriminiert, angefeindet und ausgeschlossen werden, die aber stets ausgetragen werden (müssen).

Ein *sozialer Konflikt* liegt dann vor, wenn unterschiedliche Verhaltenserwartungen an einen Rolleninhaber bzw. Interessen verschiedener Personen oder sozialer Kollektive nicht gleichermaßen erfüllbar sind. Soziale Konflikte erwachsen also nicht aus persönlicher Abneigung, sondern aus Widersprüchen und Gegensätzlichkeiten, die in der Struktur eines sozialen Systems angelegt sind. Deshalb können im Prinzip soziale Konflikte nicht dadurch gelöst werden, daß man Personen auswechselt, sondern nur durch eine Veränderung der Strukturen, in denen sie angelegt sind.

Rollenkonflikte ergeben sich, wenn der einzelne sich in seinen Rollen unterschiedlichen und nicht gleichermaßen erfüllbaren Verhaltensansprüchen ausgesetzt sieht. Hier wiederum ist zu unterscheiden zwischen Inter-Rollen-Konflikten, also Konflikten, die in einer sozialen Rolle eingelagert sind und Intra-Rollen-Konflikten, die sich daraus ergeben, daß jemand verschiedene Rollen innehat, die sich in ihren Verhaltensansprüchen widersprechen. Beispiele für den ersten Typus von Konflikten: Der Sportarzt, der sich vom Trainer unter Druck gesetzt sieht, mit schmerzmildernden Medikamenten den Sportler einsatzfähig zu „spritzen", dies aber im Widerspruch steht zu seinem professionellen Ethos als Arzt; der Sportlehrer, der an den Lehrplan gebunden ist, der die Vermittlung traditioneller Sportarten vorschreibt, von dem aber seine Schüler erwarten, daß er mit neuen Bewegungsspielen und Sportarten den Sportunterricht attraktiver gestaltet. Beispiele für den zweiten Typus sind: Das Mitglied eines Entscheidungsgremiums in Sportverbänden, das in dieser Rolle Sportpolitik betreibt und damit Positionen in einer Art vertritt, die mit seiner anderen Rolle als Wissenschaftler unvereinbar sind; das türkische Mädchen, das von der Schule gezwungen wird, an einem (möglicherweise auch noch koedukativen) Sportunterricht teilzunehmen, was ihm aber durch die Eltern und begründet durch ihre Religion verboten ist. Es entsteht also ein Konflikt zwischen der Rolle als Schülerin und der Rolle als Tochter islamischer Eltern.

Davon sind Interessenkonflikte zu unterscheiden: Diese Konflikte ergeben sich, wenn die verschiedenen Parteien gleichermaßen Ansprüche auf knappe Ressourcen – vor allem Geld und Zeit, aber auch Infrastruktur und Sachausstattungen – erheben, die nicht gleichermaßen erfüllt werden können. Beispiele hierfür sind die Konflikte zwischen Sportverein und Schule bzw. zwischen verschiedenen Abteilungen eines Vereins über die Nutzungszeiten von Sporthallen, weiter der Konflikt zwischen Schule, Eltern und Sport in bezug auf die zeitliche Belastung des Trainings und natürlich die vielen Konflikte, die sich aus der Art der Verteilung von Einnahmen aus dem Verkauf von Übertragungsrechten zwischen Vereinen und Verbänden, der Höhe der Spielergehälter und Prämien etc. ergeben.

[handschriftliche Randnotiz: Intra- Inter- Rollen- Konflikt]

Die soziologische Konflikttheorie liefert auch wichtige Instrumente zur Analyse von Situationen der Alltagswirklichkeit. Sie bringt uns u. a. zu der Einsicht, daß Konflikte nicht (nur) aus persönlichen Präferenzen und Charaktereigenschaften entstehen, sondern sich aus nicht gleichermaßen erfüllbaren Anforderungen und Ansprüchen entwickeln, die in der Struktur eines sozialen Systems bereits eingelagert sind. Unabhängig von der Person muß sich jeder solchen Konflikten stellen, ob er will oder nicht.

3.1.4 Soziale Konfigurationen

Soziales Handeln

Neue soziologische Einsichten in die Besonderheiten des Sports werden gewonnen, wenn „soziales Handeln" thematisiert wird. Das Neue ergibt sich daraus, daß interagierende Personen, Gruppen oder Vereine ihr Verhalten an dem Verhalten des anderen ausrichten müssen, d. h., jeder muß (a) die Erwartungen, die der andere in bezug auf das eigene Verhalten hat, zu erkennen versuchen und (b) nach Möglichkeit mit seinem Verhalten auf die Erwartungen des anderen angemessen reagieren. Dies ist die Ausgangs- und Problemlage für „soziales Handeln".

Soziales Handeln[45] liegt vor, wenn man sich am erwarteten Verhalten anderer orientiert, d. h. eine Person ihr Verhalten entweder an den Erwartungen darüber ausrichtet, wie der andere sich verhalten wird oder sich so verhält, wie der andere erwartet, daß sie sich verhalten wird. Man hat also Erwartungen darüber, was der andere von einem erwartet, und darauf richtet man sich in seinem Verhalten. Soziales Handeln ist also nicht zu verwechseln mit Handeln zum Wohl eines anderen, also z. B. mit Altruismus.

Der Spieler verhält sich regelkonform, weil Schiedsrichter und Mitspieler dies erwarten; der Spieler also z. B. erwarten muß, daß der Schiedsrichter die rote Karte und die Mitspieler womöglich die kalte Schulter zeigen, wenn der Spieler allzu offenkundig die Regeln verletzt; Vorstandsmitglieder arbeiten hart in der Erwartung der Anerkennung ihrer Leistungen durch die Mitglieder oder der Wiederwahl; Trainer geben ihr Bestes in Erwartung der Vertragsverlängerung, Studenten in der Erwartung guter Benotung.

Soziales Handeln wird möglich

1. durch gemeinsam anerkannte Normen, Regeln, durch Brauchtum, Sitten u. ä. und die hinter diesen stehenden sozialen Kontrollen und Sanktionsmöglichkeiten, durch die nicht nur eine Abstimmung wechselseitiger Verhaltenserwartungen erfolgt, sondern ein Abweichen von normativen Verhaltenserwartungen geahndet werden kann;

---

[45] Soziales Handeln und soziale Interaktion werden in der soziologischen Terminologie meist synonym verwendet.

2. durch rationales Verfolgen von Interessen, so daß man Verhaltenserwartungen aus der Überlegung ableiten kann, wie der andere sich verhalten wird, wenn er seine Interessen vernünftig und effizient verwirklicht (vgl. S. 21);

3. auf Grund von Gewohnheiten, also wenn aus vergangenen Erfahrungen Verhaltenserwartungen für die Zukunft abgeleitet werden können (Habitualisierung);

4. aufgrund von Sachstrukturen, die festlegen, was (technisch) möglich ist, was nicht (vgl. Kap. 3.3, S. 122).

Wettbewerb, Konkurrenz, Kooperation und Individualismus im Sport

Wettbewerb liegt vor, wenn der Gewinn des einen auf Kosten des anderen erfolgt; im Wettbewerb wollen beide Teilnehmer zugleich ein Ziel erreichen, das aber nur einer erreichen kann, nämlich gegen den anderen gewinnen. Wettbewerb ist also ein Nullsummenspiel. Was der eine gewinnt, muß der andere hergeben; der Gewinn des einen ist der Verlust des anderen.

Wettbewerb ist von Konkurrenz wie folgt abzugrenzen:

Konkurrenz liegt vor, wenn man ein Ziel nicht gegen den anderen erringt, also nicht der Sieg über den anderen das eigentliche Ziel ist, sondern um etwas Drittes gekämpft wird, das außerhalb der Beziehung zum Konkurrenten liegt – man etwa die Gunst eines Kunden gewinnen will, um die Berechtigung zur Teilnahme an internationalen Wettkämpfen kämpft, verhindern möchte, ständig auf der Reservebank zu landen u. ä.

In der Konkurrenz geht es also nicht primär darum, gegen den anderen zu siegen, sondern dieses Dritte für sich zu gewinnen. Der Boxer will im Wettkampf den Gegner nach Möglichkeit k. o. schlagen; wenn er aber in Konkurrenz mit einem anderen Boxer um einen Platz in der Olympiamannschaft kämpft, geht es ihm primär nicht um den K.-o.-Schlag; er hätte u. U. auch nichts dagegen, daß der andere ebenfalls mit zu den Spielen fährt. Kommerziellen Sportanbietern geht es nicht darum, Vereine auszuschalten, sondern lediglich darum, in der Konkurrenz um den Kunden der Bessere zu sein – aber dies kann, muß aber nicht, auf Kosten der Vereine gehen. So muß man konzedieren, daß man oft, wenn auch nicht notwendigerweise (und nicht nur im Sport) den anderen in einem Wettbewerb erst ausschalten muß, um in der Konkurrenz Sieger zu sein.

Kooperation liegt vor, wenn ein Ziel in einem Wettbewerb oder in der Konkurrenz mit anderen aufgrund gemeinsamer Anstrengung erreicht wird. Kooperation kann in Addition gleichartiger Einzelkräfte und Leistungen (wie beim Rudern oder Staffellauf) oder in der Kombination verschiedenartiger Einzelleistungen (wie beim Fußball oder ähnlichen Mannschaftssportarten) liegen.

Individualismus liegt vor, wenn der einzelne ein Ziel und eine Belohnung ohne Bezugnahme auf andere anstrebt, vor allem ohne Berücksichtigung des Gewinns oder Verlusts anderer. In extremer Form ist Individualismus purer Egoismus.

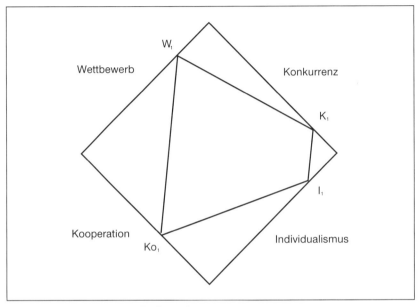

Abb. 11: Bausteine sozialer Konfiguration

Dies sind vier wichtige Bausteine der Ausgestaltung sozialer Konfigurationen im Sport; sie bestimmen das Verhältnis von Spannung und Harmonie, Konflikt und Identifikation, von Kollektivorientierung und Individualorientierung im sozialen Handeln. Zwar ist denkbar, daß jeder dieser Bausteine in reiner Form etwa als rücksichtsloser Egoismus, als aufopfernder Altruismus, als totaler Wettkampf und als bedingungslose Konkurrenz, als vollständige Kooperationsbereitschaft vorkommt – ausgedrückt mit den Endpunkten des Vierecks in Abb. 11. Der Normalfall wird dies jedoch nicht sein; vielmehr werden im sozialen Handeln bereits durch die formalen Regelungen, vor allem aber durch ihre Interpretation und die Einstellungen der Partner und Gegner Konfigurationen entstehen, in denen Wettbewerb (etwa W_1 in Abb. 11), Kooperation (etwa Ko_1), Konkurrenz (etwa K_1) und Individualität (etwa I_1) beteiligt sind, in denen sich also – dargestellt durch das Viereck zwischen diesen Bezugspunkten – ein Spannungsverhältnis von Wettbewerb und Kooperation, Individualismus und Konkurrenz entwickelt, das das konkrete Geschehen im Sport bestimmt.

Kooperation, Wettbewerb, Konkurrenz und Individualismus sind für den Sport bedeutsam (a) als Bausteine sozialer Konfigurationen zwischen den Mitgliedern einer Mannschaft, (b) als Bausteine sozialer Konfigurationen zwischen gegnerischen Mannschaften, – eine Form sozialer Beziehungen, die *Lüschen* (1979, 229) als „Assoziation" bezeichnet – und (c) als Ausprägungen der Beziehungen zwischen Vereinen und Verein und Dachverband. Zugleich müssen diese Bausteine sozialer Konfigurationen auf zwei analytischen Ebenen untersucht werden, und zwar (a) auf der Ebene des Regelwerks und (b) auf der Ebene der situativen Ausführungsmuster. So geht es zum einen um die Frage, in welchem Umfang durch formale Regelungen und durch die Organisationsstruktur des Sports Kooperation, Konkurrenz, Wettbewerb und Individualismus erzwungen werden, zum anderen darum, in welcher Form sie sich in der Dynamik des Wettkampfes entwickeln.

Ausprägungsformen sozialer Konfigurationen

In diesem Abschnitt wird geprüft, von welchen Bedingungen die konkrete Ausgestaltung von Konkurrenz, Kooperation, Individualismus und Wettbewerb abhängt:

1. *Regeln der Sportart:* Meist legt das Regelwerk bereits Möglichkeiten der Einzelleistung für kooperatives Spiel und Wettbewerb fest. Das Regelsystem ebenso wie seine Interpretation durch die Spieler können die Akzente je unterschiedlich setzen. „Im Football gibt es z. B. kein Positionsrecht für den Verteidiger, und so kann der angreifende Spieler durchbrechen, wo immer er will. Im Basketball gibt es eine gewisse Anerkennung des Positionsrechts. Im Feldhandball ist dieses Recht viel ausgeprägter, und so sind individueller Einsatz und Alleingang weniger anerkannt als im Football. Ähnliche Strukturen findet man im Hockey, wo der Spieler, der den Ball hat, bei dem Versuch, den Ball zu decken, sich nicht gegen den Verteidiger drehen darf. Das Ergebnis ist notwendigerweise ein kooperatives Spiel mit den anderen Mannschaftskameraden" *(Lüschen* 1979, 229).

2. *Historische Veränderungen:* So, wie die verschiedenen Disziplinen durch ihr Regelsystem kooperativem Spiel, Individualismus, Konkurrenz und Wettbewerb einen unterschiedlichen Raum lassen, kann sich durch eine Veränderung des Regelsystems oder seiner Interpretation auch die Konfiguration einer einzelnen Disziplin im Laufe ihrer Entwicklung verändern. *Elias/Dunning* (1966, 130 f.) weisen z. B. darauf hin, daß in den Jahren von 1860 bis 1870, in einer Zeit also, in der vorwiegend Personen der Mittel- und Oberschicht dieses Spiel zu ihrem eigenen Vergnügen spielten, das individuelle Drippeln das Kernstück des Fußballspiels ausmachte. In dem Moment, in dem offizielle Wettbewerbe eingerichtet wurden, die Rivalität unter den Mannschaften stieg und man begann, für ein zahlendes Publikum zu spielen, verstärkte sich die Kooperation innerhalb der Mannschaft zu Lasten der einzelnen Spieler, sich innerhalb des Teams durch individuelles Drippeln auszuzeichnen.

3. *Kulturelle Unterschiede:* Dasselbe Regelsystem kann unterschiedlich interpretiert werden – so kennen wir den Unterschied zwischen einem

„europäischen" und „südamerikanischen" Fußballspiel; schließlich erfolgt häufig nur eine selektive Rezeption moderner Sportarten durch Gesellschaften, in denen Wettbewerb und Leistungsvergleich untypisch sind, also die Festigkeit traditioneller Verhaltensweisen auch bei der Übernahme fremder Kulturmuster zum Tragen kommt. – Ein Beispiel für diese kulturspezifische Rezeption von Sportregeln gibt *Eichberg* (1975, 37), wenn er über die selektive Übernahme des modernen Sports in West-Sumatra berichtet. Danach setzt die Selektion „unter den modernen Sportarten bei solchen Spielen an, bei denen Leistung nicht als solche objektivierbar, sondern nur in Relation zur Leistung anderer Spieler auszudrücken ist, also Torverhältnis oder Punktverhältnis. Leistungsorientierung ist nur in bezug auf Relationsleistung sichtbar".

4. *Status in der Mannschaft:* Kooperationsbereitschaft kann davon abhängen, welche Stellung ein Mitglieder innerhalb einer Mannschaft einnimmt *(Martens* 1975, 66 f.). Hierfür liefert die Basketballstudie von *Klein/Christiansen* (1966, 181 f.) einen Beleg, die darüber berichtet, daß Kooperation häufiger mit Mannschaftsmitgliedern erfolgt, die einen negativen oder neutralen soziometrischen Status innerhalb der Mannschaft einnehmen, wenn es sich um ein als wichtig eingeschätztes Spiel handelt.[46]

5. *Erfolgsdruck:* Die Beziehungen zwischen den Mannschaftsmitgliedern werden durch Abhängigkeiten und Zwänge bestimmt, die von außen auf die Mannschaft einwirken. So wird die Neigung zu Individualismus und Konkurrenz größer sein, wenn die Sportmannschaft offen ist, wenn also die Gefahr besteht, daß man bei einer schlechten Leistung seine Position an einen Ersatzspieler verlieren kann – ein Tatbestand, den Trainer oft als Möglichkeit der Leistungssteigerung nutzen. Ebenso können Erwartungen der Zuschauer und die Aufmerksamkeit, die dem individuellen Einzelspiel, einem hart ausgetragenen Wettbewerb oder einem kooperativen Spiel gewidmet werden, für die Konfiguration von Bedeutung sein. Für das Verhältnis von Wettbewerb, Konkurrenz, Kooperation und Individualismus können Art und Verteilung der Belohnungen und die Bedeutung, die der Erfolg im Wettbewerb für die Mitglieder besitzt, eine strategische Variable sein. Je größer die Bedeutung des Erfolgs für den einzelnen ist und je stärker der Erfolg durch außerhalb des Sports liegende Belohnungen, etwa durch Einkommen oder Sozialprestige honoriert wird, um so eher ist wahrscheinlich Kooperation gefährdet und eine Neigung zum Individualismus vorhanden. Umgekehrt steigt die Kooperationsbereitschaft bis zu dem Punkt, in dem ein „ernster" Wettkampf nicht mehr ausgeübt wird, wenn sich die Belohnung also in der Freude, der Möglichkeit der Selbstverwirklichung und Selbstdarstellung usw. liegt und zugleich Gewinn und Verlust an Bedeutung verlieren.

6. *Gemeinsame Interessen:* Mannschaften bzw. Vereine müssen zunächst kooperieren, bevor sie in Wettbewerb oder Konkurrenz zueinander treten können. Jeder Wettkampf setzt Konsens und Bereitschaft zur Kooperation vor-

---

[46] Daß Individualismus und die Bereitschaft zu Kooperation herausragende Merkmale unterschiedlicher Kulturen auch in modernen Gesellschaften sind, haben *Hampden-Turner/Trompenaars* (1993) überzeugend anhand eines umfangreichen empirischen Materials belegt.

aus, wenn er nicht zur völligen Zerstörung des Gegners mit allen Mitteln führen soll. Diese gemeinsame Basis wird am Beispiel der Fairneß als einer besonders ausgeprägten Form der Kooperation im Wettkampf deutlich. „Diese Haltung manifestiert sich als Wert dort, wo man sich gegenüber dem Gegner keinen Vorteil verschafft, obwohl man von den Regeln dazu in keiner Weise verpflichtet ist. Die Regel der Reziprozität ist die Basis für diesen Wert. Die Erwartung besteht darin, daß die andere Seite dieselben ungeschriebenen Regeln der Fairneß beachtet" *(Lüschen* 1975, 233). Kooperation basiert jedoch nicht allein auf gegenseitigem Einverständnis und ist selbst durch das Regelsystem festgelegt. Dies soll an zwei Beispielen verdeutlicht werden:

Der Wettkampf lebt davon, daß in etwa gleichstarke Gegner aufeinandertreffen; „je dichter der Tabellenstand und je öfter innerhalb jeder Tabellenanordnung der Tabellenstand wechselt", desto attraktiver ist der Wettbewerb und (bei Zuschauersportarten) „desto größer werden die Zuschauereinnahmen sein" *(Neale* 1979, 206). Den Gegner völlig auszuschalten, heißt, sich selbst die Möglichkeit nehmen, Sport zu treiben. So wird eine Kooperation im Wettstreit bereits durch das gemeinsame Interesse bewirkt, ein relatives Gleichgewicht der Kräfte zu erhalten, das Ergebnis des Wettkampfes also offenzulassen. Man gewährt dem Gegner einen Bonus, tritt nicht mit der stärksten Mannschaft an, spielt seine Leistungsstärke nicht voll aus, wenn man den Gegner von Anfang an als schwächer einschätzt.

Der Wettkampf muß nach allgemein akzeptierten Regeln erfolgen. Der Wettkampf ist also an ein hohes Maß von gegenseitigem Einverständnis über Regeln gebunden, das immer wieder erneuert werden muß. Wettkampf und Kooperation sind also im Sport in besonderem Maß miteinander verbunden. „Das Kampfprinzip und das der Vereinigung, das die Gegensätze einheitlich zusammenhält, stellt dieses Beispiel fast in der Reinheit abstrakter Begriffe nebeneinander und enthüllt so, wie eines erst an dem anderen zu seinem vollen soziologischen Sinn und Wirksamkeit gelangt" *(Simmel* 1958, 200).

Daraus ergeben sich besondere Konfigurationen im Verhältnis von Vereinen, die sich mit einer Mannschaft an einem Ligawettbewerb beteiligen, untereinander und im Verhältnis der Vereine zu den Verbänden. Auf der einen Seite stellen rechtlich und ökonomisch selbständige Vereine ihre Mannschaften auf, mit denen sie versuchen, ihre Ziele (Nutzenmaximierung, Gewinnmaximierung) zu erreichen. Sie sind in unterschiedlichem Umfang autonom in ihren ökonomischen Entscheidungen, in ihrer Preis- und Personalpolitik und ihren Strategien, mit denen sie den Wettbewerb mit anderen Vereinen eingehen und bestehen möchten. Auf der anderen Seite aber kann ein attraktiver Zuschauersport nur in Kooperation mit den anderen Vereinen der Liga erstellt werden. Wir können diese Situation, in der wirtschaftliche und sportliche Konkurrenz entgegengesetzt zueinander stehen, als assoziative Konkurrenz bezeichnen. Entsprechend gibt es eine Dachorganisation – den Verband – der die Verantwortung für die Organisation und Durchführung der Wettkämpfe übernimmt, an den Vereine einen Teil ihrer Entscheidungsautonomie abgeben (müssen).[47]

---

[47] Gründe dafür und eine Darstellung der verschiedenen Ausgestaltungen dieses Verhältnisses zwischen Vereinen und Verband finden sich bei *Heinemann* (1995).

7. Attraktivität des Wettkampfes: Besondere Bedeutung besitzt die Tatsache, daß die durch Regelsystem und situationsspezifische Gestaltung geprägte Konfiguration entscheidend die Attraktivität der Sportart mitbestimmt, eine Attraktivität, die sich aus der Bilanz zwischen Kontrolle des Wettstreits und dem Bemühen ergibt, entweder mit allen Mittel – u. U. auch unfairen und gewaltsamen – oder mit einer fairen, kooperativen, nicht gewalttätigen, dafür oft weniger spannungsgeladenen Spielweise zu gewinnen; Spielregeln und die Dynamik des Spiels müssen den Wettkampf „zwischen der Skylla der Unordnung und der Charybdis der Langeweile hindurchsteuern" *(Elias/Dunning* 1966, 126). Damit wird zugleich verständlich, daß die Identifikation der Zuschauer mit einer Mannschaft auf die Konfiguration und Dynamik des Wettkampfes wesentlichen Einfluß besitzt, ein Prozeß, der zusätzliche Impulse erhält, wenn die Sportmannschaft Teil kommunaler oder nationaler Identität ist.

Wettbewerb, Kooperation und Individualismus sind konstitutive Bausteine der sozialen Konfiguration des Sports; sie sind Ausdruck für die Art sozialer Interaktion sowohl zwischen den Mitgliedern einer Mannschaft als auch zwischen Mannschaften und Vereinen. Ihre Ausprägung erhält zwar bereits durch das Regelsystem einen Rahmen, sie entwickelt sich jedoch erst im dynamischen Wettkampfgeschehen aufgrund der Bedeutung des Wettkampfs (also z. B. auch aufgrund vermuteter Konsequenzen des Versagens).

3.1.5 Soziale Gruppen im Sport

Ausprägungsformen sozialer Gruppen

Deutscher Sportbund, Sportverbände und Sportvereine geben uns Auskunft über ihre Mitgliedszahlen; Statistiken informieren über Geschlecht, Alter, Beruf und Einkommen z. B. von Personen, die Sport betreiben oder nicht betreiben; Meinungsforscher ermitteln in unserer Bevölkerung Einstellungen, Verhaltensmuster und Lebensgewohnheiten und fassen sie nach Merkmalsgruppen zusammen, die durch gemeinsame Interessen, Einstellungsstrukturen usw. gekennzeichnet sind. Gemeinsam ist diesen so gebildeten Personengruppen zunächst nur ein statistisches Merkmal. Wir können solche Aggregationen nach einzelnen statistischen Merkmalen wie Geschlecht, Alter, Beruf, Vereinszugehörigkeit, Sportinteresse, Veranstaltungsbesuch, Präferenzen für einzelne Sportarten als statistische Gruppen bezeichnen. Zwar können Merkmale wie Einkommen, Alter und auch Mitgliedschaft in einem Verein weitreichende soziale Auswirkungen auf das Ansehen, auf die (politischen oder wirtschaftlichen) Einflußchancen und auf Beschäftigungsmöglichkeiten haben; auch stehen häufig hinter solchen statistischen Merkmalen wie aktiver Sportler, Zuschauer, Nichtsportler und Vereinsmitglied und den Merkmalen Alter und Beruf gemeinsame Überzeugungen, Werthaltungen und Motivationen, die zu gleichgerichtetem Handeln, also z. B. regelmäßigem Besuch des Sportplatzes, führen können.

Statistische Gruppen können also Sozialkategorien bilden, die aufgrund dieser statistischen Gemeinsamkeit soziale Bedeutung und Wirksamkeit besitzen. Sicherlich sind die Übergänge fließend; dennoch ist es ein weiterer Schritt von einer statistischen Gruppe, die durch die Aggregation einzelner Merkmale entsteht, zur Sozialkategorie bis hin zu einer sozialen Gruppe, die neben solchen gemeinsamen statistischen Merkmalen und dem daraus resultierenden gleichgerichteten, regelmäßigen Handeln durch zusätzliche Tatbestände gekennzeichnet ist. Dies wird bereits aus der Definition einer „soziale Gruppe" deutlich.

Soziale Gruppen sind durch folgende Merkmale definiert:
- Es handelt sich um soziale Gebilde relativ beständiger, persönlicher Mitgliederbeziehungen. Damit ist zugleich gesagt, daß Personen nicht ohne weiteres austauschbar sind. Die Individualität der Mitglieder prägt das Milieu der Gruppe.
- Gruppen und ihre Mitglieder sind nicht an eindeutigen, klar definierten Zielen ausgerichtet. Dies besagt, daß soziale Beziehungen und Handlungsorientierungen funktional diffus sind.
- Die Grenzziehung, d. h. die Festlegung, ob man dazugehört oder nicht, erfolgt über ein hohes Zusammengehörigkeitsgefühl, oft mit dem Begriff „Wir-Gefühl" umschrieben sowie
- dadurch, daß eine Abgrenzung nach außen gegeben ist, d. h. für Mitglieder wie für Außenstehende die Gruppe als eigenständiges soziales Gebilde von der sozialen Umwelt und von anderen sozialen Gebilden gesehen und erlebt wird.
- Gruppen sind stark durch personenspezifische Tatbeständen geprägt; persönliches Vertrauen, gegenseitiges Kennen, gemeinsamer Konsens und Emotionalität sind ausschlaggebend.
- In Gruppen bestehen meist keine klar ausformulierten sozialen Strukturen und Regeln; geregelte Arbeitsteilung besteht nicht oder nur rudimentär; Autorität basiert auf besonderer Ausstrahlung und Überzeugungskraft einzelner Mitglieder.

„Soziale Gruppe" ist der Oberbegriff für eine Vielzahl unterschiedlicher Erscheinungsformen. So spricht man von

1. *Kleingruppen,* wenn die Zahl der Mitglieder gering ist und somit face-to-face-Beziehungen, also für alle Mitglieder noch überschaubare persönliche, direkte Kontakte möglich sind;

2. *Primärgruppen,* wenn neben einer geringen Zahl eine hohe soziale Integration des einzelnen in die Gruppe vorliegt, emotionale Bindungen und Kontrollen hoch sind und die Gruppe weniger durch vorgegebene soziale Regeln als durch die persönlichen Eigenheiten, durch Spontaneität und Individualität der einzelnen Mitglieder getragen wird, wie dies z. B. in der Familie und zum Teil auch in altershomogenen Gruppen Jugendlicher der Fall ist;

3. *formellen Gruppen,* wenn der Zusammenschluß durch Satzungen und Kompetenzordnungen begründet ist, die Mitgliederbeziehungen unpersönlich werden und die Organisation funktionsspezifisch, also auf fest umgrenzte Zwecke bezogen, erfolgt, wie in einem Forscherteam, aber grundsätzlich auch in einer Sportmannschaft;

4. *informellen Gruppen,* wenn sich kleine, ungeplante, auf unmittelbare face-to-face-Beziehungen basierende Gruppierungen meist als Binnenordnungen formeller Organisationen (z. B. eines Betriebs oder in einem Verein) oft spontan bilden, wie wir es auch vorfinden, wenn in der Organisation der Mannschaft oder eines Vereins Freundschaftsbeziehungen, Cliquen, Interessengruppierungen usw. entstehen;

5. *„totalen" Gruppierungen,* wenn Verhaltensansprüche der sozialen Regeln und Normen alle Handlungsbereiche des Individuums umfassen und kaum individuelle Handlungsspielräume und Möglichkeiten der Selbstentfaltung und -verwirklichung verbleiben, wofür Gruppierungen in Gefängnissen, im Kloster, zum Teil auch in Internaten typisch sind; die Teilnahme am Sport kann Teil dieser „totalen" Verhaltensansprüche sein.

Verschiedene Gruppen lassen sich (a) nach den verschiedenen Ausprägungsformen dieser zunächst genannten Merkmale und (b) durch Berücksichtigung zusätzlicher Merkmale (z. B. Gruppengröße, Zugänglichkeit oder Offenheit für neue Mitglieder, Freiwilligkeit oder Zwangscharakter der Mitgliedschaft) unterscheiden. Typisch für einzelne Gruppen ist ein Netzwerk der Beziehungen, Interaktionen und emotionalen Bindungen ihrer Mitglieder, das in soziometrischen Tests gemessen werden kann.

Soziometrie ist ein Meßverfahren zur quantitativen Ermittlung von „Wahlen", also Präferenzen, Abneigungen und Zuneigungen oder Anzahl und Substanz tatsächlichen Verhaltens zwischen den Mitgliedern einer Gruppe. Bei soziometrischen Tests werden die Personen z. B. aufgefordert, mitzuteilen, welche anderen Mitglieder sie z. B. in bestimmten Situationen (am Arbeitsplatz, in der Klasse, in einer Sportmannschaft) bevorzugen oder ablehnen, mit wem sie besonders häufig interagieren, mit wem nicht. Die daraus abgeleiteten Beziehungsstrukturen ergeben die soziometrische Konfiguration der Gruppe, die graphisch in einem Soziogramm, aber auch in Matrix-Form dargestellt werden kann.

Wenn von Gruppen im Sport gesprochen wird, denken wir zunächst an die Sportgruppe, in erster Linie also an eine Sportmannschaft, die einen sportlichen Wettkampf ausführt. Diese Sportgruppen stehen auch im Mittelpunkt sportsoziologischen Interesses. Jedoch dürfen auf der einen Seite nicht die meist informellen Gruppierungen, Freundschaften und Bekanntschaften übersehen werden, die durch den Sport zwar vermittelt sind, dennoch aber neben der eigentlichen Sportorganisation bestehen. Diese kontaktstiftende soziale Funktion des Sports darf nicht unterschätzt werden. In diesen Gruppierungen kommt der einzelne aufgrund seiner Persönlichkeit, nicht von seiner formalen

Position her, zur Geltung; da soziale Identität erst in täglicher Interaktion und Kommunikation entwickelt und bestätigt wird, haben diese Gruppen einen hohen Einfluß auf die personale Verfassung des Ichs; der einzelne leitet seine Selbstschätzung, sein Image und Selbstbild aus seiner Stellung in solchen Gruppen ab; in diesen Gruppen wird die Vielzahl von Regeln, Normen und Verhaltensansprüchen, die in unserer Gesellschaft existieren, interpretiert, modifiziert und damit den Möglichkeiten des einzelnen angepaßt; gerade diese Kleingruppen stellen also ein wichtiges Bindeglied zwischen dem Individuum und den Verhaltensregeln großer gesellschaftlicher Daseinsbereiche dar.

Auf der anderen Seite müssen die stärker formalisierten Gruppenstrukturen in Vereinen und auch Verbänden berücksichtigt werden, die in einem gesonderten Kapitel behandelt werden (vgl. S. 89–112).

Das Begriffspaar *„informell – formell"* bezeichnet folgende Unterschiede in der sozialen Struktur von Gruppen und Organisationen: Formell heißen Strukturen, wenn sie geplant, koordiniert, meist schriftlich fixiert und bewußt auf die Erreichung eines Zweckes ausgerichtet sind, informell, wenn sie spontan, ungeplant, oft auch im Rahmen und als Reaktion auf die Anforderungen formeller Strukturen, entstehen.

Sportmannschaften nehmen zwischen diesen beiden Gruppenformen eine Zwischenstellung ein, haben also sowohl Elemente formaler, zweckbezogener Organisationen als auch informeller, spontaner Gruppierungen – ein Tatbestand, der sich bereits aus der Unterscheidung zwischen Sport als sozialem System und Sport als sozialer Situation ergibt. Allerdings gibt es wiederum wesentliche Unterschiede, zum einen durch die unterschiedlich rigiden Regelsysteme einzelner Sportarten, die in unterschiedlicher Form individuelle Gestaltungsmöglichkeiten eröffnen. Sie ergeben sich zum anderen durch die Art der Spielausführung, also aus dem Rang, der dem Spielerischen, Expressiven oder dem Regelhaften, Zweckbezogenen beigemessen wird. So können sich innerhalb der durch das Regelwerk vorgegebenen Mannschaftsorganisation informelle Gruppenstrukturen mit besonderen Formen interpersonaler Kommunikation und Verhaltensnormierung sowie mit sozialen Beziehungen, informeller Macht und subjektiver Autorität entwickeln.

Für eine Soziologie des Sports sind vor allem zwei Fragen von Bedeutung, die in diesem Kapitel beantwortet werden sollen: (1.) Welchen Einfluß haben die Gegebenheiten der Gruppe, also die Zusammensetzung mit in ihrer Motivations- und Persönlichkeitsstruktur, der sozialen Herkunft, dem Alter, dem Geschlecht homogenen oder heterogenen Mitgliedern, die Führungs- und Entscheidungsmechanismen, die Kommunikationsformen, der Grad des Zusammenhalts und der Solidarität sowie der Umfang von Konflikten auf Gruppenleistung und Effektivität, also den Sporterfolg? (2.) Wie wirken die Leistung und die Art des Wettkampfs auf die Gruppenstruktur und die Stellung des einzelnen in der Gruppe zurück?

Gruppenstruktur und Leistung

Daß die soziale Konfiguration der Gruppen Einfluß auf die Leistung ausübt, ist in empirischen Untersuchungen immer wieder bestätigt worden. Sowohl bei der Kräfteaddition – dem Tragen, Heben und Ziehen – bei motorischen Fähigkeiten als auch bei kognitiven Aufgaben wie Suchen und Beurteilen und schließlich bei der für die Gruppenleistung besonders charakteristischen Aufgabe des Bestimmens erweist sich die Gruppe ihren einzelnen Mitgliedern überlegen, d. h., die Leistung der Gruppe ist größer als die Summe der Einzelleistungen, die nicht im Gruppenverband erbracht werden *(Hofstätter* 1963, 27 f.; *Cratty* 1967, 29 f.; *Martens* 1975, 66 f.). So stellte bereits *Maede* (1920, 353 f.) bei der Ermittlung der Kraftleistungen im Tauziehen fest, daß die höchste Leistung von einer Gruppe mit vier Mitgliedern erbracht wird und die durchschnittliche Leistung jeweils um 10% abnahm, wenn sich die Gruppe um ein Mitglied vergrößerte (vgl. auch *Rosaborough* 1953, 275 f.). Es gibt offensichtlich ein Optimum der Mitgliederzahl, bei der die relativ beste Leistung erbracht wird, wobei dieses Optimum sicherlich auch von der Aufgabenstellung abhängig ist. Bei einer Vergrößerung der Gruppe kann jener Punkt erreicht werden, an dem ein einzelnes Mitglied seinen Anteil an der Gesamtleistung als so gering und unbedeutsam empfindet, daß er stillschweigend seine Anstrengungen verringert.

Auf eine weitere Form des Gruppenvorteils und der Gruppenleistung soll ausführlicher eingegangen werden, da sie offensichtlich für das Zusammenleben in Gruppen von zentraler Bedeutung ist: die Leistung des Bestimmens. Von dem amerikanischen Psychologen *Sherif* (1935) stammt folgendes Experiment: In einem völlig verdunkelten Raum wird Versuchspersonen für kurze Zeit ein kleiner und intensitätsschwacher Lichtpunkt gezeigt. In der subjektiven Wahrnehmung scheint sich dieser objektiv feststehende Punkt zu bewegen, ohne daß die Versuchspersonen die Möglichkeit haben, diese Bewegungserscheinung in ihrem subjektiven Charakter zu erkennen. Außerdem fällt die Schätzung der scheinbaren Bewegungsweite des Punktes überaus schwer, vor allem wenn die Entfernung zum Lichtpunkt unbekannt ist. Die Schätzung der Bewegungsweite fällt bei Versuchspersonen, die die Schätzung einzeln und unbeeinflußt voneinander vornehmen, weit auseinander. Wird diese Schätzung jedoch in einer Gruppe durchgeführt, in der jede Versuchsperson ihre Schätzung nennt, konvergieren die Schätzungen über die Bewegungsweite der Punkte. Die sich dabei einspielenden Schätzwerte werden auch in den anschließend durchgeführten weiteren Einzelversuchen beibehalten. Innerhalb einer Gruppe wird eine eigenständige Wirklichkeitskonstruktion vorgenommen, es werden also Ordnungstatsachen über die Struktur der Umwelt geschaffen, die unabhängig von ihrer objektiven Richtigkeit eine gewisse soziale Geltung besitzen.

Der in seiner biologischen Konstitution unbestimmte Mensch erhält gerade in Situationen hoher Ungewißheit dadurch einen Halt, daß Tatbestände im Gruppenverband in gegenseitiger Abstimmung normiert werden. Dieses Experiment zeigt das Grundmuster, nach dem in Gruppen

Abb. 12: Gruppenleistung

auch im Sport Subkulturen entstehen, denen sich Außenstehende oft fremd und beziehungslos gegenübersehen, weil sie ihre Eigendynamik nicht kennen können. So entwickeln solche Gruppen eigene Sprachmuster (*Digel* 1976, 1977), eigene Verhaltensnormen, Wertmuster und informelle Kontrollen ebenso wie Autoritäts- und Kommunikationsstrukturen.

Selbst wenn eine intrinsische Motivation die sportliche Leistung entscheidend bestimmt, darf der Einfluß der sozialen Struktur und der Organisationsform des Sports, z. B. einer Sportgruppe, eines Vereins und der Führungsstil im Training auf die Leistung nicht unberücksichtigt bleiben. Insbesondere ist dabei – wie eine Vielzahl von Untersuchungen immer wieder belegt – die Entscheidungs- und Führungsstruktur ein wesentlicher Einflußfaktor sein.

Bekanntlich unterscheidet man in der Organisationssoziologie (a) autoritäre Entscheidungs- und Führungsstrukturen, die durch von oben nach unten durchlaufende Befehlswege mit einer Entscheidungsbefugnis der oberen Instanzen und Ausführungspflichten der unteren Instanzen gekennzeichnet sind; (b) demokratische Entscheidungsstrukturen, in denen alle Mitglieder gemeinsam über Ziele und Zielerreichung entscheiden; (c) Strukturen des laisser-faire, in denen jedes Mitglied oder einzelne Gruppen tun oder lassen können, was ihnen selber paßt, ohne über andere mitbestimmen zu können; (d) poliarchische Entscheidungsstrukturen, in denen zwar eine gegenseitige Abhängigkeit und auch die Kontrolle der Entscheidungen vorhanden sind, ohne daß aber dabei bestimmte Ranggruppen dominieren. Wir wissen aus einer Reihe empirischer Untersuchungen und Experimente, daß zwischen Leistung und Organisationsstruktur ein enger Zusammenhang besteht. Schon die ersten industriesoziologischen Untersuchungen von *Mayo*[48] zeigen, daß (a) eine Erhöhung des sozialen Status der Mitglieder einer Gruppe, (b) eine größere informelle Beziehung der Gruppenmitglieder untereinander und (c) ein Abbau autoritärer Entscheidungs- und Führungsstilen höhere Leistungen

---

[48] In den von *Mayo* (1933) durchgeführten sogenannten *Hawthorne*-Experimenten sollte zunächst der Einfluß der Beleuchtung des Arbeitsplatzes auf die Leistung untersucht werden. Als sich zeigte, daß die Leistung unabhängig von der jeweiligen Beleuchtung schwankte, wurde eine umfassende Experimentenreihe durchgeführt, in der der Einfluß aller möglichen Faktoren (Arbeitszeitverkürzung, Ruhe- und Essenspausen, Lebensbedingungen usw.) auf die Höhe der Leistung untersucht wurde. Auch hier zeigte sich, daß sich die Leistung während des Untersuchungszeitraums von zwei Jahren unabhängig von den physisch-technischen Arbeitsbedingungen veränderte. Die Erklärung hierfür war: Indem man für die Versuchsreihen Experimentgruppen mit den Arbeiterinnen bildete, wurde eine Situationsänderung vollzogen. Die Arbeiterinnen kamen in eine für sie neue und ungewöhnliche Situation. Sie wurden wichtig genommen, von ihren Vorgesetzten nach ihrer Meinung gefragt, bekamen keine Anweisungen, sondern erhielten bei ihren Arbeiten freie Hand. Ebenso wie sich das Verhältnis zu den Vorgesetzten änderte, wandelten sich auch die Beziehungen der Arbeiterinnen untereinander. Sie verbrachten mehr freie Zeit gemeinsam und halfen einander innerhalb und außerhalb des Testraums; es bildeten sich sogenannte informelle Gruppen, die das Leistungs- und Aktivitätsniveau entscheidend bestimmten.

ergaben und daß Mitglieder von demokratisch strukturierten Organisationen das höchste Aktivitätsniveau besaßen; an zweiter Stelle stand der poliarchische Strukturtyp, während das Aktivitätsniveau im Laisser-faire-Typ am geringsten war.

Nicht also nur demokratische Entscheidungen, sondern auch hohe gegenseitige Kontrolle und Abhängigkeit fördern das Leistungsniveau. Gleichzeitig aber steigt das Ausmaß interner Konflikte in demokratischen Organisationen – was nicht überrascht, denn hier können und müssen gegenseitige Interessen und Zielvorstellungen ausgetragen werden (vgl. *Coch/French* 1953; *Tannenbaum/Kahn* 1957; *Mayntz* 1959, 100 f.).

Diese Befunde über den leistungsbestimmenden Charakter der Organisationsstruktur der Gruppe werden immer wieder in vergleichbaren empirischen Untersuchungen bestätigt. Doch bleibt fraglich, ob diese Ergebnisse verallgemeinert werden und zur Beantwortung der Frage dienen können, ob sich demokratische Entscheidungs- und Führungsstrukturen, z. B. in Trainingsgruppen und Vereinen, positiv auf das Aktivitätsniveau und die Leistung der Mitglieder auswirken. Sicherlich müssen in diesem Zusammenhang – wie immer bei der Festlegung der Organisationsstruktur – mehrere Randbedingungen mitberücksichtigt werden. Eine Demokratisierung der Entscheidungs- und Führungsstrukturen wird nur unter folgenden Bedingungen zu einer Verbesserung der Leistung führen: (a) Sowohl die Ziele als auch die Mittel sind tatsächlich variabel – dies ist z. B. nicht mehr der Fall, wenn Ziele extern etwa durch politische Instanzen gesetzt und Mittel durch bestimmte Technologien und finanzielle Begrenzungen vorweg bestimmt sind; (b) die Entscheidungen entsprechen der Qualifikation und den Erwartungen der Mitglieder. Wenn aber „das Ausmaß der angewandten Partizipation geringer oder sehr viel größer ist als erwartet, wird wahrscheinlich eine ungünstige Reaktion hervorgerufen. Ein wesentlich größeres Ausmaß von Partizipation als erwartet scheint die Fähigkeit der Untergebenen, damit zurecht zu kommen, zu überschreiten und eine negative Reaktion wegen der bedrohten Natur der Situation für die Untergebenen hervorzurufen. Die verfügbaren theoretischen und empirischen Forschungsergebnisse legen nahe, daß die besten Erfolge erzielt werden, wenn das Ausmaß der angewandten Partizipation etwas größer ist, als von den Untergebenen erwartet, aber immer noch innerhalb ihrer Fähigkeit liegt, darauf wirksam zu antworten" *(Hikert* 1958, 579); (c) alle Beteiligten ziehen am gleichen Strang, d. h., bei allen Mitgliedern und Instanzen wird Übereinstimmung über die zu erreichenden Ziele hergestellt. Immer aber wird die Entscheidungs- und Führungsstruktur nur ein leistungsbestimmender Faktor unter vielen anderen sein, dessen Gewicht nur im Einzelfall abgeschätzt werden kann.

Ähnlich unsicher und in ihren Ergebnissen widersprüchlich sind Untersuchungen darüber, wie interne Rivalitäten und Konflikte die Leistungsfähigkeit einer Mannschaft steigern oder verringern. Untersuchungen von *Fiedler* (1954, 381 f.; 1960) am Beispiel von Basketballmannschaften, *McGrath* (1962, 365 f.) am Beispiel von Schützenmannschaften, *Lenk* (1964, 307 f.; 1966, 168 f.) am Beispiel von Rudermannschaften und *Landers/Lüschen* (1974, 57 f.) am

Beispiel von Bowling-Teams ergaben, daß eine Zunahme interner Rivalitäten und Konflikte die Leistungsfähigkeit der Mannschaften nicht verringerte, sondern eher steigerte. Demgegenüber zeigten Untersuchungen von *Myers* (1962, 325 f.) ebenfalls an Schützenmannschaften, *von Stogdill* (1963) an Footballmannschaften, von *Klein/Christiansen* (1966) an Basketballmannschaften, daß interne Harmonie und Solidarität den Erfolg einer Mannschaft positiv beeinflussen. *Martens/Peterson* (1971, 49 f.) präsentierten schließlich aus der Untersuchung von Basketballmannschaften widersprüchliche Ergebnisse über den Zusammenhang von interner Rivalität und Leistungsfähigkeit. Danach wird – als intervenierende Variable – der Zusammenhang dadurch geprägt, welche Bedeutung die Mitgliedschaft in einer Mannschaft für den einzelnen besitzt und wie hoch die soziale Integration einer Mannschaft trotz interner Konflikte ist.

Schwierigkeiten des Vergleichs der einzelnen Untersuchungsergebnisse entstehen ohne Zweifel auch dadurch, daß zum einen interne Rivalität, Gruppenkohäsion und Konflikt unterschiedlich definiert werden. Viele Untersuchungen – so z. B. von *Fiedler* – gehen von der Definition *Festingers* aus, der die Gruppenkohäsion als „Resultante aller Kräfte, die bewirken, daß die Mitglieder in der Gruppe bleiben", definiert. In anderen Untersuchungen wird z. B. anhand soziometrischer Tests die soziometrische Konfiguration ermittelt. Entsprechend sind auch die Meßverfahren zur Ermittlung der Gruppenstrukturen unterschiedlich. Oft wurde auch lediglich ein Zusammenhang zwischen internen Rivalitäten und Gruppenerfolg ermittelt, ohne daß bestimmt wird, welches die abhängige, welches die unabhängige Variable ist, ob also die internen Rivalitäten auf die Leistungsfähigkeit der Mannschaft oder umgekehrt der Erfolg auf die Gruppenstruktur einwirkt.

Vermutlich aber – dies kann man aus der Vielzahl der Untersuchungen zu diesem Thema in unterschiedlichen Mannschaftssportarten schließen – ist dieser Zusammenhang zwischen interner Rivalität und Leistungsfähigkeit auch vom Mannschaftstyp wesentlich mitbestimmt. *Landers/Lüschen* schlagen deshalb vor, Mannschaften nach der Art der Aufgabenerfüllung zu unterscheiden. So kann der Leistungserfolg zum einen auf Kooperation und Kombination von verschiedenen, spezialisierten Fähigkeiten der Mitglieder einer Mannschaft beruhen, der Erfolg ist das Ergebnis von Interaktion und Teamarbeit (wie z. B. beim Fußball oder Handball). Zum anderen wird der Gruppenerfolg aus der einfachen Addition der Leistungen der einzelnen Mitglieder erbracht, die gleiche oder ähnliche Aufgaben erfüllen. Anders formuliert: Der Unterschied zwischen diesen beiden Mannschaftstypen liegt im Grad der Arbeitsteilung und der gegenseitigen Abhängigkeit im sportlichen Wettkampf. Vermutlich wird nun in Mannschaften, in denen Kooperation und Interaktion zwischen den Mannschaftsmitgliedern erforderlich sind, eher ein positiver Zusammenhang zwischen Leistung und Gruppenharmonie feststellbar sein, während in Mannschaften, in denen die Mannschaftsleistung die Summe der Einzelleistungen ist (wie z. B. bei Schieß- und Ruderwettbewerben), der entgegengesetzte Zusammenhang möglich ist (vgl. *Landers/Lüschen* 1974; *Nixon* 1976, 28 f.; *Sherif* 1973).

Die Untersuchungsergebnisse sprechen dafür, daß die internen Leistungsstrukturen den Zusammenhang von Rivalität und Leistungsfähigkeit wesentlich beeinflussen: Rivalität wirkt in Gruppen, in denen sich der Erfolg als die Summe der Einzelleistungen einstellt, eher leistungsfördernd, in Gruppen, in denen Leistung und Erfolg durch enge Kooperation und Zusammenarbeit der Mannschaftsmitglieder bedingt sind, eher leistungsmindernd.

Leistung und Gruppenstruktur

Eine Reihe von Untersuchungen beschäftigt sich mit der Frage, welchen Einfluß Leistung, Wettbewerb und Kooperation auf die Beziehungen der Mitglieder einer Mannschaft und auf die Anpassung von Mitgliedern an ihre Gruppe besitzen.

Verschiedene Experimente haben übereinstimmend zu dem Ergebnis geführt, daß sich Mitglieder, die miteinander kooperieren, besser verstehen und positiver beurteilen als Mitglieder, die in Konkurrenz zueinander stehen; entsprechend sind auch in der Regel die Beziehungen zwischen Mannschaftskameraden besser als zwischen Gruppen *(Sherif* **1973, 138 f.).**

Im Anschluß an diese Ergebnisse untersuchte *Myers* (1962, 272), welchen Einfluß der Erfolg einer Mannschaft auf die Einschätzung der Mitglieder ausübt und inwieweit diese Einschätzung abhängig davon ist, ob sich der Erfolg in Wettbewerbs-Situationen oder in Nichtwettbewerbs-Situationen einstellt. Diese Frage untersuchte *Myers* am Beispiel eines Schießwettbewerbs, in dem ein Teil der Untersuchungspersonen einen Wettbewerb Mannschaft gegen Mannschaft ausübte, ein anderer Teil nicht gegen andere Mannschaften, sondern gegen Schwierigkeitsgrade kämpfte. Wichtige Ergebnisse waren dabei:
(a) Der Erfolg bewirkt eine bessere Mannschaftsanpassung. (b) Ausbleibender Erfolg in Wettkampfmannschaften führt zu einer größeren Anpassung an die Gruppe als bei Nichtwettkampfmannschaften; Wettkampferfahrung führt also nicht nur bei einem Erfolg zu einer größeren Anpassung, sondern wirkt sich auch als Schutz gegen geringe Anpassung bei Mißerfolgen aus. (c) Mitglieder passen sich unter Wettkampfbedingungen besser an ihre Mannschaft an als bei Nichtwettkampfbedingungen.

3.1.6 Sportorganisationen

Immer weniger Sportler sind Mitglied eines Sportvereins oder Kunde kommerzieller Sportanbieter. Vielmehr treibt ein erheblicher Teil – nämlich 63,3% (vgl. *Weber* u. a. 1995, 72) – Sport informell. Segeln, Surfen, Mountainbike, Ski- und Snowboardfahren oder Joggen sind nur einige Beispiele für diesen Boom. Nur 18,4% der Sporttreibenden sind Mitglied in einem Verein, ca. 9% Kunden in kommerziellen Sportanbietern. Die Vorteile des informellen Sports sind offenkundig: Er ist durch ein hohes Maß an Spontaneität der Teilnahme geprägt; meist fehlen Wettkämpfe ebenso wie besondere Rekrutierungsformen, die die Möglichkeit zur Teilnahme begrenzen. Er setzt keine formale Mitgliedschaft in Organisationen, keine definierten körperlichen Fähigkeiten und Kompetenzen, keine Bindung an feste Zeitordnungen und meist auch keine Zugangserlaubnis zu entsprechenden Sporträumen voraus *(Bach* 1993, 284). Er erlaubt, in größerem Umfang vorhandene körperliche Kompetenzen aufzunehmen und damit eröffnet er eine größere Flexibilität der Angebots- und Übungsformen ebenso wie der Sportgelegenheiten. Informeller Sport ist also „in". Es macht daher wohl wenig Sinn, sich mit Sportorganisationen – etwa kommerziellen Sportanbietern oder Sportvereinen zu beschäftigen.

Oder doch? Zunächst muß man zwei Trugschlüsse vermeiden: Auch der informelle Sport macht (im Hintergrund) Organisationen unerläßlich; denn die Möglichkeiten des Sporttreibens sind (a) daran gebunden, daß eine komplexe Konsumtechnologie, die für das informelle Sporttreiben erforderlich ist, auch tatsächlich bereitgestellt wird und (b), daß Organisationen vorhanden sind, die spezialisierte Beratungs-, Ausbildungs-, Wartungs-, Service- und Reparaturmöglichkeiten bieten. Dazu ein Beispiel: Segelsport wird nur möglich in der rationalen Kombination folgender Elemente: Boot – Rigg – Segel – Beschläge; Navigationsgeräte – elektronische Ausrüstung – Sicherheitsausrüstung; Häfen – Segelschulen – Werkstätten – Zubehörhandel – Infrastruktur; Nautische Dienste – metereologische Nachrichten. „Segelsport" ist eine Konsumtechnologie, die in voneinander abhängigen, hoch spezialisierten Wirtschaftszweigen erstellt wird und deren Einzelkomponenten miteinander – entweder vom Konsumenten selbst oder wiederum von darauf spezialisierten Institutionen – sinnvoll miteinander kombiniert werden müssen. So werden auf der „Hinterbühne" erst jene Voraussetzungen geschaffen, die es dem einzelnen auf der „Vorderbühne" ermöglichen, informell und nach Lust und Laune seinen Sport zu gestalten. In diesem Sinn kann von einer „professionellen Hintergrundorganisation" des informellen Sports gesprochen werden.

Hinzu kommt, daß die zitierte Statistik nichts darüber aussagt, wie häufig und wie intensiv in den verschiedenen Organisationen Sport getrieben wird – das Spektrum reicht von zweimal Schwimmen im Jahr während des Urlaubs bis zu einem intensiven täglichen Leistungssporttraining und der regelmäßigen Teilnahme an Wettkämpfen. Für eine solche regelmäßige und vor allem eine wettkampfmäßige Sportausübung ist der Verein nach wie vor der wichtigste Anbieter.

Deshalb müssen wir uns intensiv mit Sportorganisationen zu beschäftigen, und zwar aus zwei Gründen:

(1.) Die Art der Organisation des Sports hat Einfluß auf Form und Inhalt des Sportangebots, auf die Art seiner Inszenierung ebenso wie auf die Möglichkeiten der Mitbestimmung und Mitgestaltung durch die Mitglieder. Entsprechend sind verschiedene Organisationsformen des Sports für einzelne Personengruppen unterschiedlich attraktiv. (2.) Diese verschiedenen Sportanbieter können untereinander Konkurrenten sein: Kommerzielle Sportanbieter können Vereinen das Leben schwermachen, staatlich subventionierte Vereinsangebote verringern die Wettbewerbschancen erwerbswirtschaftlicher Anbieter etc. Insofern ist das Profil des Sports in einem Land wesentlich durch die jeweilige Bedeutung dieser verschiedenen Organisationsformen des Sports bestimmt.

Eine Soziologie der Sportorganisationen kann also zur Erklärung vieler Phänomene beitragen, deren Beschreibung und Erklärung im Zentrum der Sportsoziologie steht.

Ziel dieses Kapitels ist es (1.) die Sensibilität für Besonderheiten, Funktionen und Leistungsvorteile verschiedener Sportanbieter zu vergrößern, (2.) die Eigenheiten und Besonderheiten der Sportvereine zu vermitteln und (3.) ein Bild über Funktion und Bedeutung von Sportverbänden zu entwerfen.

Kommerzielle Sportanbieter

Bei erwerbswirtschaftlichen Sportanbietern besteht ein breites Spektrum unterschiedlicher Entstehungsbedingungen, der Angebote, der Programmvielfalt, der Zahl der Kunden, des jeweils beschäftigten Personals und der Institutionalisierung. So reicht etwa das Spektrum von einem „Ein-Mann/Frau-Betrieb", der wöchentlich ein oder zwei Kurse (etwa in Yoga/Tanz/Entspannung) anbietet bzw. saisongebunden Surf- oder Skikurse erteilt, allenfalls zwanzig Teilnehmer hat, bis hin zu großen Fitneßstudios mit hohen Investitionen in Geräte und Räume, mehreren Filialen, einer größeren Zahl von Angestellten und mit mehr als tausend Kunden. Meist handelt es sich aber bei erwerbswirtschaftlichen Anbietern um Kleinbetriebe mit einem oder zwei Betriebsinhabern und ca. vier bis zehn weiteren Mitarbeitern, die meist nur stundenweise als Honorarkräfte und überwiegend im sportpraktischen Bereich als Trainer, Kursleiter, Betreuer u. ä. beschäftigt sind (vgl. *Dietrich/Heinemann/ Schubert* 1990).

Abb. 13: Fitneß-Studio

Die verschiedenartigen erwerbswirtschaftlichen Sportanbieter lassen sich wie folgt typisieren.

1. *Große Sport- und Freizeitanlagen:* Hierbei handelt es sich um große, boden- und kapitalintensive Sport- und Freizeiteinrichtungen mit unterschiedlichen Ausrichtungen meist auf eine, oft aber auch auf mehrere, verwandte Sportarten. Dazu zählen Tennis- und Squashanlagen, Bowlingcenter und private Bäder. Den meisten dieser Anlagen ist gemein, daß sie neben dem zentralen Angebot als Sportgelegenheit weitere Möglichkeiten der Freizeitgestaltung eröffnen – etwa Sauna, Solarium, Massage, Restauration, Beratung, Verkauf von Zubehör. Nach dem Prinzip „Alles unter einem Dach" wird eine schnelle Befriedigung der verschiedensten Sport- und Freizeitinteressen ermöglicht.

2. *Fitneß- und Bodybuilding-Studios:* Dieser Anbietertyp ist dadurch gekennzeichnet, daß in ihm die verschiedenen Formen der Fitneßgymnastik und der Arbeit an Kraftmaschinen und anderen Geräten zur Steigerung von Fitneß und zur Verbesserung der Körperform im Mittelpunkt stehen. Gerade hier zeigt sich ein hohes Maß an Individualisierung der Angebote, in dem jeder sich durch Diversifikation seiner Angebotspalette und durch neue Sport- und Bewegungsmöglichkeiten von der Konkurrenz abzugrenzen und eigene Marktnischen zu sichern trachtet.

3. *Moderne Tanz- und Gymnastik-Studios:* Das Angebot umfaßt im wesentlichen moderne Formen der musisch-tänzerischen Bewegung – entweder (a) anknüpfend an die klassischen Bewegungsformen des Balletts und der rhythmischen Gymnastik, (b) aus anderen Kulturen importierte Tanzstile (Afro-Dance, Flamenco, Bauchtanz), (c) die Vermittlung besonderer Tanztechniken und des Bühnentanzes (Cunningham-, Graham-, Dunhamtechnik, Musical-Dance) oder auch (d) auf bestimmte Zielgruppen ausgerichtete Tanzangebote (Kindertanz, Kinderballett).

4. *Tanzschulen:* Diese Einrichtungen, die oft schon über viele Jahre, oft Jahrzehnte existieren und daher eine lange Tradition haben, bieten vor allem eine Ausbildung und Pflege klassischer Gesellschaftstänze (Standardtänze, lateinamerikanische Tänze) an.

5. *Sportschulen:* Viele erwerbswirtschaftliche Anbieter haben sich auf die Ausbildung in einzelnen Sportarten spezialisiert, oft verbunden mit der Möglichkeit, die mit der Ausübung der jeweiligen Sportart nötigen formalen Qualifikationen zu erwerben (Segel-, Surf-, Flug-, Tauch-, Fallschirmsprungschulen).

6. *Studios für asiatischen Kampfsport:* Diese Anbieter spielten Ende der siebziger Jahre eine Vorreiterrolle bei der kommerziellen Nutzung des Sports und der Entwicklung erwerbswirtschaftlicher Sportanbieter mit ihren Angeboten etwa in Judo, Karate, Kung Fu, Tae-Kwon-Do und anderen Formen der Selbstverteidigung.

7. *Angebote für Sport, Psyche und Gesundheit:* Diese Angebote richten sich vor allem auf das subjektive, emotionale Erleben und die Wechselbeziehung zwischen körperlicher Bewegung und psychischem Erleben. Der Körpereinsatz hat in erster Linie das Ziel, psychische und psycho-somatische Pro-

bleme zu bewältigen, Spannungszustände zu lösen und das seelisch-körperlich-geistige Gleichgewicht wiederherzustellen bzw. zu wahren. Oft handelt es sich um flüchtige Angebote einzelner Personen, oft auch aus subkulturellen Milieus mit gemeinsamem weltanschaulichem Hintergrund der Teilnehmer. Angebote in Yoga, autogenem Training, Entspannungsgymnastik, Shiatsu, Tai Chi, Akupressur, Eutonie u. ä gehören in diese Gruppe der Sporttreibenden in diesen Organisationen.

Dieses breite Spektrum von Sportanbietern verweist auf einen Prozeß, in dem jeder einzelne Anbieter „seine" Marktnische sucht und durch ein individuelles Angebotspaket seine Stellung im Markt zu erringen und zu festigen sucht.

Auch die Zusammensetzung der Kunden weist gegenüber Sportvereinen Besonderheiten auf: Den gewerblichen Sportanbietern gelingt es, vor allem bei Frauen und hier wiederum in der Altersgruppe zwischen 20 und 39 Jahren[49], bei Personen mit hohem Bildungsstand, bei Ledigen und Alleinlebenden Fuß zu fassen. Deren Sportinteressen kommen die kommerziellen Anbieter eher entgegen als Sportvereine mit ihrem schon in der Zeitstruktur weniger flexiblen, zu sehr dem traditionellen Sportkonzept verhafteten, einer Solidargemeinschaft stärker verpflichteten Angeboten und Möglichkeiten des Sporttreibens.

Auch in der Motivation, also darin, was Vereinsmitglieder bzw. Kunden kommerzieller Sportanbieter mit „ihrem" Sport suchen, unterscheiden sich Kunden kommerzieller Sportanbieter deutlich von Vereinsmitgliedern. Kommerzielle Sportstätten besucht man in erster Linie nicht, um Spaß zu haben, sondern um etwas für seinen Körper zu tun. Dies ist nicht notwendigerweise Spaß, sondern etwas, was man sich wie eine Medizin selbst verordnet. Sport wird mit einer spezifischen Form des Körpererlebens verbunden.

Einzelne Motive – seien es „körperliche Fitneß" oder „Gesundheit" – treten meist bei den Kunden kommerzieller Sportanbieter in den Vordergrund. Da sie nicht auf Dauer ein Sportengagement stabilisieren können, ist zugleich eine hohe Fluktuation zum einen bei der Mitgliedschaft, zum anderen bei der Bindung an einzelne Sportarten die Folge. So haben Vereinsmitglieder eine festere und engere Bindung an ihren Sport als Kunden kommerzieller Sportanbieter. Dies gilt sowohl in bezug auf die Einstellungen gegenüber dem Sport als auch in bezug auf das Sportengagement, d. h. die Dauer und die Intensität des Sporttreibens.

Der Sportverein

Obwohl in den letzten Jahren eine Vielzahl neuer Sportanbieter den Vereinen Konkurrenz machten, blieb die starke Stellung der Sportvereine erhalten. Vor allem für jene, die regelmäßig trainieren, die an Wettkämpfen teilnehmen,

---

[49] Jugendarbeit findet in den kommerziellen Sportangeboten nur in sehr geringem Umfang statt, so daß gerade in diesem Bereich der besondere Leistungsvorteil der Sportvereine liegt.

die Mannschaftssportarten ausüben, die Sport zu einem Preis treiben möchten, den sie mit ihrem Einkommen noch ohne große Schwierigkeiten finanzieren können (z. B. Kinder, Jugendliche, Familien), haben Sportvereine nach wie
vor eine Monopolstellung.

Wenn man die Vereinslandschaft mit wenigen charakteristischen Merkmalen
kennzeichnet, kann man sagen (vgl. *Heinemann/Schubert* 1994), daß Vereine:

- im allgemeinen klein sind – 70% der Vereine haben weniger als 300 Mitglieder, nur 5% mehr als 1000 Mitglieder, wobei in den letzten Jahren vor allem
  die Zahl der kleinen Vereine überdurchschnittlich gewachsen ist;
- meist nur eine Sportart anbieten – 65% der Vereine sind Einspartenvereine,
  nur 6% der Vereine haben mehr als vier Sportarten in ihrem Programm;
- vergleichsweise jung sind – obwohl der erste Sportverein bereits seit 1816
  besteht, sind 32% der Vereine nach 1980, 52% nach 1960 gegründet
  worden;
- weitgehend durch ehrenamtliche Mitarbeiter geführt werden – nur 8% der
  Vereine beschäftigen bezahlte Mitarbeiter.

Diese Zahlen weisen auf vielfältige organisationssoziologische Besonderheiten des Vereins als Sportanbieter hin, auf die in diesem Kapitel ausführlicher
eingegangen werden soll:

Die Entstehung des Vereinswesens

Der Verein als „Gesinnungsgemeinschaft"

Um die Gründe für die besondere Bedeutung der Sportvereine in Deutschland beurteilen zu können und um besser zu verstehen, warum auch heute
noch von der „deutschen Turn- und Sportbewegung" gesprochen wird, muß
man zum einen nach den sozial- und kulturhistorischen Wurzeln des Vereinswesens in Deutschland fragen, zum anderen die gesellschaftlichen Rahmenbedingungen der Vereinsentwicklung in den Blick nehmen (vgl. dazu *Heine-
mann/*Schubert 1998).

Die Entwicklung des Turnens und die Entstehung der Vereine waren eng
miteinander verwoben. Daher müssen zunächst einige Anmerkungen zum
Turnen gemacht werden. Turnen liegt nicht – wie dem englischen Sport – das
Prinzip des Leistungsvergleichs im Wettkampf zugrunde. In ihrem Buch „Die
deutsche Turnkunst", das *Jahn/Eisele* 1816 veröffentlichten, heißt es vielmehr:
Im Turnen geht es um Gesundheit des Leibes, Bildung des Körpers, Ab-
härtung, Stärke und Geschick, Gegenwart des Geistes und Mut in Gefahren,
zugleich aber und gleich wichtig, um intellektuelle und sittliche Bildung.[50] Der
Begriff „Turnen" war eine Wortschöpfung, die bewußt an das alte Turnier-
wesen und damit auch an vorindustrielle Lebens- und Identitätsformen er-
innern sollte. Angesprochen wurde das gesamte deutsche Volk, das zu in
seinem Wesen angelegten, vorgegebenen Werten zurückfinden sollte – nicht
nur das gehobene Bürgertum. In diese Sinngebung des Turnens war der „Turnverein" folgendermaßen eingebunden:

---

[50] Vgl. dazu ausführlich *Cachay* (1988), *Krüger* (1993).

1. *Turnverein als Gesinnungsgemeinschaft:* Ab ca. 1840 entstand die Idee, die Gruppe der Turner als „Verein" zu bezeichnen. Dieser Verein war nicht (nur) durch den Zweck definiert, gemeinsam zu turnen und dafür die materiellen Voraussetzungen zu schaffen. Das Selbstverständnis der Turnvereine war vielmehr auf eine Verpflichtung auf gemeinsame Werte gerichtet, die Pflege nationaler Gesinnung und des Geistes der Gemeinschaft, der Freundschaft und der Geselligkeit.

2. *Identitätsstiftende Funktion der Vereine:* Vereine sollten die Konsequenzen rapider Industrialisierung und Modernisierung abfedern und die Anpassung an die neuen Lebens- und Arbeitsbedingungen erleichtern helfen. Sie waren „Heimat auf Zeit" vor allem für die vielen Menschen, die aus den ländlichen Regionen in die Städte strömten. Im Umbruch von vorindustriellen zu modernen Gesellschaften und der damit verbundenen hohen sozialen und regionalen Mobilität, mit zunehmender sozialer Differenzierung der Daseinsorganisationen, dem Bedeutungsverlust umfassender sozialer Lebenswelten und der Aufsplitterung von Wert- und Sinnwelten blieben Vereine dauerhafte, umfassende soziale Gruppen, die Zusammengehörigkeitsgefühl vermitteln, Geselligkeit ermöglichen und Identitätsprobleme lösen sollten. In einer Zeit hoher räumlicher und sozialer Mobilität, rapiden sozialen Wandels, des Zwangs zur Anpassung an städtische und industrielle Arbeitsbedingungen hoffte man im Verein eine „Gegenwelt" gefunden zu haben.

3. *Der multifunktionale, aber unpolitische Charakter der Sportvereine:* Nach den Befreiungskriegen erlebte die Turnbewegung einen großen Aufschwung. Sie war neben den Burschenschaften der wichtigste Teil der national-revolutionären Bewegung. Aber der Sieg in den Befreiungskriegen war auch und vor allem der Sieg des europäischen Adels über die französische Revolution, und so war bereits 1820 in fast ganz Deutschland wieder jegliches Turnen verboten.[51] Mit einer kurzen Unterbrechung im Jahre der gescheiterten Revolution 1848 trat nun auch die Turnbewegung wie insgesamt das Bürgertum mit seinen Vereinen, gezwungen durch die gesellschaftlichen Machtverhältnisse, die Flucht in die unpolitische Welt an. Da eine offene politische Betätigung des Bürgertums nach wie vor verboten war, artikulierte sich das Bedürfnis nach Partizipation und gestaltendem Einfluß in Form von politisch unverdächtigen Gesangs-, Bildungs- und Turnvereinen.

Mitgliederwachstum bestehender und die Gründung vieler neuer Vereine einerseits und ihr Selbstverständnis als „Gesinnungsgemeinschaft" andererseits führten zu einer Ausweitung von Zielen und Aufgaben. Die gemeinsamen Werte und Überzeugungen wurden in vielfältige Aktivitäten umgesetzt. Turnvereine waren nicht mehr länger nur Turnvereine, sondern entwickelten sich zu multifunktionalen Freizeit-, Kultur- und Bürgervereinen. Mitgliedschaft und Engagement wurden weit über das bloße Interesse am Turnen hinaus getragen von bürgerlichen Tugenden (vaterländische, staatsbürgerliche Gesinnung;

---

[51] Eine der wenigen Ausnahmen bildet Hamburg, so daß heute der älteste deutsche Turnverein die Hamburger Turnerschaft von 1816 ist.

kulturelles Sendungsbewußtsein, soziales Engagement; Gemeinschaft und Solidarität); dies äußerte sich in vielfältigen Aktivitäten weit über das Turnen hinaus (Lesungen, Bildungsveranstaltungen, Feste).

4. *Die Definitionsmacht der Vereine:* Turnen bzw. später Sport und der institutionelle Rahmen des Vereins entstanden und entwickelten sich parallel zueinander. Dies bedeutete, daß die Vereinsentwicklung und die Turn- und Sportbewegung zwei verschiedene Elemente ein und derselben Sache waren. Somit hatte der Verein nicht nur ein Angebotsmonopol, sondern auch ein Definitionsmonopol, d. h., er konnte bestimmen, welcher Sport nach welchen Regeln und unter welchen Bedingungen wie und von wem ausgeübt wurde.

Diese Charakteristika der historischen Wurzeln des Sportvereins wirken heute noch nach – sei es als fester Bestandteil der Vereinswirklichkeit, sei es als ideologische Klammer einer sich immer vielfältiger gestaltenden Vereinslandschaft.

Die deutsche Turn- und Sportbewegung

Für die weitere Entwicklung des Vereinswesens in Deutschland wurde zunehmend eine ganz neue und andere Form der Körperkultur bestimmend: der Sport englischer Prägung. Zwar wurde bereits 1836 in Hamburg der erste Ruderclub nach englischem Vorbild gegründet. Die Ausbreitung des englischen Sports setzte jedoch erst mit der forcierten Industrialisierung und dem Ausbau der Wirtschaftsbeziehungen mit England zu Beginn des letzten Drittels des 19. Jh. in Deutschland ein. Sie nahm ihren Ausgangspunkt in den modernen, rasch wachsenden Großstädten. Als Wegbereiter und „Importeure" des englischen Sports traten Kaufleute aus höheren Sozialschichten auf, die nach englischem Vorbild „Clubs" gründeten. Die Mitgliedschaft blieb zunächst einem kleinen Kreis von wohlhabenden Personen vorbehalten, die sich den Idealen des „sportsman" verpflichtet fühlten und die über die notwendigen finanziellen Mittel verfügten. Die Zugangsbarrieren waren durch die selbst zu tragenden, hohen Kosten für die material- und anlagenintensiven Sportarten (Tennis, Segeln, Rudern) und das Clubleben (eigenes Clubhaus) sehr hoch. Die Mitgliedschaft in einem Club erfüllte damit – sehr viel stärker als bei Turnvereinen – auch das Bedürfnis nach sozialer Abgrenzung. Die für Turnvereine typischen ideellen Zwecke (pädagogische und soziale Verantwortung, Bürgersinn, Vaterlandsliebe) spielten in Sportclubs eine sehr viel geringere Rolle.

Dennoch ergaben sich gewisse Parallelen zu den Turnvereinen: Die Clubs wurden ebenfalls Kristallisationspunkte einer umfassenderen Freizeitgestaltung und standen – wie die Turnvereine – auch anderen, d. h. nicht oder nicht mehr sporttreibenden Personen offen.

Für die Popularisierung des englischen Sports und seine Ausbreitung in anderen gesellschaftlichen Schichten waren vor allem zwei Momente wichtig: (1.) Der überwältigende Erfolg des Fußballspiels, das sich zwischen 1895 und 1910 rasch verbreitete und (2.) die positive Aufnahme und Förderung des Sports durch die staatlichen Institutionen. Da die Führung des Wilhelminischen Reichs intensiv bemüht war, den Modernisierungsrückstand gegenüber

Abb. 14: Der Turn- und Sportverein

der führenden Industrienation England aufzuholen, fand neben dem deutschen Turnen auch das englische Sportmodell politisch nachhaltige Unterstützung.

Trotz aller Gegensätzlichkeiten zwischen Turnen und Sport kam es daher auf verschiedenen Ebenen zu einer Konvergenz von Sport und Turnen und zu Formen der Kooperation und des geregelten Miteinanders: Turnen wurde „versportlicht", indem es nun auch wettkampfmäßig ausgeübt wurde, wodurch auch das Turnen wieder verstärkten Zulauf bekam; ehemalige Turner gründeten Sportvereine, was dazu führte, daß nicht nur die Werte, Traditionen und Gepflogenheiten des deutschen Vereinslebens, sondern auch der „höhere" Sinn und Zweck der Leibesertüchtigung durch Turnen auf den Sport übertragen wurde; Turnvereine öffneten sich gegenüber dem Sport, richteten neue Abteilungen mit neuen Sportarten ein und änderten häufig ihren Namen in „Turn- und Sportverein".

In dem Begriff „Sportverein" verschmelzen beide Wurzeln der deutschen Turn- und Sportbewegung: Der der deutschen Turnbewegung entstammende Charakter der Gemeinschaft als ein Verein gleichgesinnter Personen und die gegenüber dem deutschen Turnen in der Summe aller anderen Sportarten dominant gewordene Praxis des englischen Sports. Deshalb ist auch der Begriff „Verein" nicht in den englischen Begriff „club" oder den spanischen Begriff „asociación" zu übersetzen, ohne daß diese besonderen semantischen Assoziationen und Konnotationen verlorengehen.

Moderne Vereinsentwicklung

1959 wollte *Cron* den Niedergang des Vereins diagnostiziert haben. In die gleiche Kerbe schlug 1972 *Lenk* – soziologischer formuliert und enger auf den Sportverein bezogen – mit der These vom Wandel des Engagements der Sportvereinsmitglieder vom totalen zum partiellen Engagement. Nach dieser These entwickeln die Mitglieder von Sportvereinen eine zunehmend instrumentelle, zweckrationale Erwartungshaltung; der Verein stelle für sie keine umfassende Gemeinschaft mehr dar; es fehle eine wertmäßige emotionale Bindung an den Verein ebenso wie vereinsgetragene Geselligkeit. Parallel zu dieser instrumentellen, eindimensionalen Erwartungshaltung der Mitglieder reduziere der Verein seine Anforderungen an die Mitglieder auf die Zahlung eines Beitrages und verwandelte sich in einen möglichst effizient verwalteten Dienstleistungsbetrieb. Allerdings ist zweifelhaft, ob diese Thesen, zumindest in dieser generellen Form, gültig sind:

1. So kann von einem quantitativen Niedergang des Vereinigungswesens kaum die Rede sein, weder allgemein, noch speziell bezogen auf den Sportverein. Tatsache ist, daß heute so viele Sportvereine wie nie zuvor existieren und daß die Arbeit in diesen Vereinen immer noch weitgehend auf der freiwilligen Mitarbeit der Mitglieder beruht.

2. Folgt man den Daten der Untersuchung zur Situation der Sportvereine in Deutschland *(Heinemann/Schubert* 1994) kann man davon ausgehen, daß

sich die überwiegende Mehrzahl der Vereine nach wie vor als Solidargemeinschaft versteht. Dieser Befund gilt für die Vereine in den alten Bundesländern,
aber noch ausgeprägter für die Vereine in den neuen Bundesländern.[52]

3. Am Rande großer Sportvereine bilden sich Fanclubs, die nicht nur ihren
Verein aktiv unterstützen wollen, sondern sich auch informell organisieren,
z. B. um Sport zu treiben. Ähnliches gilt für eine Vielzahl von nur lose organisierten Freizeitsportlern. Dies sind Beispiele dafür, daß sich von hochgradig
organisierten und professionell geführten Vereinen Mitglieder absondern, die
das Bedürfnis haben, sportlichen Interessen in kleinen Gruppen, in denen die
latent vorhandenen Bedürfnisse nach Kommunikation und Geselligkeit befriedigt werden können, informell nachzugehen.

Denkbar ist, daß die Entwicklung freiwilliger Vereinigungen und auch der
Sportvereine in zwei deutlich unterscheidbaren Strängen verläuft: Einen mit
einem Typus von Vereinen, den wir als Dienstleistungsbetrieb bezeichnen können, mit kurzer, unverbindlicher Einbindung der Mitglieder, mit nicht eindeutig
geregelter Mitgliedschaft, starkem Kommen und Gehen, mit der Möglichkeit
beliebigen Ausweichens in alternative Gruppierungen oder Organisationen mit
begrenzten Aufgaben und kurzfristigem Bestand; einen zweiten Strang mit
einem anderen Typus, bei dem der Verein eher einer informellen Gruppe als
einer Organisation ähnelt, mit starkem Wir-Gefühl, hoher Engagementbereitschaft der Mitglieder, aber zugleich einer großen inneren Homogenität und
damit der Schließung des sozialen Netzwerkes.

**Der Verein wird in diesem zweiten und häufigen Fall für viele (wie schon
in der zweiten Hälfte des vorigen Jahrhunderts) eine Gegenwelt zu einer
anonymen, unüberschaubaren, sich schnell wandelnden und verwalteten,
großstädtischen Gesellschaft, in der noch unmittelbare Erfahrungen ge-
sammelt, eigene Ideen durchgesetzt und persönliche Beziehungen aufgebaut werden können. Die Entwicklung der Vereinslandschaft ist Ausdruck
des Wunsches nach informellen Kontakten und gemeinschaftlichen Bindungen sowie der Sehnsucht nach kleinen, homogenen Gruppen und Ge-
meinschaften, in denen neben dem Sport auch Gruppenzugehörigkeit und
emotionale Einbindung gesucht und gefunden wird.**

---

[52] In Prozenten der Antwortverteilungen in der Skalierung „sehr stark", „stark", „teilweise", „schwach" und „sehr schwach" ausgedrückt ergibt sich: In den West-Verei-
nen gibt es bei 40% der Befragten keinerlei Einschränkungen, bei 45% gewisse Einschränkungen in diesem Punkt, aber gleichwohl eine positive Einschätzungen des
Solidarcharakters ihres Vereins. Bei 13% der Vereine ist die Einstellung ambivalent,
neben dem Solidarischen sehen sie in ihrem Verein deutlich Elemente eines Dienst-
leistungsbetriebes realisiert. Aber nur 2% der Vereinsvorsitzenden sehen ihren Verein im Prinzip als Dienstleistungsbetrieb. Noch deutlicher fällt die Entscheidung in
den Ost-Vereinen für einen Verein als Solidargemeinschaft aus. Hier nämlich beken-
nen sich 52% der Befragten uneingeschränkt zu einem Verein als Solidargemeinschaft, 39% mit gewissen Abstrichen. 8% deuten auf eine Ambivalenz in ihrer Einstellung hin, während nur 1% ihren Verein uneingeschränkt als eine Dienstleistungs-
organisation verstanden wissen wollen.

Themen einer Vereinssoziologie

Dieser Abschnitt soll einen Überblick über die verschiedenen Fragestellungen und Themen der Vereinsforschung geben. Berücksichtigt werden dabei jene Perspektiven, die in Abb. 15 benannt sind.

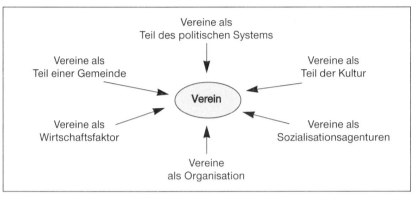

Abb. 15: Perspektiven soziologischer Vereinsforschung

1. *Vereine im politischen System:* In einer politischen Soziologie der Vereine geht es um folgende Probleme:

(a) Politische Macht der Vereine: Im Zentrum von Untersuchungen zu diesen Themen steht die Frage, in welchem Umfang Vereine ein organisiertes Gegengewicht zur politischen Macht des Staates sind und in welcher Form und mit welchen Instrumenten sie die Interessen ihrer Mitglieder gegenüber dem Staat und gegenüber anderen organisierten Interessen durchsetzen können. So gibt es Untersuchungen zur Frage, welcher Einfluß und welche Rolle Vereinen als Vertretern von Interessen verschiedener gesellschaftlicher Gruppen in einer politischen Ordnung zugebilligt werden. Formal geht es um das verfassungsmäßig garantierte Recht der Bürger eines Landes, ihre Interessen in frei gegründeten Organisationen wahrzunehmen und durchzusetzen; faktisch geht es um die Frage, in welchem Umfang der Staat für eine Einflußnahmen auf seine Politik durch organisierte Interessen offen ist und – spiegelbildlich dazu – in welchem Umfang die Bürger eines Landes dieses Recht in Anspruch nehmen (können).

(b) Chancen der Durchsetzung der Interessen: Ein weiteres Forschungsfeld ergibt sich aus dem Problem, welche Möglichkeit der Organisation der Interessen überhaupt bestehen. Vor allem *Ohlson* (1971) hat sich mit dieser Frage beschäftigt. Nach seiner These werden durch Vereine, wenn sie die Interessen der Mitglieder gegen Dritte – den Staat oder andere Interessengruppen – durchsetzen, Vorteile erkämpft, die allen zugute kommen, also auch den Nicht-Mitgliedern; sie produzieren also oft sogenannte öffentliche Güter.[53] Der

---

[53] Zur Definition öffentlicher Güter vgl. *Heinemann* (1995, 33).

Anreiz, Mitglied in solchen Vereinen zu werden, ist also gering; Trittbrettfahrer, die nach dem Grundsatz handeln: „Das sollen mal die anderen machen", werden häufig sein. Deshalb müssen Vereine zusätzliche, selektive Anreize bzw. vorteilhafte Angebote nur für die Mitgliedern bieten.[54] Kleinere Gruppen mit klar umgrenzten Interessen und hoher Homogenität der Mitglieder in bezug auf ihre sozialen Merkmale besitzen dabei eine höhere Fähigkeit und Bereitschaft, sich für die Durchsetzung ihrer Interessen zu organisieren und zu kämpfen.

(c) Politische Einflußnahme des Staates: Schließlich wird in diesem Zusammenhang untersucht, inwieweit der Staat auf die Arbeit der Vereine Einfluß nimmt. Dieser Ansatz spaltet sich wiederum in zwei Problembereiche auf: Zum einen geht es darum, in welchem Umfang der Staat die Vereine durch Subventionen, Steuervergünstigungen und durch kostenfreie Bereitstellung von Infrastrukturen (z. B. Sportstätten) fördert. Zum anderen geht es darum, welchen Einfluß der Staat auf die Arbeit der Vereine nimmt, inwieweit er also ihre Autonomie achtet oder den Vereinen seinen Willen aufdrückt, nach dem Grundsatz: „Wer die Kapelle bezahlt, bestimmt die Musik, die sie zu spielen hat."

2. *Vereine in der Gemeinde:* Die Gemeindesoziologie interessiert folgende Themen:

(a) Kommunale Machtstruktur: Sicherlich besitzen (Sport-)Vereine und Verbände (ebenso wie die der Kultur) solide Einflußmöglichkeiten auf die kommunale Politik, wenn es um die Durchsetzung ihrer Belange geht. Das Interesse der Gemeindesoziologie richtet sich dabei auf die politisch einflußreichen Personen, die sowohl eine führende Stellung in Vereinen besitzen und zugleich eine einflußreiche Position in der politischen Willensbildung einnehmen – etwa im Gemeindeparlament oder in der Gemeindeverwaltung. Eine führende Position in einem Verein kann die politische Karriere in einer Gemeinde fördern; umgekehrt werden Personen, die politische Verantwortung und Einfluß in einer Gemeinde besitzen, gern in führende Positionen in einem Verein gewählt, um den Einfluß des Vereins im Netzwerk politischer Beziehungen zu vergrößern. In diesen Forschungen geht es um Netzwerke personeller Verflechtungen zwischen Vereinen und Kommune.

(b) Vereine als Teil des Alltagsleben in Gemeinden: Vereine sind in der Gemeindesoziologie bedeutsam, weil sie Teil des sozialen Lebens in einer Gemeinde bzw. in einem Stadtteil sein können. So eröffnen Vereine nicht nur ein breites Angebot aktiver Freizeitgestaltung; vielmehr sind sie wichtiger Teil lokaler Identitätsbildung. So kann sich das Engagement in Vereinen auch auf die Integration von einzelnen oder von sozialen Gruppen in ein bestehendes Gemeinwesen auswirken.

---

[54] Gewerkschaften etwa erringen in Streiks Lohnerhöhungen und Verbesserungen der Arbeitsbedingungen, die allen Arbeitern, also auch den nicht organisierten zugute kommen. Aber nur Mitglieder erhalten Streikgeld, Rechtsberatung etc. Verbesserungen im Straßenverkehr, die der Automobilverband ADAC erkämpft, können nicht auf deren Mitglieder beschränkt bleiben; wohl aber etwa günstige Versicherungen, Reiseplanungen u. ä. (Vgl. dazu auch die Ausführungen über Verbandsmacht S. 114–116).

3. *Vereine als Sozialisationsagenturen:* Vereine können wichtige Funktionen dadurch erfüllen, daß sie die für eine Gesellschaft zentralen Werte, Normen und Ideologien an ihre Mitglieder vermitteln. So wird etwa darauf hingewiesen, daß Mitglieder in kleinen, überschaubaren Gruppen das „kleine Einmaleins" der Demokratie lernen können; sie bereiten auf eigentliche politische Tätigkeiten vor; sie dienen als vorpolitisches Forum der Meinungsbildung; sie überzeugen den einzelnen von der Notwendigkeit eines ehrenamtlichen und damit staatsbürgerlichen Engagements.

4. *Vereine als Teil der Kultur und der Folklore:* Vereine sind Gegenstand der Kultursoziologie. Untersucht wird dabei:

(a) Vereinskultur: Vereine entwickeln selbst eine (Organisations-)Kultur, die Gegenstand soziologischer Forschung ist. Im Mittelpunkt dieser Forschungen stehen Vereine als Kulturträger und Kulturproduzenten. Dabei geht es um die Frage, inwieweit Vereine typische Formen des Vereinslebens hervorbringen, eigenständige Symbole entwickeln und Traditionen, Sitten und Brauchtum pflegen. Fahnen, Flaggen, Wimpel, Symbole, Vereinsabzeichen, Ehrungen, Orden, Pokale, Ehrenzeichen, Rituale, Gesänge, vereinstypische Kleidung, die Art der durchgeführten Feste und ihre Ausrichtung sind dafür Beispiele.

(b) Vereine als Kulturträger: Sportvereine sind Teil der Pflege der Kultur eines Landes. Dies zeigt sich etwa an Vereinen, die traditionelle Sportarten fördern und damit zum Erhalt des kulturellen Kapitals eines Landes beitragen. Ohne die Arbeit der Sportvereine hätte sich die Sportlandschaft durch die Wirkungen der Massenmedien, denen es vor allem um eine publikumswirksamen Präsentation weniger Sportarten geht, zu einem eintönigen, wenig differenzierten Bild des Sports entwickelt. Kulturelle Vielfalt des Sports ginge ohne Zweifel verloren.

5. *Vereine als Wirtschaftsfaktor:* Für die Wirtschaftssoziologie geht es um folgende Fragen: In welchem Umfang tragen Sportvereine zur Erstellung des wirtschaftlichen Wohlstandes einer Gesellschaft bei? Dabei ist nicht allein der monetäre Beitrag relevant. Bedeutsam ist vielmehr der nicht in der volkswirtschaftlichen Gesamtrechnung berücksichtigte, da monetär nicht bewertete Beitrag der ehrenamtlichen Mitarbeiter. Auch sie erstellen Dienstleistungen, auch sie produzieren Güter. Da diese Leistungen jedoch nicht bezahlt werden, also nicht in die volkswirtschaftliche Gesamtrechnung eingehen, werden sie allzuleicht als Wirtschaftsfaktor übersehen. Aber es kann durchaus sein, daß der Wohlstand eines Landes steigt, obwohl das berechnete Sozialprodukt konstant bleibt oder gar sinkt, weil zunehmend größere Teile der Wertschöpfung außerhalb des Marktes etwa durch ehrenamtliche Mitarbeiter erfolgt.

6. *Der Verein als Teil des Dritten Sektors:* Vereine sind Teil des Dritten Sektors; sie erfüllen damit wichtige Funktionen zwischen Markt, Familie und Staat. Sie übernehmen Aufgaben, die von Staat und Wirtschaft nicht wahrgenommen werden; sie schützen die Interessen organisationsfähiger Gruppierungen, zeigen neue Aufgaben auf und wirken damit als Warnanlage für das politische und wirtschaftliche System (vgl. *Sills* 1968, 374). Damit stellen sie auf dem Gebiet der lokalen Selbstverwaltung ein wichtiges Gegengewicht zu den großen Organisationen in Staat und Wirtschaft dar. Gleichzeitig bilden sie

einen wichtigen Teil der politischen Öffentlichkeit; denn sie sind „Zentren des Meinungsaustausches, der Meinungsbildung und Information" *(Pflaum* 1954, 179). Sie können als informeller Einflußkanal für nicht-politische Eliten auf politische Entscheidungen wirken (vgl. *Rossi* 1976, 68–69). Getrennte soziale Bereiche können so über eine gemeinsame Elitegruppe integriert werden.

> Der Dritte Sektor wird von jenen Organisationen gebildet, die sich zwischen den Polen „Markt" und „Staat" auf der einen Seite und Familie auf der anderen Seite angesiedelt haben. In diesem Zwischenbereich befinden sich Organisationen, die zwar im Gegensatz zu Familie und Freundeskreis eine formalere Struktur ausgebildet haben, aber im Unterschied zu Unternehmen keine eigenwirtschaftlichen Ziele verfolgen; weiter gilt, daß sie im Gegensatz zum Staat keine genuin hoheitlichen Aufgaben erfüllen und damit letztlich weder Familie, noch Staat und auch nicht Markt sind.[55]

Der Dritte Sektor umfaßt ein breites Spektrum von Organisationen, das von Wohlfahrtsverbänden über Stiftungen, Genossenschaften, alternative Betrieben bis hin zu der großen Zahl von Vereinen und Verbänden reicht. Dabei wird vor allem untersucht, inwieweit für das Funktionieren moderner Gesellschaften dieser Dritte Sektor unerläßlich ist. Insbesondere im Zusammenhang mit Gestaltung und Zukunft des Wohlfahrtsstaats und der zweckmäßige Aufgabenteilung zwischen Staat, Markt und Familie spielt der Dritte Sektor eine bedeutsame Rolle. Der Dritte Sektor ist – so die These – nicht „Lückenbüßer" für ein reduziertes staatliches Engagement in Zeiten hoher staatlicher Verschuldung. Er ist ebensowenig eine Vorstufe einer Kommerzialisierung, in der „probeweise" Güter und Dienste erstellt werden, bis es sich lohnt, sie kommerziell und gewinnbringend bereitzustellen. Schließlich soll er auch nicht allein Familie und Freundschaft vor unangemessener Überlastung schützen. Vielmehr ist der Dritte Sektor ein eigenständiger, intermediärer Bereich zwischen Markt, Staat und Familie, der das Funktionieren der Gesellschaft insgesamt mit sichern hilft.

Für die Soziologie sind Vereine nicht nur als Organisationen und damit nicht nur für die Organisationssoziologie interessant. Man kann auch nicht von einer in sich geschlossenen (Sport-) Vereinsforschung sprechen. Vielmehr nähern sich verschiedene soziologische Disziplinen aus unterschiedlichen Perspektiven dem Untersuchungsgegenstand „Verein". Die Organisationssoziologie ist eine Facette vielfältiger soziologisch orientierter Vereinsforschung.

Organisationssoziologische Aspekte des Vereins

Sportvereine weisen eine Reihe von Besonderheiten auf. Damit unterscheiden sie sich deutlich von anderen Organisationstypen, insbesondere von Einrichtungen des Staats und von privatwirtschaftlichen Unternehmen, also

---

[55] Vgl. dazu ausführlich *Zimmer* (1996).

z. B. von Fitneßstudios. Auf diesen typischen Besonderheiten muß eine organisationssoziologische Analyse von Sportvereinen aufbauen. Meist standen
jedoch nur privatwirtschaftliche Unternehmen auf der einen Seite, und – mit
dem Wachsen des Wohlfahrtsstaats – staatliche Verwaltungen auf der anderen
Seite im Mittelpunkt des Interesses der Organisationssoziologie. Man kann
sagen, daß lange Zeit staatliche Bürokratie und privatwirtschaftliche Unternehmen mit „Organisation" insgesamt gleichgesetzt wurden. Freiwillige
Vereinigungen wurden in der Organisationssoziologie kaum gesondert berücksichtigt. Leichtfertig unterstellte man, daß Theorien und Erkenntnisse der
Organisationssoziologie auch auf diesen Organisationstyp anwendbar seien.
Dies ist jedoch ein Irrtum. Aussagen der Organisationssoziologie können nur
bedingt auf Vereine übertragen werden.

Ziel dieses Kapitels ist es, (1.) die Besonderheiten der Vereine deutlich zu
machen und zu zeigen, daß eine eigenständige Organisationssoziologie
des Vereins unerläßlich ist; damit soll (2.) erklärt werden, daß Mitgliedschaft
und Mitarbeit in Vereinen eine andere Bedeutung besitzen und andere
Anforderungen stellen als die in anderen Organisationen; schließlich soll
(3.) auf nicht intendierte Konsequenzen aufmerksam gemacht werden, die
eintreten können, wenn konstitutive Variablen des Vereins verändert wer-
den.

Sportvereine als „Organisationsmix"

Vereine stellen eine eigentümliche Mischung von Strukturelementen einer
formalen Organisation (etwa staatliche Verwaltungen oder industrielle Großbe-
triebe) und einer sozialen Gruppe dar (vgl. Abb. 16).

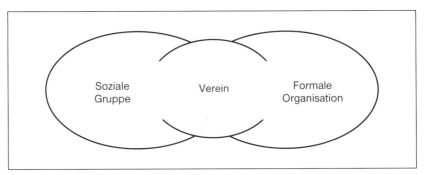

Abb. 16: Der Verein als Mix von Besonderheiten sozialer Gruppen und formaler Organi-
sation

Formale Organisationen können als soziale Gebilde gekennzeichnet werden, die eindeutige Ziele festlegen und verfolgen; die festgefügte soziale
Strukturen mit eindeutiger Arbeitsteilung, mit differenzierten Autoritäts-

ebenen und klaren Kommunikationswegen entwickeln, wobei diese Strukturen geschaffen wurden, um die gesetzten Ziele der Organisation bestmöglich erreichen zu können; in denen ein Kooperations- und Kontroll-
system die angemessene Erfüllung der Aufgaben und damit der Ziele
sichert; in denen die Einbindung der Mitglieder (also der Mitarbeiter) über
Arbeitsverträge und Besoldung, nicht über Zusammengehörigkeitsgefühl
oder gemeinsame Interessen erfolgt; in denen die Beziehungen unter den
Mitgliedern funktional spezifisch und emotional neutral sind.

Was „Soziale Gruppe" heißt, wurde bereits definiert (vgl. S. 77). Sportvereine
stellen eine Vermengung von Elementen beider sozialer Gebilde dar, also von
sozialen Gruppen und formalen Organisationen: Zwar haben sie das Ziel, ihren
Mitgliedern Sporttreiben zu ermöglichen; aber die Beziehungen in Vereinen
sind nicht eindeutig funktional spezifisch; zwar bilden sie auch soziale Strukturen aus, können aber nicht den Grad der Formalisierung erreichen, der für
formale Organisationen typisch ist; auch sie bestimmt oft ein starkes „Wir-
Gefühl", ihre Existenz ist aber nicht mehr an bestimmte Personen gebunden.
Es bestehen formale Autoritätsstrukturen, aber Einfluß und Durchsetzungsver-
mögen bleiben weiterhin von Ausstrahlung und Überzeugungskraft der Amtsinhaber abhängig.

Die Vermengung der z. T. widersprüchlichen Besonderheiten von Gruppen
und formalen Organisationen kann in verschiedenen Vereinstypen zwar unterschiedlich ausfallen; Vereine können sich eher den Eigenheiten sozialer Gruppen oder den Besonderheiten formaler Organisationen nähern. Inwieweit das
eine oder das andere der Fall ist, hängt u. a. von der Größe des Vereins, seinem Alter, der Zahl der angebotenen Sportarten, aber auch von den Interessen
der Mitglieder ab.

Aus dieser Vermengung zweier unterschiedlicher, letztlich unverträglicher
Strukturprinzipien entwickelt sich eine Vielzahl von Dilemmata: Arbeitsteilung
und Formalisierung etwa dürfen nicht zu weit getrieben werden, da sonst
die Aufgaben, die erfüllt werden müssen, ihre motivierende Kraft verlieren;
Sitzungen dürfen nicht nur unter Effizienzgesichtspunkten gestaltet werden,
sondern dienen auch der sozialen Integration und Kommunikation; der Verein
muß sich auf zeitliche Verfügbarkeit, fachliche Kompetenz und Engagementbereitschaft der ehrenamtlichen Mitarbeiter einstellen. Es entsteht ein Problem, das als Zeitparadoxie bezeichnet werden kann. Auf der einen Seite kann
durch organisatorische Regelungen oder durch individuelle Festlegungen,
also etwa durch Delegation an bezahlte Mitarbeiter, durch Einsatz technischer
Hilfsmittel, durch Arbeitsaufteilung, durch klare Aufgabenumschreibung der
Arbeitseinsatz der ehrenamtlichen Mitarbeiter zeitlich begrenzt werden. Aber
mit der Verringerung des zeitlichen Aufwandes verringert sich zugleich die
Einbindung in die Gruppe, es verringern sich Möglichkeiten der Selbstentfaltung, also Gegebenheiten, die wesentlich zur Freiwilligenarbeit motivieren
(Horch 1987, 136).

In einem Verein sind drei unterschiedliche Elemente miteinander verknüpft[56]: Der Verein ist
1. *soziale Ordnung,* weil er rational geplant und gestaltet ist, um vorgegebene Aufgaben bestmöglich erfüllen zu können;
2. *soziales Gebilde,* da er eine eigene, von den Mitgliedern unabhängige
Rechtskörperschaft darstellt, also entsprechend den Regeln des Bürgerlichen Gesetzbuches in seinem Namen eigenständig Rechtsgeschäfte abgeschlossen werden, so daß er der institutionell abgegrenzte Ort der sozialen Ordnung wird;
3. *Vergemeinschaftung,* indem sich in ihm Menschen zusammenfinden,
die nicht nur gemeinsame Interessen verfolgen, sondern Gefühle der Zusammengehörigkeit und Solidarität entwickeln, der Verein also als ein organisatorisch abgegrenztes Bündnis beschrieben werden kann.

Konstitutive Merkmale des Vereins

Der Verein ist ein besonderer Typus einer Organisation, der durch die Merkmale „freiwillige Mitgliedschaft", „Orientierung an den Interessen der Mitglieder", „Unabhängigkeit von Dritten", „freiwillige Mitarbeit" und „demokratische Entscheidungsstruktur" gekennzeichnet ist *(Heinemann/Horch*
1981, 1988). Vereine sind (idealtypisch) demokratisch, ehrenamtlich, autonom und freiwillig.

Diese Merkmale sollen im folgenden erläutert werden:
1. *Freiwillige Mitgliedschaft:* Die Mitgliedschaft in einem Verein wird nicht
durch Geburt oder politischen, rechtlichen und wirtschaftlichen Zwang begründet. Eintritt oder Austritt sind unabhängige Entscheidungen für oder gegen das Leistungsangebot des Vereins; sie bleiben ohne Konsequenzen für
den einzelnen. Er kann sich für einen Verein entscheiden, wenn Ziele und
Angebot seinen Interessen und Wünschen entsprechen, austreten, wenn seine
Erwartungen nicht erfüllt werden.

**Freiwillige Mitgliedschaft ist Voraussetzung und Rechtfertigung für eine
Autonomie der Organisation. Nur wenn der einzelne über seine Mitgliedschaft frei entscheiden kann, wird man dem Verein zubilligen, Ziele,
Regeln und Verfahrensweisen selbständig festzulegen, seine Angelegenheiten autonom zu regeln, sie gegenüber Mitgliedern – etwa durch
Schiedsgerichte und Sanktionen – durchsetzen zu können und über Aufnahme und Ausschluß von Mitgliedern zu entscheiden. Autonomie be-**

---

[56] *Türk* (1993) verwendet diese drei Elemente, um zeigen zu können, daß Organisationen auf Verhaltensmustern, Wertorientierungen und institutionellen Ordnungen
basieren, die sich erst mit der Entstehung moderner Gesellschaften herausgebildet
haben.

deutet u. a. auch, daß der Verein die Bereitstellung von Ressourcen durch die Mitglieder (z. B. Aufnahmegebühren, Mitgliedsbeiträge, Mitarbeit) zur Bedingung der Mitgliedschaft machen kann, die Mitgliedschaft also zwar freiwillig, die Leistungen aber verpflichtend sind.

Unternehmen und staatliche Verwaltungen motivieren ihre Mitglieder mit indirekten Anreizen – vor allem mit Geld –, die nichts mit den Zielen und der Struktur der Organisation zu tun haben, zur Erfüllung ihrer Aufgaben. Dadurch können sie ihre Aufgaben unabhängig von der Lösung des Problems der Motivation der Mitglieder nach eigenen Gesichtspunkten bewältigen. Da den Vereinen Geld als Anreizmittel nicht zur Verfügung steht, auch rechtliche Verpflichtung und Anwendung von Gewalt nicht erlaubt sind, müssen sie bei der Lösung des Problems der Gewinnung und Einbindung von Mitgliedern auf direkte Anreizmittel zurückgreifen, d. h. auf Mittel, die mit ihren Zielen, ihren Strukturen, den Personen oder Gruppen, die sich im Verein gebildet haben, verbunden sind.

2. *Orientierung an den Interessen der Mitglieder:* Interessenorientierung bedeutet, daß Mitgliedschaft begründet wird und die Mitglieder dem Verein Ressourcen (im wesentlichen Mitgliederbeiträge und Zeit für ehrenamtliche Mitarbeit) zur Verfügung stellen, solange der Verein ein den Interessen seiner Mitglieder entsprechendes Leistungsangebot macht. Ziele und Leistungsangebot sind Grundlage der Mitgliedschaftsmotivation. Ziele der Organisation und Motivation der Mitglieder sind nicht voneinander getrennt.[57]

Wenn in Vereinen der Zweck zur Mitgliedschaft motiviert, also das Leistungsangebot den Erwartungen und Interessen der Mitglieder entsprechen muß, entsteht zwar nicht das für formale Organisationen typische Problem, wie eine generelle Leistungsmotivation ohne Rückgriff auf die Ziele der Organisation geschaffen werden kann. Demgegenüber besteht für Vereine jedoch das Problem, daß ihre Leistungsstruktur den Erwartungen der Mitglieder entsprechen muß. Da die Mitgliedschaft über die Ziele der Organisation motiviert ist *(Blau/Scott* 1963, 45), wird es zu einer wichtigen Existenzbedingung des Vereins, daß inhaltlich festgelegte Ziele verwirklicht werden. Diese Identität von Zielen und Interessen bedeutet vom Verein aus gesehen, daß es sein Ziel ist, die Interessen seiner Mitglieder zu vertreten, von den Mit-

---

[57] Erwerbswirtschaftliche Unternehmen müssen sich demgegenüber den Bedürfnissen und Interessen von (potentiellen) Kunden anpassen. Die Mitglieder, also die hauptamtlich Beschäftigten, sind nur Mittel zu diesem Zweck; sie werden für ihre Arbeit entlohnt, die Befriedigung ihrer weiteren Bedürfnisse steht nicht im Mittelpunkt des Interesses des Betriebes. In diesen Organisationen werden die Ziele von den zufälligen und wechselnden individuellen Bedürfnissen und Motiven der Mitglieder abgekoppelt. Der Vorteil dieser Abkoppelung der Ziele der Organisation von Interessen und Bedürfnissen der Individuen liegt darin, daß bei der Formulierung und Durchsetzung der Ziele auf die Motivation der Mitglieder kaum Rücksicht genommen zu werden braucht. Dadurch können Ziele und Angebote flexibel entsprechend den Änderungen der Marktlage angepaßt werden.

gliedern aus gesehen, daß sie ein Interesse an der Verwirklichung der Ziele des Vereins haben. Die Herstellung dieser Identität stellt ein charakteristisches Problem von Vereinen dar. Aus ihr ergeben sich z. B. Grenzen in der arbeitsteiligen Differenzierung und der positionellen, funktionalen Verfestigung der Aufgabenerfüllung innerhalb eines Vereins, da damit die Motivation der Mitglieder und die Möglichkeiten der Ressourcenmobilisierung beeinflußt werden.

3. *Unabhängigkeit von Dritten:* Unabhängigkeit von Dritten bedeutet, daß der Verein seine Ziele eigenverantwortlich verfolgt, also im Prinzip durch die finanziellen und sonstigen Leistungen der Mitglieder selbst getragen wird. Erst darauf begründet sich seine Unabhängigkeit. Zugleich ergeben sich daraus aber auch die Grenzen seiner Leistungsfähigkeit; denn der Verein muß die Mittel für die Zielerreichung aus eigener Kraft (bzw. der Leistungsbereitschaft seiner Mitglieder) aufbringen – nicht durch den Verkauf von Leistungen an Dritte über den Markt oder durch staatliche Subventionen.

4. *Freiwilligenarbeit:* Die Aufgaben der Entscheidung, der Anleitung und der Ausführung werden im wesentlichen durch Freiwilligenarbeit bzw. ehrenamtliche Mitarbeiter erfüllt. Freiwilligenarbeit ist nicht nur ein weiteres konstitutives Merkmal freiwilliger Vereine, sondern stellt zugleich eine wesentliche Ressource dar, die nicht nur für die Leistungserstellung selbst zentrale Bedeutung besitzt. Sie bildet zudem einen weiteren Rückkopplungsmechanismus, über den die Mitglieder die Arbeit des Vereins beeinflussen und kontrollieren können.

5. *Demokratische Entscheidungsstruktur:* Demokratische Entscheidung bedeutet allgemein die Öffnung der sozialen Beziehungen innerhalb einer Organisation nach den Grundsätzen der Gleichheit, Gerechtigkeit und Freiheit (*Schluchter* 1972, 161). Demokratische Entscheidungsstrukturen sind für Vereine verbindlich. Nach den Satzungen bestimmen die Mitglieder – direkt oder indirekt – gleichberechtigt, was in ihrem Verein geschehen soll. Formal zumindest liegen die Geschicke des Vereins in der Hand des „Souveräns Mitglied".

Betriebe und Verwaltungen sind demgegenüber durch eine hierarchische Struktur von Autoritätsbeziehungen gekennzeichnet. Die Leitung des Unternehmens besitzt Weisungsbefugnisse über die unmittelbar Untergebenen, von denen jeder wieder Befugnis hat, seinen Untergebenen Weisungen zu erteilen. Diese hierarchische, pyramidenförmige Struktur ermöglicht Arbeitsteilung und Spezialisierung und die Verflechtung der einzelnen Mitarbeiter zu einem kooperierenden Ganzen. Die Abstimmung der Ziele und des Leistungsprogrammes mit den Interessen Dritter erfolgt bei gewinnorientierten Betrieben über den Markt mit dem Steuerungsinstrument des Preises.

In Vereinen erfolgen Entscheidungen direkt oder indirekt durch die Mitglieder in demokratischen Abstimmungen. Gegenüber hierarchischen Entscheidungsstrukturen bedeutet dies: Die Machtbasis in Vereinen ist nicht Individualeigentum, sondern Stimmrecht; die Durchsetzung eigener Ziele und Vorstellungen setzt Mehrheiten in den Entscheidungsgremien voraus.

Diese konstitutiven Merkmale eines Vereins sind nicht willkürlich gewählt. Es handelt sich auch nicht um Argumente, die Politiker oder Vereinsfunktionäre vortragen, wenn sie das Besondere und Förderungswürdige der Vereine betonen wollen. Vielmehr sind diese Merkmale unerläßlich, damit Mitglieder ihre Interessen in einem Verein durchsetzen und verwirklichen können. Vereine stellen ein institutionelles Arrangement zur Verwirklichung von Interessen dar, allerdings nicht – wie der Markt – der Interessen von Kunden, sondern der Interessen von Mitgliedern. Insofern sind Markt und Verein funktionale Äquivalente *(Heinemann/Horch* 1994).

Idealtypische Konstruktion und Realität

Mit den vorgestellten fünf Kriterien sind Vereine als freiwillige Vereinigungen im Prinzip charakterisiert. Allerdings wird man in der Realität diese Kriterien selten in reiner Form vorfinden. So kann z. B. die Mitgliedschaft in einem Verein durch Gruppenzwang oder ökonomischen Druck bewirkt werden; sie ist oft auch Voraussetzung für soziales Ansehen und berufliches Fortkommen; ebenso kann die Freiwilligkeit dadurch eingeschränkt sein, daß die Sportorganisation eine Monopolstellung innehat und die Ausübung z. B. des (Leistungs-)-Sports nur in einem Verein möglich ist. Finanzielle Unterstützungen durch den Staat können mit Auflagen verbunden sein. Ehrenamtlichkeit kann durch die Zunahme hauptamtlicher Funktionsträger eingeschränkt werden, demokratische Entscheidungsmöglichkeiten können durch Mitgliederpassivität unausgeschöpft bleiben. So finden wir kontinuierliche Übergänge etwa zwischen Freiwilligkeit und Zwangsmitgliedschaft, Unabhängigkeit vom Staat und weitgehender staatlicher Einbindung, von ehrenamtlicher und hauptamtlicher Leistungserfüllung, von demokratischer und oligarchischer Herrschaftsausübung. Die behandelten Kriterien sind daher jeweils nur Extrempunkte, die sich in einzelnen Vereinen selten realisiert finden.

Dies soll mit Abbildung 17 illustriert werden.

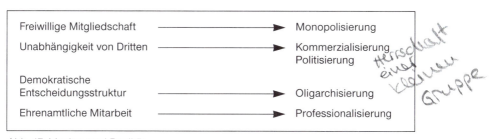

Abb. 17: Idealtyp und Realität

Veränderungen erfolgen meist aufgrund durchaus vernünftiger Entscheidungen innerhalb eines Vereins: Man fusioniert mit einem anderen Verein, mit dem man ursprünglich konkurrierte, um gemeinsame Interessen besser gegenüber der Gemeinde durchsetzen zu können. Damit aber kann der so entstehende neue Verein eine Monopolstellung in einer Gemeinde erhalten.

Mitgliedern in einem Stadtteil bzw. einer kleinen Gemeinde steht dann keine Alternative mehr zur Verfügung. Der Verkauf von Leistungen an Nicht-Mitglieder (Kommerzialisierung) bzw. die Finanzierung durch öffentliche Mittel (Politisierung) kann sinnvoll sein, um einen „Sport für alle" möglichst günstig anbieten zu können; aber damit verliert das Instrument „Unabhängigkeit" an Wirkung. Die Beschäftigung hauptamtlicher Mitarbeiter mag unerläßlich sein, um die ehrenamtlichen Mitarbeiter von Routinearbeit zu entlasten; aber damit wird die Möglichkeit der Mitglieder, das Geschehen im Verein durch „Mitwirkung" mitzubestimmen, geschwächt. Solche Entscheidungen, die Veränderung in den konstitutiven Merkmalen zur Folge haben, verändern als solche schon den Verein – oft nicht intendiert –, weil sie u. U. die Möglichkeiten der Mitglieder beschneiden, ihre Interessen durchzusetzen. Sie bedrohen die Identität von Interessen der Mitglieder und Zielen und Angeboten des Vereins.

„Der allgemeinste und verbreitetste Begriff zur Bezeichnung endogener Veränderungstendenzen ist Spannung (strain). Spannung bezieht sich hier auf eine bestimmte Bedingung in der Beziehung zwischen zwei oder mehr Struktureinheiten (...). Diese Bedingung schafft eine Tendenz oder einen Druck in Richtung einer Veränderung, die mit dem Gleichgewicht der relevanten Systemteile nicht mehr vereinbar ist" *(Parsons* 1965, 245). So werden Veränderungen in der Ressourcenstruktur, wenn sie eine bestimmte Schwelle überschreiten, unvereinbar mit anderen charakteristischen Variablen in Vereinen: Sie führen zu Zielverschiebungen und Produktänderungen, begünstigen die Dienstleistungsorientierung der Mitglieder, fördern die Trennung von Zielen der Organisation und Motiven der Mitglieder, verstärken die Oligarchisierungs- und Professionalisierungstendenzen – wobei letzteres sowohl die Erhöhung der fachlichen Anforderungen, als auch die zunehmende Bezahlung von Mitarbeitern umfaßt – und führen zu einer Bürokratisierung der Struktur, d. h. Formalisierung, Standardisierung, Spezialisierung, Rollensegregation und Zentralisierung.

Diese Veränderungen können dann ihrerseits, wenn sie einen bestimmten Schwellenwert überschreiten, die Notwendigkeit einer weiteren Veränderung der Ressourcenstruktur nach sich ziehen. So kann von einem Zerstörungszirkel der ehrenamtlichen Mitarbeit gesprochen werden. Am Ende dieser Entwicklung steht ein Organisationstypus, der dem Idealtypus entgegengesetzt ist. Wie auf der einen Seite die Variablen: Bindung der Ziele und Organisation an die Interessen der Mitglieder, Abhängigkeit von Mitgliederressourcen, demokratische Entscheidungsstruktur, Zielorientierung und Gruppeneinbindung der Mitarbeiter, hohe Mitarbeitsbereitschaft, unbezahlte Mitarbeit und Gruppencharakter der Struktur sich gegenseitig stabilisieren, so stützen sich auf der anderen Seite die entgegengesetzten Ausprägungen dieser Variablen: Trennung von Zielen der Organisation und Motiven der Mitglieder, Zugang zu Ressourcen von Nicht-Mitgliedern, Oligarchisierung, ökonomische Anreize für die Mitgliedschaft und Kommerzialisierung, Konsumentenhaltung der Mitglieder, bezahlte Mitarbeit und bürokratische Struktur.

Aus diesem Wandel ergeben sich Folgeprobleme, die zusammengefaßt als „Funktionsverlust" gekennzeichnet werden können. Denn die den freiwilligen

Vereinen als intermediären Gruppen zugeschriebenen wesentlichen Beiträge zur Lösung zentraler Probleme von Gesellschaft und Individuum in modernen Gesellschaften (vgl. dazu S. 91–96) erwachsen zu einem großen Teil gerade aus ihren Strukturbesonderheiten. Sie gehen entsprechend mit dem zunehmenden Verlust dieser Besonderheiten verloren.

Diese beschriebenen Zusammenhänge sind nicht quantifizierbar und daher für organisatorische Regelungen nicht unmittelbar zu verwerten. Doch können unsere Überlegungen die Sensibilität dafür vergrößern, daß man nicht einzelne Bereiche innerhalb eines Vereins z. B. durch die Vergrößerung der Qualifikationsanforderungen an die Mitarbeiter, durch Einrichtung von Ausbildungsstätten für Führungskräfte und die damit verbundene Reglementierung – verändern kann, ohne nicht zugleich weitreichende Folgeerscheinungen mit in Kauf nehmen zu müssen, Veränderungen, die unter Umständen die Erfüllung von Nebenfunktionen eines Vereins erschweren.

Besonderheiten in den Strukturmustern

In der Organisationssoziologie werden in der Regel Strukturen anhand der Elemente Norm, Position und Rolle oder anhand von Strukturdimensionen wie Spezialisierung, Standardisierung, Formalisierung und Zentralisierung analysiert. Dieser Weg verstellt den Blick auf die Besonderheiten der Strukturen von Sportvereinen, insbesondere sofern sie sich aus der Nähe des Vereins zu sozialen Gruppen ergeben. Dies wird in den folgenden Punkten, in denen typische Muster der Steuerung und Koordination des Verhaltens im Verein erläutert werden, deutlich:

1. *Informelle Abstimmung:* Verhalten in einem Verein wird in wesentlich geringerem Ausmaß als im Betrieb und in der Verwaltung durch festgelegte, bewußt auf das Ziel ausgerichtete und rational geplante Regeln gesteuert. Die Zusammenarbeit im Verein ist zwar auf ein Ziel ausgerichtet, trägt aber zugleich deutlich expressive Züge. Je stärker die Übereinstimmung mit den Zielen, den Werten und der Tradition des Vereins, je angenehmer die Atmosphäre bei der Vereinsarbeit, je größer die Motivation der ehrenamtlichen Mitarbeiter, desto größer ist die Bereitschaft für eine informelle Abstimmung der Handlungen, desto weniger braucht explizit geregelt zu werden. Regelungen ergeben sich erst aus dem offenen Zusammenspiel der Beteiligten; es stabilisieren sich die Bilder, die die einzelnen sich von sich und den anderen machen, ebenso wie die Handlungen, die sich bewährt haben. Im Laufe der Zeit verfestigen sich Handlungsmuster, so daß der Verein sein eigenes Profil unabhängig von den einzelnen Mitgliedern entwickelt: Wie was gemacht, wie was gesehen wird, über was mit welchen Begriffen gesprochen wird, verfestigt sich erst im Laufe ihrer Geschichte in jedem Verein unterschiedlich.

2. *Personalisierung der Erwartungen:* Ähnlich sind auch Positionen in einem Verein wenig differenziert und ihre Aufgaben und Verpflichtungen kaum standardisiert. Anstelle der Standardisierung und Spezialisierung tritt in relativ hohem Ausmaß eine Personalisierung der Verhaltenserwartung. Die Mitglieder

orientieren sich zu einem großen Teil an bekannten Eigenschaften der Personen und erst in zweiter Linie an abstrakten Regeln und spezifizierten Rollenerwartungen. Dadurch werden Ämter und damit die Ehrenamtlichkeit wesentlich von der Persönlichkeit ihrer Inhaber, von deren Fähigkeiten und Fertigkeiten, von ihrem Engagement, und ihrem Verständnis für die Belange des Vereins und seiner Mitglieder geprägt. In dieser Ambivalenz der Aufgabenzuweisung und der Verantwortlichkeit liegt ein Grund für die besondere Leistungsfähigkeit der Vereine *(Luhmann* 1972, 151; *Geser* 1980, 227): Die Mitarbeiter sind nicht sicher, wie weit ihre Pflichten gehen, und dank ihrer sachspezifischen Teilnahmemotivation werden sie aufnahmebereit für verschiedenartige, unvorhersehbare Aufgaben.

3. *Informelle Sanktionen:* Auch explizit formalisierte Sanktionen unterhalb des Ausschlusses und der Androhung des Ausschlusses existieren in der Regel nicht. So haben Sanktionen meist nur informellen Charakter – etwa in Form eines Tadels, der Ironisierung, des Scherzes, durch demonstratives Schweigen, abrupten Themenwechsel und Unaufmerksamkeit. Je diffuser dabei die Beziehungen, desto mehr zielen die Sanktionen gleichsam moralisierend auf die Gesamtpersönlichkeit.

4. *Koordinationsbedarf:* Da ein Verein in der Regel weniger arbeitsteilig organisiert sein kann als z. B. ein Betrieb, besteht nur ein relativ geringer Koordinationsbedarf. Dort, wo Koordination nötig ist, kann sie nicht durch Weisung oder Planung erfolgen, da in Vereinen wenig Neigung besteht, Befehlen zu folgen, und auch jenes Maß an Formalisierung fehlt, das Planung und Programmierung erfordern. So treffen wir eher Selbstabstimmung in informellen Zusammenkünften, im Rahmen allgemeiner Treffen oder speziell gebildete Komitees, und wir finden als typische Koordinationsform eine Führung, die auf persönlicher Ausstrahlung und Überzeugungskraft einzelner basiert.

5. *Geselligkeit als Struktureigenheit:* Eine weitere Bedeutung leitet sich aus Formen des lockeren Beisammenseins und der zweckfreien Kommunikation als besondere Form der Geselligkeit ab – oft als Vereinsmeierei deklassiert. Dabei ist es das Typische dieser Geselligkeit, daß sie auf die jeweiligen Personen bezogen ist und von der Gleichberechtigung der Partner ausgeht. Es wird in diesem Sinn von einer „Demokratie der Geselligkeit" gesprochen *(Richter* 1985). Sporterlebnisse werden in all ihren Höhen und Tiefen noch einmal in Erinnerung gerufen, verbal rekonstruiert und präsent gemacht. Man bringt sich in Grenzen als Person ein, berichtet über seine Freuden, Unsicherheiten, Ängste und Enttäuschungen. Geselligkeit in Gruppen bzw. Vereinen wird zum verbalen Aufarbeiten des sportlichen Geschehens, aber auch vieler Ereignisse und Entscheidungen im Verein. Damit erhält eine solche Subkultur wiederum eine für sie spezifische emotionale Lage: Man „entblößt" sich und muß zugleich darauf vertrauen können, daß das, was man einbringt, vertraulich bleibt.

Der Sportverein unterscheidet sich in seinen Strukturbesonderheiten wesentlich von formalen Organisationen wie Betrieb und Verwaltung. Die

Aufgabenerfüllung ist personenbestimmt, Führung basiert auf persönlicher Ausstrahlung und Autorität, die Kontrolle Dritter erfolgt im wesentlichen über persönliche Beziehungen.

Sportverbände

Sportverbände – wie etwa der Deutsche Sportbund (DSB), die Landessport-
bünde oder die Sportfachverbände – haben ebenfalls den Rechtsstatus eines
eingetragenen Vereins. Sie besitzen daher ebenfalls die vorgestellten (vgl.
S. 102–104) konstitutiven Merkmale freiwilliger Vereinigungen. Ihre Mitglieder
sind jedoch nicht Personen, sondern in der Regel Vereine oder Verbände. Mitglieder des DSB sind also weder die in den Sportvereinen organisierten ca. 26 Millionen Sportler noch die ca. 86 000 Sportvereine,[58] sondern lediglich die
17 Landessportbünde und ca. 85 Sport-Fachverbände. Aus der Tatsache, daß
Mitglieder der Verbände Vereine sind, ergeben sich einige Besonderheiten
dieses Typus freiwilliger Vereinigungen: Sie haben andere Funktionen, sind in
ihrer Organisationsstruktur stärker arbeitsteilig gegliedert; für Zielerreichung
und Aufgabenerfüllung sind vermehrt ein hauptamtliches Management und
eine „zweck-dienliche", hierarchische Entscheidungsstruktur verantwortlich.
Sportverbände nähern sich formal-bürokratischen Organisationen.

Grundprinzipien der Organisation des Sports in Deutschland

Die Abb. 18 verdeutlicht stark vereinfacht den Aufbau der Sportorganisation
in Deutschland:

1. *Interessen der Sportler als Basis:* Sportler werden Mitglieder eines Vereins mit dem Ziel, dort ihre Interessen zu verfolgen. Dies ist grundlegend; denn
alle darauf aufbauenden Sportorganisationen bis hin zum DSB erhalten ihre
Legitimation allein durch die Interessen dieser Vereinsmitglieder; sie sind lediglich Repräsentanten dieser Interessen; sie haben keinen darüber hinaus-
gehenden, etwa politischen Auftrag. Auch kann der DSB nicht Sprecher des
„ganzen Sports", also der nicht im DSB organisierten Sportler sein.[59]

2. *Doppelachsigkeit der Organisation:* Die Mitglieder des Vereins sind mit
zwei Achsen in den organisierten Sport eingebunden: Einmal in die Stadt- bzw.
regionale Ebene und dann in die Landessportbünde, als die regionalen Ver-
tretungen der Vereine,[60] zum anderen in die Fachverbände, in denen die Interessen der jeweiligen Sportart des Vereins vertreten werden. Die Landessportbünde haben ähnliche Aufgaben auf Landesebene wie der DSB auf
Bundesebene: Die Vertretung der Interessen der Vereine in dem jeweiligen
Bundesland, Förderung der Ausbildung von ehrenamtlichen Mitarbeitern,
Unterstützungen bei der Finanzierung der Vereinsarbeit, etwa der Übungsleiter

---

[58] Stand 1996.

[59] Dies wird leicht übersehen, ist aber problematisch, wenn man bedenkt, daß nur
18,4% aller sportlich Aktiven in den Sportvereinen vertreten sind (W. *Weber,* 1995).

[60] Der organisierte Sport ist also in dieser Achse wie die Bundesrepublik Deutschland
föderativ aufgebaut: In jedem Bundesland besteht ein Landessportbund.

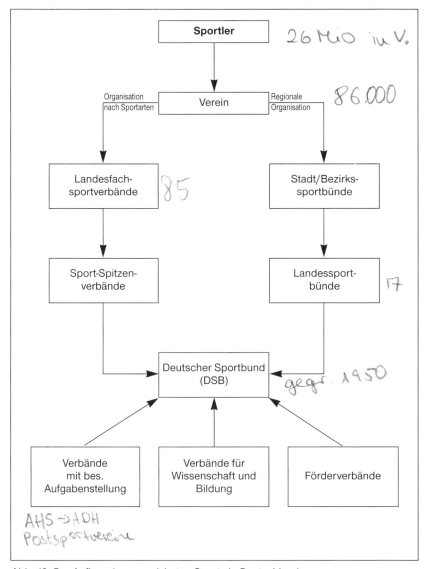

Abb. 18: Der Aufbau des organisierten Sports in Deutschland

bzw. des Baus von Sportstätten, allgemeine Beratungen, Entwicklung neuer Programme.

3. *DSB als Dachverband:* Der Deutsche Sportbund (gegründet 1950) ist die Dachorganisation des organisierten Sports. In ihm sind die 17 Landessport-bünde, die 85 Sport-Fachverbände und darüber hinaus Verbände mit beson-

derer Aufgabenstellung (z. B. Allgemeiner Deutscher Hochschulsportverband – ADH; die Arbeitsgemeinschaft der Postsportvereine, die konfessionellen Sportorganisationen), Verbände für Wissenschaft und Bildung (z. B. Deutsche Vereinigung für Sportwissenschaft – DVS; Deutscher Sportlehrerverband – DSLV; Gewerkschaft Erziehung und Wissenschaft) und Förderverbände (Deutsche Olympische Gesellschaft – DOG) vertreten.

4. *Vielfalt der Zuständigkeiten:* Entsprechend der verschiedenen Aufgaben des DSB gliedert er sich in Abteilungen für Leistungssport, Breitensport, Jugendsport, Frauensport, Wissenschaft, Bildung und Gesundheit.

Den Organisationen des Sports in Deutschland fallen folgende drei Aufgaben bzw. Funktionen zu:

1. *Ordnungsfunktion:* Im Prinzip sind alle Sportvereine und Sportverbände unter einem organisatorischen Dach, dem Deutschen Sportbund (DSB) zusammengefaßt, sofern sie die vom DSB definierten Aufnahmekriterien erfüllen und aufgenommen werden wollen. In ihm sind alle Sporttreibenden unabhängig von ihrer sozialen Stellung, ihrer beruflichen Position, ihrer Zugehörigkeit zu verschiedenen Konfessionen oder ethnischen Gruppen unter diesem einen Dach vertreten. Zugleich nimmt der DSB für sich in Anspruch, sowohl für den Freizeit- und Breitensport, für den Leistungssport und für den Spitzensport zuständig zu sein. Zusätzlich fühlt er sich für die Förderung des Schulsports als auch für die Entwicklung der Sportwissenschaft mitverantwortlich. Der Dachverband ist damit nicht nur Symbol, sondern verantwortlicher Träger der inneren Einheit der Sportbewegung. Diese Aufgabe wächst in dem Umfang, in dem diese Einheit bedroht wird. Brüche verlaufen dabei nicht nur zwischen Hochleistungssport, Breiten- und Freizeitsport; sie umfassen nicht nur Probleme der Organisation, sondern auch des jeweiligen (Sport-)Selbstverständnisses und der Verantwortlichkeit für das Ganze.

2. *Progammfunktion:* Der DSB muß im Hinblick auf sein Selbstverständnis immer wieder neu bestimmen, was Sport (für den DSB) und damit Gegenstand sportpolitischen Handelns sein soll. Eine solche Festlegung von „Sport" ist unerläßlich für Entscheidungen über Aufnahmebegehren von Sportverbänden, für die Begründung von Forderungen nach staatlicher Unterstützung – etwa bei der Vergabe von Hallenplätzen und -zeiten, bei der Abwehr politischer Entscheidungen, etwa autonome Sportmannschaften oder Kneipenmannschaften gegenüber dem Vereinssport als gleichwertig zu behandeln. „Sport für alle" bedeutet nicht, daß (für den DSB) alles Sport ist und jeder Sport in die Vereine gehört. Dieses Selbstverständnis ist nicht nur eine Argumentationsbasis nach außen, sondern muß sich in der Arbeit der Vereine und Verbände widerspiegeln, um Erhaltungssubventionen zu sichern.

3. *Dienstleistungsfunktion:* Der DSB und seine Mitglieder erheben den Anspruch, gemeinnützig zu sein. So heißt es in seiner Satzung: „Der DSB verfolgt ausschließlich und unmittelbar gemeinnützige Zwecke." Dies ist zunächst ein Tatbestand der Steuergesetze in Deutschland. Vereine und Verbände genießen große steuerliche Vorteile, wenn sie diesen Gemeinnützigkeitsstatus besitzen. Aber hinter diesem Anspruch steht die Vorstellung, der organisierte Sport erfülle quasi öffentliche Aufgaben, die, wenn es den DSB und seine Mit-

gliederorganisationen nicht gäbe, vom Staat in anderer Form organisiert werden müßten. Damit steht der organisierte Sport in einem besonderem Verhältnis zum Staat. Er wird beteiligt an der Erfüllung allgemeiner staatlicher Aufgaben und damit eingebunden in die staatliche Gesellschaftspolitik.

Sportverbände werden also sportpolitisch nach außen vor allem gegenüber dem Staat, aber auch gegenüber der Öffentlichkeit und gegenüber anderen Interessengruppen wirksam. Darin liegen nicht nur ihre originären Aufgaben, sondern auch die größten Wirkungsmöglichkeiten. So muß vor allem gesichert werden, daß der Gemeinnützigkeits- und Gemeinwohlcharakter des in den Vereinen organisierten Sports anerkannt bleibt; es muß unbestritten bleiben, daß Sport in den Vereinen (über die Freizeitgestaltung der Mitglieder hinaus) wichtige, z. B. gesellschaftspolitische Aufgaben erfüllt, die über den Markt oder in anderer Form organisiert nicht erfüllbar sind. Dies umfaßt auch steuerrechtliche und ökonomische Voraussetzungen des Sporttreibens, ist aber weit mehr. Nur wenn diese Anerkennung gegeben ist, bleiben den Vereinen die günstigen Rahmenbedingungen ihrer weiteren Entwicklung erhalten – vor allem die staatlichen Zuschüsse, die indirekten Förderungen über Steuererleichterungen, preisgünstige (z. B. kommunale) Sportstätten.

Die Aufgaben eines Dachverbandes wie des DSB liegen zum einen in einer Ordnungsfunktion, indem er für eine einheitliche Organisations- und Sportentwicklung eintritt und eine geschlossene Identität der Organisationen und ihrer Leistungsangebote sichern hilft; weiter in einer Programmfunktion, indem er Modelle und Konzepte für die erfolgreiche Arbeit der Mitglieder entwirft, nach innen berät und Entscheidungshilfen gibt; schließlich in einer Dienstleistungsfunktion, indem er nach außen die Interessen der Mitglieder vertritt und durchsetzt.

3.2 Macht im Sport

Sportorganisationen werden oft als zahnlose und harmlose Kolosse diffamiert. Sie hätten zwar viele Mitglieder, seien bis ins letzte Dorf hinein vielfältig vertreten, aber großen politischen Einfluß, mit dem sie ihre Interessen gegen den Staat oder andere mächtige Verbände durchsetzen, könnten sie damit nicht entfalten. Und kaum jemand widerspricht, wenn behauptet wird, es sei abwegig, von einer Macht im Sport oder von der Macht des Sport zu sprechen; denn schließlich wird im organisierten Sport demokratisch entschieden, und daran kann sich jedes Mitglied gleichberechtigt beteiligen. Macht im Sport sei daher kein Thema. – Oder doch?

Ziel dieses Kapitels ist es, (1.) auf die Schwierigkeiten aufmerksam zu machen, Macht wissenschaftlich-empirisch zu erfassen und (2.) einige der vielfältigen, oft sublimen Formen der Macht im Sport aufzuzeigen.

Daß „Macht im Sport" bisher kaum thematisiert wurde, braucht nicht daran zu liegen, daß sie in ihm nicht existiert. Aber (1.) ist Macht nicht in der Form kodifiziert und festgeschrieben, wie etwa das Regelwerk des Sports, nicht so offenkundig, wie seine Organisationen und erst recht nicht so sichtbar vorhanden, wie die Sachgegebenheiten; (2.) taucht Macht nicht als absolutes Phänomen auf, sondern nur als – wiederum nur schwer feststellbarer – komparativer Machtvorteil zwischen mindestens zwei Parteien; (3.) gibt es eine große Zahl von Tatbeständen, durch die Macht begründet und legitimiert wird und – davon abgegrenzt – ebensoviele verschiedene Instrumente, mit denen man Macht durchsetzen kann – und all dies ist empirisch schwer zu identifizieren; (4.) bedeutet die Tatsache, daß jemand über Macht und die Instrumente ihrer Ausübung verfügt, nicht, daß er diese Macht auch zur Durchsetzung seiner Interessen tatsächlich stets nutzt; (5.) können wir in der deutschen Sprache zwischen Macht und Herrschaft unterscheiden: Herrschaft ist institutionalisierte Macht, wie wir sie vor allem in Organisationen finden; sie ist legitim, in ihrem Inhalt und Umfang festgelegt und von beiden Parteien akzeptiert. Diese Bedingungen fehlen im Prinzip bei der Macht. Aber die Übergänge sind fließend.

Wie Macht im Sport ausgebildet sein kann, kann daher nur mit einigen wenigen Mosaiksteinen abgebildet werden:

Funktionale Autorität

Gemeinhin ergibt sich Herrschaftsbefugnis, über die Personen etwa in einer Organisation verfügen, aus dem Amt, das sie innehaben; aufgrund des Amtes weiß man, wer der Chef, wer der Untergebene ist. Dies ist es jedoch aus zwei Gründen in Vereinen nicht der Fall: (a) Aufgrund der Freiwilligkeit der Mitgliedschaft werden sich die Mitglieder nicht gegen ihren Willen den Anordnungen etwa der Vorstandsmitglieder beugen; ihnen steht immer die Möglichkeit des Rückzugs oder der Nicht-Wiederwahl (oft aber irrtümlich als „Abwahl" bezeichnet) offen. Autorität in Vereinen muß sich also aus der individuellen Fachkompetenz, Erfahrung und Überzeugungskraft entwickeln; sie ist damit an Eigenschaften und Leistungsvermögen der Personen gebunden. Dies hat wiederum folgende Konsequenzen: Diese Autorität ist strukturell labil und unsicher; sie muß immer wieder von neuem bestätigt und durch Leistung legitimiert werden. Um dies zu verhindern, besteht auch in Vereinen eine Tendenz zu bürokratischer Regelung – etwa zu Festlegung von Kompetenzen, Aufgaben und Arbeitsteilung, da auf diese Weise labile funktionale Autorität in stabilere Amtsautorität umgewandelt werden kann. (b) In demokratischen Gremien, also auch in den Vorständen von Vereinen, ist Einfluß nicht besonders knapp; viele entscheiden mit. Je mehr Personen an den Entscheidungen mitwirken, je weniger knapp also Einflußchancen sind, um so mehr sinkt die Bereitschaft, mit Einflußchancen verantwortungsvoll umzugehen, und im übrigen bilden dann Einflußchancen keinen besonderen Anreiz mehr, ein Amt zu übernehmen.

Oligarchisierung

In Vereinen basiert die Macht der Mitglieder nicht auf Eigentum, sondern auf ihrem Stimmrecht; damit wird die demokratische Entscheidungsstruktur konstitutives Element des Sportvereins. Es ist aber empirisch feststellbar, daß die

Möglichkeiten der Partizipation, die die Satzung den Mitgliedern eröffnet, nur von wenigen wahrgenommen werden. Dies hat zur Konsequenz, daß die Entscheidungsstrukturen in Vereinen oft oligarchische Züge erhalten, d. h., es sind wenige, die über die Geschicke des Vereins entscheiden; diese wenigen bleiben über längere Zeiträume, oft mehrere Jahrzehnte, im Amt; sie bilden eine eigene subkulturelle, geschlossene Gruppierung. Gelegentlich wird gar der altgediente Vereinsvorsitzende als der „wohlwollende Diktator" tituliert. So wurde es bereits von *Michels* (1911) und *Weber* (1911) als eine Art „ehernes Naturgesetz" angesehen, daß sich die formal demokratischen Entscheidungsstrukturen durch zunehmende Oligarchisierungen auflösen würden. Mit zunehmendem Alter des Vereins, wachsender Größe, zunehmender Professionalisierung und Bürokratisierung und damit verbunden einer steigenden Passivität der Mitglieder scheint eine solche Transformation unaufhaltsam zu sein.

Ob letztlich die Entscheidungsstruktur oligarchisch wird, weil die Mitglieder passiv sind oder die Mitglieder passiv, weil die Entscheidungsstruktur oligarchisch wird, ist schwer zu entscheiden. Man muß dabei bedenken, daß viele Mitglieder mit dieser Entscheidungsstruktur zufrieden sind. Die Interessen, die sie mit der Mitgliedschaft verbinden, werden offensichtlich vom Handeln und Entscheiden der Amtsträger nicht berührt. Mehr noch, die Spielräume werden den Mitgliedern eines Vorstands oft nicht nur zugebilligt, sondern es wird sogar erwartet, daß sie sie ausfüllen. Diejenigen, die mehr am politischen Leben des Vereins interessiert sind, bewerben sich um die Stimmen der anderen, machen die Arbeit und werden dafür mit Entscheidungsspielräumen und Einflußchancen belohnt *(Perrow* 1970, 106–111).

Verbandsmacht

Macht kann entstehen, wenn sich Personen mit gemeinsamen Interessen organisieren und gemeinsam gegen Dritte durchsetzen möchten. Damit dies gelingt, ist Voraussetzung, daß (a) die Interessen aller relativ homogen und stabil sind, (b) für den einzelnen eine so große Bedeutung besitzen, daß er dafür auch zu kämpfen bereit ist und (c) die dabei erkämpften Vorteile nur jenen zugute kommen, die sich organisiert haben. Deshalb haben etwa Gewerkschaften eine sehr viel höhere Verbandsmacht als Verbraucherverbände – und eben auch als der organisierte Sport. Die hohe Zahl der Mitglieder läßt sich nicht ohne weiteres in politische Macht umsetzen, weil die Interessen der Mitglieder zu heterogen und somit schwer zu mobilisieren sind, wenn es um die kollektive Durchsetzung von Interessen geht; auch fehlt den Vereinsmitgliedern ein geeignetes Druckmittel, mit dem sie – wie etwa die Gewerkschaften – ihren Forderungen Geltung verschaffen könnten.

Allerdings kommt dem organisierten Sport zugute, daß er eine fast monopolartige Stellung besitzt. Monopolstellung bedeutet dabei nicht nur, daß im Prinzip – neben der Schule – der organisierte Sport zumindest lange Zeit alleiniger Anbieter von Gelegenheiten zum Sporttreiben war. Sie resultiert vielmehr (a) aus dem Anspruch des organisierten Sports, Sprecher des ganzen Sports zu sein, und dieser Anspruch wird im Prinzip vom Staat auch anerkannt, so daß der organisierte Sport der einzige umfassende Interessenvertreter des Sports ist und (b) aus dem Einflußpotential, das der organisierte Sport besitzt, das sich zum einen aus seiner organisatorischen Verfassung, zum anderen aus personellen und institutionellen Verflechtungen zwischen Sport und Politik ergibt.

So wird die Verbandsmacht vor allem durch eine Monopolbildung gestützt. Freiwillige Mitgliedschaft ist Voraussetzung und Rechtfertigung für eine Vereinsautonomie. Nur wenn nämlich der einzelne über seine Mitgliedschaft frei entscheiden kann, wird man dem Verein zubilligen, Ziele, Regeln und Verfahrensweisen selbständig festzulegen, seine Angelegenheiten autonom zu regeln, gegenüber Mitgliedern – etwa durch Schiedsgerichte und entsprechende Sanktionen – durchsetzen zu können und über Aufnahme und Ausschluß von Mitgliedern – zu entscheiden. Die Vereinsautonomie wird also dann zum Problem, wenn (a) Vereine ein Vertretungsmonopol besitzen, um z. B. geschlossen Außenbeziehungen organisieren zu können oder (b) aufgrund eines Organisationszwanges etwa durch ökonomischen (wie bei einem closed shop bei Gewerkschaften), sozialen (aufgrund von Loyalitätsverpflichtungen) oder rechtlichen (durch Zwangsmitgliedschaft wie z. B. bei den IHKs) Druck. Aber auch im Sport können sich solche Monopole bilden. Die Mitgliedschaft ist Voraussetzung für die Teilnahme an Meisterschaften, so daß wir faktisch ein Organisationsmonopol vorfinden. Daraus erwachsen den Vereinen und Verbänden vielerlei Einflußmöglichkeiten gegenüber den Athleten. Dies wird besonders deutlich, wenn Sportler Werbeverträge mit Sponsoren abschließen wollen, die keinen Vertrag mit dem Verein oder Verband haben. Auch hat jede Liga in einer Sportart, die eine Meisterschaft ausführt, ein Monopol. Es gibt nur eine Bundesliga im Fußball und Jahr für Jahr nur einen deutschen Meister. So entstehen viele Einflußmöglichkeiten der Fußballvereine und -verbände gegenüber der Gemeinde.

Damit wird ein weiterer Aspekt angesprochen, nämlich der der Macht und Kontrolle über den Körper. Der Körper und seine Eigenschaften – Stärke, Fähigkeiten, Ausdauer, Erscheinungsbild, Bewegungsformen etc. – sind Basis und zentrales Thema des Sports. Dies schließt intellektuelle Fähigkeiten nicht aus; aber gleichwohl wird der Körper die materielle Grundlage und das offenkundige Symbol des Sports *(Hargreaves* 1986, 12; *Bette/Schimank* 1995, 42). So müssen wir davon ausgehen, daß im Sport – in der Art seiner Präsentation, in der Bewertung körperlicher Stärke und Fitneß, in der Verherrlichung spezifischer körperlicher Kompetenzen und ästhetischer Formen und Bewegungen, in der Erotisierung seiner Darstellungen – der Körper als soziales Gebilde reproduziert wird, genauer: Mit dem Körper im Sport werden soziale Ordnungen, Macht und Einfluß in sozialen Beziehungen zum Ausdruck gebracht und sichtbar; im Sport erfolgen Kampf und Widerstand darum, wer die Kontrolle über den Körper ausüben kann. Dies läßt sich mit folgenden Beispielen belegen: Die extreme Instrumentalisierung des Körpers im Leistungssport führt zu Konflikten darüber, wer – der Athlet selbst, Trainer, Sportwissenschaftler in ihrer disziplinären Aufsplitterung, Mediziner, Funktionäre, Sponsoren – über diesen Körper verfügen und ihn zu Höchstleistungen trimmen und diesen dann (u. U. auch kommerziell) nutzen kann; die Darstellungen vor allem des Körpers von Frauen in den Medien und in der Werbung ist Beispiel u. U. ungewollter und nicht akzeptierter „Fremdnutzung" des Körpers; in der Fitneßindustrie mit ihren Versprechungen werden Hoffnungen erweckt, die auf attraktiver Körperformung aufbauen. Dabei ist die Verbandsmacht nicht zu unterschätzen. Sie wird besonders deutlich sichtbar, wenn es darum geht, wer Verträge verbindlich darüber abschließen und Vorschriften erlassen kann, wie der Körper des Athleten als Träger von Werbung genutzt werden darf.

Beziehungsressourcen

Da die Verbandsmacht vergleichsweise gering ist, nutzen diese Organisationen gern ein Instrument, das als Beziehungsressource bezeichnet werden kann. Vorteilhaft sind also Beziehungen, die Mitglieder des Vereins bzw. seine Amtsträger zu anderen, für die Vereinsarbeit wichtigen Personen und Institutionen haben. „Beziehungsressource" soll als Synonym für Kontakte, Informationen, Einfluß, personale Verflechtungen, Prestige und Ansehen verwendet werden, über die einzelne Mitglieder verfügen und die sie in die Lage versetzen, die Interessen der Organisation gegenüber Dritten durchzusetzen und Ressourcen zu mobilisieren. Viele führende Sportfunktionäre (z. B. Präsidenten der Verbände, Vorsitzende der Vereine) haben zugleich verantwortliche Positionen in den Parlamenten der Kommunen, der Länder und des Bundes, in den politischen Parteien und in der staatlichen Sportverwaltung. Die Sportorganisationen verfügen über ein beachtliches Einflußpotential auf allen Ebenen der politischen Entscheidung. Außenkontakte sind daher oft auch ein wichtiges Auswahlkriterium bei der Besetzung von Positionen (z. B. in einem Vorstand). Über die Besetzung der Ämter werden Beziehungen zu verschiedenen politischen Parteien, Fraktionen und Ämtern erschlossen. *Winkler* (1988, 126) ermittelte die Kontakte, Mitgliedschaften und Ämter von Funktionsträgern in Sportverbänden; dabei zeigte sich eine weit über dem Durchschnitt liegende Mitgliedschaft in anderen freiwilligen Vereinigungen, insbesondere in politischen Parteien – „jeder vierte Sportfunktionär ist Mitglied einer Partei" – und eine Häufung von Ämtern in verschiedenen Vereinigungen.[61]

Politische Einflußnahme und Politisierung

Gerade im Verhältnis Staat – organisierter Sport stellt sich die Frage der komparativen Machtvorteile. Der Umfang der Einflußmöglichkeiten, den der Staat besitzt, ergibt sich aus der Abhängigkeit des Vereins/Verbands von dieser Förderung. Ein wichtiges Kriterium der Autonomie ist, daß Vereine/Ver-

---

[61] Dieses Beziehungsnetz ist darüber hinaus in vielfältiger Form institutionalisiert: Etwa im Bundesinstitut für Sportwissenschaft, in dessen Direktorium ein Vertreter des DSB sitzt, in der Besetzung seiner Beiräte, der früheren Deutschen Sportkonferenz (DSK), in der je 12 Vertreter des organisierten und des öffentlichen Sektors vertreten waren und die als Instrument der Abstimmung öffentlicher und privater Sportpolitik dienen sollte.

bände auch „nein" sagen können, d. h., auch ohne öffentliche Förderung überleben bzw. sie sich bei anderen Geldgebern beschaffen können. Dies ist offenkundig beim organisierten Sport nicht der Fall; es besteht kein Zweifel, daß der
DSB und viele Vereine/Verbände ohne staatliche Erhaltungssubventionen
nicht existieren könnten. Deshalb kann der Staat auch auf Entscheidungen im
Sport Einfluß nehmen.

Dies scheint aus zwei Gründen gerechtfertigt: (a) Sportvereine/Verbände
treten mit dem Anspruch an, Vertreter des ganzen Sports zu sein. Bei Organisationen aber, die behaupten, Interessen von Nichtmitgliedern oder der Allgemeinheit vertreten zu wollen und deshalb staatliche Unterstützung verlangen, kann man befürchten, daß Mitglieder sich irren. Deshalb hat der Staat als
demokratisch legitimierter Vertreter der Allgemeinheit ein legitimes Mit-
spracherecht, zumindest was die Verwendung der von ihm eingebrachten
Ressourcen anbetrifft. (b) Der Staat nimmt den Sport immer stärker instrumentell für Aufgaben der Daseinsvorsorge in Anspruch – etwa für Gesundheits-
vorsorge, die Integration von Minderheiten, die Jugendbetreuung oder Resozialisation. Man kann in diesem Zusammenhang von einer Vergesellschaftung
des Sports sprechen. Dies zeigt sich etwa daran, daß Unterstützung immer
mehr an einen genau definierten Zweck gebunden ist und immer weniger
Mittel den Sportorganisationen ohne Zweckbindung zufließen. Aber auch Vereine und Verbände verfügen über eine Vielzahl von Möglichkeiten, den Einfluß
externer Geber abzublocken, auszugleichen oder zu begrenzen.

Typisches Argumentationsmuster ist dazu die Formel der „subsidiären Part-
nerschaft", in der zwei Rechtfertigungsformeln staatlicher Unterstützung – das
der katholischen Soziallehre entstammende Subsidiaritätsprinzip und die aus
der Politikwissenschaft entlehnte These des Neo-Korporatismus – miteinander
verknüpft werden.[62] So wird versucht, zwei unterschiedliche und im Prinzip
nicht vereinbare Legitimitätsformen staatlicher Subventionen bzw. zwei Formeln zur Mobilierung öffentlicher Unterstützungen zu verknüpfen. Zum einen –
mit dem Begriff „partnerschaftlich" – das Argument korporativer Erfüllung
öffentlicher Aufgaben – ein Argument, das dadurch immer wieder eine Ab-
stützung erfährt, daß Sportorganisationen als private Vereine bei vielen nationalen und internationalen Sportveranstaltungen mit den Insignien des Staates
in Erscheinung treten („Nationalmannschaft"); zum anderen – mit dem Begriff
„Subsidiarität" – die Abwehr von Einflußversuchen, die durch ein korporati-
stisches Verhältnis gerechtfertigt sein würden.

Jordana (1993, 26) macht in diesem Zusammenhang auf ein Wechselspiel
zwischen Staat und privat organisierten Interessen aufmerksam: Die These ist,
daß der Staat nicht als ein einheitlicher, monolithischer und hierarchisch ge-
gliederte Block zu verstehen ist. Vielmehr wird in einer Situation, in der die Interessen und (sozialen, kulturellen etc.) Bedürfnisse weniger stark artikuliert
werden, der Staat ebenfalls mit einem geringeren Interventionismus und einer
weniger ausgeprägten Kohärenz in seiner Politik antworten. Wenn umgekehrt

---

[62] Eine Darstellung dieser beiden Prinzipien findet sich bei *Heinemann* (1995, 86).

die privaten Interessen gut entwickelt und damit die Fähigkeit der Artikulation und eigenständigen Bewältigung etwa von kulturellen Aufgaben ausgeprägt sind, wird auch der Staat stärker intervenieren und – in Zusammenarbeit mit dem privaten Sektor – institutionelle Lösungen der Probleme entwickeln, die im privaten Sektor artikuliert wurden. Insofern ist der Grad des staatlichen Interventionismus zugleich dadurch bestimmt, in welchem Umfang Interessen eigenständig organisiert werden. Wenn man sich die vielfältigen institutionalisierten Verflechtungen zwischen Sport und Staat anschaut, wird man diese These bestätigt finden.

Indoktrination

Ein wichtiges Instrument der Einflußnahme bietet die Möglichkeit, Einstellungen, Wertorientierungen und Bewußtseinsinhalte zu ändern oder zu verhindern, daß andere sich eigenständige Urteile bilden. Dies kann durch Überredung und die Überzeugungskraft der Argumente, durch Erziehung bzw. Einfluß auf die Erzieher, durch einseitige Information bzw. Einfluß auf die Medien, durch selektive Nutzung wissenschaftlicher Erkenntnisse oder durch Werbung und Propaganda erfolgen. Eine Stärke des organisierten Sports liegt nun darin, daß in ihm auch die Verbände für Wissenschaft und Bildung organisiert sind und damit eine (ideologische) Rückkopplung erfolgen kann, weiter, daß viele Sportlehrer und Sportwissenschaftler, die die erforderlichen Argumentationsmuster bereitstellen können, in den Sportorganisationen arbeiten bzw. ihnen verbunden sind; Kritik von Wissenschaftlern, die sich die notwendige Distanz bewahren, kann leicht als unsachlich, inkompetent oder unerheblich abgetan und isoliert werden. Verbandsmacht kann durch Urteilsharmonie gestützt werden.

Solche Indoktrinationsmechanismen sollen an einem Beispiel illustriert werden: 1966 verabschiedete der DSB die „Charta des Deutschen Sports", in der es heißt: „Der Sport erfüllt in modernen Gesellschaften wichtige biologische, pädagogische und soziale Funktionen. Sport ... fördert die Gesundheit, trägt zur Formung der Persönlichkeit bei, ist nicht austauschbarer Faktor der Bildung, bildet wirksame Hilfen des Zusammenlebens in der Gemeinschaft ...". Dies wurde zu einer Zeit festgestellt, als es so gut wie keine wissenschaftlichen Belege für diese Wirkungen des Sports gab, in der aber der organisierte Sport massiv um öffentliche Anerkennung und damit auch um staatliche Zuwendungen kämpfen mußte. Was eignete sich dazu besser, als deutlich zu machen, daß Sport nicht nur Schweiß, Anstrengung, körperliche Betätigung sei, sondern als Bestandteil unserer Kultur wichtige Funktionen erfüllt, die, gäbe es den Sport nicht, vom Staat in anderer Form gesichert werden müßten?

Die Charta des Deutschen Sports ist nur ein Beispiel dafür, daß dem Sport eine kaum übersehbare Vielzahl von Funktionen zugeschrieben wird – und natürlich haben auch Wissenschaftler immer wieder neue „Funktionsfelder" für den Sport entdeckt. Aber bei genauerem Hinsehen handelt es sich bei solchen Aussagen meist um argumentative, ideologische Untermauerungen und Rechtfertigungen vor allem von Transferleistungen. Funktionsaussagen sind Mobilisierungsstrategien. Dies wird schon daran deutlich, daß die Frage, ob der Sport in der Tat alle ihm zugewiesenen Funktionen erfüllt, bisher kaum empirisch überprüft wurde, und dort, wo empirische Untersuchungen zur Verfügung stehen, sind die Befunde zu differenziert, als daß sie die These über die positive Funktion des Sports generell bestätigen könnten. Verwiesen sei dabei beispielsweise auf die Problematik, eine Sozialisationsfunktion des Sports sicher nachzuweisen (vgl. Kap. 5.1, S. 151).

Mangelndes Wissen aber öffnet Spekulationen Tür und Tor. So wachsen Vermutungen darüber, welchen Wert und welche Funktionen der Sport haben könnte, mittlerweile unübersehbar ins Kraut. Wir haben vor einiger Zeit alle Reden, Erklärungen, Grundsatzaussagen etc. des Deutschen Sportbundes daraufhin ausgewertet, welche Werte, Funktionen, Bedeutungen und Wirkungen dem Sport zugeschrieben werden und kamen dabei auf über 250 „Funktionen" des Sports. Wohl jede Rede eines Politikers zum Sport, auf welcher Ebene auch immer, wird mit willkürlich eingestreuten Aussagen über die positiven Funktionen des Sport geschmückt.

Definitionsmacht

Sport und seine Vereinsorganisation konnten kulturelle Grenzen zwischen Arbeiterklasse und Mittelschicht aufbauen, indem sie vorrangig Mittelklassennormen zur Geltung brachten *(Hargreaves* 1986). In der Mittelschicht bestehen spezifische kulturelle Muster und Wertorientierungen, die zugleich zu den dominanten und bestimmenden Wertmustern unserer Kultur gehören. Zu diesen Wertmustern zählen die Bereitschaft und Fähigkeit, der Versuchung einer unmittelbaren Befriedigung von Bedürfnissen und Wünschen zu widerstehen und sie im Interesse einer langfristigen Zielsetzung zu unterdrücken; die Kontrolle von physischer Gewalt, Aggressionen und Emotionen; die Bereitschaft zu bewußtem Planen; die Ethik der persönlichen Verantwortung, der Selbständigkeit und Eigeninitiative. Die Wertmuster der Mittelschicht heben weiter gute persönliche Beziehungen mit möglichst vielen Menschen als positiv hervor, fördern zugleich eine unpersönliche Wettbewerbsorientierung, in der geistige, körperliche und soziale Fähigkeiten entfaltet werden können; hierzu gehört die hohe Einschätzung der sichtbaren Leistung, die man als Nachweis eigener Fähigkeiten und Bemühungen ansieht. Alle diese Werte werden bereits vor dem Beginn sportlicher Aktivitäten, insbesondere in der familiären Sozialisation, vermittelt und geprägt. Die für die Mittelschicht typischen Erziehungsstile sichern die Verinnerlichung dieses Wertsystems.

Der Sport – zumindest gilt dies für das traditionelle, wettkampforientierte Sportmodell in Vereinen (vgl. S. 35) – ist so organisiert, daß auch hier die dominanten Werte unserer Mittelschichtkultur zum Tragen kommen und honoriert werden – also z. B. Disziplinierung, die auf lange Zeiträume angelegte Trainingsplanung, Regelmäßigkeit der Bemühungen, Notwendigkeit der Eigeninitiative und Verantwortung, Betonung der Leistungs- und Wettbewerbsorientierung, Betonung von partnerschaftlichen Eigenschaften wie Kameradschaft und Fairneß. Gleichzeitig sind die Gründe für die Sportausübung, wie sie zur

Rechtfertigung des Sports angeführt werden, wiederum auf die Mittelschichtswerte bezogen.

Diese Festlegung auf Mittelschichtswerte erfolgte bereits in der zweiten Hälfte des vorigen Jahrhunderts (vgl. dazu 3.1.6, S. 90–94), also in einer Zeit, als
Klassengegensätze besonders ausgeprägt waren und vielfältige Strategien
sozialer Ausgrenzungen selbstverständlich praktiziert wurden. Die Gestaltung
des Sports und seiner Organisation gehörte dazu. Dies wirkt bis heute nach:
Die Tatsache, daß Mitglieder unterer Sozialschichten und auch Frauen im
organisierten Sport unterrepräsentiert sind, muß auch als Folge dieser Definitionsmacht angesehen werden.

Noch offenkundiger und eindeutiger in der Ausübung von Monopolstellung
und Definitionsmacht ist die lange vorherrschende Ausgrenzung jener Sportler, die mit dem Sport Geld verdienten. Sport mit seiner Organisation in Sportvereinen verstand sich als Gegenwelt zu Beruf, Markt und Gelderwerb; Solidarität, nicht individuelle Eigeninteressen, Ehrenamt, nicht Beruf waren seine bestimmenden Leitbilder. Ehrenamtlichkeit, Idealismus, Mitgliederfinanzierung
und hohe öffentliche Subventionierung machten die Leistungen von Sportvereinen und -verbänden „nebenher" beschaffbar. Amateurideale und restrikti-
ve Werbeleitlinien der Sportorganisationen begrenzten die ökonomische Verwertung des Sports. Das Verbot jeglicher Vermarktung sportlicher Erfolge und
Popularität war (a) durch Ideologien und Vorurteile begründet, die ihren Propagandisten dazu dienten, unliebsame Personengruppen auszuschließen, eigene Positionen zu sichern und ihre Interessen zu verbrämen; (b) diente es – in
den ersten Dekaden dieses Jahrhunderts – dem deutschen Sport dazu,
wieder Zugang zum internationalen Sport zu verschaffen; (c) war es von der
Furcht der Sportorganisationen und ihrer Funktionäre getragen, mit einer
Kommerzialisierung Macht und Einfluß auf die Gestaltung des Sports zu verlieren.

Die Geschichte des Sports ist voller Beispiele für Ausgrenzungsstrategien.
Amateurbestimmungen waren in ihrer historischen Entwicklung moralisch ver-
brämt Regelungen, mit denen nicht standesgemäßen Personen der Zugang zum
Sport verwehrt werden sollte. Sie waren soziale Bestimmungen zur Ausgrenzung
von Personengruppen meist aus unteren Sozialschichten, die darauf angewiesen waren, mit Sport (auch) ihren Lebensunterhalt zu verdienen. Sowohl in
Amerika als auch in Europa haben sich solche Ideologien herausgebildet.

Zu Beginn der Übernahme des englischen Sports in Deutschland in den
letzten Dekaden des vorigen Jahrhunderts zeigte man wenig Verständnis für
solche Amateurregeln. So wurden etwa bei der deutschen Übersetzung einzelner englischer Sport-Regelwerke die Amateurbestimmungen schlicht weg-
gelassen. Damit aber erschwerte man die Bemühungen, den deutschen Sport
wieder in die Olympische Bewegung zurückzuführen. Um an den Olympischen
Spielen 1928 in Amsterdam teilnehmen und die ausgefallenen Spiele 1916 in
Berlin nachholen zu können, mußten die Amateurregeln des IOC besonders
korrekt und moralisch überhöht befolgt werden.

Später dann wurde eine Professionalisierung von den Sportverbänden verhindert, um die Kontrolle über den Sport behalten zu können. Wie realistisch

Befürchtungen waren und sind, mit einer solchen Marktexpansion Macht und Einfluß zu verlieren, zeigen etwa die Auseinandersetzungen, wer – der Sportler oder der Verband – rechtsverbindlich Verträge über die Sportausrüstung und -kleidung abschließen darf, wieweit Spitzensportler als selbständige Gewerbetreibende von den Verbänden vertraglich noch in die Pflicht genommen werden können, welche Schwierigkeiten Verbände haben, ihre Wettkämpfe für Athleten gegenüber besser dotierten kommerziellen Sportfesten attraktiv zu machen.

Natürlich wurde dies nie so deutlich gesagt. Vielmehr wurde glaubhaft gemacht, mit einer solchen Kommerzialisierung würde der Sport seine pädagogischen Ziele verfehlen, der den Sport tragende Idealismus würde zersetzt, das Kulturgut Sport werde zerstört.[63] Aber dies kann nicht darüber hinwegtäuschen, daß das Amateurideal zunächst Ausgrenzungsstrategie war, dann Zugangserfordernis, später Instrument der Sicherung von Einfluß, heute eher Nostalgie. So wird deutlich, daß Moral nicht nur Fundament einer Handlungsorientierung ist. Sie dient auch und oft vor allen Dingen dazu, Macht und Einfluß zu sichern, soziale Differenzierungen zu rechtfertigen und zu stabilisieren oder auch, Ressourcen – etwa in Form staatlicher Subventionen oder öffentlicher Wertschätzung – zu mobilisieren.

Der organisierte Sport kann nur auf wenige formalisierte Herrschaftsinstrumente zurückgreifen. Das mag sein Image als vergleichsweise einflußlos begründen. Aber gleichwohl verfügt er über Instrumente der Interessendurchsetzung, die in der funktionalen Autorität von Amtsinhabern, in Oligarchisierungstendenzen, Monopolbildungen, Verbandsmacht, verschiedenen Beziehungsnetzwerken, aber auch in Formen einer Indoktrination und Definitionsmacht begründet sind. Ausgeklammert wurden bei dieser Darstellung das ökonomische Machtpotential des organisierten Sports etwa gegenüber Sponsoren und Medien. Eine solche Zusammenstellung der Formen von Macht im Sport muß unsystematisch bleiben; vor allem können nur wenige Mosaiksteine geliefert werden, die noch kein vollständiges Bild ergeben. Schließlich ist die Frage, inwieweit diese Instrumente tatsächlich eingesetzt werden und in welchem Umfang damit Interessen durchsetzbar werden, nur in empirischen Studien zu ergründen.

---

[63] Lassen wir einen bekannten Propagandisten dieses Ideals zu Wort kommen: „In dem Amateur grüßen wir den Menschen, der sein Leben rundet. Mag er sonst auch stumpf und einfach sein, er gibt ihm durch den Sport Licht und Leuchtkraft, er pflegt in ihm Körper und Seele, er steigert sich über sich hinaus. (...) Das Streben nach Geltung und heldischem Erleben gehorcht zugleich dem heiligen Triebe zur Erhaltung der Art. Sport ist Zuchttrieb, ein „excelsior", ein Zu-den-Höhen-des-Daseins-streben. Im Unterbewußtsein ruht der Glaube an das Wort, daß es „dem Vaterlande dient, wenn wir zu spielen scheinen". Was der Sportsmann an menschlichen Werten erwirbt, dient seinem Volke, und der „Verein", zu dessen Ehre er kämpft, ist nur das Symbol für diese größere Gemeinschaft. Dieser innere Sinn, diese Würde des Sports zerflattert im Augenblick in ein schales Nichts, wo statt der inneren Werte äußere Vorteile mitgenommen werden" *(Diem* 1927, 119). Hier wird ein Wert des Sports mit seinen besonderen Funktionen begründet und damit das Amateurideal gerechtfertigt.

3.3 Sachstrukturen des Sports

Jede neu entwickelte Golfausrüstung verspricht eine Verbesserung des Scores um mindestens fünf Punkte, neue Tennisschläger versprechen den Gewinn zumindest der Clubmeisterschaft, Skier die erfolgreiche Bewältigung der schwärzesten Buckelpiste und neue nautische Geräte die unbedingt sichere Heimkehr. Dabei erhält das Sportgerät gleichsam menschliche Züge: der neue Ski „verzeiht" jeden Fahrfehler, der neue Golf-Driver schlimmste Schwungfehler, der neue Tennisschläger auch katastrophale Stellungsfehler – wie es so schön in der entsprechenden Werbung heißt. Sport wird durch Technisierung schöner, leichter und nunmehr jedermann zugänglich. Erst high technology macht „Sport für alle" zu einem schönen Erlebnis. Oder doch nicht?

Ziel dieses Kapitels ist es, (1.) an zwei Beispielen – Sporttechnologien und Sportstätten – deutlich zu machen, daß auch Sachgegebenheiten gesellschaftliche Konstrukte sind und damit soziologisch den gleichen Stellenwert haben wie soziale Normierung und Macht und (2.) zu zeigen, daß Sachgegebenheiten wiederum weitreichende Wirkungen auf Inhalt, Inszenierung und Sinngehalt des Sports ausüben.

Überträgt man den von *Linde* entwickelten Gedanken der „Sachdominanz in Sozialstrukturen" (vgl. S. 17–18) auf den Sport, kommt man zu der Erkenntnis, daß es nicht ausreicht, sich ausschließlich mit der Art seiner sozialen Normierung und den Ausprägungen von Macht zu beschäftigen, wenn man Verhalten im Sport besser verstehen bzw. Entwicklungen des Sports erklären und die institutionelle Ordnung des Sport möglichst vollständig erfassen will. Vielmehr wird es ebenso erforderlich, sich mit den für den Sport typischen Sachstrukturen auseinanderzusetzen.

3.3.1 Technik im Sport

High-Tech im Sport

Die sportsoziologische Beschäftigung mit der Technik im Sport eröffnet erste Einsichten zum Thema „Sachdominanz in Sozialstrukturen". Allerdings betreten wir mit diesem Thema weitgehend Neuland, denn die Sporttechnik ist bislang kaum Gegenstand sportsoziologischer Reflexionen geworden. Diese „Sachvergessenheit" *(Rammert* 1994, 78) ist leicht zu erklären: Anlagen, Geräte, Ausrüstungen und Sachmittel waren im traditionellen Wettkampfsport weitgehend standardisiert, um Chancengleichheit und Vergleichbarkeit der Ergebnisse zu sichern. Die Entwicklung neuer Techniken diente (fast) ausschließlich dazu, die sportliche Leistung zu steigern und Leistungsdifferenzen exakt bestimmen zu können. Im übrigen waren Sporttechnik durch Einfachheit, Klarheit und strikte Funktionsbestimmung im Rahmen des vorgegebenen Regelwerks gekennzeichnet. Einfachheit hatte zur Folge, daß Sportler in der Regel auch über das nötige Wissen, die Fertigkeiten und die erforderlichen Geräte und Materialien verfügten, um ihre Sportgeräte und Anlagen in Eigenarbeit und Selbsthilfe zu pflegen und notfalls wieder instandzusetzen.

Diese Situation hat sich grundlegend verändert: Sporttreiben wird zunehmend von Produkten einer Hoch-Technologie abhängig. Ihre Entwicklung, Herstellung, Nutzung und Wartung verlangen in wachsendem Maß hochspezialisiertes, technisches Know-how, professionelle Kompetenz und Kapital, die in Eigenarbeit und Selbsthilfeorganisationen nicht mehr vorhanden sein können. Geräte, Anlagen, Ausrüstungen, Infrastruktur, Kleidung, Zusatzprodukte (wie Pflegemittel, Farben, Wachse und Spezialnahrung) sind nicht mehr nur Derivate der im Rahmen eines festgefügten, sportartenspezifischen Regelwerks geschaffenen und geforderten Sachausstattungen. Vielmehr ist die Weiterentwicklung dieser Sachstrukturen selbst zu einem eigenständigen Motor der Sportentwicklung geworden – ganz im Sinne der Sachdominanz in Sozialstrukturen, wie sie von *Linde* beschrieben wurde: Dynamik der Entwicklung und des Wandels des Sports werden durch immer neue technologische Innovationen vorangetrieben; Erscheinungsbilder des Sports und Formen der Sportausübung werden zunehmend durch Bereitstellung, Beschaffung und Nutzung immer komplexerer, technisch raffinierterer, perfekterer Technik-Komponenten bestimmt. Diese technologische Entwicklung ist zu einer eigenständigen Triebkraft der Sportentwicklung geworden. Dies gilt nicht nur für den Hochleistungssport, sondern auch für den Freizeit- und Breitensport.

Signaturen der Sporttechnologien

Die technologische Entwicklung hat insofern eine Eigendynamik entfaltet, als sie sich zunehmend der Kontrolle sportartenspezifischer Normierung entzieht. Technologische Entwicklung folgt eigenen Gesetzmäßigkeiten. Dies läßt sich mit den typischen Merkmalen dieser Sporttechnologie belegen:

- *Komplexe Konsumtechnologie:* Es reicht nicht mehr aus, einzelne Sportgeräte – das Fahrrad, die Skier, das Segelboot etc. – in den Blick zu nehmen. Vielmehr ist jede Sportart an den erfolgreichen Einsatz einer komplexen Konsumtechnologie gebunden, in der eine Vielzahl von Technik-Komponenten miteinander verknüpft werden müssen. Skilauf als Freizeitsport wird nur möglich mit der rationalen Kombination und Abstimmung folgender Elemente: Ski – Bindung – Bekleidung – Skisportzubehör; Skilift – Piste – Pistenpflegedienst – Schneekanonen; skisportliches Milieu – Hotels – Ferienhäuser – Restaurants – Skischulen – Handel; Transportmittel – Verkehrswege – Infrastruktur. Radfahren ist verknüpft mit: Gangschaltung – Bremsen – Federungen – Rahmen; Schlössern – Helmen – Meßgeräten; Rucksäcken – wetterfester Kleidung – spezieller Nahrung; Radwegenetzen – Tourenplänen – Informationsmittel; Fitneßsport ist nicht mehr nur gebunden an entsprechende Trainingsgeräte für jede nur denkbare Muskelpartie, sondern zugleich: Sauna – Whirlpool – Solarium; Bar – Massage – Körperpflege; Beratung – spezielle Nahrungsmittel – Ambiente. Erst mit diesem jeweiligen technologischen Komplex wird dem Sportinteressierten jener Erlebnis- und Erholungswert geboten, der Skilauf, Radfahren, Fitneßsport zum Massensport werden ließ. Es werden nicht (nur) Skier, Fahrräder, Fitneßgeräte etc. für die Ausübung des Sports benötigt. Vielmehr wird eine komplexe Konsumtechnologie „Skisport", „Radsport", „Fitneßsport" vorausgesetzt, die in voneinander abhängigen, hoch spezialisierten Wirtschaftszweigen erstellt wird und deren Einzelkomponenten miteinander – entweder vom Konsumenten selbst oder wiederum von darauf spezialisierten Institutionen – sinnvoll miteinander kombiniert werden müssen.

• *Einbettung in Sach- und Sozialsysteme:* Die sinnvolle Nutzung etwa eines Sportgeräts (Skier, Fahrrad, Segelboot) ist (a) an weit verflochtene Sachsysteme gebunden ist, deren Schaffung durch Nutzungserfordernisse der Sache – etwa eines Sportgeräts – selbst notwendig wird und (b) eine Teilnahme an Sozialsystemen erzwingt. Dies deshalb, weil die Nutzung dieser Konsumtechnologie an spezialisierte Beratungs-, Ausbildungs-, Wartungs-, Service- und Reparaturmöglichkeiten gebunden ist. So entstehen eigene Wirtschaftszweige, die die professionelle Wartung und Reparatur der Sportgeräte übernehmen und auf die man notgedrungen angewiesen ist. All dies muß im Hintergrund organisiert und bereitgestellt werden; es kommt zu einer organisatorischen Ausgliederung und zunehmenden Differenzierung von Gewährleistungs- und Verwendungsvoraussetzungen. Dem Sportler bleibt die Aufgabe des „Konsum-Managements", also das Buchen, Kaufen und Finanzieren der entsprechenden Angebote.

• *Produktionsnetzwerke:* Der klassische Gerätehersteller – etwa die Fahrradfabrik, die Bootswerft, der Ausrüster von Fitneßräumen – war in der Lage und gefordert, das Gerät mit allen seinen Komponenten möglichst selbst herzustellen. Heute ist das einzelne Sportgerät selbst zu einem Komplex spezialisierter High-Tech-Produkte geworden, die der Gerätehersteller selbst nicht mehr auf dem geforderten hohen technischen Niveau weiterentwickeln und herstellen kann. Die Entwicklung, Herstellung und Wartung dieser Komponenten erfolgt wiederum durch spezialisierte Firmen, die das technische Know-how und die erforderlichen Produktionstechnologien besitzen. Oft handelt es sich dabei um so hoch spezialisierte und technisch ausgefeilte Komponenten, daß sie weltweit nur noch von wenigen Herstellern mit fast monopolartiger Marktstellung angeboten werden. Den Sportgeräteherstellern fällt im wesentlichen die Aufgabe der Endmontage von Einzelkomponenten zu – etwa Mast, Segel, Beschläge, elektronische Geräte, Motoren etc. beim Segelboot; Bremsen, Gangschaltung, Reifen etc. beim Fahrrad. Damit aber erfordert auch die Entwicklung und Produktion eines Sportgeräts die Einbindung in ein differenziertes soziales Netzwerk, das durch die Erfordernisse der ständigen Weiterentwicklung der Konsumtechnologie geknüpft wird.

• *Funktionale Differenzierung:* Innerhalb einer Klasse von Sportgeräten konkurriert eine Vielzahl von Erzeugnissen. Tennisschläger hat es gegeben, seit Tennis gespielt wurde, und ähnliches gilt für Golf-, Segel- und Skiausrüstungen. Aber diese Geräte werden nicht nur ständig verbessert, sondern in einer kaum noch übersehbaren Vielfalt von Leistungspotentialen, Qualitäten und Nutzungsmöglichkeiten angeboten. Sporttechnologien werden auf immer speziellere Anwendungszwecke ausgerichtet. Zum einen gilt dies für eine Differenzierung der Einsatzmöglichkeiten von Sportgeräten nach Leistungsklassen – Golf- und Tennisschläger bzw. Skier für Anfänger, Fortgeschrittene, Profis etc.; zum anderen für spezielle Anwendungsbereiche – Riggs für bestimmte Reviere, Sportschuhe für die jeweiligen Sportarten, Fahrräder für jedes Gelände, Skier für verschiedene Schneearten[64], Bodenbeläge für die jeweiligen Nutzergruppen, Ambiente für den jeweiligen Geldbeutel. Funktionale Qualitäten werden immer weiter ausdifferenziert.[65]

- *Externe Einflußnahme:* Technologische Neuentwicklungen erfolgen nicht mehr (allein) im Sport und für die Zwecke des Sports. Vielmehr erfolgen Erfindungen, Neuentwicklungen von Materialien und Anwendung von Fertigungstechniken außerhalb des Sports und dringen von dort in die Entwicklung von neuen Sporttechnologien ein. Sporttechnologien entwickeln sich also aus dieser Fremdnutzung, und dies wird in erster Linie auch von außen forciert. Als Beispiel seien die Satellitennavigation, die Verwendung neuer Tuche für Segel und Kohlefasern im Bootsbau genannt. Die Veränderungen, denen der Sport durch die Entwicklung neuer Sporttechnologien unterliegt, werden also zunehmend von außen bewirkt.

- *Verkürzung der Lebens- und Nutzungszyklen:* Unter enormem Konkurrenzdruck müssen in immer schnellerer Folge neue Produkte entwickelt und auf den Markt gebracht werden; Nachfolgemodelle werden schon entworfen, wenn der Verkauf der alten erst richtig begonnen hat. Mit der Neuentwicklung darf man nicht warten, bis die Umsatzzahlen des alten Produktes zurückgehen. Dabei verlangen oft marginale technologische Verbesserungen hohe Investitionskosten, die sich nur rentieren, wenn man sie als großen technologischen Durchbruch verkaufen kann.

Sporttechnologie und Sportentwicklung

Diese Sporttechnologie ist zu einem durchgängigen Merkmal des Sports – auch des Breiten-, Freizeit- und Gesundheitssports – geworden. Sie bestimmt entscheidend Zugangschancen, Art der Ausübung des Sports, Anforderungsstrukturen und Sinngebung des Sports mit. Dies soll mit folgenden Punkten belegt werden:

1. *Veränderungen der Anforderungsstrukturen:* Neue Technologien senken drastisch die Mindestanforderungen an das erforderliche Wissen und an die notwendigen Fertigkeiten für die Ausübung einer Sportart. Risiken – etwa aufgrund der Unsicherheiten der Standortbestimmung beim Segeln, von Materialfehlern, der Widrigkeiten des Wetters, des körperlichen Versagens, Unfallgefahren[66] – werden etwa durch immer ausgefeiltere Sicherheitstechniken, durch

---

[64] Etwa also unterschiedliche Konstruktionen für Japan, Europa und Nordamerika.

[65] Wie weit diese Differenzierung geht, zeigt sich daran, daß eine große Sportschuhfirma ca. 750 verschiedene Schuhmodelle für die unterschiedlichen Anwendungsbereiche im Sport produziert.

[66] So geht auf der einen Seite die Zahl der Skiunfälle durch Stürze, Fahrfehler etc. zurück, weil neue Skitechnologien die Verletzungsgefahr verringern; aber auf der anderen Seite steigen die Unfälle aufgrund von Zusammenstößen, weil neue Transporttechnologien immer mehr Menschen auf den knappen Sportraum „Skipiste" transportieren.

elektronisches Gerät, durch verbesserte Materialien drastisch verringert; sie machen weiter Sportausübung komfortabler – neue Stoffmaterialien z. B. schützen besser vor Nässe und Kälte, spezielle Nahrung vor körperlicher Erschöpfung. Technik entlastet von der Frage, ob man richtig entschieden und gehandelt hat; man kann sich voll auf das Erleben „seines" Sports konzentrieren.

Abb. 19: Knopfdrucksegeln: mit diesem Argument wirbt eine Werft für ihr hochtechnisiertes Segelboot

2. *Wandel der Sportnachfrage:* Diese Veränderungen der Anforderungsstrukturen hat wiederum weitreichende Konsequenzen für die Struktur der Nachfrage: Zum einen können immer neue Personengruppen – Familien, Ältere, „Unsportliche" – einen Sport ausüben, der früher aufgrund der hohen Anforderungen und Belastungen nur wenigen zugänglich war. Erst mit der Entwicklung der Konsumtechnologien wird Sport – etwa Segeln, Mountainbiking oder Skilauf – zu einem Massenphänomen. Zum anderen kommt es zur Differenzierung der Ansprüche, Bedürfnisse, Interessen und auch Kompetenzen derer, die eine Sportart ausüben. Das ursprünglich homogene, subkulturelle „Milieu" einer Sportart, das von Sportlern mit gleichem Sozialisationshintergrund, gleichem Selbstverständnis und gleichen Konzepten von „Sportlichkeit" und Umgangsformen geprägt war, löst sich auf.

Es entsteht das Bild eines Sportlers, den man mit dem „Zapper" vor dem Fernseher vergleichen kann. Dieser „Sportzapper" bleibt nicht lange an eine Sportart gebunden. Vielmehr chartert er in einem Jahr ein Segelboot in der Ägäis, im nächsten Jahr ein Hausboot in Irland, dann bucht er ein Hochgebirgstour in den Alpen, dann eine Fahrradtour an der Mosel; wird das Skifahren zu langweilig, weicht er auf Snowboard aus, ist Surfen ausgereizt, wechselt man zum Rafting.

Aber auch die entgegengesetzte Wirkung kann eintreten, nämlich zunehmende Differenzierung des subkulturellen Milieus einer Sportart, je nachdem, auf welcher Sporttechnologie es jeweils basiert. Es entstehen neue Formen der Vergemeinschaftung. Kommunikations- und Erfahrungszirkel ranken sich um Spezialwissen für ein bestimmtes Sportgerät bzw. neue technologische

Entwicklungen; das Gerät und seine Technologie wird Gegenstand der Kommunikation, sportliche Erfahrungen und Sinngehalte treten in den Hintergrund. Man weiß, wer eine besondere Kompetenz für Potential, Beschaffung, Wartung und Nutzung neuer Sporttechnologien besitzt, und in diesen Zirkeln bilden sich eigene (durch die Technik gestiftete) Subkulturen.

3. *Veränderung der Sinngehalte und Erfahrungen des Sports:* Mit dem Einsatz dieser Konsumtechnologie verändern sich auch Erfahrungen und Sinngehalte, die traditionell mit dem Sport verbunden waren: Umgang mit Risiken, Bewältigung der Probleme des Scheiterns und das Erleben der physischen Leistungsgrenzen werden zwar im Prinzip durch Sporttechnologien nicht verhindert; sie ermöglichen es aber, den Sport so auszuüben, daß solche Erfahrungsmöglichkeiten ausgeschlossen bleiben. Die unmittelbare Auseinandersetzung mit widrigen Witterungsbedingungen wird durch spezielle Kleidung eingeschränkt, Mühsal und „Härten" des Sports durch Ausdehnung des Leistungspotentials neuer Technologien verringert. Wichtige Erfahrungsdimensionen des Sports wie Risiko, Nervenkitzel, Spannung, unmittelbare Auseinandersetzung mit den Elementen der Natur werden verkürzt. Die Freude an der perfekten Bewältigung sportlicher Aufgaben wird in die Begeisterung für raffinierte Technologien verlagert.

4. *Neue Sportarten und neue Bewegungsräume:* Neue Technologien ermöglichen die Entwicklung neuer Sportarten und neuer Bewegungsmöglichkeiten. Drachenfliegen, Paragliding, Mountain-Biking, Surfen sind in der heutigen Form ohne neu entwickelte Materialien und Technologien kaum denkbar. Zugleich gelingt es, mit neuen Techniken und den damit auch entstehenden Sportarten neue Räume für den Sport zu erschließen – mit Skatern und Skateboards die Innenstädte, mit Surfen die letzten Winkel der Seen, mit Mountain-Bikes Wälder und Berge abseits aller Wege, mit Paraglidern den Luftraum – mit entsprechenden Konsequenzen für die Ökologie. Umgekehrt können neue Technologien aber auch den Bewegungsraum für die Sportausübung auf ein Minimum reduzieren. High-Tech-Trainingsgeräte ermöglichen Fitneßsport ohne eine Bewegung im Raum und simulieren durch Bildschirme und moderne Elektronik einen Raumeindruck, als bewege man sich wirklich mit dem Fahrradergometer durch schönste Landschaften, mit dem Rudertrainer über hübsche Seen gegen starke Konkurrenz, mit dem Laufband in einem echten Stadion. Im Extremfall übt man den Sport nur noch mit einem entsprechenden Computerspiel aus.

5. *Steigende Geld- und Markabhängigkeit:* High-Tech-Produkte haben zur Folge, daß (a) Güter und Dienste, die bisher in Eigenarbeit erstellt werden konnten, nur noch gekauft werden können; die Entwicklung, Herstellung, Nutzung, Wartung und Reparatur von Sporttechnologien verlangen in wachsendem Maß hoch spezialisiertes technisches Know-how, professionelle Kompetenz und Kapital, die in Eigenarbeit und Selbsthilfeorganisationen nicht mehr vorhanden sind, daß man (b), wenn man diese Güter selber erstellt, deutliche Einbußen in der Qualität der Leistungen hinnehmen muß; der Markt bietet immer perfektere und technisch vollkommenere Lösungen an, die in Eigenarbeit nicht mehr erstellt werden können; daß (c) auch Eigenarbeit immer teurer

wird, da dazu in zunehmendem Maß teure technische Geräte angeboten und erforderlich werden und ihre Nutzung ebenfalls eine hohe Professionalität voraussetzt. Sportausübung wird zunehmend an Geldausgaben gebunden. Auch Eigenarbeit verlangt in zunehmenden Umfang professionelle Kompetenz und immer höheren Kapitaleinsatz. Auch wird Eigenarbeit zunehmend kapitalintensiv und professionalisiert und damit teuer und angesichts der vergleichsweise geringen Nutzungsintensität und -dauer immer weniger rentabel. Der Sportkonsument wird in zunehmendem Umfang von eigener Fachkompetenz bzw. kompetenter Produktberatung abhängig – was wiederum die Fülle sportartenbezogener Fachzeitschriften mit entsprechenden Produktinformationen und -tests erklärt.

Sporttechnologien (z. B. Sportgeräte, Sportkleidung, Sportstätten, Zusatzausrüstungen) sind zwar von Menschen geschaffen; aber zugleich werden sie eine soziale Institution und ein Medium der Vergesellschaftung. Durch sie wird Verhalten im Sport determiniert, der Sinngehalt des Sports verändert, werden soziale Beziehungen begründet, neue Chancen des Sporttreibens für neue Personengruppen eröffnet, Dispositionsspielräume des Entscheidens eingegrenzt, Möglichkeiten und Formen künftiger Entwicklung festgelegt. Diese Entwicklung wird nicht mehr vom Sport und seinen Organisationen gesteuert. Neue Formen der Produktion der Hochtechnologie unterwirft auch den Sport von außen einer neuen Sachgesetzlichkeit.

3.3.2 Sport und Raum

Der Raum als Thema der Sportsoziologie

Zwischen Sport und Raum bestehen vielfältige Zusammenhänge, wie folgende Beispiele zeigen:

- Die räumliche Verteilung des Sportengagements und der jeweils ausgeübten Sportarten ist nicht homogen. Sport wird in verschiedenen Regionen und Ländern nicht gleichermaßen praktiziert: Einzelne Sportarten sind regional unterschiedlich populär; es gibt typische Sportarten, die man mit einem Land oder einer Region identifiziert – wie etwa Baseball mit den USA, Turnen mit Deutschland, Castelliers mit Katalonien, Bosseln mit Friesland. Solche räumlichen Verteilungen verändern sich im Laufe der Zeit, wie dies *Guttmann* (1994) mit seiner Analyse der Diffusionsprozesse von Sportarten, die ihren Ursprung in England hatten, und *Calléd* (1993) mit seiner Untersuchung der Ausbreitung des baskischen Pelota in den europäischen Raum gezeigt haben.
- Gelegenheiten zum Sporttreiben und zur Teilnahme am sportlichen Geschehen sind räumlich ungleichmäßig verteilt. Einzelne Regionen sind für die Ausübung bestimmter Sportarten topographisch bzw. klimatisch begünstigt, andere benachteiligt. Wer eine bestimmte Sportart ausüben möchte, findet nicht unbedingt die erforderliche Sportstätte in erreichbarer Nähe. In jeder Stadt bestehen – historisch gewachsen und von Städteplanern fest-

gelegt – ausgewiesene Zonen, in denen Sportstätten gebaut und die Ausübung einer Sportart möglich ist. Einzelne Zonen werden – neben vielen anderen Nutzungen – auch für Sport verwendet, andere sind „reine" Sportstätten. Bei einigen besteht für alle ein freier Zugang, bei anderen hat nicht
jeder Zugang.

Oft ist die Verteilung der Sportstätten Folge komplizierter und schwer nach-
vollziehbarer Entscheidungen – etwa darüber, an welchem Ort bzw. in welchem Land Meisterschaften bzw. Olympische Spiele durchgeführt werden.

- Sport wird durch Regeln konstituiert, die den Raum definieren, in dem er
ausgeübt werden muß. Die räumliche (ebenso wie die zeitliche) Begrenzung und die räumliche Binnenstrukturierung des Sportraums sind nicht
bloß Ausfluß der Regeln der Sportart, sondern das zentrale Thema des
Sports.

- Die (z. B. erstmalige) Überwindung des „feindlichen" Raums wird gelegentlich zum eigentlichen Ziel des Sports – so etwa beim Bergsteigen oder beim
Hochseesegeln.

Die Entwicklung dieser Raumstrukturen des Sports ist (auch) durch soziale,
politische und ökonomische Kräfte verursacht und damit erklärungsbedürftig.
Aber es ist ebenso offenkundig, daß räumliche Gegebenheiten, wenn sie bestehen, im Sinn von *Linde* (vgl. S. 17–18) wesentlichen Einfluß auf die Art
haben, wie Sport praktiziert wird und wie sich der Sport weiterentwickeln
kann. Daher muß sich eine Soziologie des Sportraums u. a. folgenden Problemen zuwenden: (a) Wie sieht die jeweilige räumliche Verteilung von Sportarten, Sportgelegenheiten und Sportereignissen aus, und mit welchen kulturellen, sozialen, politischen, ökonomischen oder ideologischen Ursachen kann sie
erklärt werden? (b) Wie entwickeln sich Segmentierungen, Segregationen und
Territorialisierungen von Sportgelegenheiten und Sporträumen? (c) Welche
symbolischen, politischen, kulturellen, emotionalen Bedeutungen und welche
Funktionen haben Sporträume? (d) Welche Wirkungen entfaltet die jeweilige
räumliche Verteilung und Binnenstrukturierung der Sporträume auf die Entwicklung des Sports, auf die Art der Sportausübung und auf die Sinngebung
und Deutung des Sports?[67]

**Der Raum, der für Sport genutzt wird, ist segmentiert und territoriali-
siert: Verteilung der Sportgelegenheiten, unterschiedliche Zugangs- und
Nutzungsrechte, Einschränkungen der Dispositionsspielräume und der
Chancen, soziale Beziehungen aufzubauen, Formen, sich zu organisieren,
verschieden verteilte Möglichkeiten, eigene Interessen durchzusetzen und
andere zu kontrollieren sind einige Folgen dieser Segmentierung. Eine So-**

---

[67] Dieser Zusammenhang von Sport und Raum ist in den letzten Jahren Gegenstand
einiger Untersuchungen und Veröffentlichungen geworden. Vor allem *Bale* (1989,
1992 a; 1993 b) und *Moen* (1992) sind mit ihren Veröffentlichungen zu diesen Themen bekannt geworden. 1993 erschien ein Schwerpunktheft der International Review for the Sociology of Sport zum Thema „Sport and Space", 1994 ein Schwerpunktheft zum Thema „Sport in Space and Time".

ziologie des Sportraums besitzt demnach vielfältige Bezüge zu anderen speziellen Soziologien, von denen einige benannt werden sollen:

- *Kontrolle und Macht:* Territorialisierung und Segmentierung des (Sport-) Raums sind Strategien, mit denen systematisch der Zugang zu Personen, Sachen, sozialen Beziehungen und Organisationen beeinflußt, festgelegt und kontrolliert wird. Sie sind daher Formen der Ausübung sozialer Kontrolle und von anonymer Macht[68], genauer: einer Disziplinierung und Kontrolle des Körpers – also z. B. die Einschränkung seiner Bewegungsfreiheit, die Überwachung spontaner Reaktionen, die Begrenzung von Kontaktmöglichkeiten und der sozialen Interaktion. Verbindung zum Thema „Macht im Sport" sind also offenkundig.

- *Nutzungskonflikte:* Die Segmentierung des Raums ist selten total und vollständig. Vielmehr werden oft verschiedene Interessengruppen gleichermaßen Ansprüche auf Zugang und Nutzung des Raums erheben und durchzusetzen versuchen. Nutzungskonflikte sind dann unvermeidlich. Markante Beispiele sind (a) die Konflikte um die Nutzung einer Sportstätte etwa zwischen Schule und Verein bzw. verschiedenen Abteilungen eines Vereins; (b) der Streit zwischen Umweltschützern und Wassersportlern um die Nutzung von Gewässern; (c) Konflikte zwischen Waldbesitzern und Reitern um Zugangsrechte; (d) Probleme der Umweltbelastungen durch den Sport, denn Lärmbelästigungen im Umfeld eines Stadions bedeuten eine Einschränkung der Nutzungsmöglichkeiten der Grundstücke der Anwohner, Verschmutzung der Gewässer durch Motorboote eine Ertragsverminderung für Fischer und Angler, durch Skifahrer ausgelöste Bodenerosionen Wertminderungen landwirtschaftlich genutzter Flächen (vgl. *Heinemann* 1995, 241–245). Insofern muß eine Soziologie des Sportraums in enger Verbindung mit einer Soziologie des sozialen Konflikts und des Eigentums entwickelt werden.

- *Die emotionale Bindung an den Raum:* Sportler ebenso wie Zuschauer haben an Sportstätten, in denen sie viele Erfolge errungen und viele Niederlagen hinnehmen mußten, an das Clubhaus, das aus eigener Kraft gebaut und Kristalisationspunkt des Vereinslebens ist, an das räumliche Umfeld der Sportanlage, in dem man zu Hause ist und das Säule der eigenen Identitätskonstruktion sein kann; eine affektive Bindung an den Raum *(Bale* 1993 a). Die emotionale Bindung an einen Verein ist oft zugleich eine positive emotionale Bindung an das Stadion oder das Vereinshaus. Es ist spiegelbildlich verknüpft mit negativen Gefühlslagen an Sportstätten bei Auswärts-

---

[68] Diese Idee, daß die räumliche Gestaltung ein Instrument der Ausübung von Macht und der sozialen Kontrolle ist, ist ausführlich von *Foucault* (1987) in seinem Buch „Überwachen und Strafen" behandelt worden. Schon mittelalterliche Klöster, so zeigt *Foucault*, später dann Fabrikanlagen und Büros, Schulen und Hospitäler sind sorgfältig in verschiedene Zonen aufgeteilte Territorien, durch die sich Menschen separieren und kontrollieren und in denen sich Disziplin und damit Macht optimal durchsetzen lassen.

spielen, also eine „Raumzuwendung" auf der einen Seite, eine „Raumphobie" auf der anderen. Die Fans fühlen sich in ihrem Heimatstadion mit ihrer Mannschaft „zu Hause", mit ihm können sie sich identifizieren, in ihm können sie sich wohl und sicher fühlen.[69] Dies erklärt auch, warum der Umbau eines Stadions oder seine räumliche Verlagerung oft auf entschiedenen Widerstand der Fans stößt bzw. zu einer Änderung im Verhältnis zur eigenen Mannschaft führt.

* *Die symbolische Bedeutung des Raums:* So wie Kirchen Symbole einer Religion, Denkmäler Symbole der Taten großer Gestalten der Geschichte, Universitätsgebäude Symbole eines Bildungssystems sind, können auch Sportstätten Symbolgehalt besitzen. Ein Beispiel dafür ist die Entscheidung der Stadt Barcelona, das Olympiastadion in Montjuig (wieder) aufzubauen. Dieser Ort nämlich hat hohen symbolischen Wert für die Barceloner: Dort wurde bereits in den 30er Jahren ein Olympiastadion gebaut, weil man sich um die Olympischen Spiele 1936 bewerben wollte. Die Spiele wurde dann aber nach Berlin vergeben. So plante man, parallel zu den Olympischen Spielen in Berlin eine Arbeiterolympiade in Barcelona durchzuführen. Sie konnte aber ebenfalls nicht stattfinden, weil wenige Tage vor deren Beginn der Bürgerkrieg mit dem Aufstand Francos einsetzte – in dem Katalonien das Hauptwiderstandsgebiet war. Und obwohl der Wiederaufbau und die Modernisierung des alten Stadions mit dem Erhalt der vorhandenen Fassade teurer waren als der Bau eines neuen, und obwohl die Lage – ca. 150 Meter über der Stadt vor allem für Marathonläufer ausgesprochen ungünstig war –, hat man sich wegen der hohen emotionalsymbolischen Bindung für diesen Ort entschieden. So wie man einiges über eine Religion, ihre Glaubenssätze, Dogmen und Rituale kennen muß, um Symbolgehalt und Bedeutung einer Kirche zu verstehen, ist ein umfangreiches Wissen erforderlich, um Bedeutung, Funktion, Symbolgehalt, Nutzungsmöglichkeiten von Sportstätten verstehen zu können. Insofern ist eine soziologische Theorie des Raums auch mit einer Wissenssoziologie verknüpft.

* *Raum und Organisation:* Die Gestaltung des Raums steht in enger Verbindung mit jenen Organisationen, die für ihre Gestaltung, Normierung und Verwaltung zuständig sind. Organisationen bestimmen über Bauvorschriften, sie erlassen Sicherheitsnormen, prüfen die Umweltverträglichkeit von Baumaßnahmen, sie entscheiden über die Genehmigung von Bauten und die Art ihrer Nutzung. Die Soziologie des Raums muß also auch auf Erkenntnisse der Organisationssoziologie zurückgreifen.

Nicht auf alle Themen kann im folgenden eingegangen werden. Behandelt wird die Segmentierung des Sportraums und damit die Art der Ausübung von Kontrolle und anonymer Macht mittels der räumlichen Gestaltung von Sportstätten.

---

[69] In dem Begriff *„Heimspiel"* klingt ebenfalls diese emotionale Raumbindung mit.

Der „reine Sportraum"

Sportliche Wettkämpfe können nicht überall durchgeführt werden; vielmehr
benötigen sie einen nach den Regeln und Vorschriften der Sportart standardisierten Raum. Dieser Raum legt die Grenzen fest, innerhalb derer der Wettkampf stattfinden *muß*. Die räumliche (meist auch die zeitliche) Begrenzung ist
sinnstiftendes Element des (traditionellen) Sports *(Heyland* 1991, 130). Nur
wenn die Sporträume stets identisch gestaltet sind, ist ein Leistungsvergleich
möglich. Die „Leistungsräume" des Sports *(Eichberg* 1988) werden ortsun-
abhängig standardisiert gebaut.[70] Weltweit hat jeder Tennisplatz dieselben
Abmessungen, sind die Hürden bei einem 110-m-Hürdenlauf in gleichen Ab-
ständen aufgestellt, hat jede Bahn in einem Schwimmbad, das für entsprechende Wettkämpfe verwendbar ist, exakt 50 Meter, keinen Zentimeter
mehr, keinen Zentimeter weniger. Anderenfalls wäre etwa ein „Weltrekord im
300-m-Freistil-Schwimmen" eine unsinnige Angelegenheit. Je kleiner die zeitlichen Differenzen zwischen dem erst-, zweit-, drittplazierten Athleten sind und
je genauer die Uhren werden, um diese Differenzen exakt zu messen, um so
genauer muß auch die räumliche Distanz im Sportraum konstruiert werden.
Der Raum muß so standardisiert sein, daß er nicht einige Athleten begünstigt,
andere benachteiligt.

Reine Sporträume haben nicht nur genau festgelegte Grenzen und Abmessungen. Sie sind zusätzlich durch eine Vielzahl z. T. sichtbarer, z. T. un-
sichtbarer standardisierter Begrenzungen organisiert. Linien – etwa auf den
Lauf- oder Schwimmbahnen – bilden Grenzen zwischen den teilnehmenden
Athleten; andere Linien oder Netze trennen die gegnerischen Mannschaften,
wieder andere die Spieler voneinander, bzw. sie legen die räumlichen Positionen fest, die sie einnehmen sollen und in denen sie agieren dürfen. Der „legale
Raum" des Sportfeldes wird untergliedert in „Spielerräume" bzw. „Mann-
schaftsräume".

Dieser „reine Sportraum" entsteht Schritt für Schritt mit der Entstehung des
modernen, wettkampforientierten Sports. Er ist Bestandteil jenes Prozesses
zunehmender Rationalität, der den Prozeß der Versportlichung des Sports
insgesamt prägt. Dies wird deutlich, wenn die verschiedenen Etappen und
Sektoren beschrieben werden, in denen sich diese Entwicklung vollzieht:

1. *Territoriale Segregierung:* In den Anfängen des modernen Sports gab es
weder klare Regeln über die räumliche Gestaltung eines Sportplatzes noch
einen festen Ort, auf dem ausschließlich der Sport ausgeübt wurde. Das Sportereignis fand auf Plätzen, Straßen oder Wiesen statt, die sonst in anderer Form
genutzt wurden. Im „Sport" ging es nicht darum, nach standardisierten Regeln
den Besseren zu ermitteln, sondern er war ein Wettkampf zwischen Be-
wohnern von Orten – etwa von Dörfern oder Ortsteilen einer Stadt. Die Orts-
bezogenheit des Sports ergab sich aus der räumlichen Herkunft der Teil-

---

[70] Allerdings gibt es Ausnahmen: Architekten von Golfbahnen sind um eine höchst
individuelle, einmalige Anlage bemüht, Skipisten passen sich individuell der jeweiligen Topographie an etc.

nehmer *(Dunning/Sheard* 1979). Erst Schritt für Schritt erfolgte eine räumliche Segregierung, in der der vielfältige Gebrauch der Fläche, auf der man Sport trieb, eingeschränkt und schließlich aufgehoben wurde.[71]

2. *Segmentierung von Zuschauern und Spielern:* In seinen Anfängen war es typisch für den Sport, daß es keine klare Trennung zwischen Zuschauern und Spielern gab; Zuschauer konnten mitspielen, Spieler zu den Zuschauern wechseln *(Dunning/Sheard* 1979, *Bale* 1993). Die Grenze zwischen Zuschauern und Spielern war fließend und durchlässig. Diese Durchlässigkeit wurde aufgehoben, als das Spielfeld in seiner Größe festgelegt und Außengrenzen eingeführt wurden. Diese Segmentierung war eine Folge der Standardisierung der Regeln der Sportarten und die rationale Antwort auf die nicht standardisierte Natur des früh-modernen Sports. Leistungsvergleiche und eine faire Ermittlung des Siegers waren nur möglich, wenn man die Experten – also die Spieler – von den Zuschauern trennte *(Bale* 1993, 124).

3. *Segmentierung der Zuschauer:* Als der Sport zu einem ökonomisch ergiebigen Zuschauerereignis wurde, wollte man den Zugang zum Sportplatz nur jenen ermöglichen, die das Eintrittsgeld bezahlt hatten. Zäune wurden errichtet, um unerwünschte Gäste fernzuhalten. Die erste räumliche Segregation erfolgte zwischen zahlenden und nichtzahlenden Fans. Aber das ökonomische Potential des Zuschauersports konnte erst dann voll ausgeschöpft werden, als man begann, eine Gruppe von Zuschauern von anderen im Stadion räumlich zu trennen. Es erfolgte eine systematische territoriale Aufteilung des Zuschauerraums. Zunächst nahm man diese Segmentierung nach ökonomischen Gesichtspunkten vor: Plätze, von denen aus man besser sah und gesehen wurde, wurden teurer verkauft. Es wurden überdachte und nicht überdachte Zonen eingerichtet, schließlich eigene VIP-Boxen. So wurden arme und reiche, sitzende und stehende, einheimische und auswärtige, von klimatischen Unbillen besser und weniger gut geschützte Zuschauer voneinander getrennt. Später geschah diese Segmentierung nicht nur aus ökonomischen Gründen; vielmehr kamen Sicherheitsargumente hinzu. Das Aufeinandertreffen der verschiedenen Fangruppen sollte durch räumliche Trennung verhindert werden.[72] Fans konnten sich nicht mehr frei und ziellos im gesamten Stadion bewegen.

Diese Segmentierung wurde weiter in dem Maß vorangetrieben, in dem sich das Sportereignis zu einer „multifunktionale Erlebniswelt" wandelte. Das eigentliche Sportereignis – das Fußball- oder Tennisspiel – wird in den modernen Arenen nur noch ein Element der Unterhaltung. Hinzu treten weitere Erlebnis- und Geselligkeitselemente: Das Raumarrangement mit VIP-Logen z. B. die dem Wunsch, zu sehen und gesehen zu werden, besonders entgegenkommen; Restaurationen mit anspruchsvoller Verpflegung in gepflegtem

---

[71] Dazu gibt es in der Literatur vielfältige Beschreibungen etwa von *Dunning* (1973), *Sheard* (1979), *Bale* (1993 a), *Metcalfe* (1993), auf die an dieser Stelle verwiesen werden muß.

[72] *Bale* (1992 b, 49) verwendet in diesem Zusammenhang die Metapher des Containers und bezeichnet entsprechend diese Segmentierung der Zuschauer als „containment".

Ambiente; Lounge mit eigenen Programmen, u. U. mit einer Fernsehübertragung des Sportgeschehens, Verkaufsangebote und Informationsstände –
dies alles mit selektiven Zugangsmöglichkeiten, die die sozial-ökonomische
Differenzierung sichtbar machen, sind Beispiele hierfür.

4. *Individualisierung der Zuschauer:* Weitere Segmentierungen erfolgten,
als Stadien vollständig mit Sitzplätzen ausgestattet wurden. Jeder Zuschauer
erhielt „seinen" Platz. Es mag sein, daß es bequemer ist, während des Sportereignisses zu sitzen, aber dies machte den Besuch von Sportveranstaltungen
keineswegs attraktiver; denn es war nun nicht mehr möglich, sich mit Freunden und Kollegen zusammenzutun, in Gruppen zu agieren, sich körperlich frei
zu bewegen und damit auch die eigene Mannschaft zu unterstützen. Aber die
Überwachung und Kontrolle der Fans wurde so wesentlich erleichtert. Wie in einem Theater, in dem die Zuschauer passiv nur mit Augen und Ohren verfolgen,
was auf der Bühne geschieht, sollte auch der Zuschauer in den Stadien „zivi-
lisiert" werden; er sollte passiv, geordnet und ohne emotionale Anteilnahme zu
äußern, eben nur zuschauen, nicht (körperlich) teilnehmen *(Schilling* 1973, 165).
Zuschauen sollte auf ein individuelles, privates Erlebnis reduziert werden.

5. *Der virtuelle Sportraum:* Fernsehen ermöglicht es, daß die Zuschauer
nicht mehr ins Stadium kommen müssen, um das Sportereignis wahrnehmen
zu können. Aber das Fernsehen überwindet nicht nur die Grenzen des Raums.
Es erlaubt auch, daß Sportereignisse ohne Zuschauer stattfinden können. Diese Vision zumindest entstand, als bei der Katastrophe in Heysel/Brüssel 195
Zuschauer getötet wurden und man in der Fernsehübertragung eine Möglichkeit sah, die Risiken des Stadienbesuchs auszuschalten Aber wenn das Publikum fernbleibt (bzw. nur noch fernsieht), verringert sich nicht nur dieses Risiko. Es erhöht auch die Chance des Fair play, werden doch alle Beeinflussungen der Spieler durch die Zuschauer ausgeschaltet. Der Wettkampf wird zum
„reinen" Ereignis, aus dem alle Leidenschaften eliminiert werden *(Baudrillard*
1993, 80).

Das Durchbrechen und Aufheben der Grenzen

Eine vollständige Undurchlässigkeit von Grenzen ist meist nicht möglich und
oft auch nicht sinnvoll. Vielmehr können sie in vielfältiger Weise durchbrochen
oder gar aufgehoben werden. Dabei können folgende Formen unterschieden
werden:[73]

• *Einflußreiches Engagement:* Die Sportarena läßt sich kaum zum Theater de-
  gradieren. Zuschauer wollen sich stets einflußreich für „ihre" Mannschaft
  engagieren und dies durch Rufe, Fahnen, Trommeln, Pfeifen etc. lautstark
  und sichtbar zum Ausdruck bringen, selbst wenn ihre Individualisierung
  dies zunehmend erschwert. Umgekehrt fordern Spieler ihre Zuschauer
  durch Körper- und Zeichensprache auf, ihr Spiel angemessen zu unterstützen. All dies hat Einfluß auf das Spiel, was schon die Tatsache belegt, daß
  Heimspiele häufiger gewonnen werden als Auswärtsspiele. Die Zuschauer

---

[73] Viele dieser Beispiele finden sich bei *Shore* (1994).

werden in das Spiel einbezogen, die strengen Grenzen zwischen Zuschauer und Spieler werden durchlöchert. Zuschauer werden oder fühlen sich zumindest als „Mitspieler auf der Hinterbühne".[74]

- *Gewaltsames Engagement:* Durch Fans und Hooligans werden Grenzen nicht nur akustisch und visuell durchbrochen, sondern auch körperlich, indem Zuschauer auf das Spielfeld drängen, um ihrem Ärger Ausdruck zu verleihen und Polizisten diese Fans in ihre Grenzen (zurück-)verweisen müssen.

- *Aufheben begrenzender Normen:* Der „reine Sportraum" ist funktional gebaut; er unterliegt jener Logik des Sports, der es darum geht, immer bessere sportliche Leistungen jederzeit vergleichbar zu produzieren. Das Ziel wird am besten auf direktem Weg erreicht. Entsprechend sind die geraden Linien und rechten Winkel Konstruktionsprinzipien des reinen Sportraums. Geschwungene Linien, viele Kurven und Ornamente erscheinen als dysfunktional *(Eichberg* 1993, 246). Aber den neuen Modellen des Sports (vgl.

Abb. 20: Aufhebung begrenzender Normen

---

[74] Formen einflußreichen Engagements sind traditionell in verschiedenen Sportarten unterschiedlich – im Fußball und Boxen anders als im Tennis. Allerdings kann man eine Angleichung in der Form konstatieren, daß Stilformen, die früher typischerweise im Fußball gängig waren, zunehmend auch im Tennis praktiziert werden. Und wer will ausschließen, daß es in 10 Jahren in einem Golfturnier ähnlich zugeht wie heute im Fußballstadion?

Kap. 2.1, S. 35), insbesondere den vielfältigen Formen informellen Sporttreibens widerspricht diese Architektur des Sportraums. In dem Maß, in dem sich die Regeln traditioneller Sportarten auflösen, verlieren räumliche Grenzen des Sports ihre Bedeutung. Zwischen der Freiheit des Spiels und der Eingrenzung des Sports durch Raum, Zeit und Organisation verschieben sich die Gewichte. Die Folge ist nicht nur, daß Sporträume nicht mehr mit den Grundelementen der Geraden und des rechten Winkels gebaut werden – am deutlichsten sichtbar in Spaßbädern und Joggingbahnen. Plätze, Straßen, Felder und Räume werden sekundär für einen informellen Sport „kolonisiert" *(Bach* 1993, *Camy* u. a. 1993). Diese (sekundäre) Sportnutzung von Räumen bewirkt zugleich eine Neudefinition und eine andere Sinngebung von Urbanität und des Erlebens von „Landschaft".

Der Sportraum ist ein weiteres Beispiel einer Sachdominanz in Sozialstrukturen: Von Menschen geschaffen, Abbild von Macht und Gestaltungskompetenz von Personen oder Institutionen, werden sie soziale Institution und Medium der Vergesellschaftung. Sie bilden Grenzen, trennen und segregieren, prägen Verhalten, begründen oder verhindern soziale Beziehungen, formen Dispositionsspielräume des Entscheidens und legen Möglichkeiten und Formen künftiger Entwicklung fest, vor allem, indem sie – oft für Jahrzehnte – begrenzen, welche Sportarten in einem einmal gebauten Sportraum ausgeübt werden können, welche nicht.

absondern / aufspalten
→ segregieren

4 Der Körper als soziales Gebilde

Der Umgang mit unserem Körper, die sozialen Regelungen und Kontrollen seiner Funktionen und auch unsere Einstellung zu ihm sind weder „natürlich", noch universell und konstant. Vielmehr haben Gesellschaften aus dem Körper als physischem Gebilde etwas je Unterschiedliches gemacht. Zwar ist das Bedürfnis, zu essen und zu trinken, bleibt die Fähigkeit, zu lachen und zu weinen, bleibt die Notwendigkeit, Krankheiten und Schmerz zu ertragen, biologisch vorgegeben. Doch wie man mit diesen biologischen Vorgaben umgeht, ist von Gesellschaft zu Gesellschaft sehr unterschiedlich geregelt. Eß- und Kleidersitten, Schönheitsideale, Bewertungen intellektueller und körperlicher Stärke, Scham- und Peinlichkeitsschwellen, Einstufungen körperlicher und geistiger Zustände als gesund oder krank, Affektkontrollen, mit dem Körper verbundene Regeln und Rituale als Symbole und Absicherungen sozialer Beziehungen und der Einbindung des einzelnen in die soziale Ordnung – all dies sind nicht unveränderliche Merkmale *des* Menschen, sondern Beispiele für die hohe Variabilität gesellschaftlicher Gestaltung und Prägung des Körpers.

Unser Körper ist immer (auch) ein „soziales Gebilde" *(Douglas* 1974, 99 f.). **Wie wir die Physis unseres Körpers wahrnehmen und kontrollieren, wie wir unsere Bedürfnisse befriedigen, wie wir den Körper als Medium der Kommunikation verwenden, wie wir mit dem Körper umgehen und ihn beherrschen, wie wir uns unseres Körpers bedienen, über ihn verfügen und zu ihm eingestellt sind, dies alles und vieles andere mehr ist gesellschaftlich geprägt – und zwar in jeder Gesellschaft ganz unterschiedlich.**

Wenn wir vom *Körper als sozialem Gebilde* sprechen, sind folgende vier Tatbestände gemeint: (a) die „Techniken des Körpers", d. h. die Art und Weise, wie üblicherweise in einer Gesellschaft Bewegungsabläufe (z. B. Gehen, Laufen, Springen, Schwimmen) vollzogen werden; (b) „expressive Körperbewegungen", d. h. Körperhaltungen, Gestik, Gesichtsausdruck usw., die als symbolische Ausdrucksformen der Selbstdarstellung und (nicht-verbalen) Kommunikation, also als „Körpersprache" dienen; (c) das „Körperethos", also Vorstellungen über das Bild des eigenen Körpers (z. B. Scham- und Peinlichkeitsschwellen, Schönheitsideale, seine Präsentation), das der individuellen und sozialen Identität gerecht wird; (d) die Kontrolle der Trieb- und Bedürfnisstrukturen.

Jede Gesellschaft kennt – in der Regel zusätzlich schichten- und geschlechtsspezifisch differenziert – für jede dieser Dimensionen des sozialen

Gebildes „Körper" einen „Normalstatus" *(Hahn* 1978, 52). Dies heißt, daß Körpertechniken, expressive Körperbewegungen, Körperethos und Kontrolle der Trieb- und Bedürfnisstrukturen gesellschaftlich normiert so ausgeübt und gehandhabt werden, daß dies in dieser Form von jedermann als ganz normal, selbstverständlich, ja als „natürlich" empfunden wird. Da diese Prägung bereits mit der Geburt beginnt, werden wir uns seines gesellschaftlichen Charakters und der kulturellen Relativität nicht bewußt – und die Überraschung ist oft groß, wenn man feststellt, daß das Gleiche – etwa Essen und Trinken, Kleidung, Körpersprache, Laufen, Springen – in anderen Kulturen völlig anders praktiziert wird. Dies zeigt sich anschaulich am Beispiel expressiver Körperkontrollen.[75]

Ziel dieses Kapitels ist es, (1.) die anthropologischen Voraussetzungen einer Soziologie des Körpers deutlich zu machen, (2.) die einzelnen Komponenten des Körpers als soziales Gebilde ausführlicher darzustellen sowie (3.) den Zusammenhang zwischen dem Körpers als sozialem Gebilde und gesellschaftlicher Entwicklung zu behandeln. (4.) Danach wird dann zu zeigen sein, welche Folgerungen sich daraus für eine Soziologie des Sports ergeben.

Anthropologische Voraussetzungen einer Soziologie des Körpers

Aufgabe und Möglichkeit des Menschen, seinen Körper sozialer Gestaltung und Kontrolle zu unterwerfen, ergeben sich aus seiner biologischen Sonderstellung (vgl. S. 12–14). Der einzelne erfährt sich nicht nur als jemand, der mit seinem Körper identisch ist, sondern der zugleich über seinen Körper verfügen kann; der Mensch ist einerseits Leib, andererseits hat er einen Körper.

„Mit dieser Doppelrolle muß sich jeder vom Tag seiner Geburt an abfinden. Jedes Lernen: zu greifen und die Sehdistanzen den Greifleistungen anzupassen, zu stehen, zu laufen usw. vollzieht sich aufgrund und im Rahmen dieser Doppelrolle. Der Rahmen wird nie gesprengt. Ein Mensch ist immer zugleich Leib (Kopf, Rumpf, Extremitäten mit allem, was daran ist) – auch wenn er von einer irgendwie „darin" seienden unsterblichen Seele überzeugt ist – und *hat* diesen Leib als diesen Körper" *(Plessner* 1970, 43). Die Selbsterfahrung des Menschen schwankt zwischen „Leibsein" und „Körperhaben" – identisch sein mit dem Körper und über den Körper verfügen können. Der Mensch kann sich selbst und das heißt seinem Körper gegenüber als ein Außenstehender verhalten, ihn als Instrument geplant einsetzen, über sich reflektieren und sich verstehen.

---

[75] Wir wissen, daß in einigen Gesellschaften die Gespräche mit vielen Gesten begleitet werden, in anderen die Kommunikation bewegungsarm bleiben soll; daß öffentliches Weinen bei uns normalerweise zumindest für Männer als Möglichkeit des Gefühlsausdrucks unzulässig ist, obwohl Weinen noch vor zwei Jahrhunderten und vor allem im Griechenland Homers als selbstverständlich und natürlich empfunden wurde.

Diese Doppelrolle des Menschen als Körper und im Körper ist nicht problemlos. Zwischen dem Körper als sozialem Gebilde und dem Körper als physischem Gebilde stehen unterschiedliche Bedeutungsinhalte und Anforderungen, oft als Widerstreit zwischen Erlebnis- und Bedürfnisstruktur einerseits, geistig-intellektuell oder sozial geprägten Wünschen und Erfüllungsmöglichkeiten andererseits, die stets von neuem in eine Balance gebracht werden müssen. Wir leben in zwei sich gegenseitig beeinflussenden „Ordnungen", die durch das soziale und physische Körpererlebnis gebildet werden. Hunger und Durst müssen ertragen werden, um sich der Zeitstruktur anzupassen, die eine Gesellschaft für die Nahrungsaufnahme vorsieht; Angst muß überwunden werden, damit man die Achtung vor sich selbst und bei anderen nicht verliert; Faulheit und Trägheit darf man sich nicht hingeben, wenn man sich zu Großem berufen fühlt und erst recht nicht, wenn man seinen täglichen Lebensunterhalt zu verdienen hat. „Der Sieg über die Angst und der Sieg über die Ermattung zeugen davon, wie das biologische Substrat sich wehrt und wie es durch das gesellschaftliche Selbst im Manne bezwungen wird. Wer von uns wüßte nicht von zahllosen viel geringeren Siegen in den Routinen der Alltagswelt – und von viel kleineren und größeren Niederlagen" *(Berger/Luckmann* 1971, 195).

Wir wissen, wie leicht wir durch unseren Körper, durch Zittern, durch Stottern, durch körperliche Blößen, durch eine „unschickliche" Körperhaltung, durch Niesen, Husten, Erröten in einem „unpassenden" Augenblick in Verlegenheit gebracht werden können; wir erfahren umgekehrt, wie unser Körper auf Anforderungen durch uns selbst oder durch unsere Umwelt mit funktionalen Störungen und Beschwerden reagiert. Dies sind Beispiele dafür, wie eng die Verflechtungen von Umwelt, Identität, dem individuellen Körperbild und dem Organismus sind. Diese Verflechtungen stehen zwar nicht ein für allemal fest, sondern sind kulturell, schichten-, alters- und geschlechtsspezifisch veränderlich. Sie müssen jedoch von jedem einzelnen in eine Balance gebracht, auf eben diesen gesellschaftlichen Normalwert eingependelt werden, wenn nicht Beeinträchtigungen im subjektiven Wohlbefinden und zum Teil auch Verhaltensstörungen die Folge sein sollen.

Die soziale Kontrolle des Körpers

Daß der Körper ein soziales Gebilde ist, zeigt sich zunächst an den verschiedenen *Techniken des Körpers* wie Gehen (Haltung und Bewegung des aufrechten Körpers und der Hüften, Schrittrhythmus, Fuß- und Beinstellung, Bewegung der Hände und Arme), Laufen (Stellung der Füße, der Arme, Atmung, Ausdauer), Werten (z. B. die Art und Weise, das Wurfobjekt in den Händen zu halten), Schwimmen (Stil, Atmung, Gebrauch zusätzlicher Mittel). All diese Techniken sind nicht natürlich vorgegeben, sondern von Gesellschaft zu Gesellschaft, auch oft von Schicht zu Schicht unterschiedliche Verhaltensweisen, die erlernt werden müssen. *Mauss* beschreibt für diese unterschiedlichen Techniken des Körpers eine Vielzahl von Beispielen: „Früher lernte man tauchen, nachdem man schwimmen gelernt hatte. Und als man uns tauchen lehrte, lehrte man uns, die Augen zu schließen und sie dann im Wasser zu öffnen. Heute ist die Technik genau umgekehrt ... Zusätzlich hat man die Gewohnheit aufgegeben, Wasser zu schlucken und es wieder auszuspucken. Denn die Schwimmer zu meiner Zeit betrachteten sich als eine Art Dampfschiff ... Die Stellung der Arme, der Hände während des Gehens, stellen eine soziale Eigenheit dar und sind nicht einfach ein Produkt irgendwelcher rein individueller, fast ausschließlich physisch bedingter Handlungen und Mechanismen. Es gibt Stellungen der Hand beim Essen, schickliche und unschickliche. So können Sie mit Sicherheit annehmen, daß, wenn ein Kind am Tisch mit an den Körper gepreßten Ellbogen sitzt und – wenn es nicht ißt – die Hände auf den Knien liegen hat, es sich um einen Engländer handelt ... Was schließlich das Laufen betrifft: Stellen Sie sich vor, mein Sportlehrer, der einer der Besten um 1860 in Joinville war, hat mir beigebracht, mit den Fäusten am Körper zu laufen ... Eine bestimmte Form der Sehnen und sogar der Knochen ist nichts als die Folge einer bestimmten Art, sich zu bewegen und sich zu setzen ... Diese Handlungen sind im Leben eines Individuums und in der Geschichte der Gesellschaft mehr oder weniger gewohnheitsmäßig und mehr oder weniger althergebracht" *(Mauss* 1972, 92 f.).[76]

Zu erwähnen ist weiter jenes Bündel von Regeln, die den Umgang mit dem eigenen Körper, seine Präsentation und die Kontrolle der Triebstrukturen bestimmen und die man als *Kodex der guten Sitten (Boltanski* 1976, 154) bezeichnen kann. Dieser Kodex bestimmt z. B. Scham- und Peinlichkeitsschwellen, die signalisieren, welche Körpervorgänge in welcher Situation kontrolliert werden müssen, in welcher Form der Körper präsentiert und zur Schau gestellt werden darf; er enthält Regeln über die äußerliche Reinlichkeit, über die erwünschte Haar- und Barttracht, den Schmuck, die Kleidung. Er regelt jedoch auch andere Körpervorgänge, besagt z. B., wann Niesen, Räuspern, Husten, Stöhnen, wann Lachen und Weinen in welcher Situation gestattet, wann sie nicht gestattet sind und wann sie peinlich wirken. Dieser Kodex regelt also, wie „körperliche Vorgänge ... unter Kontrolle gehalten werden, wenn sie nicht in den Interaktionszusammenhang gehören – z. B. niesen, sich räuspern, husten. Für den Fall, daß sie sich nicht unterdrücken lassen, gibt es formelle Ausklammerungsprozeduren, die ihren natürlichen Bedeutungsgehalt suspendieren und eine ungestörte Fortsetzung des Austausches ermöglichen. Schließlich gibt es noch – abgeleitet von der Reinheits-

---

[76] Wie differenziert diese Zusammenhänge sind, welche Bedeutung Körpertechniken und Körperhaltungen auch für den Sport besitzen, soll an einem kleinen Beispiel illustriert werden, und zwar anhand von Materialien, die *Gaulhofer* (o. J., 10) in einer Geschichte der Fußhaltung zusammengetragen hat. Bei seiner Untersuchung kommt er zu dem Ergebnis, „daß nicht nur das Heer und das Turnen Idealhaltungen aufgestellt haben. Die Gesellschaft eines jeden Zeitabschnitts hat eine Haltung, die sie für richtig, vornehm, für schön hält ... sie sind nicht nur zweckbedingt, sondern Stilglied. Sie gehören ebenso zum Stil einer Zeit wie die Kleidung, der Tanz, die Musik, Dichtkunst, Malerei und die Baukunst".

regel – räumliche Bestimmungen, die soziale Distanz zum Ausdruck bringen, und zwar einmal den Unterschied zwischen Vorder- und Rückseite und zweitens den räumlichen Abstand. Die Vorderseite ist einmal würdiger und respektabler als die Rückseite, und beträchtlicher Abstand ist der Ausdruck der Formalität, das enge Beieinander ein Ausdruck der Intimität" *(Douglas* 1974, 109).

Ebenso variabel sind *Schönheitsideale,* also z. B. Vorstellungen darüber, welche Figur, welche Körperfülle, welche Körpergröße oder welche Physiognomie beispielsweise als besonders attraktiv, welche als unattraktiv gelten. So ist das Körperideal für Männer in unserer Gesellschaft in unteren Sozialschichten eher mit der Vorstellung von Körperkraft und damit auch einer gewissen Körperfülle verbunden; wer in der Unterschicht als stattlich gilt, kann in der Mittelschicht bereits als übergewichtig eingeschätzt werden – ein Tatbestand, der sich auch in den Ernährungsgewohnheiten niederschlägt.

Schließlich müssen jene Regeln erwähnt werden, die sich auf die „gesittete" *körperliche Distanz* zu anderen beziehen. Dazu gehören Regeln über den „Blickkontakt", die festlegen, wann man seinem Gesprächspartner in die Augen schauen soll oder ihm mit gesenkten Lidern folgen muß; dazu gehören Regeln, die den Abstand zwischen den Gesprächspartnern festlegen. Sie umfassen die vielfältigen Kontrollen des Körperkontaktes, mit denen in Abhängigkeit vom Alter, Geschlecht, Verwandtschaftsgrad und Status festgelegt wird, an welchem Ort und zu welcher Tageszeit welche Art des Körperkontaktes erlaubt, wann der Körperkontakt als peinlich und unangenehm empfunden wird. Dies zeigt sich auffällig an den verschiedenen Formen der Begrüßung – durch Verneigung, mit Handschlag, mit Wangenkuß nur links, mit Wangenkuß links und rechts, mit Bruderkuß, mit Umarmung usw.[77]

Diese Vielzahl sozialer Regeln, die den Körper zum Gegenstand haben, machen den Körper zugleich zu einem *Ausdrucksmedium,* das in der Regel, aber nicht immer, mit den übrigen Ausdrucksmedien (z. B. der Sprache) abgestimmt ist. Mit Gestik, Körperhaltung, Gesichtsausdruck kann man die Bedeutung des Gesagten unterstreichen, ausfüllen oder abschwächen; der Körper kann auch eigenes, nicht-verbales Ausdrucksmittel sein; Körperhaltungen und Gesten können Informationen beinhalten, also als symbolische Ausdrucksformen dienen, die über die Person, z. B. seinen Status, über seine Stimmungslage (z. B. Trauer, Freude), über die situativen Gegebenheiten (wie Kleidung, aber auch Bewegung und Körperhaltung), als Signal dafür, daß man Tourist, Sportler ist, daß man sich in der Arbeit oder in der Freizeit befindet, Auskunft geben. So ist der Körper als Ausdruckssymbol nicht nur Mittel der

---

[77] Ein hübsches Beispiel für die in verschiedenen Kulturen geltende, angemessene körperliche Distanz ist folgende Erfahrung: Wenn sich jemand aus Norddeutschland und ein Südländer in der Mitte eines Raums treffen und miteinander sprechen, werden sie langsam durch diesen Raum wandern, denn: der Südländer versucht, diese körperliche Distanz auf das ihm angenehme Maß zu verringern, der Norddeutsche, diese zu vergrößern.

Abb. 21: Turnkleidung 1816 bis 1903

Kommunikation, sondern Instrument zur Aufrechterhaltung sozialer Strukturen (*Csikszentmihalyi* 1978, 283 f.).

Es gibt Normen und Verhaltensstandards, von denen als selbstverständlich angenommen wird, daß sie für den Körper gut und sinnvoll sind und seinen Bedürfnissen und Anforderungen bestens gerecht werden, also körperliche Vorgänge „richtig" regeln, „gesund" sind oder Wohlbefinden verursachen. Es handelt sich dabei um Alltagstheorien, denen man auch unabhängig vom Stand z. B. medizinischer Forschung und biomechanischer Erkenntnisse folgt.

Diese Feststellung wird nicht nur mit den bisher behandelten sozialen Regelungen von Körperbewegung und Körperumgang bestätigt, sondern zeigt sich an der gesellschaftlichen Festlegung dessen, was Gesundheit ist und mit welchen Verhaltensformen man der Gesundheit dient oder mit welchen man ihr schaden kann.[78]

Der Wert der Gesundheit nimmt unter den Werten und Zielvorstellungen, an denen sich das Verhalten in unserer Gesellschaft orientiert, eine besondere Stellung ein. Wenn auch in der pluralistischen Gesellschaft über alle Themen und Probleme die verschiedenartigsten und ständigem Wandel unterworfenen Urteile und Bewertungen möglich und legitim sind, so besteht über den Wert der Gesundheit als Norm keine Uneinigkeit. Die rationale Einsehbarkeit des Gesunden als unbedingt wünschbar und seine empirische Überprüfbarkeit auf den Maßstab gesund – ungesund, den der einzelne als relativ eindeutig empfindet, erlaubt es „der leistungsorientierten Gesellschaft, die einhellige Zustimmung zu diesem Ideal als ‚Vorgegebenheit' zu setzen und damit die Gesundheit als den Höchstwert vorauszusetzen" (*Schoene* 1963, 109 f.). Diese hohe Einschätzung des Wertes der Gesundheit erklärt sich schon daraus, daß Krankheit mit verringerter körperlicher Leistungs- und Arbeitsfähigkeit gleichgesetzt wird. Nicht zufällig, sondern werbewirksam wird daher der Sport eng mit Gesundheit in Verbindung gebracht; Sport und Gesundheit werden sogar intuitiv weitgehend als identisch angesehen.

Zwar wird „Gesundheit" in unserer Gesellschaft zu einem allgemein anerkannten und erstrebenswerten Ideal; aber die Vorstellungen darüber, was gesund ist und wie man sich „gesund" verhält, sind u. a. schichtenspezifisch unterschiedlich. „Ethnologische und soziologische Forschungen haben gezeigt, daß zwischen den einzelnen sozialen Gruppen ... große Unterschiede in den sozialen Normen herrschen, die die Verteilung des Krankenstatus regeln" (*Schmädel* 1975, 33). So gibt es in unserer Gesellschaft schichtenspezifische Unterschiede in der Definition des Begriffs Gesundheit oder der Zustände, die als „krank" akzeptiert wurden und entsprechend ein breites Spektrum der Reaktionen auf Störungen des Wohlbefindens. Es

---

[78] Diese kulturspezifischen Formen des Gesundheitsverhaltens werden sowohl in einer noch in den Anfängen stehenden Disziplin, der Ethnomedizin, als auch in der ebenfalls noch jungen Sozialmedizin untersucht.

besteht zwar generell ein hohes Interesse an der Erhaltung der Gesundheit; dieser Wunsch führt jedoch nicht immer oder in unterschiedlicher Weise zu Handlungen, die für die Gesundheit zuträglich sind. Dies belegen nicht nur die Tatsache, daß sich Mitglieder der Ober- und Mittelschicht wesentlich häufiger vorsorglich durch einen Arzt untersuchen lassen als Mitglieder der Unterschicht, sondern auch die schichtenspezifisch unterschiedlichen Ernährungsgewohnheiten. Schließlich ist die schichtenspezifisch unterschiedliche Fähigkeit, über den eigenen Körper zu reflektieren und zu sprechen, zu erwähnen. So fällt es Mitgliedern aus unteren Sozialschichten schwerer, dem Arzt über ihren Gesundheitszustand und über Krankheitssymptome zu berichten, zum einen aufgrund der hohen sozialen Distanz, zum anderen aber auch, weil „die Mitglieder der höheren und in geringerem Maße die der mittleren Klassen auf die Fragen des Untersuchers, der sie nach den wichtigsten Krankheiten befragt, an denen sie im Laufe der vergangenen Jahre gelitten haben, eine detaillierte und strukturierte Beschreibung der Veränderung ihres Krankheitszustandes vorbringen, ... sich die Mitglieder der unteren Klassen meist damit zufrieden (geben), dem Untersuchenden mitzuteilen, was sie von den Worten des Arztes behalten haben, oder sonst zu beschreiben, was der Arzt mit ihnen gemacht hat" *(Boltanski* 1976, 147 f.).

Körperkontrolle und gesellschaftliche Entwicklung

Daß der Mensch aufgrund seiner biologischen Besonderheit über seinen Körper verfügen kann, bedeutet nicht, daß die Variabilität beliebig und willkürlich ist; daß die Verfügung über den Körper gesellschaftlich legitimiert und institutionalisiert erfolgt, besagt vielmehr, daß der Umgang mit dem Körper – damit auch der besondere Zugang zum Körper durch den Sport – nicht außerhalb der Gesellschaft erfolgt, sondern der Körper als soziales Gebilde Manifestation gesellschaftlicher Entwicklung ist; er ist immer auch Ausdruck des jeweiligen kulturellen Systems, das für seine Sozialisation maßgeblich bestimmt.

Kulturanthropologische und kulturhistorische Arbeiten gehen von der durch ein vielfältiges Material belegten These aus, daß sich im Prozeß gesellschaftlicher Entwicklung von archaischen Gesellschaften über hochkulturellen Gesellschaften bis hin zu modernen Gesellschaften Schritt für Schritt eine „Entkörperlichung" vollzogen habe. Wie groß die „Distanz zwischen dem physischen und dem sozialen Aspekt des Körpers ist, bestimmt sich nach dem Klassifikationsgitter der zugehörigen Gesellschaft und dem von ihr auf den einzelnen ausgeübten Druck. Je komplexer das Sozialsystem ist, desto mehr sind die in ihm geltenden Regeln für das körperliche Verhalten darauf angelegt, den Eindruck zu erwecken, daß der Verkehr zwischen Menschen – im Gegensatz zu dem zwischen Tieren – ein Verkehr zwischen körperlosen Geistern ist" *(Douglas* 1974, 110).

Entkör-
perlich.

Entkörperlichung bedeutet zum einen, daß Identität, der soziale Rang der Menschen und das Funktionieren sozialer Systeme unabhängig gegenüber körperlichen Eigenschaften und dem körperlichen Erscheinungsbild werden, zumindest aber weniger zählen als z. B. „Intelligenz" und „Charakter"; zum anderen bedeutet Entkörperlichung, daß expressive Körperkontrollen, die Kontrollen z. B. emotionaler Regungen wie Trauer, Wut, Freude, Lachen und Weinen, zunehmen.

Körpertüchtigkeit und Körperfähigkeiten haben in vorindustriellen Gesellschaften für die Gewinnung personaler und sozialer Identität ebenso wie für das Funktionieren gesellschaftlicher Systeme eine sehr viel größere Bedeutung als in industriellen Gesellschaften. Körperkraft, Geschicklichkeit und Behendigkeit waren notwendige Eigenschaften nicht nur im Turnier und im Wettkampf, sie waren zugleich Tugenden, die für militärische und politische Ämter wichtig waren. „Der Sieg im Wettkampf bedeutet mehr als eine rein körperliche Leistung, er wird interpretiert als Beweis dafür, daß der Sieger in jeder Hinsicht ein hervorragendes Mitglied der Gesellschaft ist" *(Rittner* 1976, 52). Über den Körper werden soziale Beziehungen aufgebaut und verfestigt. Macht und Herrschaftsausübung erfolgen in der Regel nicht über formal gesetzte Ordnungen, sondern durch körperliches In-Erscheinung-treten; Verträge werden rechtsgültig durch körperliche Rituale (z. B. Handschlag) abgeschlossen, körperliche Merkmale wie Größe, Hautfarbe, Wuchs und Geschicklichkeit besitzen für den sozialen Rang ebenso wie für eine Stigmatisierung eine zentrale Rolle; Gestik – z. B. das Handauflegen – erhält oft magische Kraft. In der Antike „war es einem Mann mit schwachem oder mißgebildetem Körper nahezu unmöglich, eine Position mit hoher sozialer oder politischer Macht zu erreichen oder zu behaupten. Physische Kraft, physische Schönheit, Haltung und Ausdauer spielten in der griechischen Gesellschaft als Determinanten des sozialen Status einer männlichen Person eine viel größere Rolle als in unserer heutigen Gesellschaft. Man ist sich häufig nicht bewußt, daß die Möglichkeit eines Körperbehinderten, eine Führungsposition oder viel soziale Macht und einen hohen sozialen Rang zu erreichen oder zu behaupten, ein relativ neues Phänomen in der gesellschaftlichen Entwicklung darstellt" *(Elias* 1975, 94).

Für die Entkörperlichung in modernen Gesellschaften gibt es eine Vielzahl von Beispielen:

- *Elias* hat in seiner Untersuchung über den Prozeß der Zivilisation das kontinuierliche Heraufsetzen von Scham- und Peinlichkeitsschwellen, die Dämpfung der Triebstruktur, die Zunahme der Körperkontrolle und die Disziplinierung des Körpers an zahlreichen Beispielen aufzeigen können. Dies wird etwa darin sichtbar, wie peinlich das Entblößen des Körpers empfunden wird. „Zunächst wird es zu einem peinlichen Verstoß, sich in irgendeiner Form entblößt vor Höherstehenden oder Gleichgestellten zu zeigen; im Verkehr mit Niedrigergestellten kann es sogar ein Zeichen des Wohlwollens sein. Dann, wenn alle sozial gleicher werden, wird es langsam zu einem allgemeinen Verstoß. Die Gesellschaftsbezogenheit der Scham- und Peinlichkeitsgefühle tritt mehr und mehr aus dem Bewußtsein zurück. Gerade weil das gesellschaftliche Gebot, sich nicht entblößt oder bei natürlichen Verrichtungen zu zeigen, nun gegenüber allen Menschen gilt und in dieser Form dem Kinde eingeprägt wird, erscheint es dem Erwachsenen als Gebot seines Inneren und erhält die Form eines mehr oder weniger totalen und automatisch wirkenden Selbstzwanges" *(Elias 1975, 189)*.

- Der Prozeß der Disziplinierung unserer Gefühle in der Entwicklung moderner Gesellschaften ist Gegenstand vielfältiger Beschreibungen und Erklärungen. Allerdings ist *Elias* einer der wenigen Soziologen, die den Wandel der Bedeutung von Gefühlen am Beispiel der Aggression und der Scham, genauer: die Erhöhung unserer Sensibilität gegenüber aggressiver Gewalt und die Erhöhung der Scham- und Peinlichkeitsschwellen in Zusammenhang mit Sport illustriert und soziologisch erklärt haben. Danach hängt der Grad der Sensibilität für einen aggressiven Sport u. a. vom Entwicklungsstand der staatlichen Organisation ab: Je weiter sich staatliche Organisation etabliert habe und je mehr Gewalt von darauf spezialisierten Institutionen ausgeübt würde, um so geringer werde körperliche Gewalt allgemein honoriert. Die staatlichen Organisationen seien jedoch in der Gesellschaft des alten Griechenland weniger entwickelt und fest verankert als in modernen Gesellschaften. Der Schutz des einzelnen lag zunächst in der Hand der Familien und Clans.[79]

- In modernen Gesellschaften ist der Körper stärker Objekt im Sinne der Beherrschung der Umwelt und Instrument z. B. der Leistungssteigerung und der Produktion, so daß es immer schwerer wird, eine von diesen objekt- und funktionsbezogenen Zwängen freie Körpereinstellung zu begründen. Mit der zunehmenden Entkörperlichung und Instrumentalisierung des Körpers treten immer häufiger Funktionsstörungen und pathologische Reaktionen ein, also z. B. Schlafstörungen, Funktionsstörungen des Herzens, des Magens, Depressionen, Probleme, die wiederum „technisch", also etwa durch Tabletten gelöst werden. Dies sind einige Beispiele dafür, daß wir nur noch bedingt in der Lage sind, mit und durch unseren Körper zu leben.

Sicherlich beobachten wir gerade in den letzten Jahren eine Verringerung der Körperkontrollen und -zwänge; zwar hat sich das Scham- und Peinlichkeitsempfinden bei der Präsentation des eigenen Körpers in den letzten Jahren

---

[79] Auch zur Scham entwickelte man im alten Griechenland eine andere Beziehung: „Sieg oder Niederlage lagen in den Händen der Götter. Beschämend und schmählich war es jedoch, den Kampf aufzugeben, ohne genügend Mut und Ausdauer gezeigt zu haben" *(Elias 1979, 92)*. Und ein „Fair play", so wie wir es heute verstehen und empfinden, war den Athleten seinerzeit einigermaßen fremd: „Es entsprach diesem kriegerischen Ethos, daß ein Jüngling oder ein Mann, der in einem der olympischen Faust- oder Ringkämpfe getötet worden war, häufig zum Sieger gekrönt wurde, zur Ehre seiner Sippe oder seiner Stadt, und daß der Überlebende – der ,Mörder' – weder bestraft, noch stigmatisiert wurde. Die griechischen Spiele standen nicht im Zeichen von ,Fairneß'" *(Elias 1979, 92)*.

wesentlich verringert; ganze Bewegungen entstehen, die das Ziel haben, den Körper, seine Empfindungen und Bedürfnisse wieder zu entdecken, Körperhaltungen und Bewegungen werden freier und ungezwungener. Es entwickeln sich neue Einstellungen zum eigenen Körper ebenso wie neue Formen der Selbstwahrnehmung des Körpers. Körperideale in bezug auf Schlankheit, Fitneß, Gesundheit, Sportlichkeit erhalten zunehmende Bedeutung für die Konstruktion der eigenen Identität. Dies ist jedoch nur deshalb möglich, weil „der Stand der Gewohnheiten, der technisch-institutionell verfestigten Selbstzwänge, das Muß der Zurückhaltung des eigenen Trieblebens und des Verhaltens selbst entsprechend dem vorgerückten Peinlichkeitsgefühl zunächst im großen und ganzen gesichert ist. Es ist eine Lockerung im Rahmen eines einmal erreichten Standards" *(Elias* 1976, 45).

Ein „ungezwungeneres" Verhältnis zum Körper, die Verringerung der Körperkontrollen und vielfältigere Möglichkeiten der Präsentation des Körpers werden – allerdings nur in sozial genau definierten Situationen und Grenzen vor allem in der Freizeit – möglich, und zwar dann und für jene Bereiche, in denen der Körper als Medium der Kommunikation, als Ausdruck dessen, was der einzelne gilt usw., funktionslos geworden ist; erst dann wird der Körper „frei", d. h. dem Belieben des einzelnen überlassen.

Soziologische Aspekte der Emotionen

Nur von ganz wenigen Gefühlen ist sicher, daß sie physiologisch determiniert sind bzw. durch neuro-physiologische Vorgänge gesteuert werden.[80] Weder Liebe und Haß, noch Spaß und Ärger, weder Glücksgefühl und Trauer oder Scham und Mitgefühl, ebensowenig Verzweiflung und Freude und auch nicht Stolz und Feigheit sind natürlich vorgegeben bzw. physiologisch bedingt. Vielmehr sind sie, wie unsere meisten anderen Gefühle auch, ebenso erlernt wie die Situationen, in denen wir sie zu entwickeln haben; und schließlich hängt auch die Art und Weise, wie wir unsere Gefühle äußern (oder auch unterdrücken) sollen, vom jeweiligen situativen Kontext ab, ist damit gesellschaftlich geregelt, und zwar in verschiedenen Kulturen und zu verschiedenen Zeiten unterschiedlich. Emotionen sind also stets (auch) ein sozialer und damit soziologisch relevanter Tatbestand.

Emotionen erfüllen wichtige Funktionen; sie sind immer auch und notwendigerweise Teil der Konstruktion und der Interpretation der Wirklichkeit und Bestandteil der Lebenswelt. Sportler bzw. Mitglieder von Vereinen konstruieren ihre Welt – also das, was für sie wichtig und unwichtig ist, was sie stört oder fördert, was sie wahrnehmen oder vernachlässigen, auch emotional – so wie Liebende in ihrer emotional eng begrenzten „Liebeswelt" und „Workaholics" in ihrer so beschränkten „Arbeitswelt" leben. Innen und Außen, Dazugehören und nicht Dazugehören, Oben und

---

[80] Umfassend informiert *Goleman* (1995) über den aktuellen Stand physiologischer und psychologischer Emotionsforschung.

Unten, Wichtig und Unwichtig sind immer zugleich auch emotionale Tatbestände; gegenseitiges Verstehen, Erarbeiten eines gemeinsamen Verständnis, beteiligt sein, Optionen für alternative Formen der Vereinsgestaltung zu entwickeln, haben immer auch emotionale Fundamente und Bedeutsamkeiten.

Emotionen können dazu beitragen, daß Organisationen ihre Ziele besser erreichen und ihre Aufgaben schneller erfüllen; ebenso können Emotionen helfen, daß die Sportler bzw. Mitglieder ihre Interessen, Wünsche und Absichten leichter realisieren. Dies spricht zwei unterschiedliche Formen von Emotionen an. Beide können – unter der Perspektive des Systems Sport bzw. entsprechend der (damit keineswegs immer gleichlaufenden) Interessen der Individuen – als positive Emotionen bezeichnet werden. Auch die Kennzeichnung „instrumentelle Emotionen" ist angemessen. Aber Emotionen können auch die Verwirklichung von Zielen der Organisation bzw. die Durchsetzung der Interessen der Mitglieder erschweren oder gar verhindern. In diesem Fall kann von negativen Emotionen gesprochen werden.[81]

Angesichts der hohen Bedeutung von Emotionen ist verständlich, daß gesellschaftlich festgelegte Vorstellungen darüber existieren, was Personen fühlen sollen (feeling rules). Normative Festlegungen beziehen sich also auf *Gefühlsregeln,* die definieren, was Personen bei verschiedenen Gelegenheiten und situativen Gegebenheiten zu fühlen haben. Feeling rules legen fest, welche Gefühle in den jeweiligen Situationen erwartet werden *(Hochschild* 1990, 289). Viele Höflichkeitsregeln haben oft keine andere Funktion als zu bewirken, daß man seine Emotionen kontrolliert, also z. B. seinen Ärger nicht zu deutlich zeigt, Aggressivität nicht in gewalttätige Handlungen umsetzt, auch Menschen gegenüber freundlich bleibt, die einem unsympathisch sind.

Daraus wiederum ergibt sich die Notwendigkeit einer *Emotionsarbeit,* also (a) der Beeinflussung der emotionalen Befindlichkeit anderer etwa in der Erwartung einer verbesserten Zusammenarbeit, eines harmonischen Zusammenseins bzw. effizienter Erfüllung der Aufgaben und (b) der Gestaltung und des Umgangs mit der eigenen gefühlsmäßigen Befindlichkeit und ihres Ausdrucks. So muß man sich zum einen u. U. darum kümmern, daß andere „angemessene" Emotionen entwickeln; zum anderen hat man dafür Sorge zu tragen, daß man selbst die „richtigen" Emotionen entwickelt oder zumindest doch nach außen zeigt.

Schließlich ist *Kommunikation über Emotionen* ein wichtiges Thema der Soziologie der Emotionen. Emotionen bewegen den einzelnen ausschließlich in seinem Inneren; was sich dort abspielt, können andere nie mit letzter Sicher-

---

[81] Positive bzw. negative Emotionen können nicht als „angenehme" oder „schöne" bzw. „unangenehme", „schreckliche" Gefühle gleichgesetzt werden. Auch sind mit dieser Unterscheidung nicht gesellschaftliche Bewertungen gemeint, denen verschiedene Emotionen unterliegen – etwa im Sinne von „schlechten", „verwerflichen" bzw. „guten", „richtigen" Gefühlen.

heit erfahren; denn Emotionen müssen kodiert werden, um sie anderen zu vermitteln; diese so kodierten Gefühlsäußerungen wiederum müssen von anderen dekodiert, also als Ausdruck bestimmter Gefühle gelesen und gedeutet werden. Dazu bestehen (a) wiederum soziale Normierungen, die festlegen, in welcher „Sprache" welche Gefühle in welchen Situationen zum Ausdruck gebracht werden sollen, (b) Mechanismen der Sozialisation, mit denen diese Normen und ihre angemessene Dekodierung erlernt werden. Dabei müssen wir zugleich mit der permanenten Unsicherheit leben, ob die nach außen gezeigten Emotionen tatsächlich „echt" sind, also unser Gegenüber wirklich das fühlt, was es nach außen demonstriert.

Der Körper als soziales Gebilde und Sportengagement

Die Bedeutung dieser Werte und Normen, die den Körper zu einem sozialen Gebilde machen, für den Sport, vor allem für seine Anforderungsstrukturen, wird in folgender Zusammenfassung sichtbar:

1. Instrumentalisierung des Körpers: Die Entwicklung des modernen Sports ist an zwei Voraussetzungen geknüpft, die sich auf den Körper beziehen, nämlich (a) daß wir den Körper instrumentell mit seinem Gebrauchswert, also in einer bestimmten Form normativ deuten; (b) daß wir über die Möglichkeiten und Formen, über die wir unseren Körper kontrollieren können, informiert sind, also eine kognitive Konstruktion des Körpers besitzen.

Der Körper kann in dem Maße „ökonomisch" interpretiert und genutzt werden, in dem eine Reduktion auf seinen Gebrauchswert erfolgt. Der Körper muß diszipliniert werden – und der Sport steht besonders deutlich für die Erwartung und die Aussicht, daß ein Sieg (über die „sperrige" Natur des Körpers) immer wieder möglich ist. Der Sport definiert – in seinen willkürlich gesetzten Zielen – die Sollwerte, denen der Körper unterworfen werden soll. Die Differenzen, die der Sport zwischen Gewinnern und Verlierern definiert, sind Differenzen in den Fähigkeiten des einzelnen, diese Sollwerte gegenüber dem Körper durchzusetzen. Daß wir nicht nur Körper sind, sondern auch einen Körper haben, ist eine anthropologische Konstante *(Plessner* 1970, 43). Daß dieses „Körperhaben" zu seiner Instrumentalisierung und Reduktion auf den Gebrauchswert führt, ist eine historisch spezifische Form des Verhältnisses von Körper und Gesellschaft. Erst diese normative Konstruktion des Körpers wird zur Grundlage seiner Instrumentalisierung und (u. U. gewinnorientierten) Verwertung im Sport.

Die Entstehung der Askese im Sport moderner Gesellschaften ist also selbst das Resultat einer Evolution der Vorstellung vom Körper, die besagt, daß soziale Kontrolle und Berechenbarkeit des Körpers durch unser Bewußtsein perfektioniert werden könnten. Der Körper wird zu einem Instrument, über das unser Bewußtsein verfügen und gebieten kann und für das daher auch unser Bewußtsein verantwortlich ist. „Nur der dem Geist gehorsame Körper kann als dessen Werk voll der individuellen Verantwortung zugerechnet werden und insofern sozial als Vollzugsorgan der Person behandelt und sanktioniert werden. Der historische Zusammenhang der Radikalisierung der begrifflichen

Konzeption vom Körper als einem einheitlichen System, einer Maschine eben, und den in der früheren Neuzeit entstehenden Verfahren zur Steigerung der Niveaus der Überwachung und Kontrolle sind keineswegs als zufällig anzusehen" *(Hahn* 1987, 669). Erst unter diesem Körper-Bewußtseins-Verhältnis können die im Sport geforderte hohe Körperdisziplin, totale instrumentelle Verfügung über den Körper und die Unterwerfung des Körpers unter den Willen des einzelnen zur immer neuen Leistungsüberbietung eingesetzt werden.[82]

2. Kognitive Aneignung des Körpers: Die zweite Voraussetzung der Instrumentalisierung des Körpers ist seine kognitive Konstruktion und Aneignung. Sie ist Folge des Bedürfnisses bzw. – bezogen auf den Sport – der Notwendigkeit einer größeren Berechenbarkeit des Körpers und seiner sozialen Kontrolle. Sie entwickelt sich mit dem Entstehen und der Differenzierung des Wissens über den effizienten Umgang mit dem Körper. Gemeint sind dabei vor allem die bekannten Theorien und Strategien der Ökonomisierung des Körpers: Bewegungs- und Trainigslehre, die Theorien optimaler Bewegungsabläufe entwerfen und umsetzen, Sportmedizin, die die biologischen Voraussetzungen und Grenzen der Belastbarkeit und Machbarkeit ergründet, Sportpsychologie, die erreichen will, daß der Geist durchsetzt, wozu das Fleisch noch zu schwach ist, Organisationswissen, das ein Netz optimaler Talentsuche und -förderung anregt. Die immer wieder im Sport sichtbare Undomestizierbarkeit des Körpers führt zu einer immer weiter getriebenen Perfektionierung des Wissens um seine Kontrolle und Steuerung.

Allerdings muß hinzugefügt werden, daß sich diese Vorstellung einer völligen Domestizierbarkeit auflöst bzw. ergänzt wird. Dabei spielt die Erfahrung eine Rolle, daß der Sieg über den Körper diesen (schließlich auch) zerstören kann. Die vielfältigen gesundheitlichen Gefährdungen, die der Sport mit sich bringen kann, sind Beispiel hierfür. Die physischen und psychischen Belastungen für die Athleten steigen extrem. Die Zahl der Wettkämpfe vergrößert sich rapide; die Erholungszeiten werden immer kürzer. Der Athlet ist genötigt, trotz leichter Verletzungen an Wettkämpfen teilzunehmen. Die Natur wird überfordert. Vor allem Mikroverletzungen werden in der zu kurzen Erholungs- und Wiederaufbauphase nicht ausreichend ausgeheilt, da trotz solcher Verletzungen noch ein weiteres Training möglich ist. Doch dabei wächst das Risiko, daß der Schaden sich vergrößert und u. U. chronisch wird.

3. Körperethos und Sportengagement: Sport ist eine spezifisch organisierte Form des Umgangs mit dem Körper und der Veränderung des Körpers. So wie nun der Körper als soziales Gebilde für verschiedene gesellschaftliche Gruppen etwas Unterschiedliches beinhaltet und verschiedenartigen Wert- und Kontrollmustern unterworfen ist, bedeutet auch derselbe Sport für ver-

---

[82] Ein schönes Beispiel bietet die Beschreibung der Instrumentalisierung des Körpers im Bodybuilding von *Honer* (1985, 155–168), in dem der Körper zum Material wird, das durch Willen, Anstrengung und Bewußtseinsanspannung nach Idealbildern geformt wird.

schiedene soziale Gruppen etwas je Unterschiedliches *(Rittner* 1974, 369 f.). Normalwerte des Körpers gelten für alle Körperbewegungen und die Kontrollen der Trieb- und Bedürfnisstruktur – also auch für den Sport. Was im Sport „möglich", was „unmöglich" ist, was an Körperbelastungen, Körperbeherrschung, Körperhaltungen, welche Präsentation des Körpers z. B. für Männer und Frauen, für Junge und Alte, für Mitglieder unterer oder oberer Sozialschichten akzeptierbar ist, wird durch solche sozialen Normen und Regeln, die den Körper als soziales Gebilde bestimmen, definiert und ist damit zugleich auch historisch veränderlich.

Je nachdem, ob z. B. Körperkraft oder „Stattlichkeit" bevorzugte Eigenschaften sind, je nachdem, welche Alltagstheorien über das Bewegungsbedürfnis gelten, welche Bedeutung Gesundheitsideale besitzen, welche Schönheitsideale Anerkennung finden, ob Körperkontakt oder Schwitzen als peinlich empfunden werden, wird Sport unterschiedlich bewertet und erlebt. Das „Körperethos", also z. B. die Vorstellung, die man von seinem eigenen Körper und seinem Erscheinungsbild besitzt, in welchem Umfang der Körper die personale Identität und den sozialen Status mitbestimmen, welche körperlichen Eigenschaften als wünschenswert erscheinen, welche nicht akzeptiert werden, hat für die Fähigkeit und Bereitschaft, Sport oder eine bestimmte Sportart zu treiben, einen wesentlichen Einfluß. Am Sport wird man eher interessiert sein, wenn das, was im Sport mit dem Körper geschieht, dem eigenen Körperethos und damit der personalen Identität entspricht. Unterschiedliches Körperethos bei Männern und Frauen, bei Mitgliedern unterer und oberer Sozialschichten bedingen ein nach diesen Gruppen unterschiedliches Sportengagement.

4. Techniken des Körpers: Die Techniken des Körpers, die Art und Weise also, wie in einer Gesellschaft Bewegungsabläufe erfolgen, welche Vorstellungen innerhalb einer Gesellschaft typischerweise über die Körperverwendung bestehen und in der Sozialisation vermittelt werden, wie man sich möglichst „wirksam" bzw. „natürlich" seines Körpers bedient, um einzelne Aufgaben zu erfüllen und bestimmte Zwecke zu erreichen, sind wichtige Elemente für die Fähigkeit, Sport oder eine bestimmte Sportart zu treiben.

Ein Beispiel hierfür ist vor allem die im Prozeß der Sozialisation vermittelte Ausdrucks- und Bewegungsvielfalt oder Bewegungsarmut, das erlernte Körperrepertoire und der physische Habitus. Die erlernten Techniken des Laufens, des Springens, des Schwimmens und des Werfens und vieles andere mehr sind gesellschaftliche Vorprägungen für sportliche Leistungen.

5. „Kodex der guten Sitten": Scham- und Peinlichkeitsschwellen sind anschauliche Beispiele für den Einfluß dieses Kodexes auf das Sportengagement. Die Geschichte des Sports ist auch eine Geschichte der Sportkleidung, in der sich eine Veränderung dieser Scham- und Peinlichkeitsschwellen ausdrückt; sie beschreibt den Wandel der Einstellung gegenüber bestimmten Körperhaltungen und Körperbewegungen, die als peinlich oder schicklich empfunden werden.

Vermutlich besitzen diese Peinlichkeits- und Schamschwellen gerade bei Älteren, deren Figur nicht mehr ganz den gängigen Schönheitsidealen ent-

Abb. 22: Ringen – eine Sportart mit intensivem Körperkontakt

spricht und deren sportlich-motorische Fertigkeiten nur gering entwickelt sind, für die Bereitschaft, aktiv am Sport teilzunehmen, eine wichtige Rolle. Analoges gilt für den Körperkontakt, der ja in vielen Sportarten unvermeidlich, oft sogar konstitutiv ist. So finden auch Sportarten in jenen sozialen Gruppen, in denen Körperkontakt oder eine öffentliche Zurschaustellung des Körpers peinlich wirken und als unangenehm empfunden werden, nur schwer Eingang. So sind z. B. bei den Olympischen Spielen alle Wettkämpfe mit hohem Körperkontakt, wie z. B. Ringen, Judo und Boxen, aber auch alle Mannschaftssportarten (mit Ausnahme von Volleyball, bei dem zumindest zwischen den beiden Mannschaften kein Körperkontakt besteht), als Frauenwettbewerbe (noch) nicht zugelassen. Möglicherweise findet auch die Tatsache, daß Sportarten mit hohem Körperkontakt vor allem von unteren Sozialschichten bevorzugt werden, hier eine Erklärung.

6. *Gesundheitsideale:* Gesundheitsideale ebenso wie die schichtenspezifisch unterschiedliche Bereitschaft, diese Ideale in Handeln, das für die Gesundheit wirksam ist, umzusetzen, sind Beispiele dafür, in welcher Form zweckrationale Legitimation und instrumentelle Verwertungen des Sports das Sportengagement vergrößern, unter Umständen auch verkleinern. Gerade die enge assoziative Verbindung von Sport und Gesundheit hat zur Folge, daß das Sportengagement von den schichtenspezifisch unterschiedlichen Gesundheitserwartungen abhängig ist.

7. *Emotionen im Sport:* Die Tatbestände einer Soziologie der Emotionen lassen sich vielfältig im Sport identifizieren. Die Existenz von *feeling rules* läßt sich verdeutlichen, wenn man sich Klarheit über den Begriff „Sportsfreund" verschafft. Sportsfreunde sind nicht notwendigerweise „echte" Freunde, meist auch Gegner, gelegentlich u. U. sogar Feinde.[83] Zumindest sind es in erster Linie Beziehungen, in denen es um die gemeinsame Verwirklichung von Zielen und die nüchterne Abwägung von Interessen geht. Aber sie sind zugleich emotionalen Anforderungen unterworfen – etwa der Anerkennung von Gleichheit, wiewohl in der Welt außerhalb des Sports große Ungleichheiten zwischen ihnen bestehen mögen, der Fairneß, obwohl man insgeheim alle Vorteile für sich nutzen möchte, die Bereitschaft des Vergessens kämpferischer Auseinandersetzung nach dem Wettkampf, obwohl man die Wut über das Verhalten des Gegners nicht ohne weiteres herunterschlucken kann etc. Wie schwer es aber oft fällt, solchen Regeln zu folgen, zeigt sich etwa an dem Widerwillen und der Oberflächlichkeit, mit der sich gelegentlich Tennisspieler nach ihrem Match obligatorisch die Hand reichen.

Sneyder (1990) hat solche feeling-rules in der Frauen-Gymnastik nachgewiesen: „Nervosität, Angst vor Schmerz, Frustration und Unlust, Glück und Freude sind Gefühle, die genauen Regeln unterworfen sind". *Gallmeier* gibt in seiner Untersuchung über Eishockeyspieler weitere Beispiele für solche feeling rules: „Während der Mannschaftsbesprechungen haben die Spieler

---

[83] So wie ja auch der Begriff „Parteifreund" oft als höfliche Steigerungsform von Feindschaften verwendet wird.

ernst, ruhig und nachdenklich zu sein" *(Gallmeier* 1987, 353), wollen sie Sanktionen vermeiden. Und weiter heißt es: „Gewinner zeigen keine Angst vor Schmerzen (...) Zeige Deinen Stolz (...) Wenn die Mannschaft nicht gewinnt, dann soll sie das Gefühl der Scham unterdrücken". Es ist offenkundig, daß solche Regeln sowohl von der jeweiligen Sportart als auch vom jeweiligen Leistungsniveau mitbestimmt werden.

Emotionsarbeit vollzieht sich in der täglichen Aufgabenerfüllung, wie dies Trainer wohl ständig machen. Zu nennen sind weiter die in vielen Untersuchungen belegten und wissenschaftlich untermauerten Techniken, aggressives Verhalten von Fans zu kontrollieren. Zu erwähnen sind auch viele Formen informeller Emotionsarbeit etwa von Freunden, Partnern, Vereinsmitgliedern etc. In einer schwierigen Situation für den anderen da sein, zuhören, Mut zusprechen, Trösten, Mitfühlen, Anteil nehmen können ebenso Beispiele sein.

Gilovich/Medvec (1996) haben eine Untersuchung zur emotionalen Lage von Bronze- und Silbermedaillengewinnern vorgelegt. In aufwendigen empirischen Studien mit Beobachtungen, Videoauswertungen (etwa von Gesichtsausdruck und Körperhaltung), mit Befragungen von Athleten selbst, Schiedsrichtern und Trainern kommen sie zu dem Ergebnis, daß sich Bronzemedaillengewinner über diesen Erfolg mehr freuen als Silbermedaillengewinner. In Zahlen ausgedrückt: Auf eine „Glücksskala" erreichen die Bronzemedaillengewinner 7,1 Punkte von 10 möglichen, die Silbermedaillengewinner lediglich 4,8. Auch dies erscheint kontrafaktisch, aber erklärlich, wenn man bedenkt, daß Bronzemedaillengewinner glücklich sind, es noch in diesen Rang der letzten Drei geschafft zu haben, während Silbermedaillengewinner mit ihrem Schicksal hadern: Mit etwas mehr Glück hätten sie, so meinen sie, ja auch eine Goldmedaille gewinnen können. Die faktische Situation wird emotional innerlich ganz unterschiedlich verarbeitet.

Rail zeigt in einer Untersuchung über die Funktion von Körperkontakt, daß Körperkontakt mit einem anderen Sportler nach ihren Untersuchungsergebnissen nicht nur eine Form des Emotionsausdrucks ist, sondern eine Möglichkeit, mit der man sich selbst entdecken und besser kennenlernen kann. In ihrer Untersuchung über den Körperkontakt von Basketballspielerinnen schreibt sie: „Spielerinnen ... werden ärgerlich über Handlungen ihrer Gegnerinnen; sie entwickeln gegen eine Spielerin Abneigung; sie versuchen, es ihr zurückzuzahlen; sie haben Freude an dem Schmerz, den sie der anderen zufügen; oder sie werden über sich selbst irre und erfahren ein Gefühl des Ichs, das vorher nicht vorhanden war. Körperkontakt während des Basketballspiels erzeugt und erschließt ein weites Spektrum von Emotionen, das dazu beiträgt, das ‚wahre' Selbst der Spielerinnen zu entdecken. Diese Kontakte eröffnen den Spielerinnen vielfältige Formen ihres Wesens, das sie oft im täglichen Leben nicht so erkannt haben" *(Rail* 1992, 19).

Kodierung und Präsentation von Emotionen folgt oft taktischen Interessen. Was damit gemeint ist, belegt die Untersuchung von *Hackfort/Schlattmann* (1991, 163 ff.) über die taktische Präsentation von Emotionen. Sie ermittelten, daß von den 486 Sportemotionen, die bei Sportlern während des Wettkampfes entstanden, 202 nicht nach außen gezeigt wurde, z. T. als Folge der Selbstregulation (um sich zu beruhigen, sich besser konzentrieren zu können), zum Teil, und zwar in 160 der genannten Fälle, aus taktischen Gründen – etwa um den Gegner zu täuschen oder Mitspieler zu beruhigen. Umgekehrt verfolgten die Athleten mit der Demonstration ihrer Gefühle ebenfalls analoge taktische Ziele.

Die Soziologie des Körpers bietet die Möglichkeit der Anwendung und Illustration jener Kategorien soziologischen Denkens, die in den vorangegangene Kapiteln vorgestellt wurden: Die anthropologische Offenheit des Menschen und damit auch seines Körpers, wird durch eine Vielzahl sozialer Normierungen, die bis in den Gefühlshaushalt des einzelnen hineinreichen, wieder reduziert; Techniken des Körpers, Körperethos, Scham- und Peinlichkeitsschwellen, Kontrollen der Bedürfnisse, die Verwendung des Körpers als Kommunikationsmedium sind Beispiele für die gesellschaftlich verschiedenartigen Regelungen, die am Körper ansetzen. Diese gesellschaftliche Prägung des Körpers wirkt sich auch auf den Sport aus – etwa darin, wie der Körper instrumentalisiert werden kann, welche Bedeutung Gesundheitsideale besitzen, welche Einstellung zum Körperkontakt bestehen, wie Emotionen kontrolliert bzw. zum Ausdruck gebracht werden.

5 Soziale Prozesse im Sport

Man kann das, worum es in diesem Kapitel geht, mit folgendem Vergleich deutlich machen: In der Ausbildung der Mediziner wird den Studenten der Mensch zunächst als Skelett, dann mit seinen Muskeln, Sehnen und Nervenbahnen vorgestellt. Aber damit wird nur ein statisches Bild vermittelt. Deshalb wird in einem nächsten Schritt erklärt, was sich in diesem Gerüst abspielt, also wie das Blut im Kreislauf pulsiert, welche Stoffwechselprozesse ablaufen, wie die Alterung erfolgt, welche Krankheiten auftreten. Ähnlich arbeiten die Soziologen: Nachdem in den vorangegangenen Kapiteln gleichsam das Skelett des Sports – seine Regelwerke und seine Organisationsformen, die Machtstrukturen und Sachgegebenheiten – vorgestellt wurden, werden in diesem Kapitel die verschiedenen Prozesse behandelt, die sich innerhalb dieses Gerüsts abspielen.

Sozialer Prozeß bezeichnet Veränderungen und Bewegungen innerhalb einer gegebenen institutionellen Ordnung, also z. B. die Übernahme sozialer Normen und Werte im Prozeß der Sozialisation, der Auf- und Abstieg innerhalb einer gegebenen Schichtungsstruktur, Handeln, das von vorgegebenen Normen abweicht.

5.1 Sozialisation

Zum Problem des Zusammenhangs von Sport und Sozialisation

Die Vielschichtigkeit der Zusammenhänge von Sport und Sozialisation wird in Abb. 23 verdeutlicht.

Demnach müssen folgende Etappen des Sozialisationsprozesses diskutiert werden:

1. Vorsozialisation: Sie bezeichnet die Entwicklung von (motorischen) Kompetenzen, Leistungsmotivation, Wettbewerbsorientierung, Zeitbewußtsein, Soziabilität, Körperethos, Empathie, Technikverständnis, Raumbewußtsein etc., die erfolgt sein muß, um den Anforderungen im Sport gerecht zu werden und um sich in sozialen Gruppen und in die typische Kultur einer Sportorganisation einbinden und integrieren zu können. Wie weit und in welcher Form dies geschieht, hängt vor allem von den Einflüssen der Sozialisationsagenten (Eltern, Peer-group, Schule...) ab. Die Fragen also lauten: Welche Fähigkeiten, Kenntnisse, Motivation etc. müssen bereits vorhanden sein, wenn man sich dem Sport zuwendet oder eine Sportart in einer bestimmten Organisation ausüben möchte? Wie wird dieses Handlungspotential ausgebildet?

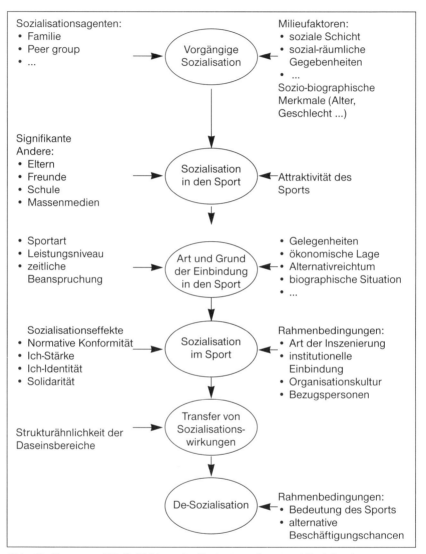

Abb. 23: Phasen und Einflußfaktoren im Kontext von Sport und Sozialisation.

2. Sozialisation in den Sport: Auch wenn die genannten grundlegenden Qualifikationen vorhanden sind, führen sie nicht zwangsläufig zum Sport. Vor allem
geht es darum, zu prüfen, welche Impulse von signifikanten Anderen zum
Sporttreiben geführt haben. Welche Einflüsse führen dazu, daß der einzelne
Sport treibt, also jenes in der Vorsozialisation geprägte Handlungspotential

tatsächlich im Sport und nicht in anderen Freizeitaktivitäten zum Tragen kommt?

Signifikante Andere sind jene Personen, die einen starken Einfluß auf Wertorientierungen, Einstellungen und Verhaltensmuster besitzen und deren Anregungen man folgt. Es sind langfristig und umfassend wirkende Vorbilder.

---

3. Einbindung in den Sport: Die Wahl der Sportart und die Entscheidungen über den Grad der Einbindung in den Sport – also das erreichte oder angestrebte Leistungsniveau, der Umfang der Wettkampfbeteiligung und zeitlichen Belastung, die Zentralität des Sports in der Lebensführung – ist eine weitere wichtige Etappe der Sozialisation in den Sport. Hier spielen neben den signifikanten Anderen zusätzlich die Gelegenheiten, eine bestimmte Sportart ausüben zu können, realisierbare Alternativen der Freizeitgestaltung, die Belastungen im Beruf oder Karriereplanungen eine Rolle. So muß gefragt werden, von welchen Bedingungen der Umfang des Sportengagements abhängt – eine Frage, die in erster Linie im Zusammenhang mit der Analyse des Sportengagements nach Schichtenzugehörigkeit, Geschlecht und Konfession unterschiedenen Personengruppen steht (vgl. Kap. 6.1.1, 6.1.2, 6.1.3, S. 185–219).

4. Sozialisation im Sport: Ob eine Sozialisation im Sport erfolgt – und wenn ja – in welchen Dimensionen, ist wiederum abhängig von der Sportart, der Art der Inszenierung des Sports, der organisatorischen Einbindung, der jeweiligen Organisationskultur. Es geht also um die konkreten Bedingungen, unter denen eine Sozialisation im Sport erfolgen könnte. So muß gefragt werden: In welchem Umfang und aufgrund welcher Faktoren kann im Sport selbst eine Sozialisation erfolgen, und – wenn dies der Fall ist – welche Eigenschaften werden im Sport vermittelt?

5. Transfer: Wenn diese vier Schritte vollzogen sind, kann gefragt werden, ob im Sport erworbene Eigenschaften in anderen Daseinsbereichen zum Tragen kommen können. Die Fragen also lauten: Können Fähigkeiten, Fertigkeiten und Kenntnisse, wenn sie durch den Sport geprägt wurden, auch in anderen Daseinsbereichen wirksam werden? In welchem Umfang ist ein solcher Transfer möglich und von welchen Bedingungen hängt er ab?

6. De- und Resozialisation: Nach dem Ende der sportlichen Karriere muß sich der Sportler – oft schmerzhaft – von der Lebenswelt des Sports abnabeln und zurückfinden in ein anders geregeltes, z. B. berufliches Leben. Er muß das, was er im Sport gelernt, was seine Identität geprägt hat, „entwerten", Formen und Bedingungen neuer institutioneller Ordnungen müssen internalisiert werden. Die Fragen also lauten: Welche Veränderungen in der Persönlichkeit und der Identität erfolgen nach dem Abschluß der Sportlerkarriere? Welche Probleme treten dabei auf, und wie werden diese Probleme bewältigt? Auf diese Fragen wird in Kap. 5.2 (vgl. S. 174) über soziale Mobilität eingegangen.

Ziel dieses Kapitels ist es, (1.) deutlich zu machen, daß „Sozialisation" ein wissenschaftliches Konstrukt ist, so daß die Beantwortung der Fragen über den Zusammenhang von Sport und Sozialisation zunächst davon abhängt, was man unter Sozialisation versteht; (2.) soll gezeigt werden, daß man die Sozialisationswirkungen des Sports keineswegs eindeutig beurteilen kann, diese vielmehr widersprüchlich sind; (3.) soll darauf aufmerksam gemacht werden, daß der Wert einer Sozialisation im Sport für andere gesellschaftliche Daseinsbereiche ungewiß ist.

Zunächst muß auf Schwierigkeiten, Sozialisationseffekte empirisch zu ermitteln, aufmerksam gemacht werden. In der Komplexität, wie sie Abb. 23 illustriert, können die Zusammenhänge zwischen Sozialisation und Sport unmöglich vollständig empirisch erfaßt werden, und zwar aus folgenden Gründen nicht: (a) Es ist nicht möglich, Effekte des Sports isoliert zu ermitteln, da der einzelne gleichzeitig durch Familie, Schule und Peer-group in seiner Entwicklung geformt wird. (b) Die Abb. 23 assoziiert einen klaren zeitlichen Ablauf der einzelnen Phasen. Dies ist aber in Wirklichkeit nicht der Fall. Vorsozialisation, die Sozialisation in den Sport und im Sport und Transfer erfolgen zum Teil zur selben Zeit, zum Teil aber auch zeitversetzt. Zeitversetzte und zeitgleiche Zusammenhänge sind ebenfalls nicht isolierbar. (c) Sozialisationseffekte lassen sich nur in Langzeitstudien erfassen. Aber die meisten Studien zu diesem Thema sind Vergleichsuntersuchungen zwischen sportlich aktiven und nicht aktiven Sportlern. So aber läßt sich nicht sicherstellen, ob die dabei ermittelten Unterschiede zwischen diesen beiden Gruppen ihre Ursache in Selektionseffekten haben – diejenigen, die Sport treiben und länger dabei bleiben, haben andere Persönlichkeitsmerkmale als die sportlich Passiven – oder ob tatsächlich Wirkungen des Sports ermittelt werden. (d) Die meisten Studien haben Leistungssportler zum Gegenstand, die selbst wiederum unter den Sportlern eine bestimmte Auswahl darstellen; für sie besitzt der Sport eine besondere Bedeutung, so daß Untersuchungsergebnisse keineswegs für alle Sportler gelten können.

Man muß sich damit abfinden, daß empirisch nicht verläßlich beantwortet werden kann, welche Zusammenhänge zwischen Sozialisation und Sport tatsächlich bestehen (*Svoboda* 1995).

Zum Begriff der Sozialisation

Es existiert eine kaum übersehbare Zahl von Definitionen und auch Konzepten zur Sozialisation. Dies kann nicht überraschen, denn „Sozialisation" ist ein wissenschaftliches Konstrukt, mit dessen Hilfe versucht wird, eine kaum übersehbare Fülle von Einflußfaktoren in vielfältigen sozialen Kontexten auf einen lange andauernden Prozeß der Entwicklung einer Vielzahl von Persönlichkeitsmerkmalen zu erfassen. Mit jeder Definition erfolgt also eine Festlegung auf eine bestimmte Perspektive und eine Auswahl von Variablen, die für die Entwicklung des Menschen zu einem sozialen Wesen (vgl. S. 18–19) als besonders bedeutsam eingestuft werden. Die verschiedenen und oft divergierenden

Konzepte können hier nicht diskutiert werden.[84] Für die weiteren Überlegungen wird definiert:

> Unter *Sozialisation* wird ein sozialer Prozeß verstanden, durch den Mitglieder einer Gesellschaft oder einzelner gesellschaftlicher Daseinsbereiche in die Lage versetzt werden, in moralisch, sozial-normativ und symbolisch strukturierten Handlungssituationen, also in einer vorgegebenen institutionellen Ordnung, angemessen zu interagieren.[85]

Handeln in moralisch, sozial-normativ und symbolisch strukturierten Handlungssituationen setzt die Kenntnis der in diesen vorherrschenden und anerkannten Moralauffassungen, Werten, sozialen Normen und Symbolen (etwa Sprache, die Bedeutung von Tatbeständen) ebenso wie die Bereitschaft und Fähigkeit voraus, sich entsprechend dieser Werte und Normen so zu verhalten, wie es die Bezugspersonen erwarten (können). Sozialisation bedeutet daher, daß die in einer Gesellschaft oder in einzelnen gesellschaftlichen Daseinsbereichen bestimmenden Moralauffassungen, Werte, Normen und Symbole vermittelt, verbindlich gemacht und spontan als richtig erkannt werden. Diese erste Aufgabe einer Sozialisation soll als *normative Konformität* bezeichnet werden.

Sozialisation bedeutet jedoch nicht nur Aneignung der Vorgaben einer institutionalisierten Ordnung; sie ist vielmehr zugleich Aufbau eines eigenen Selbst, das die Kontinuität der Persönlichkeit in wechselnden Handlungssituationen und der eigenen Lebensgeschichte garantiert. Der einzelne muß in der Lage sein, sich trotz normativer Zwänge und Erwartungen anderer als unverwechselbares Individuum darzustellen und die Fähigkeit, sich als eigenständige Persönlichkeit zu profilieren, entwickeln. Die soziale Identität, d. h. die stereotypen, normativ geprägten Vorstellungen, Erwartungen und Anforderungen anderer über die eigene Person müssen mit dem persönlichen, subjektiv kohärenten und plausiblen Selbstverständnis der eigenen Person, der personalen Identität also, in Einklang gebracht werden. Der einzelne muß auch als soziales Wesen und bei aller Konformität des Verhaltens in seiner Individualität erkennbar bleiben.

Diese zweite Dimension der Sozialisation soll als *Ich-Identität* bezeichnet werden; sie beschreibt die Fähigkeit, die Rollenerwartungen und Ansprüche der sozialen Umwelt und die Persönlichkeit mit ihren Wünschen, Vorstellungen und Erfahrungen so in Einklang zu bringen, daß die Individualität und Eigenständigkeit der Person bewahrt bleibt, ohne daß sie sich von Kommunikation und Interaktion ausschließt und zum (z. B. skurrilen) Außenseiter wird.

---

[84] Vgl. dazu zusammenfassend *Hurrelmann* (1986).

[85] Diese Festlegung ist willkürlich; man muß sich also darüber im klaren sein, daß bei einer breiteren Definition (etwa „Persönlichkeitsentwicklung in Umweltkontexten") andere Tatbestände – etwa auch die Entwicklung von Motivation und motorischen Fertigkeiten – in den Blick kommen (vgl. *Baur* u. a. 1994).

> *Identität* bezeichnet das über einen längeren Zeitraum stabile Bild und Erleben der eigenen Person und der Selbstdarstellung des Individuums. Sie meint die unverwechselbare und einheitliche Verfassung des Ichs, die zugleich mit den durch die verschiedenartigen Rollen abverlangten Verhaltenserwartungen in Übereinstimmung stehen muß, damit sich der einzelne trotz seiner (angestrebten) Einzigartigkeit nicht aus Kommunikation und Interaktion ausschließt.

Soziale Normen und Werte legen Verhalten oft nicht eindeutig fest, u. U. sind auch verschiedene Verhaltenserwartungen widersprüchlich und nicht gleichermaßen erfüllbar. So muß der einzelne zusätzlich in der Lage sein, sich von sozial-normativen Zwängen dann zu distanzieren, wann er sie für sich für unannehmbar und nicht akzeptabel einstuft, Eigenständigkeit und Selbstverantwortlichkeit zu entwickeln, soziale Konflikte zu lösen und auch dann sicher entscheiden und handeln zu können, wenn die stabilisierende Kraft sozialer Normen unsicher wird oder gar völlig fehlt bzw. soziale Normen einen breiten Handlungsspielraum belassen.

Diese dritte Dimension der Sozialisation, also die Entwicklung der Fähigkeit zu autonomem Handeln, zu reflektierter und flexibler Anwendung sozialer Normen und der souveränen Bewältigung sozialer Konflikte wird als *Ich-Stärke* bezeichnet.

Handlungsfähigkeit ebenso wie Stabilität und Kontinuität sozialer Systeme erfordern, daß diese drei Dimensionen der Sozialisation gleichermaßen entwickelt werden. Der einzelne muß durch Sozialisation in die Lage versetzt werden, Identität und Ich-Stärke mit sozialer Verpflichtung gegenüber anderen, ihren Verhaltenserwartungen und Leistungsansprüchen zu verbinden und zu integrieren; es muß verhindert werden, daß der einzelne zu einem Egoisten wird, der nur an sich selbst denkt und sich aus sozialen Netzwerken ausschließt. Diese vierte Dimension der Sozialisation zielt also auf den Aufbau von *Solidarität*.

Sozialisation hat zum Ziel, eine – allerdings durch die Besonderheiten der jeweiligen Handlungsbereiche unterschiedlich ausgestaltete, daher keineswegs immer gleiche und damit auch nicht ein für allemal feststehende – Balance zwischen normativer Konformität, Ich-Stärke, Ich-Identität und Solidarität herzustellen.

Überlegungen zur Vorsozialisation

Für die Überprüfung des Zusammenhangs von Sozialisation und Sport sind zwei Fragen von Bedeutung:
1. Durch welche Faktoren werden diese Dimensionen der Sozialisation – normative Konformität, Ich-Stärke, Ich-Identität und Solidarität – geprägt?
2. In welchen Phasen kindlicher und jugendlicher Entwicklung vollzieht sich diese Sozialisation in den vorgestellten Dimensionen?

In den folgenden Punkten werden einige Ergebnisse der Sozialisations-forschung über die prägenden Faktoren zusammengefaßt.[86] Danach bestimmt sich der Sozialisationserfolg danach,

(a) in welchem Maße in spezifischen Situationen Rollenzumutungen bestehen und Sanktionsmechanismen existieren, die Konformität positiv, Nichtkonformität negativ sanktionieren und den einzelnen zur Einhaltung der Rollenerwartungen anregen (reinforcement);

(b) inwieweit eine Identifikation mit anderen Handlungspartnern möglich ist und in dieser Identifikation Rollenmodelle nachgeahmt werden können;

(c) in welchem Maße individuelle Handlungsbereitschaft, Leistungsmotivation und Bedürfnisse, die bereits durch die verinnerlichten Wertorientierungen, Normen usw. geprägt sind, in einzelnen Situation wirksam werden – Faktoren, die normative Konformität prägen können;

(d) in welchem Umfang im Laufe der Entwicklung Konfliktlösungen gefordert und Krisensituationen entstehen und überwunden werden müssen, die einen kumulativen Lernprozeß auslösen und zur Entwicklung einer autonomen Persönlichkeit beitragen – Bedingungen, die insbesondere die Ich-Identität und Ich-Stärke prägen *(Hess/Handel* 1967);

(e) inwieweit in der Handlungssituation ein Gleichgewicht von Vereinzelung und sozialer Verbundenheit erreicht wird;

(f) ob eine befriedigende Übereinstimmung in der Vorstellung vom eigenen Ich, dem Image, das man für sich selbst entwickelt und dem Image, das die jeweilig anderen, mit denen man zu tun hat, entwickelt haben, besteht;

(g) ob eine klare Abgrenzung der Identität der eigenen Gruppe von anderen Gruppen möglich ist und eine befriedigende Bilanz von Isolation und Außenkontakten existiert;

(h) ob für die Sozialisation eher permissive Erziehungsstile, die die Entfaltung einer autonomen Persönlichkeit begünstigen, als punitive Erziehungsformen maßgebend sind (vgl. *Becker* 1964; *Hoffman* 1960).

Permissive Erziehung basiert eher auf Liebesentzug als auf körperlicher Drohung; sie ist auf die Intentionen kindlicher Handlungen, weniger auf das Verhalten selbst und dessen unmittelbare Folgen ausgerichtet; sie appelliert an Einsicht und beruht weniger auf äußeren Sanktionen. Punitive Erziehungsformen basieren auf äußeren (körperlichen) Bestrafungen, die an das Verhalten und dessen unmittelbare Folgen anknüpfen und die weniger an Einsicht appellieren.

Grundmuster sozialer Handlungsfähigkeit mit der Verinnerlichung allgemeiner kultureller Normen und Werte sowie ein erstes Ich-Bewußtsein werden bereits in den ersten Kindheitsjahren vermittelt und geprägt, also in Entwicklungsphasen, in denen noch kein Sport getrieben wird. Nach *Piaget* werden einfache Sportarten vom 7. bis 8. Lebensjahr, kompliziertere Sportarten vom 10. Lebensjahr an in Gruppen unter Beachtung der in dieser Sportart geltenden Regeln ausgeübt; das Interesse am Sport und gleichzeitig die Bindung an größere Gruppen nehmen bis zum 14. Lebensjahr zu

---

[86] Vgl. dazu vor allem *Goslin* (1969); *Parsons* (1964 a); *Neidhardt* (1974).

(Helanko 1957). Von diesem Zeitpunkt ab verringert sich dann die Bindung an Gruppen zugunsten von Paarfreundschaften; gleichzeitig sinkt wieder das Interesse am Sport. Solidarität entwickelt sich etwa vom 10. Lebensjahr an, Ich-Stärke und insbesondere Ich-Identität entwickeln sich im wesentlichen vom 14. Lebensjahr an. Die endgültige Identitätsbildung erfolgt in der Adoleszenzkrise, die oft mit dem Zwang parallel läuft, sich in gesellschaftlichen Wettbewerbssystemen durchsetzen und in ersten Berufsrollen behaupten zu müssen.

Die Fähigkeit des einzelnen, in normativ und symbolisch strukturierten Handlungssituationen zu interagieren, setzt normative Konformität, Ich-Identität, Ich-Stärke und Solidarität voraus. Diese Fähigkeiten werden im Prozeß der Sozialisation erworben. Die Entwicklungsphasen, in denen diese Voraussetzungen sozialer Handlungsfähigkeit geprägt werden, die Teilnahme am Sport und das Interesse an Gruppenbindungen laufen nicht zeitgleich. Damit sind zugleich wichtige Grenzen der Sozialisationsleistungen des Sports festgelegt.

Sozialisation in den Sport

Empirisch abgesicherte Befunde darüber, wodurch der einzelne letztlich zum Sporttreiben motiviert wird, sind spärlich; die bekannten Untersuchungen prüfen das Sportengagement der Eltern und seinen Einfluß nur in einer Retrospektive, fragen also den Sportler nach Einstellungen und Verhaltensangeboten der Eltern; sie verfolgen nicht in Langzeitstudien die erst später wirksam werdenden Einflüsse des Erziehungsstils des Elternhauses auf die Fähigkeit und Bereitschaft, Sport oder eine bestimmte Sportart auszuüben. Aus den vorliegenden Untersuchungen ergibt sich folgendes Bild:

1. Einfluß der Eltern: Offensichtlich besteht ein Zusammenhang zwischen dem Vorbild sportlich aktiver Eltern und dem Sportinteresse der Jugendlichen. Dies belegen *Pfetsch* et al. (1975, 138): 55% der befragten Sportler geben an, daß auch die Eltern Sport getrieben haben, 22% sogar Leistungssport. Ebenso zeigt *Artus* (1974), daß (zumindest bei weiblichen Jugendlichen, zu denen Artus Zahlenmaterial vorlegt) die Eltern von sportlich aktiven Töchtern sehr viel häufiger Sport getrieben haben als die am Sport desinteressierten. Während lediglich 8% der Väter sportlich inaktiver weiblicher Jugendlicher selber Sport treiben, sind es bei den sportlich aktiven weiblichen Jugendlichen 25%. Das wichtigste Vorbild für das Kind sind also zunächst die Eltern und hier vor allem der Vater; die signifikanten Anderen erhalten erst in späteren Lebensabschnitten Bedeutung. Man kann also sagen, daß ein (lebenslanges) Sportinteresse in der Kindheit vor allem durch die Eltern begründet wird (*Grenndorfer* 1992, 202). Allerdings muß man einschränken: Aus diesen Zahlen kann weder zwingend abgeleitet werden, daß zwischen der Sportaktivität von Eltern und Kindern ein ursächlicher Zusammenhang besteht, noch, daß lineare Beziehungen in der Form vorhanden sind, daß eine steigende Sportaktivität der Eltern eine zusätzliche sportliche Leistung der Kinder bewirkt. Vielmehr kann auch eine Scheinkorrelation zu diesen Zusammenhängen geführt haben. So steigt das Sportengagement mit höherer Schichtenzugehörigkeit, gleichzeitig aber ändert sich mit der Schichtenzugehörigkeit der Erziehungsstil. Dieser kann bereits zu einem ausgeprägteren Sportinteresse der Kinder führen, nicht oder nicht allein die Vorbildwirkung sporttreibender Eltern. Dennoch kann man sagen, daß die Prägung in der Kindheit eine guter Prädikator dafür ist, ob lebenslang Sport getrieben wird oder nicht – worauf auch immer dieser Einfluß basiert.

2. *Einfluß der Geschwisterfolge:* Es gibt Untersuchungen, die den Einfluß von Geschwisterfolge und -geschlecht auf die Persönlichkeitsstruktur bestätigen (vgl. *Toman* 1961). So zeigt sich z. B. – was für die Entwicklung der Geschlechtsidentität und damit des Sportengagements von Bedeutung sein kann –, daß Jungen, die nur Schwestern haben, in ihren Handlungsmustern und Spielformen eher weibliche Charakteristika aufweisen als Jungen, die nur Brüder haben. Diese Tendenz ist ausgeprägter bei den zweitgeborenen Jungen mit einer älteren Schwester, nicht so ausgeprägt bei einem erstgeborenen Jungen mit jüngeren Schwestern.

Wenn es stimmt, daß das erstgeborene Kind eine besonders ausgeprägte Geschlechtsidentität entwickelt und zugleich richtig ist, daß das Sportengagement eher zum Rollenbild des Mannes, weniger zu dem der Frau gehört (vgl. dazu Kap. 6.1.2, S. 208), ist zu vermuten, daß (a) die Fähigkeit und Bereitschaft bei erstgeborenen Mädchen, Sport zu treiben, aufgrund der Entwicklung eines besonders konformen Geschlechtsrollenbildes, vergleichsweise gering ist, daß aber (b) bei den sportlich aktiven Frauen jene überrepräsentiert sind, die als jüngere Schwester eines älteren Bruders aufgewachsen sind.

3. *Einfluß der Peer-group:* Für die Sozialisation in den genannten Dimensionen spielt die Gruppe der Gleichaltrigen (Peer-group) eine wichtige Rolle. Altershomogene Gruppen können als „Gegenstrukturen" zwischen dem familiären, privaten Bereich und den formal organisierten, unpersönlichen Daseinsbereichen von Schule und Betrieben wirken, indem sie dem individuellen Bedürfnis der Selbstdarstellung, Anerkennung und auch der Geselligkeit flexibel genug Rechnung tragen, ohne sich dabei allein von subjektiven Motiven bestimmen zu lassen, zugleich aber auch als Vermittlung zwischen familiärer, privater Sphäre und den übrigen gesellschaftlichen Daseinsbereichen fungieren, ohne aber wiederum in formal organisierten, unpersönlichen Strukturen aufzugehen. Sie grenzen sich gegenüber der Intimität der Familie und gegenüber organisierter Fremdbestimmung ab; sie konstituieren und behaupten sich als soziale Beziehungen und Verhaltensweisen eigener Art zwischen diesen beiden Daseinsbereichen, indem „unterschiedliche Orientierungen, Normen und Rollen angrenzender gesellschaftlicher Sektoren in variablen Mischungsverhältnissen derart ineinandergreifen, daß ein Übergang zwischen diesen Sektoren ohne radikalen Bruch vorbereitet wird" *(Neidhardt* 1970, 153).

So werden in jugendlichen Altersgruppen abseits von Erwachsenenkontrollen soziale Autoritätsformen erprobt, die von Autoritätsbeziehungen, wie sie zwischen Eltern und Kindern und zwischen Lehrern und Schülern bestehen, abweichen; es werden in diesen Altersgruppen eigene Formen des Selbstbewußtseins inmitten der Identitätsprobleme der Jugendlichen entfaltet, es entwickeln sich Gefühle sozialer Bindung, der Loyalität und Solidarität; es bietet sich die Chance emotionaler Entlastung vor allem von den Spannungen, die Jugendliche bei zunehmendem Leistungsdruck in der Schule, im Beruf und zum Teil auch in der Familie erleben (*Eisenstadt* 1966, 160 f.).

Sportliche Aktivitäten besitzen dabei eine besondere Bedeutung. Sport und sportliche Spiele sind häufig der Anlaß für die Bildung solcher Peer-groups und ein wesentliches Element ihrer Stabilisierung. Oft bestimmt sich auch der Status in einer solchen Gruppe durch die sportlichen Leistungen, die der einzelne zu erbringen in der Lage ist.

Es besteht ein empirisch nachgewiesener Zusammenhang zwischen Sportinteresse der Eltern, der Geschwisterfolge, den Interessen der Peer-groups und dem Sportengagement des einzelnen. Allgemein: Es besteht ein enger Zusammenhang zwischen Umfang und Form des Sportengagements und dem Umfang und der Art der Unterstützung durch signifikante Andere. Allerdings ist dieser Zusammenhang nicht allein durch Vorbildwirkungen und familiäre Anregung erklärbar; er ergibt sich u. U. auch aus schichtenspezifisch unterschiedlichen Wertauffassungen, biographischen Unterschieden (z. B. längere schulische Ausbildung), allgemein also aus unterschiedlichen Gelegenheiten, Sport zu treiben. Mit diesem Überblick werden zugleich die Grenzen der Forschungen zur Sozialisation in den Sport angedeutet: Sie nämlich befassen sich vornehmlich mit der Bedeutung der signifikanten Anderen für das Sportengagement. Verbindung zu Persönlichkeitsmerkmalen – etwa Motivation, Funktionstüchtigkeit, Fähigkeiten und ihrer Wahrnehmung – auf der einen Seite und situativen Gegebenheiten – etwa das Wohnumfeld, Sportgelegenheiten, Zeitbudget, Möglichkeiten alternativer Freizeitnutzung – auf der anderen Seite werden dabei nicht geknüpft. Ebenso vernachlässigen sie die kulturellen Rahmenbedingungen der Sozialisation.

Von einer eigenständigen Sozialisationsfunktion des Sports kann man nicht uneingeschränkt sprechen. Vielmehr wird der einzelne vor allem in der familiären Sozialisation bereits auf den Sport in spezifischer Weise vorbereitet, indem er Interesse und jene Fähigkeiten und Einstellungen erwirbt, die im Sport vorausgesetzt werden. Das Sportengagement ist also zugleich Folge eines Selektionsprozesses aufgrund des in der Sozialisation geprägten Handlungspotentials. Es kommen jene zum Sport, die in der Sozialisation eine entsprechende „Vor"-Prägung erfahren haben. Sozialisation im Sport bewirkt eine Erweiterung jener Potentiale, die in ihrer Grundstruktur bereits festgelegt wurden.

Sozialisation im Sport

In diesem Abschnitt soll dargestellt werden, inwieweit Sport ein Sozialisationspotential besitzt, im Sport also Normenkonformität, Ich-Stärke, Identität bzw. Solidarität zumindest verstärkt werden können.

Die Sozialisationswirkungen des Sports hängen von dem jeweiligen Modell des Sports, (vgl. S. 35), von der Sportart, von der Art seiner Inszenierung, vom erreichten Leistungsniveau, von der jeweiligen Organisation des Sports, von der Intensität des Trainings, von der Dauer des Sportengagements, vom Sportlehrer bzw. vom Trainer und letztlich auch von der „Vorsozialisation" des Sportlers ab. Es ist also unmöglich, allgemein von *der* Sozialisationswirkung *des* Sports zu sprechen. Vielmehr müssen das Pro und das Kontra von Sozialisationswirkungen des Sports gegeneinander abgewogen werden:

1. *Normenkonformität und Ritualismus:* Sport erscheint als ideales Feld zur Einübung sozialen Handelns: Er besitzt relativ – d. h. im Vergleich zu anderen gesellschaftlichen Daseinsbereichen – eindeutige Regeln; es gibt genau festgelegte Sanktionsmechanismen, die die Normenkonformität belohnen, Nichtkonformität bestrafen, und zwar in der Regel durch eine eigene Sanktionsinstanz, den Schiedsrichter.

Gerade in den ersten Entwicklungsphasen von Kindern und Jugendlichen können viele Normen, Werte und Regeln nur abstrakt, d. h. ohne daß sie unmittelbar praktiziert und in ihrer Bedeutung und ihren Wirkungen erfahren werden können, erlernt werden. Typisch für den Sport ist, daß in ihm Regeln

Abb. 24: Sozialisation im Sport

dadurch erlernt werden, daß man sie praktiziert. Normative Konformität kann eingeübt werden.

Untersuchen wir die Struktur der innerhalb des Sports geltenden Regeln und Normen und die daraus resultierenden Handlungsanforderungen genauer, zeigt sich, daß der Sozialisationswert des Sports in diesem Punkt differenzierter beurteilt werden muß: Wir hatten bereits die Regeln des Sports als Rituale charakterisiert (vgl. Kap. 3.1.2, S. 57–58) und ein Verhalten, das solchen Regeln folgt, als ritualistisch bezeichnet. Daraus ergibt sich eine zwiespältige Beurteilung des Sports als Sozialisationsfeld; denn es ist nicht auszuschließen, daß er zu einer ritualistischen Einstellung, also zu hoher Normenkonformität und zu einer geringen Rollendistanz führt. Dieser Gesichtspunkt erhält dadurch zusätzliches Gewicht, daß Kinder in der Zeit vom siebten bis zum 12./13. Lebensjahr, also wenn sie erstmals aktiv Sport zu treiben beginnen, eine besonders „gläubige" Einstellung gegenüber Normen und Regeln besitzen und dazu neigen, diese als unumstößlich und absolut zu betrachten (vgl. *Piaget* 1954, 30 f.; *Helanko* 1957, 232). Durch Sport könnte dieser „Ritualisierungseffekt" weiter verstärkt werden.

Im Sport scheint also eine Sozialisation in der Dimension „normative Konformität" durchaus möglich, die allerdings durch eine allzu ritualistische Einstellung gefährdet sein kann. Dieser im Grunde negative Effekt kann ausgeglichen werden, wenn auch in den anderen Dimensionen der Sozialisation eine Sozialisation im Sport erfolgt.

2. Frustrationstoleranz und Überlastung: Rein rechnerisch kann im Sport nicht jeder den gewünschten Erfolg haben; denn die Zahl der angestrebten (Gewinn-)Positionen ist stets geringer als die Zahl der Bewerber um den Gewinn, und dies um so mehr, je größer die Zahl der Teilnehmer an einem Wettbewerb ist. So gibt es zum Schluß immer einzelne, die das Ziel erreicht haben, viele aber auch, die das Gefühl haben müssen, nicht gut genug gewesen, u. U. gar gescheitert zu sei. Daß „dabei sein alles ist", tröstet dann wenig. Zugleich gelten aber strenge „feeling rules" und Anforderungen an die Emotionsarbeit. Danach ist es wichtig, ein fairer Spieler und damit ein guter Verlierer zu sein, d. h. die Enttäuschung über den Verlust mit Gleichmut zu tragen, Ressentiments und Ärger nicht zu zeigen. Sie müssen verdrängt und „heruntergeschluckt" werden.

Diese mit dem Sport verbundenen Erfolgsrisiken und Enttäuschungssituationen können auf die Sozialisation durchaus positiv wirken; sie verbessern die Fähigkeit, Niederlagen zu verarbeiten, vergrößern Selbstvertrauen und Selbstbewußtsein. Dies wiederum kann sowohl die Ich-Stärke als auch die Ich-Identität positiv beeinflussen.[87]

---

[87] Dies ist eine typische Situation der bereits gekennzeichneten Rollenambivalenz, die eine entsprechende Frustrationstoleranz voraussetzt. Solche Enttäuschungssituationen werden für den Sport zusätzlich dadurch typisch, daß die Leistungsfähigkeit nach dem Überschreiten des Punktes höchster Leistungsfähigkeit sehr schnell abnimmt.

Wird die Toleranzgrenze, innerhalb derer Niederlagen problemlos verarbeitet werden können, überschritten, kann dies zu Reaktionen der offenen oder verdeckten Abwehr führen. Dies kann sich wie folgt äußern: Verletzung der Regeln und der Erwartungen anderer, Herbeiführen von Konflikten, die zum Abbruch des Spiels führen, unfaires bzw. unkameradschaftliches Verhalten, Regelverletzungen bis hin zum Doping (offene Abwehr), oder in einer nicht adäquaten Interpretation der Niederlage, z. B. mit dem Hinweis auf ein Fehlverhalten des Schiedsrichters, ungünstige Wetterbedingungen, schlechte Organisation des Spiels, unfaires Verhalten der anderen (verdeckte Abwehr). Das Einüben solcher Abwehrmechanismen ist zwar ebenfalls ein Sozialisationseffekt, der jedoch nicht unbedingt positiv bewertet werden kann.

3. Ich-Stärke und Rigidität: Wie weit Sport tatsächlich zu einer Vergrößerung der Ich-Stärke beiträgt und die Ich-Identität beeinflußt, kann allgemeingültig nicht abgeleitet werden. Gerade hier sind die Abhängigkeiten von der Sportart und der Organisation des Sports besonders groß und daher die Wirkungen breit gefächert.

Der ritualistische Charakter sportlicher Normen und Regelungen, die oft monotone Form des Trainings, die Struktur der Konkurrenzsituation und auch die Formalisierung der Leistungsentlohnung (Medaillen, Urkunden etc.) lassen befürchten, daß negative Wirkungen insbesondere dann eintreten, wenn sich der Sportler z. B. aufgrund seines Alters vom Sport löst und damit die institutionelle und sinnhafte Absicherung internalisierter Verhaltensmuster verlorengeht. Hinzu kommt, daß der Sport in hohem Maß durch eine Vielzahl von Regeln, Organisationsnormen und -statuten, der Ordnung von Zeit und Raum und auch hierarchische Strukturen formalisiert ist; er ist nicht regelorientiert, sondern regeldominiert und damit weit davon entfernt, spontan zu sein. Wenn Kinder informell alleine spielen, organisieren sie sich selbst, bestimmen ihre Regeln, knüpfen Beziehungen zu ihren Freunden, fordern den Wettbewerb heraus. Aber im Sport organisieren Erwachsene den Wettkampf für Kinder und Jugendliche; sie verlangen Disziplin, Verhaltenskonformität, Beachtung der Regeln, der Strategien und der Techniken, also jener Bedingungen, die sie vorgeben. Der Sport der Kinder und Jugendlichen vollzieht sich in einem Rahmen, der von Erwachsenen konstruiert wurde. Dies kann erklären, daß Untersuchungen auf eine oft hohe Rigidität im Charakter von Spitzensportlern hinweisen, die häufig in nur beschränktem Maße in der Lage sind, alternative Handlungsmöglichkeiten zu erkennen und wahrzunehmen.[88]

4. Emphatie und Verletzung der Grenzen: Immer wieder wurde auf den „Eigenweltcharakter" des Sports verwiesen: Die Aufhebung von sozialer Ungleichheit, die Eindeutigkeit des Regelwerks (vgl. S. 58–59), vor allem aber auch die „Entkriminalisierung" des Sports (vgl. S. 182). Im Sport wird also die Fähigkeit der Abstraktion von unmittelbar erlebten Lebenszusammenhängen und das Vermögen, Relevanzbereiche zu wechseln, gefordert und gefördert. Es ist dies eine Fähigkeit, die als Empathie bezeichnet wird. Wenn aber die

---

[88] Vgl. zu dieser Frage z. B. *Beisser* (1967, 60 f.); *Büttner* (1967); *Loy* (1969, 73 f.).

Grenzen zu anderen Lebensbereichen nicht scharf genug gezogen werden, besteht die Gefahr, daß Bedingungen und Erfahrungen des Sports in andere Lebensbereiche unangemessen übertragen werden: Man möchte auch auf der Straße Rennfahrer sein, man fordert soziale Gleichheit auch im täglichen Leben ein, man zeigt jene Rücksichtslosigkeit gegenüber dem anderen, jenes Ausnutzen seiner Fehler und Schwächen, den festen Siegeswillen, die konstitutiv für den Sport sind.

5. Solidarität und Ethnozentrismus: Wenn in einem Handlungsfeld eine klare, gegenüber anderen deutlich abgrenzbare Identität besteht und es zugleich in ausreichendem Umfang soziale Kontakte ermöglicht, aber auch die Chance eröffnet, sich zurückzuziehen, allein zu sein, nicht völlig z. B. in der Gruppe aufgehen zu müssen, entstehen besonders günstige Sozialisationsbedingungen, insbesondere im Hinblick auf die Entwicklung von Solidarität. Diese Bedingungen scheinen im Sport, insbesondere im Mannschaftssport, erfüllt zu sein.

Eine hohe soziale Integration der Mitglieder einer Mannschaft, Solidarität innerhalb des Teams („wir gehören zusammen"; „gemeinsam schaffen wir es") und eine starke Abgrenzung gegenüber der anderen Gruppe („wir gegen die anderen"), sichern, daß sich eine eigene, gruppenorientierte Identität herausbildet. Damit scheint die Gewähr für die Entwicklung hoher Solidarität und Sozialität, d. h. der Fähigkeit und Bereitschaft kooperativen Verhaltens in sozialen Gruppen, des gegenseitigen Einsatzes für die Ziele und Normen, aber auch für einzelne Mitglieder der Gruppe, gegeben.

Dabei darf dreierlei nicht übersehen werden: (a) Dieser Effekt tritt nur bei Sportarten oder Organisationsformen des Sports ein, die die Bildung dauerhafter Gruppen zulassen; (b) Wettkampf ist dadurch gekennzeichnet, daß der Gewinn des einen zugleich der Verlust des anderen ist – was bei anderen Formen sozialer Auseinandersetzungen und Konflikten nicht die Regel ist –, so daß sich Solidarität oft nur innerhalb der eigenen Gruppe herausbildet und diese so angelegt ist, daß sie sich zu Lasten und zum Nachteil der anderen Gruppe, zu der eine sportliche Konkurrenzsituation besteht, auswirken kann; (c) auch die innere Solidarität hängt von Umfang und Art der (sportlichen) Erfolge der Gruppe bzw. Mannschaft ab, da diese Solidarität durch den Erfolgszwang entsteht und motiviert wird.

So scheint der Sport wiederum kein eindeutiges Potential zur Entwicklung oder Verstärkung von Solidarität zu besitzen. Dabei könnte sich auch eine Form der Solidarität entfalten, die in anderen Daseinsbereichen eher zu einer Verschärfung von sozialen Konflikten zwischen verschiedenen Gruppen und zu einem unangemessenen Ethnozentrismus führen kann. Sie verleitet möglicherweise zu einer Radikalisierung von (vermeintlichen) Gegensätzen. Gerade bei sinkender Erfolgswahrscheinlichkeit und in Krisen kann die Gruppe zusätzlich ihre bindende Kraft verlieren – in Situationen also, in denen sich nach landläufiger Vorstellung Solidarität gerade bewähren sollte.

6. Demokratieverständnis und Enttäuschung: Auch der Mitgliedschaft in Sportvereinen wird eine Sozialisationswirkung zugeschrieben: In ihnen können ein positives Demokratieverständnis vermittelt werden und demokratische Verhaltensmuster erfahren und praktiziert werden. Unabhängig von den konkreten Zielen der Vereine lernen die Mitglieder Organisationsfähigkeiten wie Sitzungen leiten, Veranstaltungen organisieren, Reden halten, Mehrheiten sammeln, die zum Handwerk eines demokratischen politischen Systems gehören (vgl. *Rose* 1966, 57; *Sills* 1968, 373).

Allerdings darf nicht übersehen werden, daß die Möglichkeiten der Mitarbeit in den Vereinen – auch bedingt durch Oligarchisierungstendenzen (vgl. S. 113–114) – vor allem für Jugendliche begrenzt sind. So kann es sein, daß die Erfahrung von undemokratischen Verhaltensweisen selbst in diesem kleinen Rahmen eher zur Frustration und Abkehr vom politischen Entscheidungsprozeß der Gesellschaft als zu einer Steigerung der Beteiligung der Bürger führt (vgl. *Bühler* 1978, S. 133). Auch ist zu befürchten, daß damit das Engagement in politisch „weniger störende" Kanäle gelenkt wird und damit einen politisch passiven Bürger zur Folge hat. Das Engagement führe – so die These – zu einer Entpolitisierung der Mitglieder, bestätige die vorherrschenden Ideologien und stabilisiert eher den status quo. Wer sich intensiv in einem Sportverein engagiert, wer das Gefühl hat, eine wichtige Aufgabe für die Gemeinschaft zu erfüllen, wird leicht ein „guter", also politisch passiver Staatsbürger.

(a) Die Grenzen zwischen positiven und negativen Sozialisationswirkungen des Sports sind nicht eindeutig bestimmbar, sondern variabel entsprechend der jeweiligen Organisation und Inszenierung des Sports und abhängig von vielen Besonderheiten der jeweiligen Sportart und seiner Vermittlung. Es stehen sich konkurrierende sozialisierende Wirkungen und Einflüsse im Sport gegenüber; nur im Einzelfall ist entsprechend der jeweiligen Rahmenbedingungen und Strukturgegebenheiten des Sportes feststellbar, welcher Sozialisationseffekt tatsächlich eintritt. (b) An sechs Punkten wurden Möglichkeiten und Grenzen einer Sozialisation im Sport aufgezeigt, ohne daß damit ausgeschlossen werden kann, daß andere Strukturmerkmale des Sportes zu anderen Sozialisationswirkungen führen können. (c) Der Sport darf nicht nur unter dem Gesichtspunkt seiner möglichen Sozialisationsfunktion beurteilt werden; er besitzt vielmehr vielfältige andere Funktionen und Wirkungen.

Die Bedeutung der Sozialisation im Sport für außersportliche Bereiche

Die Frage, inwieweit eine im Sport erfolgte Sozialisation in den genannten vier Dimensionen in anderen gesellschaftlichen Daseinsbereichen zum Tragen kommt, gliedert sich in zwei Problembereiche:

Die Möglichkeit einer Übertragung von im sportlichen Bereich geprägter bzw. verstärkter normativer Konformität, Ich-Identität, Ich-Stärke und Solidarität ebenso wie anderer im Sport erworbener Fähigkeiten, Kenntnisse und Dispositionen hängt zum einen davon ab, inwieweit die im außersportlichen Lebensbereich vorherrschenden Strukturzüge identisch oder doch analog zu den Strukturbesonderheiten des Sports sind. Zum anderen muß auch die jeweilige Persönlichkeit des einzelnen mit bedacht werden, also z. B. seine Fähigkeit, heterogene und divergierende Erfahrungen und Anforderungen in verschiedenen Lebensbereichen zu integrieren, zu verallgemeinern und als etwas

Gemeinsames zu erkennen – etwa die im Wettkampf geprägte Identität und Ich-Stärke bei intellektuellen, politischen und ähnlichen Auseinandersetzungen analog beweisen zu können. Das Übertragungsproblem muß sowohl vom Standpunkt persönlicher Eigenschaften als auch unter dem Aspekt gesellschaftlicher Strukturbedingungen beurteilt werden. Schließlich darf die Frage nicht außer acht gelassen werden, inwieweit eine solche Übertragung wünschenswert ist. So sind einzelne Dispositionen und Verhaltensmuster, die im Sport erworben bzw. praktiziert werden, in anderen Daseinsbereichen keineswegs positiv bewertet. Man denke etwa an das Problem, das entsteht, wenn im Sport praktizierte Aggressivität und dort erlernte Strategien, Gegner zu verletzen, in andere Lebensbereiche übertragen werden könnten.

Bei der Behandlung der Eigenarten des Regelwerks des Sport wurde bereits deutlich, daß sich die eigentümliche Welt des Sports deutlich von der Alltagswirklichkeit unterscheidet. Schon daraus können wir den Schluß ziehen, daß die Möglichkeiten einer Übertragung der im Sport geprägten Qualitäten auf andere Daseinsbereiche begrenzt sind, da sich die Strukturen der einzelnen Daseinsbereiche und damit die jeweils gestellten Anforderungen unterscheiden. Einzelne gesellschaftliche Daseinsbereiche werden immer stärker auf ihre eigenen Zwecke hin und damit nach eigenen Sachgesetzlichkeiten organisiert. „Diese Teilsysteme der Sozialstruktur sind zwar nicht voneinander völlig unabhängig, folgen aber doch im wesentlichen eigenen Normen. Das bedeutet, daß die jeweiligen systemimmanenten Handlungsnormen nicht direkt auf die anderen Teilsysteme übertragbar sind bzw. daß die Sinnstrukturen der verschiedenen Teilsysteme untereinander in keinem subjektiv einleuchtenden Legitimationszusammenhang stehen. Die Handlungsnormen der verschiedenen Bereiche sind wesentlich von den jeweiligen institutionsspezifischen Grundfunktionen bestimmt" *(Luckmann* 1972, 188). Je weiter diese Ausdifferenzierung vorangetrieben ist und je stärker gesellschaftliche Daseinsbereiche nach eigenen Normen und Sachgesetzen organisiert sind, bzw. – um in der Sprache der *Luhmann*schen Systemtheorie zu argumentieren (vgl. S. 128–130) – in dem Maße, in dem soziale Systeme ihren eigenen Code entwickelt haben, mit dem sie autonom gegenüber der Umwelt werden – um so mehr müssen diese Systeme eigene Sozialisationstechniken entwickeln, die auf die Anforderungen dieses Bereichs zugeschnitten sind, um so mehr zeigen sich auch Grenzen einer Übertragung der in diesem Bereich erworbenen oder verfestigten Eigenschaften und Verhaltensweisen auf andere Sektoren. Dies ist eine Konsequenz der institutionellen Autonomie einzelner Daseinsbereiche in modernen Gesellschaften.

Dieser Aspekt soll weitergehend an folgendem Beispiel illustriert werden: Auch in der Arbeitswelt werden Formen des Handelns und Wertorientierungen gefordert, die ebenfalls im Sport typisch sind: Leistungsorientierung, Anpassungsfähigkeit an neue Situationen, insbesondere eine hohe, fast schon ritualistische Normenkonformität (vor allem in bürokratisch organisierten Verwaltungen) und eine hohe Frustrationstoleranz gegenüber Niederlagen, das Meistern von Konfliktsituationen und die Anerkennung einer auf Wettbewerb und Leistung basierenden Statusgliederung. Aber gleichzeitig er-

[handschriftliche Randnotiz: Gemeinsamkeiten in Sport- und Arbeitswelt]

geben sich zwischen Sport und Arbeitswelt wesentliche Unterschiede, die *Lenk* (1972, 105 f.) in drei Punkten zusammengestellt hat. So werden (1.) Leistungen in der Arbeitswelt mehr unter Zwang und Sanktionsdrohungen erbracht, während sportliche Leistungen in stärkerem Maße freiwillig sind und den individuellen Fähigkeiten und Interessen des Sportlers entsprechen. Während (2.) im Produktionsprozeß die Leistung des einzelnen nicht mehr sichtbar wird und nicht mehr persönlich zugeschrieben werden kann, das Arbeitsprodukt also „entfremdet" ist, ist sportliche Leistung durch persönliche Anstrengung zustande gekommen und damit weitgehend der einzelnen Person zurechenbar. (3.) Die Chancengleichheit ist insbesondere aufgrund mangelnder Bewertbarkeit und Vergleichbarkeit individueller Leistungen in der Arbeitswelt nur unzulänglich gewährleistet, während im Sport durch die vergleichsweise besseren Startchancen und die exakten Vergleichsmöglichkeiten sportlicher Leistungen eine Chancengleichheit noch am ehesten gewährleistet wird.

Dieser Sachverhalt kann allgemeiner mit Begriffen der Rollentheorie beschrieben werden. So besteht (1.) zwischen Sport und Arbeitswelt ein Unterschied in der Rigidität der Rollendefinition und des vorhandenen Interpretationsspielraums; dieser Unterschied wird insbesondere deutlich im Vergleich zu bürokratischen Organisationen und Fließbandarbeit auf der einen Seite und dem Sport auf der anderen Seite. Dies bedeutet (2.), daß im Sport in starkem Maße eine Komplementarität von Erwartung und Verhalten und damit eher eine Bedürfnisbefriedigung entsprechend der eingebrachten Leistungen möglich ist und daher eher eine „Austauschgerechtigkeit" zwischen den Akteuren vorhanden sein wird. Weiter ist (3.) der Konformitätszwang unterschiedlich und damit im Sport die Chance der Selbstdarstellung bezogen auf die individuellen Fähigkeiten und Interessen leichter möglich. Zugleich wirkt sich (4.) die fehlende Frustrationstoleranz im Sport nicht so gravierend negativ aus wie in der industriellen Arbeitswelt, insbesondere weil die direkten und indirekten Abwehrmechanismen hier nicht in gleicher Weise angewendet werden können; diese strukturellen Unterschiede der diskutierten Daseinsbereiche lassen auch einen Transfer der im Sport erworbenen Eigenschaften in die berufliche Arbeit wenig wahrscheinlich werden.

Sport kann dazu beitragen, normative Konformität, Ich-Stärke, Ich-Identität und Solidarität zu entwickeln oder zu festigen. Diese Wirkungen wird man schon deshalb hoch einschätzen, weil diese Eigenschaften in einer Phase jugendlicher Entwicklung geprägt werden, in der zugleich ein besonders starkes Interesse für den Sport besteht. Ob aber diese Sozialisationswirkungen tatsächlich eintreten, ist keineswegs sicher. Positive Wirkungen können in ihr Gegenteil umschlagen. Eine eindeutige Auskunft, ob Sport also Agent der Sozialisation ist und in seinen Wirkungen günstig zu beurteilen ist, kann nicht gegeben werden. Hinzu kommt, daß man nicht ohne weiteres erwarten kann, daß Effekte einer Sozialisation im Sport in anderen gesellschaftlichen Daseinsbereichen positiv zum Tragen kommen.

5.2 Soziale Mobilität

Von einer erfolgreichen Sportlerkarriere müßte eigentliche jeder träumen: Man verdient wahnsinnig viel Geld, steht stets im Rampenlicht der Öffentlichkeit, ist von den Medien gefragt, von den Sponsoren umworben, für viele ein Idol und Vorbild; und auch nach der sportlichen Karriere ist man gefragter Werbeträger, erfolgreicher Trainer u. U. sogar beliebter Vereinspräsident. Da lohnt doch die Schinderei, die erforderlich ist, um an die Spitze zu kommen. Oder doch nicht?

Ziel dieses Kapitels ist es, (1.) auf die vielfältigen Formen des Aufstiegs und Abstiegs im und mit dem Sport aufmerksam zu machen (2.) zu zeigen, daß Sport nur begrenzt eine berufliche Karriere fördert; dazu sollen (3.) Hinweise auf die Bedingungen gegeben werden, unter denen mit dem Sport berufliche Chancen verbessert werden können.

Soziale Mobilität bezeichnet den Aufstieg oder den Abstieg von einzelnen Personen, Personengruppen (z. B. Mannschaften) oder sozialen Kollektiven (z. B. Facharbeiter, Sportler, Intellektuelle) innerhalb einer vorgegebenen hierarchischen, wertmäßigen Gliederung/Schichtung eines sozialen Systems (z. B. des Sports) oder einer Gesellschaft. Zu unterscheiden sind dabei: (a) Auf- und Abstieg innerhalb des Sports; (b) das Aussteigen aus dem Sport; (c) der weitere berufliche Weg nach dem Sport.

Soziale Mobilität im Sport

Auf- und Abstieg ist ein konstitutives Element des Sports: Am Anfang des Wettkampfes werden die Teilnehmer als gleich, am Ende als ungleich entsprechend des erzielten Ergebnisses definiert. Veränderungen in Ranglisten und Ligapositionen drücken diesen Auf- und Abstieg aus. Aber diese Veränderungen haben soziale Konsequenzen – und erst dann sprechen wir von sozialer Mobilität im Sport. Sportler haben ein unterschiedliches soziales Prestige zu verschiedenen Zeiten – sowohl in ihrer Karriere als auch als Kollektiv in einer Gesellschaft –, sie verdienen im Laufe ihrer sportlichen Karriere unterschiedlich viel Geld, die Aufmerksamkeit der Öffentlichkeit ist schwankend und damit das gewinnbringende Interesse der Sponsoren unkalkulierbar. Diese Konsequenzen sind bei einem Aufstieg – vor allem in populären und professionellen Sportarten – offenkundig. Eher verdeckt bleiben Formen und Probleme des Abstiegs, die aus einem Versagen des Sportlers resultieren bzw. als Versagen erlebt werden. Dazu folgen einige Anmerkungen:

Versagen liegt vor, wenn der Sportler z. B. aufgrund eines altersbedingten Rückgangs seiner Leistungsfähigkeit, aufgrund seiner schlechten Form, durch schlechtes Training, mangelnde Motivation oder gesundheitliche Einbußen bedingt, eine erwartete Leistung nicht erbringt. Es handelt sich also um ein Abweichen von vorgegebenen Leistungsnormen.

Versagen kann zwei Konsequenzen haben und zwar (a) Degradierung, also Verlust der bzw. Verzicht auf die Positionen, die an die Leistungsstandards gebunden sind (der Torwart, der häufig falsch reagiert, wird ausgewechselt, der Turner, der sich in einer Formkrise befindet, verzichtet auf seine Benennung für einen Wettbewerb, die schlechten Mannschaften steigen in eine niedrigere Leistungsklasse ab, (b) Distanzierung, indem entweder eine Vergrößerung des inneren Abstandes zu der Position und der damit verbundenen Aufgabe erfolgt oder eine Vergrößerung der sozialen Distanz zu anderen (indem man z. B. während eines Fußballspiels nicht mehr von den Mitspielern angespielt wird, soziale Kontakte eher vermieden werden). Diese Prozesse der Distanzierung werden als „cooling out" bezeichnet (vgl. auch *Garfinkel* 1956, 420 f.). Versagen kann verbunden sein mit Schwinden des Vertrauens, das man zu sich selbst hat und das andere in die eigene Leistungsfähigkeit haben und damit zu einer Bedrohung der Identität, die sich daraus ableitet, daß man sozial erwartete Leistungsnormen erfüllen kann, führen.

In der Literatur werden verschiedene Mechanismen unter dem Begriff „Coping" beschrieben, mit denen diese Formen des Versagens und des sozialen Abstiegs subjektiv verarbeitet werden. Dazu gehören: Umdefinition der Präferenzen („Sport ist nicht alles", „es gibt wichtigeres im Leben"); Einbindung in neue Bezugsgruppen („in der Dorfliga bin ich der Star"; „Familie und Freunde geben mir mehr"); externe Schuldzuschreibungen („mit dem Trainer ist es unmöglich", „in der Mannschaft werden nur Intrigen gesponnen"); Veränderungen der Ansprüche („jetzt habe ich endlich Zeit für meine Hobbys", „ich kann mich mehr meinem Beruf widmen"); Rationalisierung des Abstiegs („die ständige Reiserei war mir eh zu viel"; „ich konnte nicht schon wieder mit der Familie umziehen", „ich wollte nicht immer in der öffentlichen Aufmerksamkeit stehen").

Das Aussteigen aus dem Sport

Selten kann und wird der einzelne ein Leben lang Sport treiben; für die Leistungs- und Profisportler erfolgt dieser Abschied vom Sport unabdingbar und meist schon in jungen Jahren. Dieser Abschied kann oft unfreiwillig und unerwartet – etwa nach einer schweren Verletzung oder nach einem langen Abstieg im Sport selbst –, aber auch freiwillig und geplant erfolgen. Die Folgen und Probleme eines solchen Ausstiegs hängen sicherlich davon ab, ob er geplant oder unfreiwillig erfolgt; sie werden bei Berufssportlern anders sein als bei einem Amateur oder beim Freizeitsportler; schließlich hängen sie davon ab, inwieweit der Sport Lebensinhalt war.[89] Sicherlich kann ein solcher Ausstieg positiv erlebt werden – man hat mehr Zeit, kann sich stärker Freunden, der Familie, der beruflichen Karriere widmen. Ebenso müssen aber folgende Probleme bewältigt werden:[90]

---

[89] Vgl. dazu auch das Kapitel über abweichendes Verhalten, vor allem S. 182. Zu den verschiedenen Untersuchungen zu diesem Thema vgl. zusammenfassend *McPherson* u. a. (1989, 54).

[90] Vgl. dazu auch die Überlegungen zur Überkonformität auf S. 184.

• *Suche nach neuer Identität:* Wenn der Sportler sein Selbstbewußtsein, sein Selbstbild und seinen sozio-ökonomischen Status vorrangig über den Sport definiert, kann vor allem der ungewollte Ausstieg als Degradierung, als traumatische Identitätskrise, u. U. sogar als „sozialer Tod" *(Lerch* 1984) erfahren werden. Wenn es nicht gelingt, eine neue Identität aufzubauen, kann der ehemalige Sportler, der bis ins hohe Alter nur von seinen sportlichen Erfolgen zehrt und berichtet, zur tragischen oder komischen Figur werden.

• *Suche nach neuer sozialer Einbindung:* Das Netz sozialer Beziehungen, in das der Sportler eingebunden ist, ist oft selbst wieder Teil des Sports; der Sportler ist eingebunden in eine eigene Subkultur des Sports. Der Ausstieg aus dem Sport bedeutet also, daß man ein wichtiges kontaktstiftendes Feld verliert, neue soziale Beziehungen anknüpfen, sich in neue soziale Gruppen einbinden und neue „signifikante Andere", also Personen, die für die eigene Lebensgestaltung und den Statusentwurf von Bedeutung sind (vgl. S. 159), suchen muß.

• *Suche nach neuer sozialer Rolle:* Da nur wenige der Qualifikationen, die man im Sport erworben hat, nach Abschluß der Sportkarriere verwendbar sind, müssen neue berufliche Rollen gesucht werden, die nicht nur die Identität, sondern u. U. auch den Lebensunterhalt sichern, oder – sofern Sport nicht Beruf war – es müssen neue Aktivitäten gefunden werden, die eine sinnvolle und ebenso erfüllende Freizeitbeschäftigung ermöglichen.

Sport als Instrument sozialer Mobilität

Die Erwartung, Sport könne die beruflichen Chancen nach Abschluß der sportlichen Karriere fördern, basiert auf drei Tatbeständen: (1.) auf einer Demokratisierung (vgl. *Page* 1973, 18 f.) des Sports, die dazu führt, daß alle Sportarten grundsätzlich jedem offenstehen; (2.) auf einer zunehmenden Betonung individueller Leistungen im Sport, hinter die traditionelle Werte und soziale Herkunft des Sportlers zurücktreten; (3.) auf einer wachsenden Bedeutung vor allem des professionellen Sports als Massenunterhaltung und damit der Steigerung des Ansehens des Sportlers.

Ob der Sport Mobilitätschancen wirklich verbessert, soll im einzelnen geprüft werden: Generell gilt – und dies insbesondere für den Breiten- und Freizeitsport –, daß der Sport von gesellschaftlichen Plazierungsprozessen, durch die z. B. die Zugehörigkeit zu einer sozialen Schicht bestimmt wird, weitgehend abgekoppelt ist. Der Status, den der Sportler aufgrund seiner Leistung innerhalb des Sports erringt, ist in außersportliche Bereiche kaum übertragbar. Sport ist – auch nach seinem eigenen Selbstverständnis – sozial weitgehend folgenlos. Sport wird also zunächst soziale Mobilität (und auch Emanzipation als politische, soziale und rechtliche Besserstellung) in Daseinsbereichen außerhalb des Sports nicht bewirken. Dies ist eine Folge der institutionellen Autonomie des Sports ebenso wie der Autonomie anderer gesellschaftlicher Daseinsbereiche. Hinzu kommen weitere Einschränkungen:

Es wurde in mehreren Studien nachgewiesen, daß die soziale Diskriminierung einzelner Gruppen, die in einer Gesellschaft besteht, im Sport nicht aufgehoben wird. So haben *Loy/Elvogue* (1970, 5 f.), *McPherson* u. a. (1989) und

nicht gelesen

Coakley (1994) gezeigt, daß z. B. im Profi-Baseball und Profi-Football Schwarze systematisch von jenen Positionen ferngehalten wurden, die das größte soziale Prestige und die besten sozialen Aufstiegsmöglichkeiten eröffnen. Auch darf nicht übersehen werden, daß der soziale Status erst aus dem Zusammenwirken mehrerer Komponenten (Einkommen, Beruf, Bildungsniveau, Rasse usw.) resultiert, so daß eine Statusinkonsistenz dadurch entstehen kann, daß im Einzelfall diese Komponenten als widersprüchlich empfunden werden – so z. B. bei einem angesehenen Spitzensportler, der zugleich als Farbiger, als Mitglied einer unteren Sozialschicht oder einer ethnischen Minderheit bzw. aufgrund seines niedrigen Bildungsniveaus diskriminiert wird.[91]

Weiter muß berücksichtigt werden, daß die größte Zahl der professionellen Sportler kaum über eine lokale oder regionale Bedeutung hinauskommt. Das, was sie dort verdienen, reicht kaum zur Sicherung des Lebensunterhalts und noch weniger dazu, sich eine Existenz nach Abschluß der sportlichen Karriere aufzubauen. Oft entstehen Hoffnungen aus dem Vorbild der wenigen, die es bis zur Spitze geschafft haben; die vielen, die auf dem Weg dorthin scheiterten, kommen nicht in den Blick. So hat etwa *Houlston* (1982) am Beispiel professioneller Fußballspieler festgestellt, daß sich das Einkommen nach Abschluß der sportlichen Laufbahn gegenüber dem im Sport erzielten Einkommen fast halbiert.

Die Bedeutung dieses Aufstiegskanals darf deshalb nicht überschätzt werden. In einer Untersuchung über Berufsboxer in Amerika haben *Weinberg/ Arond* (1952, 460 f.) gezeigt, daß die Berufssportler zwar fast ausschließlich aus unteren Sozialschichten kamen, daß jedoch die meisten kaum mehr als lokale Bedeutung errangen, in der Regel keinen allzu großen sozialen und finanziellen Erfolg verbuchen konnten, der soziale und wirtschaftliche Aufstieg meistens abbrach und eine Rückkehr in die alte soziale Schicht erzwungen wurde, wenn die Sportkarriere beendet war. Nur in den seltenen Fällen, in denen der Sportler seine während der Sportkarriere erworbenen Fähigkeiten, Erfahrungen, Titel usw. im beruflichen Erfolg in anderen Bereichen umsetzen konnte, wurde der im Sport erworbene Status aufrechterhalten. Zu ähnlichen Ergebnissen gelangt *Lever* (1976, 222 f.) in einer Untersuchung der Karrierechancen professionalisierter Fußballer. Die Karrierechancen sind um so geringer, je größer die Professionalisierung ist. Bei geringer Professionalisierung haben die Fußballspieler noch die Chance, eine Nebenbeschäftigung auszuüben, z. B. etwas für ihre berufliche Weiterbildung zu tun, um sich auf die Zeit nach der Sportlerkarriere vorzubereiten. Je mehr aber Fußball zum Hauptberuf wird, je mehr Zeit also für das Training und für die Teilnahme an Wettbewerben benötigt wird, um so geringer ist die Möglichkeit, einen dauerhaften sozialen Aufstieg durch Fußball abzusichern. „Für die Mehrheit bedeutet Fußball nur eine rasche soziale Mobilität, die keinerlei Wirkung auf Ausbildungsniveau und Wertvorstellungen hat (...) Im Alter von etwa 30 Jahren sitzen sie dann da ohne fachliche Ausbildung, ohne Geld, nur mit der Erinne-

---

[91] Dieser Tatbestand wird in der Soziologie als Statusinkongruenz bezeichnet.

rung an ihre allzu kurze Karriere. Durch die Professionalisierung ist die Bedeutung des Fußballs als Sprungbrett zu einer dauerhaften Karriere stark gesunken" (*Lever* 1976, 232). So bleibt manchem Berufsspieler nach Ende seiner Spielerkarriere nur die Möglichkeit, „eine niedere ungelernte Arbeit anzunehmen, die weder seinem neu erworbenen Mittelschichtsgeschmack noch den Symptomen des Status gerecht wird (...) Oft (...) kehren gerade die Spieler aus den ärmsten Gebieten in ihre Slums zurück und nehmen an, was sie gerade kriegen können" (234).

Weiter können die beruflichen Karrierechancen dadurch behindert werden, daß (a) der Sportler während der aktiven Zeit seine berufliche Aus- und Weiterbildung vernachlässigt, (b) die Altersgenossen in der Karriere weiter vorangeschritten sind und über größere berufliche Erfahrung verfügen und (c) Sportler eine Identität und einen Lebensstil entwickelten, die die Anpassung an neue Lebensbedingungen eher erschweren als erleichtern können.

Aber man darf dies auch nicht zu negativ sehen. Vielmehr können drei Mechanismen wirksam werden, die eine Vergrößerung der Mobilität oder Mobilitätschancen bewirken (vgl. *Loy* 1969, 18 f., ebenso *Hammerich* 1972):

1. Ausnutzen der Popularität: Der Sportler kann erfolgreich seine Popularität und den Bekanntheitsgrad, den er erworben hat, vermarkten. Tätigkeiten in der Werbung, als Vertreter von Sportartikelfirmen, Arbeiten im Gaststättengewerbe sind Beispiele dafür.

2. Ausschöpfen erlernter Kompetenzen: Im Sport können Fähigkeiten, Fertigkeiten und Motivationsstrukturen erworben oder verfestigt werden, die den sozialen Aufstieg in anderen Daseinsbereichen fördern. Deshalb bleiben viele auch nach der aktiven Zeit dem Sport verbunden – etwa als Trainer, Manager, Geschäftsführer in Vereinen und Verbänden, Inhaber von Sportzentren. Körperliche Fitneß kann sich unter Umständen positiv auf die berufliche Leistungsfähigkeit auswirken, Training zu einem effizienteren Gebrauch von Zeit und Energie führen, soziale Verhaltensweisen wie Anpassung an die Anforderungen der Gruppe, Solidarität, Kooperation geprägt werden, die den sozialen Aufstieg des einzelnen in anderen gesellschaftlichen Daseinsbereichen erleichtern.

3. Nutzen von Beziehungen: Eine erfolgreiche Sportkarriere kann verschiedene Formen beruflicher Förderung zur Folge haben; sei es, daß Fans erfolgreichen Sportlern finanzielle Unterstützung für ihre berufliche Ausbildung, eine berufliche Stellung oder die Möglichkeit beruflicher Karriere (z. B. im eigenen Betrieb) eröffnen, sei es auch nur, daß der Sportler in seiner Mannschaft oder in seinem Sportverein Leute kennenlernt, zu denen er Beziehungen anknüpfen kann, die für sein berufliches Fortkommen von Nutzen sind.

Die Karrierechancen des professionalisierten Sportlers werden von Faktoren wie dem Grad der Professionalisierung, der Organisation des Sports und damit der Stärke der Bindungen und Verpflichtungen des Spielers durch den Sport, der Beliebtheit der Sportart, aber auch von sozio-ökonomischen Bedingungen wie der Größe der sozialen Distanz zwischen einzelnen sozialen Schichten, den Einkommens- und Vermögensunterschieden, der sozialen Diskriminierung einzelner sozialer Gruppen, der Offenheit einer Gesellschaft, also den Mobilitätschancen, die insgesamt in einer Gesellschaft zur Verfügung stehen, damit von einer Reihe individueller Signaturen einer Gesellschaft bestimmt. Die hier vorgetragenen Ergebnisse können daher nicht verallgemeinert werden; sie zeigen aber, daß der Sport nur begrenzt und für wenige als Aufstiegskanal zur Verfügung steht.

Mit dem Sport sind vielfältige Prozesse der Mobilität verbunden: im Sport selbst, mit dem Ausstieg aus dem Sport und nach Abschluß der aktiven Zeit. Aber die Erwartung, Sport sei der Schlüssel zu hohem sozialen Prestige und beruflichem Erfolg, scheitert allzuoft an der Realität. Man muß viele Phasen des Versagens verarbeiten, einen schwierigen Prozeß der De- und Resozialisation durchlaufen, um schließlich doch festzustellen, daß man oft schlechter dasteht als viele Altersgenossen.

5.3 Soziale Integration

„Sport für alle" assoziiert: Sport ist offen für alle. Dies wiederum legt den Schluß nahe: Alle treiben zusammen Sport: Der Chef mit seinem Hausmeister, das türkische Mädchen mit dem deutschen Jungen, der Arbeiter mit dem Professor. Im Sport tritt man als Gleicher unter Gleichen an, auch wenn im täglichen Leben große soziale Unterschiede bestehen. Man lernt sich unter Gleichen – nicht nur unter der Dusche – besser kennen und verstehen. Sport scheint ein ideales Feld sozialer Integration zu sein. – Oder doch nicht?

Ziel dieses Kapitels ist es (1.) auf die begrenzten Möglichkeiten sozialer Integration im Sport aufmerksam zu machen und (2.) zu zeigen, inwieweit mit dem Sport zugleich eine Integration in eine Gesellschaft erreicht werden kann.

> *Soziale Integration* heißt (a) die gleichberechtigte Einbindung verschiedenartiger Personen, Personengruppen oder Kollektive in ein offenes soziales System und (b) die Vermittlung der in sozialen Systemen bzw. in der Gesellschaft geltenden Werte und Normen, so daß der einzelne allgemein anerkanntes Mitglied dieses Systems wird.

Integration im Sport

Die überwiegende Zahl der Sportvereine stuft sich nach wie vor als Solidargemeinschaft ein *(Heinemann/Schubert* 1994). Dies scheint ein sicherer Indikator für die sozial-integrative Funktion des Sports zu sein. Allerdings bleibt ungewiß, was dabei unter „Solidargemeinschaft" verstanden wird. Sie kann Widerspiegelung jener Werte sein, die sich mit der Entstehung der Turn- und Sportbewegung entwickelt haben (vgl. S. 90–94). Der Verein kann aber auch als Selbsthilfeorganisation verstanden werden, in der die Mitglieder gegenseitig für einander einstehen, ihren Einsatz nicht rational nach Kosten und Nutzen, nach Anreiz und Beitrag kalkulieren und stets prüfen, ob sich ein Einsatz zumindest langfristig auch auszahlt; Solidargemeinschaft kann ebenfalls gegenseitige Anerkennung und Akzeptanz der Mitglieder, soziale Gemeinschaft und Integration unabhängig von Alter, Geschlecht, sozialer und ethnischer Herkunft beinhalten; Solidargemeinschaft kann schließlich eine Gruppe Gleichgesinnter sein, ein in sich homogener Freundeskreis, in dem man unter sich und unter seinesgleichen bleibt; Solidargemeinschaft wäre dann verbunden mit einer Schließung sozialer Beziehungen und damit eine Segrega- *Absonderung* tion in kleine soziale Kreise.

Wahrscheinlich ist diese letzte Interpretation: Man gründet einen neuen Verein, man wird Mitglied in einem Verein, nicht nur, weil man einen bestimmten Sport gemeinsam mit anderen ausüben möchte; vielmehr will man dies auch unter seinesgleichen tun können – und selbst wenn dies nicht intendiert ist, führt die Homogenität, die einen Freundes- und Bekanntenkreis meist auszeichnet und aus der heraus ein Verein gegründet und fortgeführt wird, zu eben dieser inneren Homogenität des Vereins. Im übrigen ist die Mitgliedschaft auch daran gebunden, daß man über das erforderliche „kulturelle Kapital" (vgl. S. 204) verfügt. Viele Vereine werden gerade deshalb gegründet, weil man unter sich sein will: Um die Jahrhundertwende galt dies für Sportvereine, in denen die Mitglieder in Zeiten rapider sozialer Veränderungen und hoher Mobilität für begrenzte Zeit „unter sich" sein wollten und „Heimat auf Zeit" suchten (vgl. S. 91). Nur so nämlich können Vereine identitätsbildende Wirkungen besitzen. Die verschiedenen Rollen, welche der einzelne im Laufe seines Lebens nebeneinander und nacheinander erfüllen muß, werden in sozial differenzierten Gesellschaften, im Gegensatz zu vormodernen Gesellschaften, nicht mehr durch die Gesellschaft integriert; so wird es für die einzelnen immer schwerer, eine eigene Identität zu entwickeln, sie zu festigen und eine einheitliche Verfassung des Ichs zu erleben. Vereine erhalten in modernen Gesellschaften daher Bedeutung, weil sie sich gleichsam als Mittelstruktur sowohl gegenüber dem familiären Privatbereich als auch gegenüber den formal organisierten Strukturen im Bereich von Wirtschaft, Politik und Verwaltung behaupten, weil sie „den Zweck mit dem Zwecklosen, die Verpflichtung mit der Freiwilligkeit, den Ernst mit der Ausgelassenheit, die Distanzierung mit der Annäherung, die Öffentlichkeit mit der Privatheit" *(von Krockow* 1972, 55) vermitteln. Vereine eröffnen dem einzelnen Erfahrungs- und Handlungsräume, die noch unmittelbar zu überschauen sind; Entscheidungen unterliegen der unmittelbaren Kontrolle durch die Wirklichkeit. So kann der einzelne an Sicherheit und Zutrauen zu sich selbst gewinnen, Spannung und Abwechslung erleben und damit möglicherweise die Entfremdungserscheinungen des Arbeitsprozesses ausgleichen *(Dunckelmann* 1975, 17 ff.). Vereinsnamen wie „Eintracht" und „Concordia" weisen darauf hin. Auch heute gibt es viele von Ausländern gegründete Sportvereine, die diese Funktion haben, also gerade nicht Integration bewirken wollen.

Auch im Sport muß man mit einer Segregation und Schließung von Personenkreisen, weniger mit einer Öffnung und sozialen Integration rech-

nen. Sollte dies richtig sein, verkehrt sich die politische Programmatik der Offenheit und der sozial-integrativen Kraft des Sports und seiner Vereine in der Wirklichkeit in ihr Gegenteil. Damit aber befindet sich die Sportbewegung in einer Zwickmühle: In dem Maße nämlich, in dem das Ziel der sozialen Integration aller Bevölkerungsgruppen und Sport für alle in einem Verein angestrebt und verwirklicht wird, verliert sich der Solidarcharakter des Vereins; wird jedoch der Solidarcharakter des Vereins erhalten, tendiert er zugleich zu einer sozialen Schließung und Segregation, muß Sport für alle in einem Verein ein schwer zu verwirklichendes Ziel bleiben.

Integration in die Gesellschaft

Sport könne, so wird behauptet, zu einer „kulturellen Fiktion" werden, die dem einzelnen zeigt, daß die Werte und Normen einer Gesellschaft Gültigkeit besitzen und ihre Anwendung – zumindest im Sport – zum Erfolg führen kann. Dieser These liegt die Überlegung von *Merton* (1957) zugrunde, daß eine Diskrepanz zwischen den gesellschaftlich akzeptierten Wert- und Zielvorstellungen – z. B. also zwischen beruflichem Erfolg, hohem sozialen Status, hohem Einkommen – und den gesellschaftlich legitimierten Mitteln – also vor allem individuelle berufliche Leistung –, diese Ziele zu erreichen, entstehen kann. Viele erleben einen Bruch zwischen den legitimen Erwartungen, die sich als Ergebnis ihrer Anstrengung erfüllen sollen, und den tatsächlichen Erfolgen.

Die Normen und Werte im Sport entsprächen nun weitgehend den Norm- und Wertvorstellungen der Gesellschaft insgesamt; die propagierten Werte und Normen im Sport seien ein Spiegelbild der Handlungsmuster und Wertorientierungen der gesamten Gesellschaft. Verhalten im Sport wird auf einer überschaubaren Ebene zu einer Demonstration der Gültigkeit der Normen, von denen vor allem für den Beruf behauptet wird, daß sie zum Erfolg führen. Funktion und Faszination des Sports liegen demnach in erster Linie darin, daß der einzelne von der Vorstellung ausgehen kann, daß die Anwendung gesellschaftlich legitimierter Normen und Werte sinnvoll sei, um ein Ziel zu erreichen. Diese Funktion gilt vor allem für jene Personengruppen, die (a) Probleme haben, auf „anständige" Weise Erfolge zu erzielen und dies als Versagen erleben und bei denen (b) die gesellschaftlichen Wertmuster so stark internalisiert sind, daß sie nicht bereit sind, die Ziele durch abweichendes Verhalten zu erreichen.

Diese Merkmale treffen in erster Linie bei Männern der unteren Mittelklasse zu, bei denen der Wunsch, sozial aufzusteigen, besonders ausgeprägt ist und die sozial-akzeptierten Werte fest verankert sind. Vor allem die Faszination des Zuschauersports findet hier eine Erklärung, „denn der Fan sieht in der Mannschaft, mit der er sich identifiziert, seine eigenen Kämpfe im Rahmen der vorgegebenen sozialen Werte" (*Edwards* 1973, 271).

Eng damit verbunden ist die Interpretation von *Loy*, der davon ausgeht, daß die aufstiegsorientierte untere Mittelschicht und zum Teil auch die Unterschicht auf Identifikation als Anpassungsform an gesellschaftliche Normen und Wertmuster angewiesen seien. So könne behauptet werden, „daß in der unteren Mittelschicht die loyalen und begeisterten Anhänger unserer großen, professionellen Sportmannschaften zu finden sind (...) Identifikation mit einem Star-Sportler, etwa einem Boxchampion, mag bei Mitgliedern der Unterschicht den unbewußten Wunsch ausdrücken, eine ungerechte Gesellschaft zu bekämpfen; oder es kann gefühlsmäßige Identifikation mit jemandem bedeuten, der vielleicht auch die gleiche Schicht und ethnische Zugehörigkeit aufweist wie man selbst und der es, wie man so sagt, geschafft hat" *(Loy* 1975, 67 f.).

5.4 Abweichendes Verhalten im Sport

Wer mit über hundert Kilometer pro Stunde durch die Stadt rast, ist ein Straßenrowdy; wer einen Passanten auf offener Straße niederschlägt, begeht vorsätzlich schwere Körperverletzung; wer silberne Löffel stiehlt, wird zum Dieb; Professoren, die für einen namhaften Geldbetrag einen dummen und obendrein faulen Kandidaten das Examen bestehen lassen, sind korrupt. All dies verlangt gerechte Strafen – Führerscheinentzug, Gefängnis, Geldbußen, Verlust des Amtes etwa –, die meist auch verhängt werden, und obendrein müssen solche Gesetzeswidrigen mit Verachtung und gar Ächtung durch ihre Mitmenschen rechnen. Wie schön, daß wir in einem gut geordneten Rechtsstaat leben und ein so „gesundes" Rechtsbewußtsein besitzen! – Zweifel daran müssen allerdings dann aufkommen, wenn wir uns in diesem Kapitel mit abweichendem Verhalten im Sport beschäftigen.

Ziel dieses Kapitels ist es, (1.) auf das breite Spektrum abweichenden Verhaltens im Sport aufmerksam zu machen, aber dabei gleichzeitig zu zeigen, wie schwer es ist, eindeutig festzulegen, was abweichendes Verhalten im Sport überhaupt ist; (2.) zu vermitteln, daß abweichendes Verhalten im Sport oft eine andere Bewertung erfährt als im täglichen Leben; und (3.) auf einige Strukturbesonderheiten im Sport aufmerksam zu machen, die zu abweichendem Verhalten führen können.

Abweichendes Verhalten von Personen oder Gruppen verletzt die in einer Gesellschaft oder ihren Teilbereichen gültigen Normen, Regeln und Vorschriften, weicht also von diesen ab. Abweichendes Verhalten ist eine Form nicht konformen Verhaltens.

Besonderheiten abweichenden Verhaltens im Sport

Verhalten im Sport weist eine Reihe von Eigenheiten auf, die es schwer machen, sie als abweichend in unserem Alltagsverständnis einzuordnen und zu behandeln. Dazu zählen:

1. „Entkriminalisierung" des Sports: Im Sport sind viele Verhaltensweisen möglich und durch die Regeln sogar gefordert, die außerhalb des Sports eindeutig gesetzeswidrig sind und schwere Strafen nach sich ziehen würden: Boxer, die den Gegner k. o. schlagen; Autopiloten, die auf der Rennstrecke mit über 200 Kilometer pro Stunde rasen und dabei Konkurrenten auch absichtlich ernsthaft gefährden; körperliche Attacken in Mannschaftssportarten, die zu Verletzungen des Gegners führen; all dies würde unnachgiebig bestraft, würde genau das gleiche auf offener Straße passieren. Beim Boxen sind sogar Gewaltanwendung und K.-o.-Schlag nicht Mittel, sondern Ziel des Wettkampfs. Solche Körperverletzungen sind im Sport in der Regel keine strafbaren Handlungen. Auch in anderen Sportarten wie z. B. Fußball, Handball, Basketball oder Eishockey lassen die Regeln Handlungen zu, die im alltäglichen Leben als unerlaubt aggressiv empfunden und entsprechend geahndet werden. Im Sport wird nach dem Prinzip der Überbietung und des Niederkämpfens des Gegners gehandelt. Dieses Prinzip toleriert, ja fordert Rücksichtslosigkeit, Feindlichkeit, Gegnerschaft gegenüber Wettkampfteilnehmern, das Ausnutzen aller ihrer Schwächen und Fehler; Toleranz und Rücksichtnahme, die im Alltagsleben erwünscht sind, könnten den sportlichen Wettkampf selbst bedrohen. Ein ähnliches Verhalten würde man in der Familie, in der Schulklasse, bei wissenschaftlichen Diskussion kaum tolerieren. Schließlich: Wer Sport treibt, nimmt bewußt zum Teil hohe Risiken einer Körperverletzung, längerfristiger körperlicher Schädigungen, des Verlusts von Sportausrüstungen, gelegentlich auch des Lebens in Kauf, die man in anderen Lebensbereichen tunlichst meidet. Aber es gibt umgekehrt auch Formen der „Kriminalisierung" im Sport: Kinder und Jugendliche erhalten Beruhigungspillen in großem Umfang vor schwierigen Klassenarbeiten, Eltern verwenden Aufputschmittel, um den Streß des Alltags besser überstehen zu können, gemeinsam wird obendrein viel geraucht – ob zu Beruhigung oder zur Aufmunterung, sei dahingestellt. Doping im Sport aber wird strikt verboten.[92]

2. Ritualisierung abweichenden Verhaltens: Auch dort, wo es sich eindeutig auch nach den Regeln des Sports um abweichendes Verhalten handelt, wird es dennoch bewußt praktiziert und als gängiges Verhaltensmuster akzeptiert. Absichtliches Fallenlassen etwa im Strafraum, Vortäuschen von besonderen Schmerzen und Verletzungen nach einem körperlichen Angriff des Gegners, unerlaubte körperliche Attacken auf den Gegner hinter dem Rücken des Schiedsrichters, dies wird eingeübt und wohl auch von Trainern und Fans ermutigt. Man erhofft sich dadurch spielentscheidende Vorteile und testet, wo die Toleranzschwelle des Schiedsrichters liegt und inwieweit Grauzonen in der Interpretation der Regeln ausgeschöpft werden können. Viele Formen abweichenden Verhaltens werden von Fans und auch von den Medien positiv bewertet und u. U. gar gefordert. Es zeigt sich (etwa beim Eishockey), daß der Umfang aggressiven, regelwidrigen Verhaltens das Ergebnis des Wettkampfs

---

[92] Es ist ja auch für den Sportler schwer einzusehen, daß das erwiesenermaßen gesundheitsschädliche Rauchen ohne weiteres statthaft ist, aber Doping, dessen gesundheitsschädigende Wirkung ungewisser ist, mit dem Argument der Gesundheitschädigungen verboten werden soll.

positiv beeinflußt und daß dieses Verhalten durch die Zuschauer ermutigt wird *(Colburn* 1985). Die kämpferische, verletzungsgefährliche Auseinandersetzung wird zum rituellen Äquivalent von Kämpfen – früher oft als Wirtshauskeilereien zwischen Jugendlichen zweier Orte gepflegt –, in denen es darum geht, Ehre und Selbstwert zu verteidigen.

3. Ambivalenz der Bewertungen: Die Entscheidung, was abweichendes Verhalten ist und wie es zu bewerten ist, hängt ab von den Idealen, Zielen und Werten, die man mit dem Sport verbindet. Wer sagt, Gewinnen sei alles, wird „gute Fouls" akzeptieren, wenn sie zum Sieg führen; wer Sport als faire, erlebnisreiche Freizeitbeschäftigung betreibt, wird jedes Foul als abweichend einstufen; wer im Sport innere Befriedigung, Spaß und Selbstbestätigung erlebt, wird Regelverletzungen anders deuten als derjenige, für den Sport ein „Krieg ohne Waffen" ist.

Typen abweichenden Verhaltens im Sport

Abweichendes Verhalten im Sport läßt sich nach folgenden Kriterien klassifizieren:

1. Überkonformes und unterkonformes Verhalten: Abweichendes Verhalten bedeutet, daß man sich nicht konform mit den geltenden und allgemein anerkannten Regeln und Normen verhält. Aber dabei wird unterstellt, daß die sozialen Normen nicht erfüllt werden. Der entgegengesetzte Fall jedoch, nämlich die Übererfüllung bzw. die unkritische, unreflektierte Anerkennung von Moral, Normen und Ansprüchen ist im Sport ebenso abweichend und wahrscheinlich. Bodybuilder, Langstreckenläufer, Triathleten, um nur einige Beispiele zu nennen, können so sehr von ihrem Sport besessen sein, daß sie ihr Leben völlig an ihm ausrichten und dabei u. U. pathologische Eß- und Lebensstile entwickeln, in ungesunder Form ihr Gewicht kontrollieren, langfristige körperliche Schäden, Schmerzen und Verletzungen in Kauf nehmen und Beruf, Freunde und Familie vernachlässigen.[93] Dabei ist diese Form abweichenden Verhaltens deshalb besonders problematisch, weil sie (a) durch die Ethik des guten Athleten (vgl. S. 55) eher noch gefördert wird, (b) besonders schwer zu kontrollieren ist, weil die Übergänge zu normalem Verhalten fließend sind und weil (c) die betroffenen Personen ähnliche wie Süchtige schwer davon zu überzeugen sind, daß ihr Verhalten abweichend ist.

2. Abweichendes Verhalten im Sportfeld, am Rande des Feldes und außerhalb des Feldes: Im Kapitel 3.1 (vgl. S. 55–56) haben wir die verschiedenen Regeln und Normen kennengelernt, die den Sport bzw. einzelne Sportarten charakterisieren. Gegen jede dieser Regeln kann verstoßen werden, so daß mit dieser Klassifikation bereits eine Übersicht über die verschiedenen Formen abweichenden Verhaltens vorhanden ist. Allerdings muß dabei bedacht werden,

---

[93] Untersuchungen zu diesem Thema sind zusammengefaßt bei *Coakley* (1994, 140). Analoge Muster finden wir bei den *workaholics*, die völlig in ihrer Arbeit aufgehen und nichts kennen außer ihrer Arbeit.

daß keineswegs alle möglichen Formen abweichenden Verhaltens auch sanktioniert werden. Das Abweichen von Fertigkeitsregeln und strategischen Regeln hat andere Konsequenzen (vgl. dazu die Anmerkungen über „Versagen", S. 174–175) als die Verwendung nicht erlaubter Materialien bei Sportgeräten oder von Doping. Einige Fälle klar sanktionierten abweichenden Verhaltens sollen durch Beispiele illustriert werden:

*   *Regelverletzungen im Feld:* Erwähnenswert sind (a) die verschiedenen Formen des Betrugs, also etwa die Manipulation des Sportgeräts (Aufheizen der Kufen beim Rodeln, Ballastwassertanks bei Segelbooten, Manipulation an Motoren u. ä.); (b) unerlaubte, u. U. gewaltsame, verletzende Angriffe auf den Gegner oder Beleidigungen des Schiedsrichters; (c) die Verwendung unerlaubter und leistungssteigernder Mittel; subtiler zu bewerten sind (d) Formen des „Tiefstapelns", in dem man nicht sein volles Leistungsvermögen ausspielt, wie dies etwa im Golf von sog. Handicapschonern praktiziert wird.
*   *Regelverletzungen am Rande des Spielfeldes:* Dazu zählen (a) der Mißbrauch von Stellung und Einfluß des Trainers gegenüber den Sportlern, in extremster Form als sexuelle Belästigung; (b) Bestechung von Schiedsrichtern und Spielern, um das Wettkampfergebnis zu beeinflussen; (c) Verletzung von Sicherheitsvorschriften etwa bei der Ausrüstung von Segelbooten; (d) Verabreichen schmerzlindernder und anderer Medikamente entgegen medizinischer Erkenntnisse und Ethik durch den Sportarzt, um Sportler einsatzfähig zu halten; (e) Tierquälereien; (f) unerlaubte Belastungen und Zerstörungen der Umwelt.
*   *Regelverletzungen außerhalb des Spielfelds:* In dieser Kategorie sind zwei Fälle zu unterscheiden: Zum einen geht es um die Frage, ob Athleten im Vergleich zur übrigen Bevölkerung ein besonders auffälliges abweichendes Verhalten zeigen, also etwa häufiger als andere straffällig werden. *Sheard/Dunning* (1973) weisen auf solche Muster bei Rugbyspielern hin. Aber zu diesem Thema fehlen verläßliche Untersuchungen. Zum anderen geht es um Formen abweichenden Verhaltens im System des Sports. Zu nennen sind etwa Mißbrauch und Ausbeutung von Sportlern (etwa das Ausnutzen ihrer Unerfahrenheit, ökonomische Pressionen, Knebelung durch einseitige Verträge); zu nennen sind weiter die gewalttätigen Ausschreitungen von Fans; ebenso Sportberichterstatter, die bewußt falsche Nachrichten verbreiten, um die Auflage und Zuschauerzahlen ihrer Medien zu erhöhen; zu erwähnen sind schließlich die anderen Formen abweichenden Verhaltens, die wir im täglichen Leben zur genüge kennen – Steuerhinterziehung, Eigentumsdelikte, Versicherungsbetrug, der unerlaubte Griff in die Vereinskasse, Mißbrauch des Amtes in einem Verein für private Geschäfte.

3. Unterscheidung nach den delinquenten Personen: Wie aus dieser Zusammenstellung ersichtlich ist, wäre es falsch, die Behandlung abweichenden Verhaltens auf den Sportler zu beschränken. Trainer, Schiedsrichter, ehrenamtliche und hauptamtliche Mitarbeiter, Ärzte, Reporter sind eben auch nur – wie man entschuldigend sagt – Menschen.

Gründe für abweichendes Verhalten

Diese Zusammenstellung verschiedener Formen abweichenden Verhaltens mag erschrecken; aber sie sagt ja nichts über Häufigkeit und Schwere, in der diese verschiedenen Delikte tatsächlich auftreten. Möglicherweise wird abweichendes Verhalten im Sport weniger häufig sein als in anderen Bereichen, weil (a) ein relativ dichtes und eindeutiges Netz von Regeln und klaren Sanktionen besteht, (b) Verhalten im Sport in größerem Umfang öffentlich ist, also durch Schiedsrichter, Offizielle, Zuschauer, Reporter u. a. leichter kontrolliert werden kann und (c) Betrug im Sport selbstzerstörerisch sein kann, da in dem Moment, in dem die eine Partei mit der Regelverletzung beginnt, die andere für sich das Recht beansprucht, sich ebenso zu verhalten. Dennoch ist zu fragen, welche Gründe zu abweichendem Verhalten im Sport führen.

Die Zahl der Theorien, die Soziologen zur Erklärung abweichenden Verhaltens präsentieren, ist unübersehbar groß. Aber keine kann für sich in Anspruch nehmen, abweichendes Verhalten generell und verläßlich erklären zu können. Sie sind daher an dieser Stelle wenig nützlich. Nur auf einige Zusammenhänge sei hingewiesen:

1. Bedingungen der Sportart: Man kann vermuten, daß bestimmte Formen abweichenden Verhaltens dann eher auftreten, wenn technische Ausrüstungen besondere Bedeutung haben, wenn das Ergebnis des Wettkampfes in hohem Umfang offen und unsicher ist und wenn gleichzeitig mit dem Ergebnisse besonders weitreichende (vor allem materielle) Konsequenzen verbunden sind *(McPherson* u. a. 1989, 264).

2. Situative Gegebenheiten: Das Ausmaß von Regelverletzungen wird von situativen Bedingungen, der Dynamik des Wettkampfes ebenso wie von Rollenerwartungen beeinflußt. In einer Auswertung von 1986 Spielberichten von Fußballpunktspielen unter dem Gesichtspunkt, unter welchen Bedingungen offene physische und/oder verbale aggressive Handlungen auftreten, (operationalisiert mit unsportlichem Verhalten, das zu einer Verwarnung oder zu einem Feldverweis führte), kommt *Volkamer* (1971, 16; 1972) zu dem Ergebnis, daß „aggressive Handlungen im Fußballspiel ... weder etwas mit der „Roheit des Spiels" noch mit der Charakterschwäche des Spielers zu tun haben". Vielmehr werden Art und Ausmaß der Aggression weitgehend zum einen von der Struktur des konkurrenzorientierten sozialen Systems und der Stellung bestimmt, die der einzelne in diesem System einnimmt, zum anderen durch die situationsspezifischen Bedingungen des Spielablaufs. So sind Faktoren, die die Regelverletzungen bei Fußballspielen bestimmen, unter anderem: Sieg oder Niederlage, Heimspiel oder Auswärtsspiel, Leistungsunterschied (Tordifferenz) und Rangsystem. Die Ergebnisse lassen vermuten, daß die Regelverletzung Folge der Dynamik des Wettkampfsystems, des persönlichen Engagements und des Konkurrenzdrucks ist.

3. Regelverletzungen als Rollenerwartungen: In verschiedenen Untersuchungen wurde nachgewiesen, daß (a) Regelverletzungen entstehen, weil sie als Bestandteil der Rollenanforderungen sozial (z. B. von Trainern, Zuschauern, den Mannschaftsmitgliedern und zum Teil auch von den Eltern) erwartet werden, und daß (b) der soziale Status innerhalb der Mannschaft unter anderem auch durch das Ausmaß gezeigter Aggressionen bestimmt wird. *Smith* (1975, 22 f.), der normativ geregelte Gewalttätigkeiten beim Eishockey untersuchte, zeigte, daß innerhalb des tolerierbaren Bereichs auch Gewalttätigkeiten liegen, die allgemein erwartet werden, obwohl sie Regelverletzungen darstellen. Kommen Gewalttätigkeiten bei bestimmten Sportarten häufiger vor, so kann sich die Erwartungshaltung auch der Zuschauer in der Weise verändern, daß Gewalttätigkeiten nicht mehr als Regelverletzung verurteilt, sondern als besondere Attraktivität des Spiels empfunden werden. Gewalttätigkeit verselbständigen sich zu einem eigenen Showeffekt der Sportveranstaltung. Dieser Effekt wird dadurch verstärkt, daß bereits in Zeitungsberichten über das „aggressive Potential" einzelner Spieler und vermutete Gewalttätigkeiten berichtet und damit eine Erwartungshaltung bei den Zuschauern erzeugt wird, die diese Prognosen bestätigt sehen möchten.

4. Einfluß von Medien und Kommerz: Gelegentlich wird behauptet, daß Kinder und Jugendliche Formen abweichenden Verhaltens erlernen, weil sie dies bei ihren Vorbildern und Heroen im Fernsehen beobachten können und ihnen berichtet wird, daß ein solches Verhalten zum Erfolg führt. Belege für diese These gibt es nicht. Auch wird gesagt, daß die hohen Verdienstmöglichkeiten im Sport und die gewaltigen Verluste, die mit einem Versagen verbunden sein könnten, die Bereitschaft steigere, zu betrügen. Doch auch für diese These fehlen Beweise. Viele Formen abweichenden Verhaltens im Sport hat es bereits vor Fernsehen und Kommerz gegeben, und es fehlen Zahlen, daß ein solches Verhalten in den letzten Jahren in der Tat zugenommen hat.

Es bestehen einige Schwierigkeiten zu bestimmen, was abweichendes Verhalten im Sport ist, nachdem Sport „entkriminalisiert" wird, d. h. Verhaltensweisen fordert oder zumindest ermöglicht, die im täglichen Leben verurteilt werden. Dabei darf der Blick nicht nur auf die Verletzung der Regeln des Sports, sondern er muß auch auf Formen der Überkonformität gerichtet sein. Gleichwohl kann auch im Sport mit vielen Formen abweichenden Verhaltens im Sportfeld, am Rande des Sportfeldes und außerhalb des Sportfeldes gerechnet werden, wobei es nicht leicht ist, verläßliche Aussagen über ihre Schwere und ihren Umfang zu machen.

Abweichendes Verhalten in der Rationalitätsfalle

Mit diesem Abschnitt soll ein Beispiel dafür gegeben werden, wie die Notwendigkeit und daher die Entstehung einer Ethik (des Sports) bzw. sozialer Normen aus negativen Folgeerscheinungen individuellen rationalen Verhaltens erklärt werden können.

Regeln im Sport haben den Sinn, aber auch die Eigenschaft, das Erreichen des Erfolgs möglichst schwer zu machen. Wieviel leichter könnten beim Fußball Tore erzielt werden, wenn man auch die Hand ins Spiel bringen dürfte, wieviel eher könnte eine Clubmeisterschaft im Tennis gewonnen werden, wenn man die Größe des Feldes situationsgerecht „umdefiniert", also „out" ruft, wenn der Ball die Linie noch berührt hat; im Segeln ließe sich mancher Pokal leichter gewinnen, wenn man das Vorsegel etwas größer schneidert, als es die Klassenvorschrift erlaubt, und vermutlich läßt sich mit Doping mancher Gegner leichter bezwingen. Allgemeiner: Bei einem Wettkampf steht jeder Sportler nicht nur vor taktischen etc. Entscheidungen, wie er den Gegner schlagen kann, sondern auch vor der Frage, ob er sich regelkonform verhalten soll oder nicht. Beide Parteien haben also zwei Alternativen – „regelkonform" und „nicht-regelkonform" –, und sie müssen diese Entscheidung unter Annahmen darüber fällen, wie sich wohl der Gegner verhalten wird. Daraus ergeben sich für zwei Spieler folgende Entscheidungsvarianten: Vermute ich, daß der andere sich regelkonform verhält, ist es für mich günstiger, die Regel zu verletzen, da ich dann sicherer zum Ziele komme; vermute ich, daß der Gegner die Regeln verletzen wird, wäre ich dumm, wenn ich die Regeln einhalte. Da beide dieselbe Kalkulation aufstellen müssen, wäre die Regelverletzung das Normale. Insofern muß überraschen, warum Sportler die Regeln (trotzdem) einhalten, nicht, warum sie sie nicht einhalten. Wie auch immer das Verhalten des anderen eingeschätzt wird, ein regelgerechtes Spiel wird nicht zustandekommen, obwohl es für beide besser wäre – das klassische *prisoner dilemma* also.

Das *prisoner dilemma* beschreibt eine Situation, bei der das Ergebnis nicht nur von der eigenen Entscheidung abhängt, sondern auch von der Entscheidung eines anderen. Wie sich der andere entscheidet, ist jedoch unbekannt. So muß jeder Vor- und Nachteile der verschiedenen Entscheidungsmöglichkeiten unter Annahmen darüber abwägen, wie sich der Gegner entscheiden wird. Sie kommen bei rationaler Abwägung der Alternativen zu einer Entscheidung, die für beide nicht vorteilhaft ist.

Dieses Dilemma wird besonders deutlich, wenn sich der einzelne Athlet vor der Frage sieht, ob er sich dopen soll oder nicht. Er muß den Nutzen seines Verhaltens – Verbesserung der Siegeschancen gegenüber jenen, die sich nicht dopen – gegen die Nachteile (Gesundheitsschäden bzw. -risiken) und die Sanktionen bei einer eventuellen Aufdeckung seines Vergehens gegeneinander abwägen. Wenn dem Athleten die Siegeschancen mehr wert sind als die (unsicheren und in der Zukunft liegenden) Gesundheitsrisiken und die Gefahr, entdeckt zu werden, gering ist, wird Dopen für ihn einen Nutzen bringen, wenn er mit Doping gute, ohne Doping aber geringere Siegeschancen besitzt. Für ihn besteht also die beste Situation darin, wenn er sich selber dopt, der Gegner jedoch nicht; die schlechteste Situation ergibt sich für ihn dann, wenn der Gegner dopt, er selber jedoch nicht. In dieser Situation ist die Gefahr, daß sich alle dopen, besonders groß, so daß für den einzelnen zwar kein Nutzen, für alle aber Kosten – etwa in Form von Gesundheitsrisiken und der Gefahr, entdeckt zu werden – entstehen. So wäre es für alle das Beste, wenn keiner sich dopt, weil sich mit einem Doping alle relativ in der gleichen Situation befinden, aber alle höhere Kosten haben. Aber diese Situation wird sich bei rationaler Einzelentscheidung nicht ohne weiteres einstellen.[94] Zum einen, weil

---

[94] Dies gilt natürlich nur unter der Annahme, daß ein herausragendes sportliches Ergebnis – etwa ein Hundertmeterlauf unter 9,5 sec – nicht als solches ein erstrebens-

man nicht sicher weiß, wie sich der andere verhält, zum anderen, weil die Kosten des Dopings für den einzelnen schwer kalkulierbar sind – sieht man vom Risiko, erwischt zu werden und der dann drohenden Sperre, die für Berufssportler einem Berufsverbot entspricht, ab.

Es bestehen drei Lösungsmöglichkeiten, mit denen solche Regelverletzungen vermieden werden können, die aus Entscheidungen in einem *prisoner dilemma* entstehen.[95]

1. Unterwerfen unter eine Moral: Man kann dieses Problem durch eine Moral lösen, nach der sich der einzelne redlich und verläßlich zu verhalten, Vereinbarungen zu erfüllen und nicht gegen Regeln zu verstoßen hat, so daß das Selbstinteresse unter Kontrolle gehalten werden kann. Die Ganovenehre fordert, den Kumpel nicht zu verpfeifen, komme was wolle, die Ethik des ehrsamen Kaufmanns, Leistungsversprechungen pünktlich einzuhalten, die Ethik des Sports Fairneß. Es handelt sich also jeweils um eine Individualethik. Die Sportler haben diese Ethik, die kooperatives Verhalten im Sport sichert, im Prozeß ihrer sportlichen Sozialisation internalisiert. Mit dieser Individualethik trägt der Sportler die Bedingungen der Bändigung übertriebenen Gewinnstrebens, das zur Regelverletzung führt, gleichsam in sich.

Auf die Wirksamkeit einer solchen Ethik scheint man im Sport in besonderem Maße zu vertrauen. Das ethische Verhalten, das der Sport verlangt, besteht darin, daß die Sportler nach den Regeln des Spiels ehrlich miteinander in Wettbewerb treten. Entsprechend ist es eine herausragende Annahme des Sports, daß er „gentlemenlike" ausgeführt wird. Nicht umsonst wird im Sport immer wieder und in letzter Zeit vermehrt eine „Ethik des Sports" eingefordert.[96]

Aber offensichtlich ist ein solches Ordnungsbewußtsein keineswegs uneingeschränkt im Sport wirksam. Vor allem, wenn größere Kosten und Gewinnchancen ins Spiel kommen, wenn sich die Partner völlig unbekannt sind, die Regelverletzung nicht ohne weiteres erkannt werden kann (wie z. B. beim Doping) und die Wahrscheinlichkeit, daß sich der Wettkampf mit denselben Partnern wiederholt, gering ist, wird man sich auf eine solche Moral kaum verlassen können und wollen. Auf der einen Seite steigt mit der zunehmenden Differenziertheit sportlicher Regeln, der arbeitsteiligen „Produktion" des sportlichen Erfolges und damit der wachsenden Fernwirkung des Verhaltens die Anforderung an die moralische Sensibilität des einzelnen. Auf der anderen Seite verringert sich aber diese moralische Sensibilität eher im Zuge des Abbaus der traditionellen Sportlerrolle mit den tiefgreifenden Umbrüchen etwa durch Kommerzialisierung und Professionalisierung des Sports.

2. Sanktionierung: Eine zweite Antwort auf dieses Problem sind daher soziale Normen und scharfe Sanktionsandrohungen, mit denen Betrug und Regel-

---

werter und gut zu vermarktender Wert ist, der die (ökonomischen, gesundheitlichen etc.) Kosten des Dopings übersteigen könnte. Auf das Problem des Dopings hat *Breivik* (1992) dieses *prisoner dilemma* übertragen.

[95] Ausführlich hat *Granovetter* (1985, 487–489) dieses Problem am Beispiel wirtschaftlichen Handelns untersucht.

[96] Wie dies in dem von *Grupe/Mieth* (1998) herausgegebenen „Lexikon der Ethik im Sport" dokumentiert ist.

verletzungen kontrolliert, verhindert oder geahndet werden sollen, also in der verbindlichen Festlegungen von Rahmenbedingungen, die den einzelnen auf dem rechten Weg halten sollen. Regelverletzungen werden unter Strafe gestellt, Einhaltung der Regeln durch Rechtsordnung und Sanktionen gesichert. So können Sanktionsdrohungen Regelverletzungen einschränken und Bestrafungen unredlichen Verhaltens kostspielig und daher wenig lohnend machen. Die Lösung liegt also in einer Sozialethik, die gemeinsame Interessen in soziale Normen gießt. Der einzelne muß rational kalkulieren, ob das Risiko der Regelverletzung und damit die Wahrscheinlichkeit der Sanktion größer sind als der Vorteil einer Regelverletzung. Die Individualethik sanktioniert durch schlechtes Gewissen, wenn man sich falsch verhält, die Sozialethik ahndet mit Strafen.

Doch die Wirksamkeit auch dieser Arrangements bleibt beschränkt: Unmöglich können alle Regelverletzungen beobachtet und in dieser Form kontrolliert und gegebenenfalls sanktioniert werden; die Gefahr, daß Regelverletzungen immer mehr verdeckt erfolgen, steigt; es wird zu einem zusätzlichen Reiz des Wettkampfs, Regelverletzungen unerkannt zu praktizieren. Gegen verfeinerte Methoden der Dopingkontrolle setzt die pharmazeutische Industrie neue, schwer zu enttarnende Dopingmittel. Im Extremfall wählen beide Parteien Nicht-Kooperation, ohne daß der Gegner dies bemerkt – auch hierfür ist Doping ein Beispiel. Die Kosten, um diese Regelverletzung festzustellen, steigen immer weiter – Dopingkontrollen werden unbezahlbar. Regelverletzungen würden die Regel, weil die Sanktion unwahrscheinlich ist.

3. Vertrauen: Hilft dies alles nichts, kann man nur noch darauf vertrauen, daß auch der andere sich regelkonform verhält. Vertrauen wird damit zu einer zwar schwer erfaßbaren, aber unerläßlichen Voraussetzung des Sports. Vertrauen entsteht, wenn der einzelne die Erfahrungen seiner Berechtigung und seines Nutzens gemacht hat oder wenn es durch Beziehungen begründet wird, die außerhalb des Sports entstehen. So hängt Vertrauen u. a. ab von der Größe des Personenkreises, der miteinander Sport treibt, der Kontakthäufigkeit, dem Umfang der Rollenbeziehungen, also inwieweit der andere zugleich Freund, Berufskollege, Vereinsmitglied ist, welche emotionalen Bindungen zwischen den Parteien bestehen und wie groß die Beobachtbarkeit des Verhaltens ist.

Vertrauen entsteht dort, wo einer eine Vorleistung erbringt, die den anderen zur Kooperation, d. h. zur Regelbeachtung veranlaßt, die also für den anderen ein Indiz dafür ist, daß er sich künftig regelkonform verhalten wird. Fairneß ist in diesem Sinne eine „vertrauensbildende" Maßnahme. Indem man sich in Zweifelsfällen auch gegen seine eigenen Interessen entscheidet, also Regeln zugunsten des Gegners auslegt, eigene Vorteile nicht wahrnimmt, auch wenn dies die Regeln zuließen, erbringt man solche Vorleistungen, die zur künftigen Kooperation motivieren sollen.

Eine Ethik im Sport, klare Normen und Sanktionen bei abweichendem Verhalten, aber auch Vertrauen entstehen gerade deshalb, um alle dazu zu bringen, das Regelwerk des Sports auch dann einzuhalten, wenn alle unabhängig voneinander bei rationaler Abwägung der Vor- und Nachteile zu dem Ergebnis kommen, das die Verletzung der Regeln der bessere Weg ist, zu siegen.

6 Sozialfiguren im Sport

Soziologen entwerfen ein eigentümliches Bild der Welt, in der wir leben. Menschen kommen darin nicht vor. Ihr Körper wird zum sozialen Gebilde, ihre Gefühle zu *feeling rules;* Regelwerk, soziale Rollen und soziale Positionen, Sachgegebenheiten und Macht werden zu einer institutionellen Ordnung zusammengefügt, über die man theoretisieren kann, ohne sich auf konkrete Personen zu beziehen. Konflikte entwickeln sich aus Widersprüchen in der Struktur institutioneller Ordnungen, nicht aus persönlicher Abneigung und Haß. Organisationen lassen sich losgelöst von konkreten Raum- und Zeitsituationen optimal ausgestalten. Es interessiert nicht, wie sich der Mensch entscheidet, untersucht werden vielmehr Entscheidungen; nicht, wie sein Charakter ist, sondern wie der Sozialisationsprozeß verläuft, nicht, ob er beruflich erfolgreich ist, sondern wie Mobilitätsprozesse ablaufen; nicht, ob er kriminelle Neigungen hat, sondern welche gesellschaftlichen Tatbestände zu abweichendem Verhalten führen. Der Mensch wird, wie es in der Sprache der Systemtheorie heißt, „Umwelt". Sind also mit den ersten Kapiteln bereits alle zentralen Themen einer Soziologie des Sports behandelt? Wohl kaum; denn noch so soziologische Soziologen können nicht die Tatsache leugnen, daß es in dieser institutionellen Ordnung auch Menschen gibt, die in ihnen handeln, die soziale Prozesse auslösen und von ihnen betroffen sind. Aber diese Konzession hat ihre Grenzen: Von Bedeutung sind nicht die subjektiven Erfahrungen, Formen der Wahrnehmung, des Lernens, der Kognition und Motivation, nicht die individuellen Formen des Verhaltens und seiner Steuerung. Von Belang ist, in welcher Form die institutionelle Ordnung des Sports das Verhalten verschiedener Personengruppen (z. B. sozial-normativ, durch typische Rollenmuster oder Sachgegebenheiten) mit beeinflußt und prägt und inwieweit individuelles Verhalten wiederum auf diese institutionelle Ordnung zurückwirkt. Letztlich handelt es sich also um eine Konkretisierung und Anwendung der in den vorangegangenen Kapiteln behandelten Themen auf bestimmte Personengruppen – auf den Sportler, den Trainer, den hauptamtlichen Mitarbeiter etc. Deshalb handelt dieses Kapitel auch nicht von „Menschen im Sport", sondern von Sozialfiguren im Sport.

6.1 Der Sportler

Das Konzept „Sportengagement"

Organisationen lieben es, mit immer neuen Rekorden an die Öffentlichkeit zu treten: Konzerne melden jedes Jahr neue Umsatz- und Gewinnhöhen, das Bundesarbeitsamt jeden Monat erschreckend gewachsene Arbeitslosenziffern, der Bundesfinanzminister jede Woche einen neuen, bislang ungeahnten Umfang staatlicher Verschuldung. Da können die Sportorganisationen nicht hintenanstehen: Auch sie melden ständig neue Rekorde des Sportengagements – immer mehr Mitglieder in den Vereinen, immer mehr Bewegungshungrige bei kommerziellen Sportanbietern, permanent zunehmende Zahlen der Besucher in Ski-, Golf- und Surfrevieren, eine ständige wachsende Zahl von teilnehmenden Athleten und von neuen Sportarten bei den Olympischen Spielen.

Aber was treibt so viele Menschen dazu, etwas zu machen, was zumindest von außen betrachtet einigermaßen ungewöhnliche, wenn nicht gar skurrile Eigenheiten besitzt (vgl. Kap. 3.1, S. 56–61)? Was bedeuten schon rein quantitative Wachstumsziffern beim Sportengagement? Schulden sind Schulden, Gewinne sind Gewinne, aber was besagt „Sportengagement"?

Sportengagement gliedert sich auf in:

1. *Verhalten:* Dabei muß Verhalten wieder unterschieden werden (a) danach, ob der einzelne aktiv Sport treibt oder nur als Zuschauer mit dem Sport verbunden ist, (b) nach dem zeitlichen Umfang, also danach, ob der einzelne – in den Extremen – dreimal wöchentlich intensiv trainiert oder nur einmal im Jahr im Mittelmeer schwimmt, bzw. jedes Fußballspiel im Fernsehen verfolgt oder nur das Endspiel der Fußballweltmeisterschaft anschaut, sofern eine deutsche Mannschaft daran beteiligt ist, (c) nach der Kontinuität in der Biographie, also danach, ob jemand ständig von Kindesbeinen bis ins hohe Alter Sport treibt oder befristet, also sein Sportengagement etwa nach der Jugendphase abbricht oder diskontinuierlich Sport treibt, der einzelne also dann immer zum Sport findet, wenn z. B. der Arzt oder der Partner es empfehlen.

2. *Wissen:* Es geht um die Fragen, welche Informationen und Kenntnisse der einzelne besitzt und sich immer wieder über eine Sportart, über Sportler, über Mannschaften, über Geschichte und Situation etwa seines Vereins, der Olympischen Spiele etc. beschafft – ebenfalls unterschieden nach Umfang, Interessengebieten und dem jeweiligen zeitlichen Engagement bei der Informationsbeschaffung.

3. *Emotion:* Es geht darum, welche affektiven Bindungen der einzelne an seinen Sport, seine Mannschaft, seinen Verein besitzt und inwieweit diese mit lokaler und nationaler Identifikation verschmelzen (vgl. Kap. 4, S. 147–149).

Wir sehen, daß „Sportengagement" eine Konstruktion ist, die eine Vielzahl unterschiedlicher Dimensionen mit verschiedenen Merkmalsausprägungen umfaßt. Letztlich müßte man zunächst diese genannten Dimensionen empirisch ausfüllen; erst dann nämlich kann man etwas über den Umfang des Sportengagements aussagen und Gründe für ein Sportengagement ausfindig machen. Sonst wird ein Tatbestand erklärt, der selbst unbekannt ist.

Ziel dieses Kapitels ist es (1.) zu zeigen, daß – selbst wenn man sich auf soziologisch relevante Faktoren beschränkt – eine kaum übersehbare Zahl von Determinanten für das Sportengagement bestimmend ist, von denen viele in ihren Wirkungen noch nicht ausreichend untersucht wurden; (2.) sollen die Schwierigkeiten aufgezeigt werden, die entstehen, wenn man erklären will, warum so viele Personen am Sport Interesse finden; dann soll (3.) gezeigt und erklärt werden, warum Mitglieder verschiedener sozialer Schichten, Männer und Frauen und Angehörige verschiedener Konfessionen ein je unterschiedliches Sportengagement besitzen.

Determinanten des Sportengagements

In Abb. 25 wird deutlich, daß drei Faktorengruppen berücksichtigt werden müssen, die zusammengenommen soziologisch erklären können, warum man Sport treibt: (1.) die Anforderungen der Aufgaben, die im Sport bewältigt werden müssen; (2.) der Aufforderungscharakter der Aufgabe, der ausdrückt, welchen Wert und Nutzen es für den einzelnen haben könnte, sich dem Sport zu widmen; (3.) das Handlungspotential des einzelnen, das etwas darüber aussagt, ob er diesen Anforderungen in der Tat gerecht werden kann. In der Abb. 25 sind einzelne Determinanten aufgeführt, die diese drei Faktorengruppen beeinflussen. Im folgenden sollen diese drei Faktorengruppen erläutert werden.

1. Anforderung der Aufgabe

Anforderung der Aufgabe unter einem sozial-normativen Aspekt betrachtet, bedeutet, daß durch Normen, Macht und durch Sachgegebenheiten strukturierte Handlungssituationen vom einzelnen bestimmte Verhaltens-, Einstellungs- und Motivationsmuster erzwingen; er muß in sein Handeln einbeziehen, was in der institutionellen Ordnung vorgegeben ist. Dies erfordert entsprechende Kenntnisse der Gegebenheiten, die Fähigkeiten und Kompetenzen, diesen Gegebenheiten zu entsprechen und das, was jeweils gefordert wird und erforderlich ist, für sich zu bewerten und damit diese Vorgegebenheiten zu interpretieren und in seine „Privatkultur" (etwa als angemessen oder unangemessen, machbar und nicht machbar) einzubinden und u. U. auch abzulehnen.

Anforderungen im Sport bleiben also nicht auf den physischen Bereich, auf Ausdauer, Muskelleistungen, Motorik und Körperbeherrschung begrenzt. Für die Fähigkeit und Bereitschaft, Sport oder eine bestimmte Sportart zu treiben, ist es vielmehr auch notwendig, daß Regeln und Normen im Sport situationsspezifisch interpretiert, angewendet und mit einer „Privatkultur" in Übereinstimmung gebracht werden, daß etwa physische Gewalt und Aggression in einem bestimmten Umfang hinzunehmen und eine Sensibilitätsschwelle für den Widerstand gegen physische Gewalt und Körperverletzung anzuerkennen sind, daß eine Abstraktion von sozialen Zusammenhängen und Bedingungen, die das soziale Leben bestimmen, möglich wird. So ist etwa zu bedenken, was es für den einzelnen bedeutet, wenn er im Sport Aggressionen und physische Gewalt akzeptieren muß, die in der Alltagswirklichkeit ungewöhnlich sind, wenn er sich im Sport gegenüber Mitgliedern anderer sozialer Schichten, anderer ethnischer Gruppen und des anderen Geschlechts unter den Bedingungen der Gleichheit verhalten soll, die in anderen Gesellschaftsbereichen abgelehnt werden oder unerwünscht sind; wenn ein Umgang mit seinem Körper, Formen der Präsentation des Körpers und des Körperkontaktes erwartet werden, die seinem Körperethos widersprechen. Ähnliches gilt für die

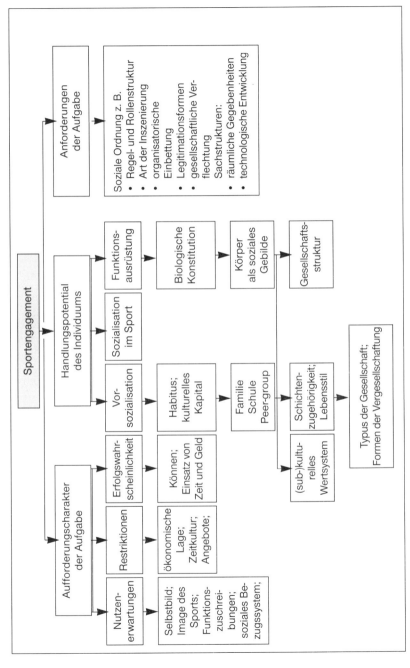

Abb. 25: Determinanten des Sportengagements.

individuelle Bewertung von Wettkampf und Konkurrenz, von Leistungssteige-rung und Überbietung. Sport verlangt meist auch die Mitgliedschaft in einer Organisation mit ihrer je eigenen Kultur, den Mitgliedsanforderungen, den verschiedenen Zwängen zu sozialer Einbindung und zu freiwilliger Mitarbeit. Wer dies etwa als „Vereinsmeierei" abtut, wird sich schwertun, in einem Verein Mitglied zu werden.

Die Sachstrukturen, etwa die räumlichen Gegebenheiten ebenso wie die eingesetzte Sporttechnologie haben vergleichbare Wirkungen und Bedeu-tungen wie die soziale Ordnung des Sports: Sie fordern Kenntnisse und Kompetenzen ihrer sachadäquaten Nutzung und begrenzen und dominieren Möglichkeiten des Verhaltens; sie müssen vom einzelnen als sinnvoll, nützlich bzw. sportadäquat gedeutet werden; zugleich geben sie dem Sport wiederum ein bestimmtes Image. Sport ist ohne eine positive Einstellung zur Technik kaum noch auszuüben. Insofern muß neben der sozialen Ordnung auch die Sachstruktur des Sports als Determinante der Anforderungen in Betracht gezogen werden. Schließlich bedeutet Sporttreiben auch die Einbindung in ein Machtgefüge, das Freiheiten beschränkt, aber ebenso Instrumente der Ge-staltung und der Durchsetzung eigener Vorstellungen zur Verfügung stellt.

Mit der Darstellung der verschiedenen Elemente der institutionellen Ordnung des Sports werden wichtige Aufschlüsse darüber gewonnen, welchen Anforderungen der einzelne gerecht werden muß, wenn er Sport treibt.

2. Der Aufforderungscharakter der Aufgabe

> Der *Aufforderungscharakter* ergibt sich (a) aus dem Nutzen – also etwa aus dem Sporttreiben oder aus der Mitgliedschaft in einem Verein –, den Handelnde für sich erwarten und (b) aus der (subjektiv eingeschätzten) Wahrscheinlichkeit, unter den gegebenen Bedingungen diesen Nutzen auch realisieren zu können.

Hinter dieser Definition steht eine Hypothese darüber, wie Entscheidungen zustande kommen. Diese besagt, daß der einzelne sich für jene Handlungs-alternative entscheiden wird, von der er den höchsten Nutzen erwarten kann. Da Entscheidungen (a) stets auf eine unsichere Zukunft gerichtet sind und (b) sich der Nutzen einer Handlungsalternative nicht automatisch verwirklicht, sondern nur mit einer (subjektiv geschätzten) Wahrscheinlichkeit und meist nur mit zusätzlichem Aufwand – etwa von Geld, Können, Zeit und Mühe –, wird zugleich jede Handlungsalternative mit einer Wahrscheinlichkeit gewichtet, mit der sie und der mit ihr verbundene Nutzen realisiert werden können. Aus dem Nutzen einer Handlungsalternative und ihrer Eintrittswahrscheinlichkeit ergibt sich der jeweilige Aufforderungscharakter. So ist einmal zu prüfen, welche Nutzenerwartungen „man" dem Sport zuschreibt und welche Funktionen von ihm erwartet werden. Man muß weiter der Frage nachgehen, welche Wahr-scheinlichkeit besteht, im Rahmen des eigenen Könnens, mit dem Einsatz von

Geld und Zeit und aufgrund von äußeren Restriktionen (wie der finanziellen Lage und dem Umfang und der Lage der verfügbaren Zeit) den erwünschten Erfolg zu erzielen.

3. Das Handlungspotential des Individuums

Um Sport treiben zu können, ist es zum einen erforderlich, daß der einzelne
die aktuelle Funktionstüchtigkeit besitzt, um den Anforderungen der Aufgabe
gerecht zu werden. Dazu zählen einmal die körperliche Konstitution, Bega-
bung, Intelligenz; wichtig sind weiter kognitive Orientierungen, Motivationsfor-
men, Einstellungen, typische Verhaltensmuster etc., die vorhanden sein müssen, wenn man zum Sport kommt und die im Prozeß der „Vorsozialisation"
oder im Sport selbst geprägt werden (vgl. dazu die Abschnitte zum schichten-
und geschlechtsspezifischen Sportengagement, S. 191–219 sowie zur Sozialisation, S. 157).

**Aus dieser Erläuterung der drei Determinanten des Sportengagements
– den Anforderungen der Aufgabe, seinem Aufforderungscharakter und
den Handlungsanforderungen –, die selbst wieder abhängige Variable vieler Faktoren sind, wird deutlich, daß es eine einfache Erklärung des Sportengagements nicht geben kann; hinzu kommt, daß „Sportengagement"
selbst wieder ein begriffliches Konstrukt ist, das drei Dimensionen –
Verhalten, Wissen, Emotionen – umfaßt. Meist greifen deshalb empirische
Untersuchungen und theoretische Konzepte zum Sportengagement auch
nur eine oder wenige Determinanten heraus und beschränken sich auf die
Erklärung einer Dimension des Sportengagements, meist dem Verhalten.**

Nutzenerwartungen

Welche Erwartungen, Hoffnungen und Absichten Sportler mit dem Sport
verbinden, ist bereits in vielen Untersuchungen erfragt worden. Doch gilt auch
hier, daß die unterschiedlichen Methoden, die angewendet wurden, die
verschiedenen Personengruppen, die untersucht wurden (kaum eine Untersuchung ist repräsentativ, viele beschränken sich auf Jugendliche), die Tatsache, daß die Untersuchungen zu verschiedenen Zeitpunkten und in unterschiedlichen Kulturkreisen durchgeführt wurden, kaum ein vergleichbares,
einheitliches Bild der Gründe, warum jemand Sport treibt, entstehen lassen.
So können auch hier nur einige Punkte dargestellt werden, die – in der subjek-
tiven Einschätzung der Befragungspersonen – ihr Sportengagement bestim-
men. So werden meist genannt:
- Gesundheit, Fitneß und Körperformung;
- Wohlbefinden, Körpererfahrung und Körpererleben;
- Spaß, Freude und Zeitvertreib;
- Geselligkeit, Kommunikation und soziale Integration;
- Schönheit, attraktive Selbstdarstellung;
- Prestige, Anerkennung und soziale Akzeptanz;
- Abwechslung, Effekte und schneller Genuß.

Große Aussagekraft hat eine solche Zusammenstellung jedoch nicht; denn diese Angaben über Gründe des Sporttreibens sind Aggregate einer großen Zahl individueller Aussagen. Darüber hinaus kann keiner genau sagen, was hinter diesen in Befragungen geäußerten Einschätzungen steht: Tatsächlich erlebte Effekte oder nur die Hoffnung, daß solche Wirkungen eintreten; Rechtfertigungen eines möglicherweise ganz anders motivierten Tuns oder die Übernahme und Wiedergabe allgemein akzeptierter Urteile und „Werte" über den Sport? Es gibt Millionen von Menschen, die Sport treiben; es gibt eine große, ständig wachsende Zahl von Sportarten, die in unterschiedlicher Form ausgeübt werden – als Freizeitsport oder Leistungssport, zur Rehabilitation, als Teil des Tourismus – und jeder sucht (und findet meist auch) im Sport etwas anderes. Welche Wirkungen sich Menschen vom Sport erhoffen, hängt weiter davon ab, wer ihn jeweils ausübt und unter welchen Gegebenheiten Sport praktiziert wird. Ältere Menschen bewerten Sport anders als jüngere; wer im Fitneßstudio Sport treibt, sucht etwas anderes als in einem Sportverein; für denjenigen, der Leistungssport als Profi betreibt, hat Sport eine andere Bedeutung als für den reinen Freizeitsportler; der Golfspieler schätzt etwas anderes an seinem Sport als der Boxer, der Gewichtheber etwas anderes als die Gymnastin – und dies wird wiederum in verschiedenen Ländern unterschiedlich sein und sich zusätzlich im Laufe der Zeit auch verändern.

Realisationschancen von Nutzenerwartungen

Zur Beurteilung der Möglichkeiten, inwieweit sich Hoffnungen und Erwartungen, die der einzelne an den Sport richtet, auch erfüllen lassen, muß man (a) einige sportbezogene Besonderheiten mit berücksichtigen und (b) Probleme in den Blick nehmen, die entstehen, wenn man den jeweilig erhofften Nutzen durch Sport in der Tat erreichen will. Dazu sollen im folgenden einige Argumente vorgetragen werden:[97]

1. *Handlungserfordernisse:* Die erhofften Nutzen stellen sich nicht automatisch ein. Sie müssen vielmehr vom Sportler mit zusätzlichem Aufwand (zumindest an Zeit, Kompetenz und Energie allein, aber meist mit anderen), produziert werden. Man erwirbt mit dem Kauf z. B. eines Sportgeräts bzw. mit einer Mitgliedschaft in einem Verein lediglich globale Nutzungspotentiale. Ein Nutzen läßt sich nicht aus Mitgliedschaft und dem Kauf von Sportgütern durch passiven Konsum, als Lust und Unlusteffekt einer äußeren Situation erreichen. Vielmehr sind weiter Zeit und Anstrengungen nötig, um künftig in vielen Einzelsituationen den erhofften Nutzen zu produzieren.

2. *Zukunftsbezogenheit des Nutzens:* Der erhoffte Nutzen verwirklicht sich nicht bereits automatisch beim Kauf eines Sportgeräts, bei dem Erwerb einer Mitgliedschaft in einem Verein, beim Buchen einer Skiwoche, sondern erst in einer Kette ganz unterschiedlicher, oft weit in der Zukunft liegender Einzelsituationen, in der diese Güter, Dienste und Mitgliedschaften etc. produktiv

---

[97] Vgl. dazu vor allem *Heinemann* (1994, 1995).

genutzt werden. Aber über Erlebniswerte, die sich in dieser Folge von Situationen einstellen, über affektive Besetzungen, Anforderungen und Ergebnisse können im vorhinein kaum sichere Vorhersagen gemacht werden – nicht nur, weil, wie wir aus täglicher Erfahrung wissen, künftige Gegenwart meist anders ist als die geplante und gedachte Zukunft im Augenblick des Beginns des Sportengagements (Vorfreude z. B. soll die schönste Freude sein), sondern weil diese Einzelsituationen der Nutzung selbst höchst variabel und selten voll kontrollierbar sind. Jeder Segler hat schon, als er bei Windstärke 8 – und die natürlich gegenan –, Schauerböen, schlechter Sicht und Temperaturen um 10 °C verzweifelt den nächsten Hafen suchte, den Augenblick verflucht, als er das erste Mal diese schaukelnden Planken betrat, aber kaum ein schöneres Gefühl gehabt, wenn er bei raumen Windstärken 4 und Sonnenschein endlich auslaufen konnte. Jede Einzelsituation muß gesondert gestaltet und bewältigt werden. Ob sich im Sport der erhoffte Nutzen ergibt, ist von ganz unterschiedlichen, schwer vorhersehbaren situativen Gegebenheiten abhängig.

3. *Nutzungspotential und Kompetenzen:* Die Gestaltung dieser Kette von Einzelsituationen und damit die Ausschöpfung der Nutzungspotentiale hängt entscheidend von Wissen, Können und Handlungstechniken des einzelnen ab. Eine Sache bleibt ein toter Gegenstand, wenn das zu seiner Nutzung nötige Wissen und Können fehlt. Wissen muß man sich aneignen, was wiederum zur Institutionalisierung von Wissenserwerb und Wissensproduktion führt; Können und Handlungstechniken allerdings sind nur begrenzt objektiv vorhandene Mittel, über deren Verfügbarkeit fest kalkuliert werden kann; jeder weiß dies, der in einem „ernsten" Wettkampf bzw. in einer Prüfung versagte, obwohl er doch vorher alles so gut konnte. Sie sind selbst situationsspezifisch variabel, u. U. auch disponibles Element unserer Handlungsführung, indem wir die Einschätzung der Ausgangswahrscheinlichkeiten und die subjektive Bedeutung des Ergebnisses manipulieren.[98]

4. *Strukturelle Unsicherheit:* Es besteht strukturell eine Unsicherheit, ob mit dem betriebenen Sport, der gewählten Sportart bzw. der Form der Sportausübung der gewünschte Effekt tatsächlich erreicht wird. Nutzenerwartungen können unerfüllte Hoffnungen bleiben. So ist (a) unsicher, ob die Effekte, die man mit dem Sport erhofft, tatsächlich eintreten. Oft sind die Funktionsversprechungen des Sports eher Ideologien zur Rechtfertigung von Ansprüchen für (öffentliche) Unterstützung als empirisch gesicherte Erkenntnisse über Leistungen des Sports – das Gesundheitsversprechen ebenso wie die Hoffnung auf soziale Integration und Sozialisation, die – empirisch nachge-

---

[98] Man denke etwa daran, daß ein Trainer einer Mannschaft vor einem Spiel mit einem Gegner, der als schwach eingeschätzt wird, die Spieler dadurch zu motivieren sucht, indem er Schwierigkeiten und Gefahren „hochstuft" („jeden Gegner muß man sehr ernst nehmen", „gerade schwache Gegner sind unberechenbar" etc.). Wenn demgegenüber eine Aufgabe als so schwierig erscheint, daß sie die Kräfte zu lähmen droht, stuft man gern die Bedeutung des Ergebnisses herunter („ein Verlust ist keine Tragödie"; „morgen kommt eine neue Chance"; „jede Prüfung kann man wiederholen" etc.).

wiesen – oft unerfüllt bleiben, machen dies deutlich; (b) ist der Erfolg oft abhängig von nicht kontrollierbaren Faktoren (Witterung, saisonale Gegebenheiten); (c) muß der Nutzen selbst unter Einsatz von Kraft, Zeit und Energie produziert werden, und dieser Einsatz wird in dem Maß sinken, wie der erhoffte Effekt auf sich warten läßt – so daß viele Trimmgeräte in Kellern und auf Böden verstauben, viele Vereinsmitglieder passiv bleiben; (d) ist der Erfolg in vielen Fällen auch abhängig von Wahrnehmung und Akzeptanz durch andere, die selbst wiederum unsicher sind.

Der Nutzen des Sports muß in einer Vielzahl, weit in die Zukunft reichender, variabler und oft nicht voll kontrollierbarer Handlungssituationen mit hohem Aufwand von Zeit, Kraft und Kompetenz erstellt werden. Damit erweist sich die Vorstellung, rationale Kalkulation über den individuellen Nutzen des Sports sei bloß gedankliche Vorwegnahme und Festlegung der Zukunft, als Illusion. Über den erreichbaren Nutzen kann rational im Augenblick, wenn man sich dem Sport zuwendet, kaum entschieden werden. Die Verwirklichung der Nutzenerwartungen bleibt im Zeitpunkt des Beginns risikobehaftet, oft zufällig und letztlich schwer kalkulierbar.

5. *Verfall des Nutzens:* Der erhoffte Nutzen, wenn er dann eintritt, verfällt im Laufe der Zeit. Der Nutzen des Sports – „Gesundheit", „Fitneß", „körperliches Erscheinungsbild", „Spaß und Wohlbefinden", „Spannung" etc. – muß immer wieder angeregt und gesteigert werden. Dazu zwei Beispiele *(Rittner* 1988):

• Gesundheit ist nie sicher, die Sorge um die Gesundheit dauerhaft. Stets müssen neue Anstrengungen für die Gesundheit unternommen werden. Gesundheit ist kein Kapitalgut, das man „sparen", also in der Jugend anlegen und im Alter verzehren kann. Sie muß vielmehr ständig neu erarbeitet und unter Beweis gestellt werden. Auch sind die mühsam an Trimmgeräten erkämpften Gewinne einer attraktiven Formung des Körpers durch genußreiche Ernährung permanent bedroht.

• Der Zustand des Wohlbefindens verlangt stets neue Formen der Anregung. Dies ergibt sich bereits aus der Erfahrung, daß dann, wenn ein bestimmtes Niveau der Anregung und des Wohlbefindens erreicht ist, allmählich Gewöhnung und schließlich Langeweile eintreten. Es werden immer wieder Neuerungen, Veränderungen, aktivierende Erlebnisse vor allem durch einen Konsum im Freizeitbereich gesucht. So werden stets alternative Produkte angeboten; neue Moden verdrängen die alten; neue Sportarten stimulieren die Nachfrage.

6. *Verteilung positiver und negativer Wirkungen:* Ein weiteres Problem liegt in der Tatsache, daß Sport nicht nur Wirkungen hat, deren Nutzen positiv eingeschätzt werden kann. Sport hat auch negativ bewertbare Wirkungen. Zu denken ist etwa an die Beeinträchtigung der natürlichen Umwelt, an die Zerstörungen, die gewalttätige Hooligans anrichten, an gesundheitliche Schäden eines überzogenen Leistungsstrebens etc., aber auch an die Steuern, die alle – etwa für die Finanzierung sportlicher Großveranstaltungen oder für staatliche Erhaltungsgarantien für die Vereine – zu zahlen haben, auch jene, die keinerlei Interesse am Sport haben.

Nutzen des Sports ist ein unsicherer, sich ständig ändernder, durch das jeweilige Wissen und Können mitbestimmter, von einer Kette situativer Gegebenheiten abhängiger, subjektiver Tatbestand. Er ist keine konstante Rechengröße, mit der und über die fest kalkuliert werden kann – weder vom einzelnen noch von Propagandisten des Sports oder von Sportpolitikern. Dies macht es zugleich schwer, wenn nicht gar unmöglich zu bestimmen, worin der Aufforderungscharakter des Sports für den einzelnen liegt.

Diese Anmerkungen mußten deshalb allgemein bleiben, weil es *den* Sportler nicht gibt. Sie werden konkreter, wenn wir diesen Sportler im folgenden nach verschiedenen Merkmalen – Schichtenzugehörigkeit, Geschlecht, Konfession – differenziert betrachten.

6.1.1 Schichtenzugehörigkeit und Sportinteresse

Man kann sich schwer vorstellen, daß viele Arbeiter Mitglieder in einem Golfverein sind, und Professoren wird man selten in einem Boxring antreffen; Tennis galt lange Zeit als elitär, ist aber in den letzten Jahren zunehmend zu einem „Sport für alle" geworden; auf Trimmpfaden findet man zwar Vertreter aller Altersklassen, aber nicht aller Sozialschichten; früher war Radsport eher etwas für Minderbemittelte, mit der Technisierung des Geräts gliedert er sich jedoch in immer mehr Subkulturen auf. Da kann man kaum von einer „Demokratisierung" des Sports sprechen, mit der sich soziale Schranken aufheben. Oder doch?

Soziale Schichtung beschreibt die vertikale Gliederung einer Gesellschaft, die nach objektiven und subjektiven Kriterien erfolgt. Bevölkerungsgruppen sind aufgrund objektiver Merkmale wie Berufszugehörigkeit, Einkommen, Vermögen, Bildungsstand und aufgrund subjektiver Faktoren, also der Wahrnehmung dieser Unterschiede und der Verbindung mit Prestige und Anerkennung rangmäßig unterschieden; sie werden nach diesen Kriterien gegenüber anderen auf einer Skala des sozialen Prestiges und des sozialen Ansehens als höher, gleich oder niedriger stehend eingestuft. Zugleich unterscheiden sich soziale Schichten in den Lebensgewohnheiten (z. B. in ihrem Freizeitverhalten, in ihrem Konsum), in der Kindererziehung, in der Berufswahl, darin, wie differenziert sie Sprache verwenden, in ihrem Zeitbewußtsein, aber auch in ihren Wertorientierungen und Einstellungen und damit auch in ihren sozialen Chancen.

Formen schichtenspezifischen Sportengagements

Empirische Untersuchungen belegen übereinstimmend folgenden Zusammenhang zwischen Schichtenzugehörigkeit und Sportengagement:

1. Mitglieder aus mittleren und oberen Sozialschichten treiben häufiger Sport als Mitglieder aus unteren Sozialschichten, d. h.: (a) der Anteil derer, die nie Sport getrieben haben, ist in unteren Sozialschichten größer als in mittleren

und oberen Sozialschichten, und (b) Mitglieder aus mittleren und oberen Sozialschichten verwenden mehr Zeit für den Sport als Angehörige der Unterschicht *(Schlagenhauf* 1977). Diese schichtenspezifische Differenzierung der Sportaktivitäten zeigt sich besonders deutlich bei Spitzensportlern: „Je höher die Leistung, um so eher entstammt er (der Spitzensportler) tendenziell einem Elternhaus mit hohem sozialen Status und überdurchschnittlich hohem Einkommen" *(Pfetsch* et al. 1975, 124). Allerdings zeigen sich diese Unterschiede zwischen der oberen und der unteren sozialen Schicht weniger ausgeprägt bei Jugendlichen zwischen dem 16. und 20. Lebensjahr. Die starken Unterschiede in der Sportaktivität entwickeln sich erst nach dem 20. Lebensjahr. *Bachleitner* (1987) hat in einem Vergleich verschiedener Studien diesen Zusammenhang bestätigt gefunden; später hat *Voigt* (1992) dreizehn Untersuchungen analysiert, in denen in allen Fällen (bei verschiedenen Populationen aus Deutschland) ein signifikanter Zusammenhang zwischen sportlichem Engagement und Schichtenzugehörigkeit nachgewiesen wurde. In einem Untersuchungszeitraum von 30 Jahren zeigt sich danach eine beachtliche Stabilität der schichtenspezifischen Abhängigkeit des Sportengagements, obwohl dieses Engagement insgesamt stark gewachsen und sich geschlechts- und alterstypische Unterschiede verringert haben.

2. Das Sportengagement der einzelnen sozialen Schichten zeigt qualitative Unterschiede. So bevorzugen Mitglieder aus unteren Sozialschichten andere Sportarten als Mitglieder aus oberen Sozialschichten; die Vorstellung, daß es „exklusive" und „volkstümliche" Sportarten gibt, die für einzelne soziale Schichten eine unterschiedliche Anziehungskraft besitzen, spiegelt sich auch in den Ergebnissen empirischer Untersuchungen wider.

So haben z. B. *Lüschen* (1963) und *Opaschowski* (1987) für die Bundesrepublik Deutschland, *Renson* (1977, 191 f.) für Belgien und *Loy* (1969, 101 f.) für die Vereinigten Staaten gezeigt, daß man einzelne Sportarten zusammenfassen kann, die von verschiedenen sozialen Schichten bevorzugt oder vernachlässigt werden. So sind etwa die Sportarten (a) Tennis, Hockey und Golf, (b) Rudern, Schwimmen und Reiten, (c) Gymnastik, Tischtennis, Turnen und Badminton und (d) Feldhandball, Ringen, Gewichtheben und Fußball Sportarten, die vornehmlich von Mitgliedern der Oberschicht bzw. der oberen und mittleren Mittelschicht bzw. der Unterschicht ausgeübt werden.

Aus dieser Struktur des Sportengagements werden in der Literatur folgende Schlußfolgerungen gezogen: (a) Je neuer eine Sportart, um so höher ist die soziale Position, die jene besitzen, die diese Sportart zunächst ausüben; (b) je größer die Bedeutung der individuellen Leistung, um so höher ist der soziale Status derer, die sich dieser Sportart zuwenden; deutliche schichtenspezifische Differenzierungen ergeben sich dabei bei Mannschaftssportarten: Während Fußball eher von Angehörigen der Unterschicht und der unteren Mittelschicht bevorzugt wird, finden etwa Handball und Volleyball eher Anhänger bei Mitgliedern der Mittelschicht; (c) je stärker eine Sportart Körperkontakt erfordert, um so niedriger ist die Schichtenzugehörigkeit der Sportler, während Mitglieder aus oberen Sozialschichten eher Sportarten betreiben, die einen geringeren Körperkontakt erforderlich machen.

Abb. 26: Golf – eine Sportart der oberen Sozialschicht

3. Die Unterschiede bei der Teilnahme an sportlichen Wettkämpfen sind schichtenspezifisch weniger stark ausgeprägt. „Dies korrespondiert mit dem Befund, daß die Abkehr der Unterschichten vom Sport erst im Erwachsenenalter einsetzt, wenn die Wettkampfaktivitäten ohnehin zurückgehen. Bezeichnend ist hierfür auch der hohe Anteil ehemaliger Wettkampfsportler in der Unterschicht, die im Gegensatz zu den Sportlern der Mittelschicht nach Beendigung der Wettkampflaufbahn den Weg zu einer eher freizeitsportlichen Betätigung nicht mehr finden (...) Auffallend ist bei der Wettkampfbeteiligung noch, daß hier entgegen ihrer sonstigen Vorrangstellung im Sportengagement die obere Mittelschicht nicht dominiert, sondern die höchste Beteiligung in der unteren Mittelschicht auftritt" *(Schlagenhauf* 1977, 156).

Die Befunde zu Formen des schichtenspezifischen Sportengagements lassen vermuten, daß die Erwartung, über den Sport könne eine soziale Integration erreicht, zumindest also im Sport Schichtengrenzen überwunden werden, unbegründet ist. Sport reproduziert die (relative) Geschlossenheit sozialer Schichten und die Homogenität der Verkehrskreise.

Erklärungen schichtenspezifischen Sportengagements

Im folgenden sollen verschiedene Gründe dargestellt werden, die dieses schichtenspezifisch unterschiedliche Sportengagement erklären:

1. *Wirtschaftliche Lage:* Das schichtenspezifische Sportengagement hängt von unterschiedlichen wirtschaftlichen Möglichkeiten, aber auch von der Zeitsouveränität einzelner sozialer Schichten ab. Segeln, Golf, Tennis und Polo sind nur jenen möglich, die die hohen Kosten für Ausrüstung und Ausübung tragen können. Die Teilnahme am Sport bedeutet außerdem, daß man genügend Zeit zur Verfügung hat bzw. über seine Zeiteinteilung frei verfügen kann (vgl. dazu S. 283–286). So haben vor allem die Wohlhabenderen in der Regel mehr Möglichkeiten, Sportarten auszuüben[99], die teuer sind und viel Zeit in Anspruch nehmen.

---

[99] Die Zusammenhänge hat bereits *Veblen* (1899) um die Jahrhundertwende ausführlich beschrieben und kritisiert. Er wies darauf hin, daß die Teilnahme am Sport oft größere Geldsummen und viel Zeit voraussetzte, so daß Sport zur Freizeitbeschäftigung jener Personengruppen wurde, die einen hohen Status hatten oder anstrebten. Er zeigte, daß Mitglieder oberer Sozialschichten finanziell und zeitlich aufwendige Freizeitmuster entwickelten, um auf diese Weise ihren Wohlstand demonstrieren zu können. Dies sei der Grund dafür gewesen, warum diese sozialen Schichten ihr Geld großzügig für Pferdeställe, Jachten usw. ausgaben und viel Zeit verwendeten, um Ski zu laufen, Tennis oder Golf zu spielen, um so ihren tatsächlichen oder gewünschten sozialen Status zu demonstrieren. Solche Formen des Freizeitverhaltens und des Sports signalisierten, daß man über viel Freizeit und Geld verfügte. So ist verständlich, daß die oberen sozialen Schichten den Amateursport zu ihrem Ideal erhoben; denn Amateursport bedeutete im Gegensatz zum Berufssport, daß man ohne von „ernsten" Lebenszielen und wirtschaftlichen Notwendigkeiten belastet zu sein, eine nicht-produktive, „zweckfreie" Freizeitbetätigung zu treiben in der Lage war. Damit wurden gleichzeitig jene Sportler stigmatisiert, die Sport um der Bezahlung willen trieben oder die auf finanzielle Unterstützung angewiesen waren, um in sportlichen Wettbewerben bestehen zu können (vgl. auch S. 119–121).

Einen Beleg dafür liefern die empirische Befunde von *Opaschowski* (1987), der in einer Untersuchung die Diskrepanzen zwischen Wunsch und Wirklichkeit im Freizeitsport erhoben hat. Bei jenen Sportarten, die nur einen geringen Geld- und Trainingsaufwand erfordern, liegen Wunsch und Wirklichkeit nicht weit auseinander; je teurer die Ausübung einer Sportart, um so größer wird diese Diskrepanz. „Traumsportarten" sind aber zugleich jene, die häufiger von oberen Sozialschichten praktiziert werden; für die anderen müssen sie Traum bleiben.

2. *Unterschiede in der Biographie:* Es müssen weiter Unterschiede in der Biographie von Angehörigen verschiedener Sozialschichten berücksichtigt werden. So wird das Sportengagement stark beeinflußt durch (a) die Art des Schulabschlusses und (b) den Familienstand. So muß zum einen ein (bei unteren Sozialschichten in der Regel) früherer Schulabschluß mit den anschließenden höheren zeitlichen Belastungen der beruflichen Ausbildung und beruflichen Arbeit zu einem stärkeren Rückgang des Sportengagements führen. Zum anderen hat eine Eheschließung in der Regel eine massive Abnahme das Sportengagements zur Folge. Da nun das Heiratsalter in unteren Sozialschichten (vor allem bei Frauen) niedriger ist als das Heiratsalter in oberen Sozialschichten, tragen diese Veränderungen im persönlichen Lebensbereich ebenfalls zur Erklärung schichtenspezifischer Unterschiede des Sportengagement bei.

3. *Differenzen im sozialen Habitus:* In diesem Zusammenhang soll auf die Kategorien des „sozialen Habitus" und des „kulturellen Kapitals" eingegangen werden, die *Bourdieu* (1982) vorgeschlagen hat, um die bereits in der frühen Kindheit erfolgte Prägung sozialer Verhaltensweisen und damit der Chancen des Zugangs zu verschiedenen Bereichen des sozialen Lebens – und also auch des Sports – zu erklären.

Der *soziale Habitus* umschreibt spezifische Einstellungen, Sichtweisen, Präferenzen, Formen des Geschmacks, Lebensstile, Gestaltungsformen des Konsums und der Teilnahme am kulturellen Leben, die sich bereits in den Sozialisationserfahrungen der frühen Kindheit und in dem jeweiligen sozialen Netzwerk, in das der einzelne eingebunden ist, entwickelt haben. Das *kulturelle Kapital* umfaßt jenes spezifische Wissen (etwa zum Verständnis von kulturellen Angeboten, den gesundheitlichen Wirkungen und der Formen und Techniken der Ausübung von Sport), die Sprach- und Umgangsformen, die Denkweisen, den Lebensstil, die Präferenzen, das Zeitbewußtsein, die Selbstkontrolle, die (motorischen) Fertigkeiten etc., also jene Elemente des sozialen Habitus, die erforderlich sind, um Handlungen sachadäquat auszuüben und um Zugang und Eingang zu finden z. B. zu sozialen Kreisen und Organisationen, zur Kunst und zum Sport.

Sozialer Habitus beschreibt also spezifische Handlungsmuster, die man pflegt und mit denen man sich von anderen unterscheidet. Damit besitzt der einzelne (neben seinem ökonomischen) auch ein kulturelles Kapital, das erworben und investiert werden kann und mit dem erklärbar wird, warum Leute das eine tun, das andere lassen oder Dinge unterschiedlich machen und sich damit von anderen unterscheiden. Aus dem jeweiligen sozialen Habitus und dem verfügbaren sozialen Kapital ergeben sich die Möglichkeiten und Formen feiner sozialer Unterscheidungen und exklusiver Abgrenzungen in allen Formen des Konsums, der Freizeitgewohnheiten, der Kultur und eben auch des Sports. In all diesen Dingen eröffnet sich eine Vielzahl von Variationen, mit denen soziale Unterschiede zum Ausdruck gebracht und auch bewußt demonstriert werden können. Unterschiedliche Formen des Sportengagements entwickeln sich nach diesen Thesen auch deshalb, weil Mitglieder verschiedener sozialer Schichten einen je eigenen sozialen Habitus entwickelt haben und daher über ein unterschiedliches kulturelles Kapital verfügen. Da sich der soziale Habitus unbewußt und stillschweigend innerhalb der Familie und im unmittelbaren sozialen Umfeld entwickelt, wird er als ganz natürlich und selbstverständlich erlebt und selten als Teil der jeweiligen Kultur und damit nicht als veränderbar und gestaltbar eingestuft.

So sind die Präferenzen für einzelne Sportarten nicht allein Folge der erforderlichen Kosten und der biographischen Unterschiede. Hohe Kosten erklären nicht die Exklusivität einer Sportart, wenn man die gleichen Effekte billiger erzielen könnte. Fußball, Handball und Volleyball z. B. sind als Mannschaftssportarten in etwa gleich teuer und in ihrer Struktur ähnlich, und dennoch finden sich beim Handball und Volleyball eher Mitglieder aus mittleren und oberen Sozialschichten als beim Fußball; billige Sportarten, nämlich Jogging und auch Bergwandern, werden vor allem von Mitgliedern mittlerer Sozialschichten betrieben. Sportarten sind nicht nur ökonomisch, sondern auch sozial exklusiv. Sport verlangt nicht nur finanzielle Investitionen, sondern auch den Einsatz eines kulturellen Kapitals.

Viele Mannschaftssportarten erfordern körperliche und kulturelle Kompetenzen – etwa Ausdauer, Einordnung in soziale Gruppen, körperliche Stärke, Disziplin, Opferbereitschaft etc. –, die in allen sozialen Schichten zur Verfügung stehen und die daher allen leicht zugänglich sind. Aber gerade deshalb eignen sie sich nicht als Mittel, soziale Unterschiede zum Ausdruck zu bringen. Individualsportarten dagegen können solche sozialen Unterschiede demonstrieren: Sie ermöglichen mehr Freiheit, indem sie an den verschiedensten (oft exklusiven) Orten ausgeübt werden können; man kann darüber hinaus die Zeit und die Partner frei wählen; sie verlangen weniger körperliche Kraft und Ausdauer, aber viel Zeit und Geduld, um sie zu erlernen; sie lassen sich weitgehend unabhängig vom Alter ausüben; Regeln und die Durchführung von Wettkämpfen sind meist hoch ritualisiert und durch zusätzliche, nicht kodifizierte Regeln (z. B. Kleidersitten, Fair play) eingeengt; sie sind darüber hinaus einer sozialen Kontrolle unterworfen, die körperliche und verbale Gewalt, Schreien, Schimpfen, wildes Gestikulieren und unmittelbaren Körperkontakt unterbinden. Damit machen sie ein kulturelles Kapital erforderlich, das in der Unterschicht weniger entwickelt ist.

4. *Somatische Kultur: Boltanski* (1976) und später *Bourdieu* (1982) verbinden das Sportengagement mit einer schichtenspezifisch unterschiedlichen

„somatischen Kultur" als Teil des sozialen Habitus und des kulturellen Kapitals: Da untere Sozialschichten ihre materielle Existenz durch körperliche Arbeit sichern müssen, Müdigkeit, Schmerz, Unlust also hinderlich für eine erfolgreiche Bewältigung beruflicher Arbeit sind, Verlust körperlicher Leistungsfähigkeit existenzbedrohend wird, müssen körperliche Kraft und Unempfindlichkeit gesteigert werden. Mit Boxen, Fußball, Bodybuilding, Gewichtheben, also Sportarten, in denen Kraft und Kampf betont werden, läßt sich dies besonders gut erreichen. Die höhere Sensibilität und Aufgeschlossenheit mittlerer Sozialschichten für Gesundheit und Prävention und das bessere Wissen über den Körper und seine Funktionsweisen bewirken bei ihnen Vorlieben für Sportarten, die auf Gesundheit, Fitneß und Körperformung zielen *(Bourdieu* 1982).

Damit wird Sport von Mitgliedern aus verschiedenen Sozialschichten mit unterschiedlichen Funktionen in Verbindung gebracht: „In den unteren Klassen ist Sport wesentlich eine in Gruppen betriebene Zerstreuung Jugendlicher männlichen Geschlechts. Die Sportarten dagegen, die am häufigsten in den höheren Klassen ausgeübt werden (fast genauso häufig von Männern wie von Frauen, von Personen mittleren Alters ebenso wie von Jugendlichen), Ski, Schwimmen, Leichtathletik oder Tennis, haben zunächst die Funktion, das Individuum ‚in Form' zu erhalten, d. h. ihm den Erwerb und Erhalt eines gesunden Körpers zu erlauben, gewiß aber vor allem wohl eines Körpers, der dem in den höheren Klassen geltenden Schönheitskanon entspricht" *(Boltanski* 1976, 136). Die Tatsache also, daß Mitglieder aus höheren Sozialschichten im Vergleich zu Mitgliedern aus unteren Sozialschichten den Sport sehr viel später oder überhaupt nicht aufgeben, daß auch der Anteil der Frauen am Sportengagement ebenfalls mit der Schichtenzugehörigkeit wächst und daß bestimmte Mannschaftssportarten eher in unteren Sozialschichten Interesse finden, während Individualsportarten in mittleren und oberen Sozialschichten größere Beliebtheit besitzen, zeigt, daß dem Sport von einzelnen sozialen Gruppen eine unterschiedliche Funktion – nicht nur in bezug auf ihre soziale Identität, sondern auch in bezug auf ihren Körper – zugeschrieben wird.

Dies läßt sich nach *Bourdieu* gut am Jogging illustrieren. Jogging erhält seine Bedeutung nur in Verbindung mit einem abstrakten Wissen über die gesundheitlich-biologischen Effekte körperlicher Übungen; es setzt sichere Annahmen über zukünftig bedeutsame und immaterielle Werte sportlicher Übungen für die eigene Gesundheit und das individuelle Wohlergehen voraus. Allgemeiner: Verschiedene Sportarten sind für unterschiedliche soziale Schichten prädestiniert; sie sprechen einen unterschiedlichen sozialen Habitus an, erfordern den Einsatz von kulturellem Kapital und eignen sich nicht in gleicher Weise dazu, soziale Unterschiede sichtbar werden zu lassen.

Die schichtenspezifischen Unterschiede im Sportengagement können nicht durch einen Faktor allein erklärt werden; vielmehr wirken (a) Unterschiede in den wirtschaftlichen Möglichkeiten, (b) Einflüsse der Biographie, die die Einstellung zum Sport (z. B. durch den Schulunterricht) prägen, (c) verschieden geartete Wert- und Deutungsmuster des Körpers

zusammen; schließlich führen (d) kulturelle Wertorientierungen und Sozialisationsbedingungen, die sich im kulturellen Kapital und sozialen Habitus niederschlagen, dazu, daß Mitglieder verschiedener sozialer Schichten den Anforderungen im Sport und in seiner Organisation unterschiedlich gerecht werden können.

Lebensstilforschungen

In der soziologischen Erforschung sozialer Ungleichheit seit Mitte der 80er Jahre wird zunehmend Ansätzen Beachtung geschenkt, die mit dem Begriff Lebensstil- bzw. Milieuforschung bezeichnet werden. Diese Forschungen gehen von der These aus, daß das Schichtungsmodell kaum noch Unterschiede im Verhalten und den sozialen Chancen erklären könne. Klassenlagen verlören an Bedeutung; sie werden durch eine zunehmende Individualisierung des Entwurfs von Status- und Lebensstilen ersetzt *(Berger* 1990). Dahinter steht die These, daß sich in unserer Gesellschaft zunehmend „mehrdimensionale Statusabstufungen, milieuspezifische Lebensstile, individuelle Randgruppenerscheinungen in der differenzierten mittelschichtsdominierten Wohlstandsgesellschaft" entwickelt haben *(Bolte/Hradil* 1985, 359). Individuelle Lebensstile und Statusentwürfe, horizontale Disparitäten, also Ungleichheiten, die sich für den einzelnen aus der je konkreten Lebenslage unabhängig von der Schichtenzugehörigkeit ergeben (Familienstand, Kinderzahl, Wohnort, Gesundheitszustand u. ä.), bestimmen sehr viel stärker Formen des Verhaltens und Lebenschancen als Schichtungsmerkmale. Nicht mehr (allein) die Schichtenlage, sondern individuelle Wahlentscheidungen und Identitätskonstruktionen, eigenständige Statusentwürfe, in denen die Individuen ihre Präferenzen zum Ausdruck bringen können, bestimmen das Verhalten und damit auch die Freizeitaktivitäten.

In der Freizeit und der jeweils verwirklichten Kombination der Angebotsalternativen (in bezug etwa auf Aktivitäten, Assessoirs, Sachausstattungen) versucht jeder einen eigenen Stil zu entwickeln. Freizeitaktivitäten und Sachausstattungen *(von Lüdke* 1990 als „objektiviertes Kulturkapital" bezeichnet) erhalten symbolische Bedeutung, indem sie Lebensstile nach außen dokumentieren. Quer zur sozialen Schichtung werden vertikale Differenzierungen sichtbar.

Schaut man sich dazu allerdings die vorliegenden empirischen Untersuchungen an, stellt man ein hohes Maß an Beliebigkeit etwa in der Rekonstruktion der jeweils typischen Lebensstile fest.[100] Zwar ist die Auflösung des traditionellen Sportkonzeptes (vgl. S. 35–37), die Bindung des Sports an mehr personenbezogene Aufforderungselemente wie Spaß, Gesundheit und Körpererleben und -formung zu beobachten; insgesamt kommt es auch zu einer Abkoppelung des Freizeitraums von Beruf und Arbeit, so daß die Zugehörigkeit

---

[100] Dies ergibt sich sicherlich auch aus der Unterschiedlichkeit der theoretischen Konzepte: Der verwendeten Erhebungsmethode, den jeweils gestellten Fragen, also der Operationalisierung der Konzepte (vgl. zusammenfassend dazu *Tofahrn* 1997).

zu einer sozialen Schicht auch als Determinante des Sportengagements an Bedeutung verliert *(Bachleitner* 1988, 244). So gibt es viele Indikatoren dafür, daß sich das traditionelle Sportmodell, das sich an Mittelschichtenwerten orientiert (vgl. S. 119–121), zunehmend auflöst und damit zugleich die Zahl der Optionen, aus denen der einzelne entsprechend seines sozialen Habitus und kulturellen Kapitals wählen kann, steigt. Aber die Vielfalt von Begriffen und Konzepten, die in der Lebensstilforschung diskutiert werden, ist offenkundig nicht nur ein Spiegelbild der „neuen Unübersichtlichkeit", die in modernen Gesellschaften vorherrscht; vielmehr fehlt auch ein systematischer und empirisch gesicherter Bezug zu diesen neuen Ansätzen soziologischer Lebensstilforschung.[101]

Die vor allem durch Einkommen, Beruf, Bildung und soziales Prestige geprägte soziale Schichtung ist nach wie vor eine bestimmende Größe für Umfang und Art des Sportengagements, wenn auch die Lebensstilforschung auf eine zunehmende Individualisierung, also die Einbindung des Sports in dem je individuellen Lebens- und Persönlichkeitsentwurf, aufmerksam macht. Diese schichtenspezifische Differenzierung des Sportengagements ist nicht allein durch das unterschiedliche verfügbare Einkommen und durch Unterschiede in der Biographie erklärbar. Auch das kulturelle Kapital, das investiert werden muß, ist ungleich verteilt.

6.1.2 Sport und Geschlecht

Unterschiede im Sportengagement

In empirischen Untersuchungen wird immer wieder das unterschiedliche Sportengagement von Männern und Frauen, aber darüber hinaus auch die geschlechtsspezifisch verschiedenartige Einbindung in den Sport belegt:

1. Die Teilnahme am Sport ist bei Frauen sehr viel geringer als bei Männern, allerdings, so muß eingeschränkt werden, bezogen auf die Mitglieder der jeweiligen sozialen Schicht – denn auch für Frauen gilt, daß Mitglieder aus mittleren und oberen Sozialschichten häufiger Sport treiben als Mitglieder aus unteren Sozialschichten.[102] Zusätzlich zeigt sich, daß Frauen, auch wenn sie Sport treiben, (a) weniger Zeit dafür aufwenden und (b) in einem kleineren Spektrum von Sportarten zu finden sind als Männer.

2. Das geschlechtsspezifisch unterschiedliche Sportengagement variiert nach der jeweiligen Organisation, in der Sport betrieben wird. In Sportvereinen sind ca. 38% der Mitglieder Frauen, 62% Männer, in gewerblichen Sportbetrieben sind es ca. 70% Frauen, 30% Männer. Im informellen Sport beträgt der Unterschied zwischen Männern und Frauen ca. 8%.

---

[101] Zu verweisen ist auf den Versuch von *Gluchowski* (1988), der sieben unterschiedliche Freizeitstile in einer empirischen Untersuchung identifizieren konnte.

[102] Zwar kommen die verschiedenen Befragungen zum Sportengagement in Deutschland zu unterschiedlichen Ergebnissen. Aber zusammengenommen scheint es so zu sein, daß 11% weniger Frauen Sport treiben als Männer. Zusammenfassend vgl. *Hartmann-Tews* (1996,103–106); siehe auch Kap. 6.1, S. 198–200.

Abb. 27: Frauensport Gymnastik

3. Bei den Olympischen Spielen sind Frauen gegenüber ihrer schon geringeren Sportbeteiligung noch stärker unterrepräsentiert: In Los Angeles waren 22,89% der Teilnehmer Frauen, in Seoul 25,84%, in Barcelona 28,91% *(Hargreaves* 1994, 220).

4. Es gibt Sportarten, die als typische Männersportarten angesehen werden, andere, die nach landläufiger Vorstellung eher „dem Wesen" der Frau entsprechen. Dieser Sachverhalt läßt sich an einem markanten Beispiel illustrieren: Bei den Olympischen Spielen gibt es keine Frauenwettbewerbe z. B. im Ringen, Judo, Gewichtheben, Hammerwerfen, Stabhochsprung. Fußball, Eishockey, Boxen, Rugby, Ringen gelten als typische Männersportarten; in der Gymnastik, bei Aerobic und Fitneßtraining wird man demgegenüber eher Frauen antreffen. Männer bevorzugen häufiger Wettkämpfe und einen Sport, in dem numerische Leistungsergebnisse ermittelbar sind. Auch gibt es Unterschiede in den Motiven des Sportengagements. Gesundheit, Körperformung und Körpererfahrung werden von Frauen stärker betont als von Männern.

5. Die geringere Beteiligung der Frauen am Sport setzt sich bei der Übernahme von Ehrenämtern in Sportvereinen fort: 95% der Vorstandsvorsitzenden in den Sportvereinen der alten Bundesländer sind Männer, in den neuen Bundesländern sind es 93%. Zwar wächst die Chance einer Frau, in ein Amt gewählt zu werden, wenn es nicht um den Vorsitz, sondern um „untergeordnete" Positionen geht, vermutlich also Positionen, die sich weniger großer Beliebtheit erfreuen. Unter den Schriftführern, den Schatzmeistern oder den Abteilungsvorständen finden sich schon häufiger Frauen, aber auch hier bleibt die Dominanz der Männer *(Heinemann/Schubert* 1994, 221).

6. Krasse geschlechtsspezifische Unterschiede zeigen sich in der Sportberichterstattung in den Medien: Informiert wird sehr viel häufiger über Männersportarten bzw. über Wettkämpfe zwischen Männern wie Fußball, Eishockey, Autorennen; selbst bei Golf, Tennis und Reiten, in denen Frauen vertreten sind, wird über Männer häufiger in den Medien berichtet *(Klein* 1986; *Row/Brows* 1994). Frauen werden in der Sportberichterstattung eher dann berücksichtigt, wenn die Darstellung von Frauen (bzw. der Frauenkörper) von größerem Interessen zu sein scheint als die Information über das Sportereignis. Auch werden Frauen in der Sportberichterstattung anders dargestellt als Männer – bei Frauen wird häufiger die familiäre Situation herausgestellt, eher über das Privatleben berichtet, häufiger der Vorname bzw. vertrauliche Namen benutzt *(Kew* 1997, *Klein/Pfister* 1985). *Duncan* (1990) und *Hargreaves* (1994) machen darauf aufmerksam, daß in der oft erotisch geprägten Bilddarstellung von Sportlerinnen häufig Züge einer (sanften) Pornographie anklingen.

Allerdings muß man gegenüber diesen Befunden zweierlei ergänzen:

Erstens sind Frauen und Männer keine in sich homogenen Gruppen. Sie sind z. B. unterschieden nach Alter, Familienstand, Schichtzugehörigkeit, ethnischer Herkunft. Viele Unterschiede auch im Sportengagement etc. innerhalb den Merkmalsgruppen von Männern und von Frauen sind größer als die zwischen Männern und Frauen. So ist etwa der Einfluß der Schichtzugehörigkeit und des Alters größer als der Einfluß des Geschlechts. Unterschiede im Sportengagement nur geschlechtsspezifisch zu differenzieren, führt zu unzulässigen Verallgemeinerungen.[103] Zweitens werden die geschlechtsspezifischen Unterschiede in den letzten Jahren immer geringer: Immer mehr Frauen treiben Sport und verwenden mehr Zeit für den Sport; immer mehr Frauen wenden sich zunehmend auch Sportarten zu, die einst Domänen der Männer waren, wie z. B. Fußball, 10 000-Meter-Lauf, Marathon, Tischtennis und Judo.

Aus diesen empirischen Befunden ergeben sind zwei Fragen: (1.) wie lassen sich diese geschlechtsspezifischen Unterschiede erklären und (2.) warum werden diese Unterschiede in den letzten Jahren deutlich geringer.

Gesellschaftliche Prägung der Geschlechtsidentität

Um Antworten auf diese Fragen finden zu können, müssen wir uns im klaren darüber sein, daß Geschlecht ein gesellschaftliches Organisationsprinzip bzw. Teil der sozialen Ordnung einer Gesellschaft ist. Dazu wurden in Kap. 1 (vgl., S. 12–14) zwei wichtige Einsichten der Soziologie erläutert, nämlich daß zwischen „Körpersein" und „Körperhaben" zu unterscheiden ist und daß biologische Gegebenheiten nur Ausgangspunkte sind, von denen aus in jeder Gesellschaft eigene Gestaltungsformen in einer fast unübersehbaren Variabilität entstehen.

Entsprechend muß – bezogen auf das Geschlecht – unterschieden werden zwischen den biologischen (physiologischen, anatomischen, genetischen und hormonellen) Unterschieden und den nicht-biologischen, gesellschaftlich konstruierten Kulturen (des Verhaltens, der Einstellungen, der Interessen, der Haltungen, der Identität, des Images), die „männlich" und „weiblich" voneinander trennen. Daraus folgt, daß die vorhandenen biologischen Unterschiede zwischen den Geschlechtern verhältnismäßig belanglos und mehr Anlaß als Ursache für die sozial verschiedenartige Formung der Rollen von Mann und Frau im kulturellen und sozialen Leben sind *(Brullet,* 1996, 278). Vergleicht man z. B. die den Frauen zugeschriebenen Sozialnormen und Rollenbilder in uns bekannten Kulturen miteinander, die unterschiedlichen physischen und psychischen Belastungen, die den Frauen in verschiedenen Gesellschaften zugemutet werden und auch die von Gesellschaft zu Gesellschaft unterschiedlichen Formen der Teilnahme an Spiel und Sport, so ist es kaum möglich, universelle Gemeinsamkeiten zu finden.

Neugeborene Kinder besitzen zwar eine (auch geschlechtsspezifische) biologische Ausstattung. Aber damit werden sie in eine gesellschaftlich konstruierte Kultur hineingeboren, so daß sie erst während ihrer Sozialisation die für ihre Gesellschaft charakteristische, geschlechtsspezifische Identität entwickeln. Jungen und Mädchen verinnerlichen von klein an jene geschlechtsspezifischen Verhaltensmuster, Einstellungen und Interessen, die den sozialen Erwartungen an ihr Geschlecht entsprechen. Der Körper und

---

[103] *Dewar* (1993) etwa weist auf die Gefahr hin, daß Erfahrungen und Verhaltensweisen von Frauen aus der Mittelschicht allzu leichtfertig als typisch für Erfahrungen und Verhaltensweisen aller Frauen hochstilisiert werden.

Abb. 28: Männersport Gewichtheben

damit die biologischen Unterschiede werden Ausgangspunkt einer geschlechtsspezifisch unterschiedlichen Erziehung. Da das Geschlecht über den Körper erfahren wird, werden „männlich" und „weiblich" zu grundlegenden Identitätserfahrungen *(Hargreaves* 1994, 147).

Obwohl „männlich" – „weiblich" gesellschaftliche Konstrukte sind, werden sie im täglichen Leben oft weitgehend mit den biologischen Unterschieden gleichgesetzt, bzw. die in einer Gesellschaft bestehenden Unterschiede zwischen den Geschlechtern als biologisch determiniert erklärt und gerechtfertigt. So wird ein „Biologismus zu einer Ideologie, die soziale und kulturelle Unterschiede zwischen Männern und Frauen aufgrund wissenschaftlicher Kriterien erklärt" *(Hargreaves* **1994, 146). Es erscheint dann ganz „natürlich", daß Männer eher wettbewerbsorientierter, aggressiver, körperlich leistungsfähiger und daher für bestimmte Sportarten besser konditioniert sind als Frauen, unterschiedliche Sportarten bevorzugen und damit auch keine gleichen Zugangschancen zu allen Formen des Sports beanspruchen dürfen.**[104]

Wie sich diese geschlechtsspezifische Sozialisation vollzieht, ist aus vielen Untersuchungen bekannt. Jungen und Mädchen werden (auch farblich) unterschiedlich gekleidet; in der Familie wird mit ihnen in verschiedener Form gesprochen; sie erhalten andere Spielzeuge; sie werden zu anderen Spielen angeleitet; sie erhalten unterschiedliche Freiräume; sie dürfen sich vom Wohnplatz und der (elterlichen) Aufsicht unterschiedlich weit fortbewegen. Eltern übertragen damit jenes geschlechtstypische Image auf ihre Kinder, das sie selber besitzen und prägt. Wir können im Anschluß an *Bourdieu* feststellen, daß der soziale Habitus auch geschlechtsspezifisch ausgeprägt ist. Dieser Habitus wird ständig verstärkt: in Erzählungen, Geschichten, Comics und Fernsehsendungen (insbesondere in den vielen Zeichentrickfilmen), in Jugendzeitschriften und der Medienberichterstattung. Der Habitus erhält seine zusätzliche Verfestigung in der Schule und in den Peer-groups; er wird stets von neuem bestätigt etwa in der Werbung, in Filmen und Fernsehserien, in Körperdarstellungen und der Präsentation von Schönheitsidealen. Schließlich darf man nicht übersehen, daß auch im Sport die gesellschaftlich geprägten geschlechtsspezifischen Stereotypen eher noch verstärkt oder zumindest bestätigt werden. Dies zeigt sich etwa in Umfang und Art der Medienberichter-

---

[104] Ein solcher Biologismus war lange auch in der Sportideologie verbreitet, wenn behauptet wurde, daß die anatomischen, physiologischen und neurologischen Besonderheiten der Frau zumindest bestimmte sportliche Leistungen ausschließen oder doch erschweren. Zu verweisen ist auf Aussprüche wie: Der sportliche Kampf „gebührt dem Mann, der Natur des Weibes ist er wesensfremd" oder: „Das Turnen entspricht der sehr entgegenkommenden Natur des Mädchens" *(Vögeli* 1943; *Spieß* 1877). Sport für Frauen galt noch um die Jahrhundertwende als „unnatürlich" oder gesundheitsschädlich. Sport züchte – so hieß es – die sogenannte „straffe Muskelfaser", die die Frau weniger gebärfähig mache, zum Schutz weiblicher Organe dürfe das Hochspringen nicht höher als in Kniehöhe ausgeführt werden, schließlich wurde vor Ausdauerbelastungen in der Leichtathletik gewarnt.

stattung über Sportereignisse, in der Darstellung und Werbung der Fitneßindustrie, schließlich im Design der Sportkleidung.

Teil dieses sozialen Habitus ist die Einstellung zum Sport und das Sportengagement. So belegen empirische Studien, daß Jungen schon in frühen
Phasen ihrer Sozialisation positiver unterstützte und belohnte Erfahrungen
sammeln, die sie für ein stärkeres Sportengagement prädestinieren. Sie lernen
ein breiteres Spektrum motorischer Fertigkeiten, sind stärker in sie körperlich fordernde Aktivitäten involviert, lernen sportliche Kompetenzen eher
positiv für Identität und Image zu schätzen. Im Unterschied dazu werden
Mädchen nicht im gleichen Maß ermutigt, ein breites Repertoire motorischer
Fähigkeiten zu entwickeln. So werden sie bei einem Sportengagement eher
dazu tendieren, Aktivitäten vorzuziehen, die mit „weiblich" assoziiert werden,
also Rhythmik, graziöse Haltungen und fließende Bewegungen *(Greendorfer*
1992, 207).

Allerdings sind solche „männlichen" und „weiblichen" Kulturen in sich
nicht homogen. Vielmehr bestehen zwischen sozialen Schichten, ethnischen Gruppierungen, Konfessionszugehörigkeit, regionaler Lage wiederum deutliche Unterschiede in der sozialen Konstruktion des Geschlechts,
die oft wiederum größer sein können als die zwischen „männlich" und „weiblich".

Stets aber wird in der Sozialisation das Geschlecht als Element der gesellschaftlich konstruierten Kultur auch Teil der Persönlichkeit. Aber man darf
dabei eine wesentliche Komponente der Sozialisation nicht übersehen: die
„Ich-Identität", also jener Teil der Persönlichkeitsentwicklung, mit der man ein
Bild der eigenen, „einzigartigen" Persönlichkeit mit eigenen Vorstellungen und
unverwechselbaren Verhaltensmustern entwickelt. Teil dieser Identität (vgl.
S. 162) ist die Geschlechtsidentität.

Geschlechtsidentität beschreibt einen Aspekt der Identität, also das Selbstverständnis eines Individuums als „Mann" oder „Frau". Sie ergibt sich aus einer
Bilanz zwischen dem Verhältnis zum eigenen Geschlecht und dessen jeweili-
ger sozio-kulturellen Prägung und Überformung. Dabei sind in den meisten
Gesellschaften soziale Positionen auf Geschlechter verteilt und entsprechende geschlechtsspezifische Rollen daran geknüpft; Rollenerwartungen müssen in die Identität eingepaßt werden. Daher stellt Geschlechtsidentität eine Balance zwischen geschlechtsspezifischer Rolle und dem
individuellen Entwurf der eigenen, unverwechselbaren Persönlichkeit dar.

**Die Geschlechtsidentität des einzelnen kann als Mischung aus gesell-
schaftlich organisierter Kultur und individuellem Entwurf der Ich-Identität
verstanden werden. Dabei kann man davon ausgehen, daß in unserer gegenwärtigen Gesellschaft die Kraft des gesellschaftlich organisierten Teils
abnimmt, die Forderung nach individuellem Entwurf der geschlechtsspezifischen Ich-Identität eher zunimmt.**

Geschlechtsidentität und Sportengagement

Es gibt viele Argumente, die das geringere Interesse von Frauen am Sport erklären sollen:

1. *Zeitliche Belastungen:* Es wird immer wieder darauf hingewiesen, daß es die hohe Belastung der Frau durch Familie und Beruf ihr unmöglich mache, regelmäßig Sport auszuüben. So wirken sich in der Tat Schichtenzugehörigkeit, Alter, Bildung, Familienstand und Kinderzahl bei Frauen sehr viel stärker auf das Sportengagement aus als bei Männern. Dieses Argument mag vor allem für Frauen aus unteren Sozialschichten stichhaltig sein. Gerade in ihnen werden Mädchen eher verpflichtet, Arbeiten im Haus zu übernehmen oder auf jüngere Geschwister aufzupassen, so daß sie über ihre Zeit weniger souverän verfügen können. Allerdings darf nicht übersehen werden, daß das Interesse der Frauen am Sport bereits vor der Eheschließung niedriger ist als bei Männern, und daß auch verheiratete Frauen, die keinen Beruf ausüben, vergleichsweise wenig Sport treiben. Gleichzeitig ergeben Untersuchungen, daß Frauen, die häufig Sport treiben, nach ihrer eigenen Einschätzung nicht weniger Zeit zur Verfügung haben als Frauen, die sich sportlich nicht betätigen (*Bausenwein/Hoffmann* 1967, 67).

2. *Aufforderungscharakter des Sports:* Das geringere Sportengagement der Frauen (und hier vor allem jener, die aus unteren Sozialschichten stammen), kann damit erklärt werden, daß die Anforderungen, die für den Sport und die Mitgliedschaft in Sportorganisationen typisch sind, dem Handlungspotential bzw. dem sozialen Habitus vieler Frauen weniger entsprechen und der Sport für sie mit diesen Anforderungsstrukturen und vor allem aufgrund der Geschlechtsidentität der Frauen nur einen geringen Aufforderungscharakter besitzt.

So ist eine wesentliche Voraussetzung für das Interesse der Frauen am Sport, daß Ziele, Werte, Verhaltensmuster und Wirkungen, die im Sport gefordert, angestrebt und erreicht werden können, dem gesellschaftlich geprägten Handlungspotential und der geschlechtsspezifischen Identität entsprechen. Ob also z. B. Besiegen oder Besiegtwerden, Überlegenheit oder Unterlegenheit, Gewalt und Aggression, Anwendung von Kraft, Körperkontakt, der Umgang mit Dingen – z. B. das Treten des Balles, das Heben schwerer Gewichte –, Schwitzen, Ehrgeiz, Konkurrenz, Wettkampf dem sozialen Habitus der Frau entsprechen und ihre Identität bestätigen oder sie eher in ihrer Identität verunsichern, ist Voraussetzung dafür, ob Frauen Sport ausüben oder nicht. Wir müssen davon ausgehen, daß so, wie der Sport vor allem in seinem traditionellen Sportmodell verstanden wird, viele Frauen diesen Anforderungen nur ungern gerecht werden und daß viele Frauen erwarten, daß körperliche, psychische und soziale Erfahrungen, Verhaltensanforderungen und Beeinflussungen, die der Sport oder doch bestimmte Sportarten mit sich bringen (also z. B. Veränderungen ihres Körpers, ihrer Psyche, des Bildes, das sich andere von ihnen machen), ihrer Geschlechtsidentität eher entgegenlaufen und ihrem sozialen Rollenbild und Selbstverständnis als Frau häufig nicht entsprechen.

Viele Sportarten sind nicht nur so konstruiert, daß sie aggressives Verhalten fordern; vielmehr wird auch der Ausdruck von Aggressivität als typisch männlich etikettiert. Die Fähigkeit aggressiv, ja gewalttätig zu sein, wird im Sport, aber nicht nur in ihm, als Voraussetzung dafür gesehen, als Mann Respekt zu gewinnen. So sehen etwa Männer (auch absichtlich herbeigeführte) Verletzungen anderer als durchaus selbstverständlich und „natürlich" an, solange sie innerhalb der Regeln des Sports erfolgen und nicht durch Wut ausgelöst wurden *(Messner* 1992, 67). Daher suchen Männer eher Sportarten, in denen es zu gefährlichen körperlichen Auseinandersetzungen mit dem Gegner kommen kann, weil sie damit beweisen können, daß sie in dieser Welt ihren „Mann stehen können" *(Coakley* 1994, 176).

3. *Körperethos:* Das Bild vom eigenen Körper stellt eine wichtige Grundlage für die Identität dar; dieses Körperbild ist ein Aspekt der Selbst-Konzeption, also wichtig für die Bestimmung dessen, was jemand sein möchte oder zu sein glaubt. Ein wesentliches Attribut des Körpers, das die Identität mitbestimmt, ist das Geschlecht, vor allem, weil dem einzelnen mit seinen körperlichen Merkmalen selbstverständlich, d. h. bereits im frühen Alter gesellschaftlich vermittelt und dann immer wieder verfestigt wird und entsprechende Eigenschaften zugeschrieben werden. Die Bedeutung, die das Bild vom Körper für den einzelnen besitzt, variiert wiederum geschlechtsspezifisch.

Beim Mann besteht nur ein geringer Zusammenhang zwischen den Merkmalen seines Körpers und dem Erfolg, den er im Leben erringt, seinem sozialen Status und seinem Ansehen. Es gibt nur noch wenige Arbeitsbereiche in unserer Gesellschaft, in denen Körperkraft und Attraktivität dem Mann zum Erfolg verhelfen. Vielmehr sind die prestigeträchtigen Berufe mehr an intellektuellen Fähigkeiten des Mannes orientiert, so daß zumindest eine Unsicherheit darüber besteht, wie weit sein Körper daran beteiligt sein kann, eine Berufsrolle erfolgreich auszuführen. Demgegenüber ist der Körper der Frau ein sehr viel wichtigeres Merkmal dafür, welches Ansehen sie erringen kann und welchen Erfolg sie haben wird – und in der Werbung, in den Präsentationen der Fitneßindustrie, in den Massenmedien wird dieses Bild immer wieder bestätigt und bestärkt.

Die Identität wird geschlechtsspezifisch unterschiedlich durch den Körper und das Körperethos mitbestimmt. Das körperliche Erscheinungsbild des Mannes spielt für seine Identitätsbildung eine geringere Rolle als für die Frau. Der Mann ist eher geneigt anzunehmen, daß sein äußeres Erscheinungsbild weniger wichtig und nicht repräsentativ ist für das, was er wirklich darstellt. Hinzu kommt, daß zwar die Selbsterfahrung des Menschen zwischen „Körpersein" und „Körperhaben" schwankt – identisch sein mit dem Körper und über ihn verfügen können, daß aber vermutlich für die Identität der Frau eher dieses „Körpersein", identisch sein mit dem Körper, für Männer eher „Körpererleben", über seinen Körper verfügen typisch ist, daß der Mann also eher zu einer instrumentellen Verwendung seines Körpers neigt und sich schon daraus eine unterschiedliche Einstellung zum Sport ergibt.

So wird vermutlich der Aufforderungscharakter des Sports oder einzelner Sportarten für eine Frau schon dann geringer sein, wenn sie ihre Identität nicht über den instrumentellen Einsatz des Körpers erfährt, wie dies typisch für den Sport ist, wenn sie durch den Sport eine Veränderung des Körpers befürchtet, die ihrem Körperethos entgegensteht oder wenn sie ihren Körper in einer Form präsentieren muß (z. B. mit einem durch Anstrengung verzerrten Gesicht, durch Schwitzen, in der Körperhaltung, im Körperkontakt), die ihrem Image und dem dazu gewünschten Erscheinungsbild widerspricht.

4. *Leistungsorientierung:* Die Attraktivität und Anziehungskraft des Sports sind durch die jeweiligen Leistungsanforderungen bestimmt, dann aber auch davon, wie weit der einzelne die Wahrscheinlichkeit eines Erfolgs oder Miß-erfolgs angesichts der Schwierigkeit der Aufgabe einschätzt und letztlich wie weit Erfolg oder Mißerfolg positiv oder negativ bewertet werden.

Wir wissen zwar nicht mit Sicherheit, ob sich die Leistungsmotivation von Männern und Frauen grundsätzlich unterscheidet, weil hierüber weitgehend empirische Daten fehlen. Es gibt jedoch eine Reihe von Untersuchungen, die eine geschlechtsspezifisch unterschiedliche Bewertung und Einschätzung von Erfolg und Gewinn belegen. So scheint bei Frauen in unserer Gesellschaft häufiger die Erwartung zu bestehen, daß mit Leistung und Erfolg eher negative Konsequenzen verbunden sein können und daß sie daher bestrebt sein soll-ten, Erfolg eher zu vermeiden als anzustreben.

Wenn die Erwartungen, die mit dem Erfolg verbunden sind, negativ sind, können, wenn der Erfolg angestrebt oder erreicht werden muß, Angst oder Unsicherheit die Folge sein. So bestätigen Untersuchungen, daß Studentin-nen, die einen Teil ihres Studiums bereits mit Erfolg absolviert haben, häufiger Zeichen der Unsicherheit, der Angst und andere psychische Störungen zeigen als Studentinnen aus unteren Semestern *(Gerstein* 1965, 48; *Dahrendorf* 1968, 88). Dieses mag ein Beispiel dafür sein, wie Frauen, die von den stereotypen Rollenbildern der Frau, die auch in unserer Gesellschaft noch bestehen (etwa: für Mädchen reicht die mittlere Reife; Frauen sollen heiraten und Kinder haben; Frauen brauchen keinen Beruf), abweichen, in ihrer Identität verun-sichert werden können.[105]

Verhaltensorientierungen und Geschlechtsstereotypen können auch das Verhältnis der Frau zum Sport beeinflussen, da ja der Sport in seinem traditionellen Modell entscheidend geprägt ist durch Leistungsverhalten, Wettbewerbssituation, durch Erfolg und Mißerfolg, Gewinn und Verlust. Frauen bevorzugen jene Sportarten, in denen mehr die Ausdrucksmotorik und das Gestalterische im Vordergrund stehen, die auch ohne Wettkampf und Leistungsorientierung, ohne Gewinner und Verlierer betrieben werden können wie Schwimmen, Gymnastik, Tanz und die auch nach landläufiger Vorstellung als typische Frauensportarten angesehen werden.

Einen Beleg für diese These kann man aus dem bereits zitierten Befund ab-leiten, daß Frauen in kommerziellen Sportbetrieben überrepräsentiert, in Verei-

---

[105] So ist etwa die Haltung gegenüber Frauen, die Karriere machen, zumindest ambi-valent. Man erwartet nicht, daß Frauen überhaupt den Wunsch nach beruflichem Erfolg haben, und wenn sie Karriere machen, überwiegt der Zweifel, daß sie sich im Management bewähren könnten *(Preuss* 1987, 374).

nen aber unterrepräsentiert sind. Eine Erklärung ergibt sich aus dem Vergleich der Sportangebote (vgl. *Dietrich/Heinemann/Schubert* 1990, 91). Sportvereine werden offensichtlich mit der zeitlichen, räumlichen und inhaltlichen Ausgestaltung ihrer Angebote den Sport- und Bewegungsbedürfnissen, aber auch in ihrer (männlich geprägten) Organisationskultur den Interessen, dem sozialen Habitus und dem kulturellen Kapital von Frauen weniger gerecht als dem von Männern. Gewerbliche Sportanbieter eröffnen mehr Freiheit in der Wahl des Zeitpunkts der sportlichen Aktivitäten, bieten in der Regel keinen Wettkampfsport an und ermöglichen zielgenauer Möglichkeiten von Körperformung, Körpererfahrung, Fitneß und körperlichem Wohlbefinden, ohne daß hohe Investitionen an Zeit und Kompetenz erforderlich sind.

5. *Männliche Dominanz:* Schließlich darf nicht übersehen werden, daß der Vereinssport männlich geprägt ist, Frauen also zumindest im Vereinssport mit einer Männerkultur konfrontiert werden. Dies bezieht sich nicht nur auf die Tatsache, daß dort vorrangig Männer ihre Ideen, Konzepte des Sports, ihre Interessen und Ziele verwirklicht haben – leicht belegbar an der männlichen Dominanz in den Führungsgremien –, dies gilt auch für Verhaltensweisen, Sprachstile, Umgangsformen, für männliche Themen und männlichen Humor bzw. für das, was Männer für Humor halten.

Das unterschiedliche Sportengagement von Männern und Frauen ist weder biologisch noch allein durch ein unterschiedliches Zeitbudget erklärbar. Der Sport entspricht vielmehr, so wie er bei uns in der Regel betrieben und verstanden wird, in unterschiedlichem Maße dem sozialen Rollenbild und Selbstverständnis von Mann und Frau; unterschiedliche Wert- und Deutungssysteme des Körpers, verschiedene Leistungsorientierungen und eine aus der Geschlechtsidentität erwachsene mögliche Ablehnung typischer Legitimationen des Sports und die Besonderheiten der männlichen Kultur in Sportvereinen liefern Beispiele für diese These.

Im ersten Teil dieses Kapitels wurde auf Ergebnisse hingewiesen, die darauf schließen lassen, daß sich die geschlechtsspezifisch unterschiedliche Einbindung von Männern und Frauen in den Sport zunehmend verringert. Für diese Entwicklung sind zunächst Veränderungen in der Lebenslage der Frau verantwortlich – etwa die Tatsache, daß Frauen häufiger Zugang zu einer weiterführenden Schul- und Berufsausbildung haben als früher, daß ihr Leben weniger durch familiär-private Verpflichtungen eingeengt ist, technologische Entwicklungen wesentliche Entlastungen im Haushalt bewirkt haben und Berufstätigkeit größere, nicht nur finanzielle, Freiräume eröffnet. Hinzu kommt, daß sich das Image des Sport geändert hat, also z. B. zunehmend als „schick" gilt. Zugleich büßt das traditionelle Modell des Sports, das bei der bisherigen Erklärung des geringeren Sportengagements der Frauen im Vordergrund stand, seine Bedeutung ein; es treten Modelle des Sports in den Vordergrund, die leichter in den eigenen Entwurf der geschlechtsspezifischen Identität eingepaßt werden können. Zugangsbarrieren werden verringert, die „zielgenaue" Auswahl des gewünschten Sport- und Bewegungsangebots wird erleichtert.

Hinzu kommt, daß es für die Entwicklung der eigenen Geschlechtsidentität entscheidend ist, welche prägende Kraft auf der einen Seite die sozio-kulturellen Geschlechtsrollenmodelle besitzen und in welchem Umfang jeder einzelne für sich eine eigene, geschlechtsspezifische Identität entfalten und sich dabei auch von diesen gesellschaftlichen Modellen bzw. geschlechtsspezifischen Rollentypisierungen lösen kann. Moderne Gesellschaften sind durch eine zunehmende Individualisierung und Differenzierung der Lebensstile gekennzeichnet. Gesellschaftlich vorgegebene Verhaltensmodelle, auch jene, die an Alter, soziale Schicht und Geschlecht gebunden sind, verlieren an bindender Kraft, so daß der einzelne in der Gestaltung seines Lebensentwurfs und damit auch der Ausgestaltung seiner Identität auf sich selber verwiesen ist. In dem Umfang, in dem diese geschlechtstypischen Rollenmuster an verbindlichem Einfluß verlieren und in dem Umfang, in dem Geschlechtsidentität Teil des individuellen Lebensentwurfs und des Lebensstils wird, verringern sich auch die geschlechtsspezifischen Unterschiede im Sportengagement.

Im Sportengagement, in der ehrenamtlichen Mitarbeit ebenso wie in der öffentlichen Darstellung gibt es deutliche geschlechtsspezifische Unterschiede; diese Unterschiede zwischen den Geschlechtern sind Teil der gesellschaftlich konstruierten Kultur. Aber dies macht es nicht leicht, diese geschlechtstypischen Unterschiede der Einbindung in den Sport zu erklären, zumal da sie in so unterschiedlichen Formen in Erscheinung treten und von anderen Merkmalen etwa des Alters und der Schichtenzugehörigkeit überlagert werden. Zwar kann man einzelne Determinanten des Sportengagements identifizieren – etwa biographische Gegebenheiten, Körperbild, Leistungsorientierung, männliche Dominanz der Organisationskultur vor allen in Vereinen – aber es ist schwer, aus dieser Gemengelage das Gewicht einzelner Faktoren zu isolieren. Dies macht es auch so schwer, Strategien zu entwickeln, durch die die Einbindung der Frauen in den Sport verbessert werden kann.

6.1.3 Sportengagement und Konfessionszugehörigkeit

Die Frage, ob die Konfessionszugehörigkeit Einfluß auf das Sportengagement besitzt, wird in der Literatur aufgrund einander widersprechender Untersuchungsergebnisse unterschiedlich beantwortet. So wird einerseits auf empirische Befunde verwiesen, nach denen Protestanten bei Sportlern und vor allem bei Spitzensportlern gegenüber Katholiken überrepräsentiert seien; auf der anderen Seite wird behauptet, daß ein ursächlicher Zusammenhang zwischen Sportengagement und Konfessionszugehörigkeit nicht bestehen würde.

Lüschen glaubt, einen Zusammenhang zwischen Konfessionszugehörigkeit und Sportengagement bewiesen zu haben, indem er (a) zeigt, daß protestantische Sportler unter olympischen Medaillengewinnern überrepräsentiert sind und (b), indem er bei einer Untersuchung bei 15- bis 25jährigen Sportvereinsmitgliedern 8% mehr Protestanten vorfand, als nach der Bevölkerungsstatistik

zu erwarten wären. Dabei zeigten sich Protestanten unter den Hochleistungs-
sportlern in den Disziplinen Leichtathletik und Schwimmen besonders überrepräsentiert, während bei den Mannschaftssportarten nicht in gleichem Maße
religionsspezifische Unterschiede ermittelt wurden *(Lüschen* 1962).

Pfetsch konnte diese Ergebnisse mit einer Untersuchung von 371 deutschen Leistungssportlern, davon 128 Olympiateilnehmern weiter differenzieren. Das Ergebnis war, daß sich zwar die Leistungssportler in den ausgewähl-
ten Disziplinen (Basketball, Schwimmen, Leichtathletik, Skilauf) in ihrer Religionszugehörigkeit kaum vom Bevölkerungsdurchschnitt unterscheiden, wohl
aber signifikante Unterschiede zwischen Olympia- und Nicht-Olympiateil-
nehmern bestehen. „In der Gruppe der absoluten Spitze (128) beträgt der
Anteil der evangelischen Sportler 55,5%, der katholischen nur 34,4%" *(Pfetsch*
u. a. 1975, 140).

Daß die Religion als wichtiger Bestandteil des kulturellen Überbaus einen
wesentlichen Einfluß auf das Leistungssport-Niveau besitzt, versuchte
Seppänen schließlich in einem Vergleich sportlicher Erfolge bei den Olympischen Sommerspielen von 1896–1968 und 1948–1968 zwischen vier verschiedenen Gesellschaftstypen, nämlich sozialistischen, protestantischen, ge-
mischt protestantisch-katholischen und katholischen Ländern, zu beweisen.
Sein Befund ist, daß protestantische Gesellschaften traditionsgemäß die
führende Rolle spielen. „Ihr Erfolg bei allen Olympischen Spielen seit 1896 war
mehr als siebenmal so groß, als im Vergleich mit der Bevölkerungsgröße
dieser Länder hätte angenommen werde können. Der Erfolg setzt sich bis zu
den letzten Spielen in Mexico-City fort, wo der Erfolg dieser Länder immer
noch den erwarteten Wert um das Dreifache übertraf" *(Seppänen* 1972,145).

Die Interpretation dieser positiven Zusammenhänge zwischen Konfessionszugehörigkeit und Sportengagement erfolgt in analoger Anwendung jener
Argumente, die Max *Weber* über den Zusammenhang von protestantischer
Ethik und dem Geist des Kapitalismus entwickelte. *Weber* (1922, 17 f.) versuchte nachzuweisen, daß die wirtschaftliche Entwicklung des Kapitalismus
entscheidend durch zwei Faktoren geprägt wurde, die beide aus einer religiösen Herausforderung resultierten: zum einen das Bestreben der Beherrschung
der Welt in einer asketischen Lebensführung als Weg zur Erlösung, zum anderen in einer positiven Hinwendung zu der bestehenden gesellschaftlichen
Ordnung, also in einer innerweltlichen Einstellung.

Die aus dem Protestantismus und vor allem einer ihrer Varianten, dem
Calvinismus resultierende Ethik hatte demnach zwei Konsequenzen: Sie führte
zu einer durch den Glauben geförderten, hohen individuellen Leistungsorientierung und brachte in klassischer Weise sämtliche denkbaren Bedingungen dafür, daß das sozio-kulturelle Umfeld als optimale Herausforderung für
individuelle Leistungen empfunden wurde. Die Tatsache, daß der Protestantismus für eine Vielzahl von Umweltbezügen offen ist, unter denen sich ein
Leistungsstreben aktualisieren und daß damit auch der Sport in den „Licht-
kegel" dieses Leistungsethos geraten kann, gibt eine Erklärung dafür, daß
Protestanten ein ausgeprägteres Sportengagement besitzen und in Spitzensportmannschaften im Vergleich zu Katholiken überrepräsentiert sind.

Als zweites Merkmal wird das Streben nach Beherrschung der Welt, der bewußten Gestaltung und Veränderung gesellschaftlicher Ordnung als Weg zur Erlösung herausgestellt. Diese Grundhaltung drückt sich z. B. in einer Berufsethik aus, die verlangt, daß im Beruf innerweltliche Verpflichtungen erfüllt werden, so daß weltliche Arbeit eine sittliche Qualifizierung erhält; harte, weltliche Berufsarbeit, Besitzstreben, asketischer Sparzwang und damit hohe Investitionsfähigkeit, die das wirtschaftliche Wachstum trägt, sind Ausfluß dieser Grundhaltung. Schon die Tatsache, daß es der Katholizismus dem einzelnen möglich macht, für jede Sünde Absolution zu erhalten, dem Protestanten aber die Verantwortung für seine gesamte Lebensführung auferlegt wird, bewirkt rastlosere Berufsarbeit, immerwährende Methodisierung und Rationalisierung der Lebensführung. Daß diese Ethik auch Sportengagement und Sportleistung positiv beeinflussen kann, ist nicht auszuschließen.

Demgegenüber konnten weder *Artus* (1974, 50) (bei Jugendlichen) noch *Schlagenhauf* (1977) einen statistisch gesicherten Zusammenhang zwischen Sportengagement und Konfessionszugehörigkeit ermitteln. „Weder unter den Sportvereinsmitgliedern noch bei den Vereinsmitgliedern überhaupt zeigten sich mehr oder weniger Protestanten als unter den Nichtorganisierten. Ebensowenig unterschieden sich in dieser Hinsicht Personen mit hohem und niedrigem Freizeitaktivitätsniveau, Freizeitsportler von Wettkampfsportlern oder Sportpassive von Sportaktiven" *(Schlagenhauf* 1977, 148).

So können wir die Frage, welchen Einfluß die Konfession auf das Sportengagement ausübt, nicht endgültig beantworten. Die einzelnen vorgetragenen Untersuchungen lassen sich jedoch schwer miteinander vergleichen; denn während z. B. *Artus* den Einfluß der Religionszugehörigkeit auf den Freizeitsport Jugendlicher, *Schlagenhauf* den Einfluß auf Vereinszugehörigkeit und Breitensport untersucht, gibt *Pfetsch* Auskunft über den Einfluß der Religionszugehörigkeit auf den Spitzensport. So wäre es denkbar, daß die aufgrund der Religionszugehörigkeit verinnerlichten Handlungs- und Leistungsorientierungen zwar nicht generell das Sportengagement, wohl aber die Zugehörigkeit zur absoluten Leistungsspitze mitbestimmen.

Selbst wenn aber die Konfessionszugehörigkeit nicht unmittelbar Sportengagement und sportliche Leistung beeinflußt, so sind gleichwohl zwei Faktoren denkbar, die einen Zusammenhang zwischen Konfession und Sportengagement bewirken könnten:

1. Der Einfluß der Konfession kann über die Schichtenzugehörigkeit erfolgen; denn zum einen gehören Spitzensportler überdurchschnittlich häufig der sozialen Mittelschicht an, zum anderen sind die Mitglieder aus mittleren und oberen Sozialschichten überdurchschnittlich häufig protestantisch.

2. Die Konfession kann – genauso wie eine politische Ideologie – die wirtschaftlichen und sozialen Verhältnisse einer Gesellschaft so gestalten – dies ist ja auch die Hauptthese von *Weber,* wenn er der protestantischen Ethik für die Wirtschaftsentwicklung eine hervorragende Bedeutung zumißt –, daß sie auch in überdurchschnittlichem Umfang Spitzensportleistungen ermöglichen, so daß im interkulturellen Vergleich protestantische (später sozialistische) Gesellschaften besonders erfolgreich z. B. bei Olympischen Spielen waren. In

beiden Fällen ist dann die Religionszugehörigkeit nicht die unmittelbare Ursache, wohl aber ein Faktor, der Voraussetzungen für ein hohes sportliches Leistungsniveau schafft.

Ob die Konfessionszugehörigkeit das Sportengagement bestimmt, ist ungeklärt. Abgesichert scheint lediglich, daß (a) Spitzensportler vor allem der Individualsportarten häufiger evangelisch sind, weil sie eher aus oberen Sozialschichten stammen, deren Mitglieder insgesamt häufiger evangelisch sind und daß (b) Religion ebenso wie einzelne Sozialphilosophien Voraussetzungen (z. B. in der Beeinflussung der Leistungsmotivation, der Betonung individueller Verantwortung, der Zukunftsorientierung und -planung, der Verbesserung der wirtschaftlichen Lage, der Stabilisierung der politischen Situation) schaffen, die auch sportliche Leistungen begünstigen können.

6.1.4 Der einzelne im Sport

Man könnte vermuten, daß das kleinste soziologisch relevante Gebilde aus mindestens zwei Personen besteht. Dies ist jedoch nicht der Fall. Vielmehr ist die isolierte einzelne Person das quantitativ kleinste Gebilde, mit dem Soziologen sich befassen müssen. So darf nämlich nicht übersehen werden, daß die Fernwirkung der Gesellschaft auch den isolierten einzelnen – u. U. auch in seiner Einsamkeit – mitbestimmt oder – umgekehrt – soziale Gegebenheiten und die Auseinandersetzung mit ihnen Isolation und Abkapselung bewirken können. Insofern ist der einzelne die kleinste soziale Einheit, die wir in ihrer gesellschaftlichen Einbettung behandeln müssen. Dies gilt auch für den Sport.

Es können drei Fälle sozial relevanter Isolation unterschieden werden: (1.) die Abkapselung und damit Verneinung sozialer Abhängigkeit und Bindung, wie sie, wenn auch unterschiedlich radikal beim Einhandhochseesegler, beim Drachenflieger, beim einsamen Kletterer in den Bergen oder auch beim einzelnen Läufer auf dem Trimmpfad zu finden ist, (2.) der in einem sozialem Gebilde (etwa einer Mannschaft, einem Verein) Isolierte und (3.) der Individualist, der gegenüber der Mannschaft mit seinen „Extratouren" in den Vordergrund rücken möchte.

Alleinsein und Einsamkeit sind nur aufgrund der (Fern-)Wirkung von Gesellschaft verstehbar. Gemeint ist damit nicht nur die Tatsache, daß auch die isolierte Einzelperson ihren Sport normalerweise mit der Technik, den Zielen, Regeln und Normen ihrer Kultur ausübt oder doch ihren Sport als bewußte Negation dieser Regeln und Normen versteht. So ist – wie dies im ersten Fall besonders am Beispiel das Einhandhochseeseglers, der allein die Welt umsegelt, deutlich wird – soziale Isolation und Abkapselung nicht nur eine Verringerung des sozialen Kontaktes und eine Abnahme des Bindungswunsches; das Verhalten ist nicht durch bloße Abwesenheit von Gesellschaft, sondern gerade dadurch bestimmt, daß man sich Gesellschaft mit all ihren Bindungen, Ansprüchen und Verpflichtungen in ihrem quantitativen Umfang und in ihrer qualitativen Bedeutung vorstellt, sie dann erst verneint und ihr entflieht. Im

Abb. 29: Der einzelne

„Aussteiger" drückt sich dieses Verhalten am besten aus. Die Fernwirkung der Gesellschaft liegt vor allem in dem „Nachhallen vergangener oder (in der) Antizipation künftiger Beziehungen, sei es als Sehnsucht oder als gewollte Abwendung. Der einsame Mensch ist nicht so charakterisiert, wie wenn er von jeher der einzige Erdenbewohner wäre; sondern auch seinen Zustand bestimmt die Vergesellschaftung, wenn auch die mit negativen Vorzeichen versehene. Das ganze Glück wie die ganze Bitternis der Einsamkeit sind doch nur verschiedenartige Reaktionen auf sozial erfahrene Einflüsse, sie ist eine Wechselwirkung, aus der das eine Glied nach Ausübung bestimmter Einflüsse real ausgeschieden ist und nur noch ideell im Geist des anderen Subjekts weiterlebt und weiterwirkt" *(Simmel* 1958, 55). So ist das Handeln des isolierten einzelnen ebenfalls – wenn auch negativ – deshalb soziales Handeln, weil es durch das Streben nach Ungebundenheit und dem stetigen Sich-Herauslösen aus sozialen Bindungen und Ansprüchen bestimmt sein kann und durch den Versuch geprägt ist, sein Dasein – dauernd, zeitweise oder nur kurzfristig – durch andere als durch soziale Verpflichtungen, Werte und Normierungen auszufüllen.

Diese Einsamkeit hat allerdings in verschiedenen Kulturen eine je unterschiedliche Bedeutung: So zeigt *Hofstätter* (1957, 69 f.) anhand von Polaritätsprofilen, daß der Begriff „Einsamkeit" bei Amerikanern eher negative, bei Deutschen eher positive Assoziationen auslöst; bei den Amerikanern rückt „Einsamkeit" eher in assoziative Nähe zu den Begriffen „Angst", „Langeweile" und „Ermüdung", während Deutsche diesem Begriff stärker positive Seiten abzugewinnen vermögen und ihn mit Kreativität, Selbstbestimmung, Besinnung usw. in Verbindung bringen.

Eine andere Form der Einsamkeit ist die soziale Isolation, die der einzelne in einer Gruppe erleben kann. Soziometrische Tests weisen häufig Konfigurationen nach, in denen der einzelne ohne Kontakt und affektive Bindungen fremd und beziehungslos innerhalb der Gruppe bleibt; der einzelne ist in diesem Fall nicht physisch allein. Diese Form der sozialen Isolation innerhalb eines sozialen Gebildes kann verschiedene Ursachen haben:

Soziales Verhalten und Einbindung in soziale Gebilde setzt die Kenntnis der dort bestimmenden und allgemein akzeptierten Sinngebungen, Werte und Normen, Beziehungsnetze, Traditionen und Sitten, also der Besonderheiten einer (Sub-)Kultur voraus. Dabei vermengen sich oft Sinngebungen, Werte und Normen, die allgemein in einer Gesellschaft gelten, mit Eigenheiten der individuellen Kultur, die sich in der Geschichte und Tradition eines sozialen Gebildes – etwa eines Vereins – herausgebildet haben. Kennt der einzelne die Besonderheiten dieses kulturellen Milieus (noch) nicht bzw. ist er nicht in der Lage, den dort eingelagerten Verhaltensansprüchen gerecht zu werden, kann soziale Isolation die Folge sein. Dafür können drei Gründe verantwortlich sein *(Dreitzel* 1968, 322 f.). (a) Dem einzelnen fehlen aufgrund seines Herkunftsmilieus und seines kulturellen Kapitals selbstverständliche Voraussetzungen des Rollenspiels; er orientiert sich an anderen Normen, Wertvorstellungen, hat einen anderen Horizont sozialer Erfahrungen. Typisch dafür sind die Assimilationsschwierigkeiten und Integrationsprobleme, die z. B. Mitglieder aus unteren Sozialschichten haben, wenn sie sich in Sportarten oder Vereinen engagieren, die mittelschichtbestimmt sind; analoges gilt für Gastarbeiter, ethnische Minderheiten oder Randgruppen, bei denen Isolationsphänomene, Entfremdungserscheinungen und Verhaltensunsicherheiten aufgrund des unterschiedlichen Herkunftsmilieus auftreten. Ein markantes Beispiel ist der ausländische Profispieler, den ein Verein „eingekauft" hat und der sich nun in einer fremden Mannschaft zurechtfinden muß. *Maguire* (1994, 1996) hat diese Probleme der (oft mißlungenen) Anpassung und Identitätsfindung und damit Einsamkeit bei verschiedenen Formen der Langzeitmigration von professionellen Sportlern (am Beispiel der Cricketspieler) untersucht. Ein weiteres Beispiel ist der „Neuling" in einem Verein mit langer Tradition, in dem sich vielfältige Besonderheiten der Vereinskultur, Freundschaften, Cliquen, Einflußnetze und Rituale herausgebildet haben, denen der Neue zunächst fremd und beziehungslos gegenübersteht. Dies ist der Grund dafür, daß viele Organisationen eine Vorbereitungsphase vorsehen (etwa Referendar, Novize, Fuchs), in der der Neue mit den Besonderheiten der Kultur vertraut gemacht wird und die er mit Erfolg durchlaufen muß, bevor er endgültig aufgenommen wird. (b) Der Verlust oder die Verringerung des Kontakts mit der eigenen Gruppe kann erzwungen werden, wenn man aufgrund eines (alters- und konditionsbedingten) Leistungsabfalls in eine andere Leistungsgruppe wechseln muß, in der andere Verhaltensmuster und Traditionen (Sprache, Gestik, soziale Beziehungen, Sitten, Interpretation von Sinn und Bedeutung des Sports) gängig sind.[106] (c) Eine Stigmatisierung, also die Diskriminierung einzelner physischer oder sozialer Attribute führt zu einem Verlust der gemeinsamen Interaktionsbasis und der gegenseitigen Anerkennung. Was in einer Situation oder einer Gruppe als Stigma gilt, hängt von der Interpretation ihrer Mitglieder ab. Körperliche Merkmale, Charakter und Einstellungen, Verfehlungen, ethnische Zugehörigkeit und anderes mehr können zur Stigmatisierung und damit zur Isolation eines einzelnen führen.

Eine weitere Form sozialer Isolation kann aus einer Sanktion innerhalb der Gruppe entstehen: Demonstratives Schweigen, abrupter Themenwechsel, Unaufmerksamkeit, aber auch Meiden des Kontaktes sind Formen informeller Sanktionen, wenn ein Gruppenmitglied sich „danebenbenimmt". Je diffuser dabei die sozialen Beziehungen sind, desto mehr werden diese Sanktionen gleichsam moralisierend auf die Gesamtpersönlichkeit zielen: Wer eine Norm verletzt, wird nicht mit einer „Disziplinarstrafe" belegt, sondern als jemand, der eben schlechte Charaktereigenschaften besitzt und deshalb nicht zu uns „paßt", diskriminiert; soziale Isolation kann total werden.

6.2 Der Zuschauer

Der spanische Soziologe *Moragas* (1992; 1996) hat eine inhaltsanalytische Auswertung der Übertragung der Eröffnungsveranstaltung der Olympischen

---

[106] Vgl. die Ausführungen über „Versagen" S. 174–175.

Spiele in Barcelona in 17 verschiedenen Ländern durchgeführt. Sein Ergebnis: Es gibt nicht eine Eröffnungsveranstaltung, sondern 17 verschiedene, denn in jedem Land werden aus dem „objektiven Signal", das von den ca. 30 Kameras zur Verfügung gestellt wird, andere Bilder ausgesucht; sie werden verschieden kommentiert[107], unterschiedlich häufig mit Werbespots unterbrochen. Bei der Auswertung der Mediendarstellung der Olympischen Spiele in Dallas zeigte sich darüber hinaus eine extreme Personalisierung der Berichterstattung: Personalisierung durch die verbalen Kommentare der Reporter; Personalisierung der Auswahl von Ereignissen entsprechend des größten nationalen Interesses bei den Zuschauern; eine Personalisierung durch den Gebrauch eigener Kameras und durch die fernsehgemäße Nachproduktion des Ereignisses (Zusammenfassungen, Kurzfassungen, „Hintergrundinformationen"), und zwar nach denselben Prinzipien, nach denen Fernsehserien und Seifenopern hergestellt werden. Die Fernsehberichterstattung wurde zur virtuellen Erzählung. Da könnte man das Sportereignis doch besser gleich in Hollywood produzieren, denn nur so könnte man die höchste Attraktivität eines Sportereignisses für die Zuschauer sichern. Oder doch nicht?

Ziel dieses Kapitels ist es, (1.) zu zeigen, daß „Zuschauersport" ebenso wie der Sport selbst ein höchst eigenartiges und ungewöhnliches „Produkt" ist, so daß wir (2.) erfahren möchten, was so viele Menschen Woche für Woche bewegt, Sportereignisse in den Stadien und vor den Fernsehern zu verfolgen; (3.) soll auf Gründe für Ausschreitungen von Fans eingegangen werden.

Man kann die Gründe des Zuschauerengagements mit den gleichen Kategorien erfassen, die zur Erklärung des Sportengagements vorgeschlagen wurden (vgl. S. 193–196). Danach muß man (1.) nach den Anforderungen fragen, die erfüllt sein müssen, damit man sich überhaupt oder doch mit Gewinn ein Sportereignis anschauen kann; (2.) ist zu prüfen, welchen Aufforderungscharakter der Sport für Zuschauer besitzt und (3.) ist nach dem Handlungspotential zu fragen, über das Zuschauer verfügen, um diesen Anforderungen gerecht zu werden.

Besonderheiten des Produktes „sportlicher Wettkampf"

Folgende Anforderungen werden an den Zuschauer gestellt:
1. Es muß ein *Expertenwissen* vorhanden sein, um das, was auf dem Spielfeld geschieht, zumindest in den Grundzügen zu verstehen. Wer die Abseitsregel im Fußball nicht kennt, wer nicht weiß, aufgrund welcher physikalischen Gesetze man „gegen den Wind" segeln kann, wer keine Ahnung davon hat,

---

[107] Ein typisches Beispiel: In Ländern mit föderativer Staatsverfassung wurde öfters die besondere Lage und kulturelle Eigenständigkeit Kataloniens als ein Bundesland in Spanien ausführlich erläutert und die Begeisterung des Publikums erklärt, die ausbrach, als der spanische König die Eröffnung zum Teil in katalanischer Sprache vornahm. In Ländern mit zentralistischer Staatsverfassung wurde demgegenüber dieser Tatbestand mit keiner Silbe erwähnt oder gar erklärt.

was gelbe bzw. rote Pfähle an einem Wasser auf dem Golfplatz bedeuten, der wird vieles, was er dann in einer Fernsehübertragung an Aktionen sieht, für unsinnig halten. Das erforderliche Wissen ist etwa aufgrund der unterschiedlichen Komplexität des Regelwerks und der Schnelligkeit, in der Aktionen erfolgen, bei jeder Sportart unterschiedlich. So ist Judo mit seiner Vielzahl unterschiedlicher Griffe, Würfe oder Hebel komplexer und die Geschwindigkeit, in der Aktionen ausgeübt werden, höher, als z. B. ein 5000-Meter-Lauf, so daß diese Sportart schwerer zu verstehen und nachzuvollziehen als z. B. Leichtathletikwettbewerbe. Ebensowenig kann der Laie nachvollziehen, welche Kompetenz, welcher Trainingsaufwand, welche Kooperationserfordernisse Voraussetzung für einen Erfolg sind. Deshalb werden „einfachere" Sportarten eher das Publikum anziehen. Wenn aber im (digitalen) Fernsehen über immer mehr Sportarten berichtet wird und sie damit auch von Personen, die keine Erfahrung in dieser Sportart haben, gesehen werden, wird sich das Gewicht und Interesse stärker auf „spektakuläre" publikumswirksame Aktionen verschieben oder es werden gar neue Wettkampfformen kreiert werden.

2. Weiter werden *Geld und Zeit* benötigt. So wissen wir, daß sich die Nachfrage nach Zuschauersportereignissen deutlich mit der Höhe der Kosten (Eintrittskarten, u. U. Anreise, Verpflegung, Unterkunft) und dem verfügbaren Einkommen verändert *(Heinemann* 1995, 180). Zuschauersport ist ein inferiores Gut, auf dessen Konsum man am ehesten verzichten kann, wenn das eigene Einkommen sinkt bzw. die Kosten steigen. Auch die Zeit wird zu einem immer wichtigeren Faktor, und zwar aus zwei Gründen: Zum einen muß man Zeit haben, wenn das Ereignis stattfindet. Daß dies immer weniger der Fall sein wird, ergibt sich aus einer Verringerung der Zeitsouveränität (vgl. dazu Kap. 7.5, S. 283–285). Zum anderen richtet sich die Zeitplanung von Sportereignissen oft nach den attraktivsten Übertragungszeiten des Hauptsponsorenlandes. In anderen Ländern wird dann dieses Ereignis oft erst nach Mitternacht zu sehen sein.

3. Die *Zugänglichkeit* ist ein weiteres Kriterium. Damit ist nicht nur die Tatsache gemeint, daß für Topereignisse die Eintrittskarten schnell verkauft sind, sondern vor allem, daß mit der Einführung des Pay-TV neue Barrieren geschaffen werden, die es verhindern, daß das Ereignis jedem zugänglich ist.

4. *Akzeptanz der Eigenheiten des Produkts:* Das „Produkt Zuschauersport" weist einige Besonderheiten und Merkwürdigkeiten auf, die wir bei anderen Produkten strikt ablehnen würden. Zu nennen sind:

- *Inkonsistenz und Unsicherheit.* Die Attraktivität des Wettkampfsports liegt in der Unsicherheit des Ergebnisses; man kann sagen, daß die Produkte, die im Zuschauersport erzeugt werden, Unsicherheit und Spannung sind. Unsicherheit hängt mit der fehlenden Konstanz und Transitivität der Ergebnisse zusammen.[108] So bedeutet die Tatsache, daß die Mannschaft A gegen die Mannschaft B und diese gegen die Mannschaft C verloren haben, weder, daß sich diese Ergebnisse in dieser Form wiederholen, noch, daß A

---

[108] Transitivität besagt, daß dann, wenn A kleiner als B ist und B kleiner als C, A auch kleiner als C ist.

auch gegen C verlieren wird. Das Ergebnis ist unabhängig von vorangegangenen Ergebnissen immer wieder offen. Kein Käufer eines Fernsehgerätes
würde es akzeptieren, kein Kunde einer Autowerkstatt würde es hinnehmen,
wenn die Produktqualitäten und -eigenschaften derart unsicher und wenig
erwartbar sind wie beim Sport, in dem gerade die Unsicherheit und geringe
Vorhersehbarkeit der Qualität des Produktes seinen Wert und Reiz ausmachen – allerdings auch mit besonderen Risiken für Mannschaft und
Zuschauer; denn die einen haben letztlich nur eine geringe Sicherheit hin-
sichtlich des Ergebnisses und der Qualität des Spiels, die anderen wissen
im voraus nicht genau, was sie erwartet. Daraus folgt

- die *Schädlichkeit einer sportlichen Monopolstellung.* Jeder Wirtschaftsbetrieb wird sich glücklich schätzen, wenn er ein Monopol besitzt, also
Wettbewerber nicht zu fürchten braucht. Für den Sport aber wäre ein
solches Monopol ausgesprochen schädlich; gleichstarke Konkurrenz mit
einem häufigen Wechsel im Tabellenstand ist für das Geschäft überaus
förderlich. Gewinnen immer dieselben und sitzen auch immer wieder dieselben auf der Verliererbank, wird eine Liga für die Zuschauer langweilig
und unattraktiv; es entsteht ein Druck, dies zu ändern *(Neale* 1979).

- Zu berücksichtigen ist weiter, daß die Organisation des Sports selbst meist
durch *„Anbieter-Monopole"* erfolgt, d. h. in einer Sportart auf einem
Leistungsniveau meist nur ein Verband bzw. eine Liga besteht, die An-
gebotsmenge, Zeiten, Zahl der Anbieter etc. festlegen *(Horch* 1994, 252).
Der Sport duldet nur einen Sieger. Das Kartellamt würde mit unserer vollen
Unterstützung gegen jeden anderen Produzenten vorgehen, die in dieser
Form marktbeherrschend ist. Hinzu kommt

5. die *„Flüchtigkeit"* der Produkte. Da die Herstellung vom Absatz nicht
getrennt werden kann, bestehen keine Möglichkeiten der Vorratsproduktion,
der Lagerhaltung oder des Verkaufs von Zwischenprodukten. Das Sport-
produkt kann nicht später verkauft werden als zu dem Zeitpunkt, zu dem es
produziert wird. Es gibt normalerweise keine Nachfrage für ein Fußballspiel,
das gestern stattfand, für einen Tenniskampf vom letzten Jahr – sieht man von
der begrenzten Möglichkeit des Verkaufs von „Konserven" ab.

Nutzenerwartungen

Es ist unmöglich, ein einheitliches Bild des Zuschauers zu zeichnen. Einmal
wäre eine Unterscheidung erforderlich zwischen jenen, die das virtuelle, durch
Wiederholungen, Zeitlupenaufnahmen etc. rekonstruierte Ereignis vor dem
Fernsehschirm verfolgen und jenen, die „nur" das sehen, was tatsächlich[109]
geschieht, dies aber mit Pfeifen, Trommeln, Beifall, Beschimpfungen aktiv be-
gleiten können. Hinzu kommt, daß das Publikum jeder Sportart (1.) ein – nach
Alter, Geschlecht, sozialer Herkunft – unterschiedliches Sozialprofil besitzt. Es

---

[109] Obwohl auch hier die Übergänge fließend sind, nachdem auch in vielen Stadien auf
großen Bildwänden die Ausschnitte aus den Ereignissen wiedergegeben werden
(vgl. *Bernett* 1989).

spiegelt sich im Sozialprofil des Publikums – wenn auch abgeschwächt – die soziale Differenzierung im Sportengagement selbst wieder.[110] (2.) Kennt jede Sportart unterschiedliche Regeln, Rituale und Verhaltensmuster, mit der der Zuschauer seine Unterstützung, Begeisterung, Anerkennung, Ablehnung etc. zum Ausdruck bringen kann. Diese Sitten, Gebräuche und Verhaltensstile sind offenkundig beim Golf anders als beim Fußball, beim Boxen anders als bei der Leichtathletik oder beim Tennis – obwohl man beobachten kann, daß sich Verhaltensmuster in dem Maß aneinander angleichen, wie die Sportart populär wird.

Wenn man die verschiedenen soziologischen Untersuchungen befragt, was so viele Zuschauer bewegt, in die Stadien zu gehen, um ein Spiel mit den genannten Eigenheiten zu bestaunen, findet man Antworten wie: Spaß haben, Spannung finden, Gesellichkeit suchen, sich begeistern (*Opaschowski* 1987, 29). *Messing/Lames* (1996) unterscheiden vier Orientierungen der Zuschauer: (1.) eine Ergebnisorientierung, die auf den Wunsch gerichtet ist, „ihre" Mannschaft siegen zu sehen; (2.) eine soziale Orientierung, die nach zwischenmenschlichen Kontakten fragt, (3.) eine Sachorientierung, die einen „schönen", niveauvollen Wettkampf sucht und (4.) eine Erlebnisorientierung, die durch Spannung, Spektakel, Abwechslung, Zerstreuung angesprochen wird. Andere Autoren behaupten, es ginge dem Zuschauer um Identitätsgewinnung und -bestätigung; wieder andere, daß Zuschauer über die Identifikation mit ihren Heroen ein Bedürfnis nach Überlegenheit befriedigen können.[111] Wenn demgegenüber Ökonomen untersuchen, wodurch die Nachfrage nach Sportereignissen bestimmt wird, kommen sie wieder zu anderen Ergebnissen: die Größe der Unsicherheit über den Ausgang des Wettkampfes, die Offenheit des Spiels und die Offenheit des Ligawettbewerbs seien die ausschlaggebenden Faktoren. Hinzu kämen Qualitätsfaktoren wie attraktive Spieler und Mannschaften.[112] Andere Untersuchungen kommen zu dem Ergebnis, der Zuschauer wolle vor allem seine eigene Mannschaft siegen sehen.

Auch hier bietet sich das gleiche Bild wie bei der Analyse der Motive und Nutzenerwartungen der aktiven Sportler. Man kann nur das als Ergebnis empirisch erhalten, was man befragt bzw. als Antwortkategorien vorgegeben hat; weiter muß man die Antworten vieler Befragter auf wenige Kategorien aggregieren mit der Konsequenz, daß sich die Wirklichkeit extrem „verdünnt". Wer kann schon behaupten, die Motive, Interessen, Wünsche, Absichten der vielen Tausend Zuschauer, die in ein Fußballstadion strömen oder gar der Millionen von Menschen, die die Olympischen Spiele vor dem Fernseher verfolgen, ließen sich auf vier oder fünf Kategorien reduzieren. Vor allem aber geht bei solchen Untersuchungen die hohe Subjektivität der Präferenzen bei

---

[110] Vgl. dazu die vielen Untersuchungen zum Zuschauerverhalten in diversen Sportarten, die *Messing/Lames* (1996) zusammengefaßt haben.

[111] *Messing/Lames* (1996) haben diese verschiedenen Sichtweisen zusammengetragen.

[112] Vgl. zusammenfassend zu der bereits umfangreichen Literatur zu diesem Thema *Heinemann* (1995 178–185).

einem Besuch von Sportveranstaltungen als Zuschauer verloren. Das Sportereignis findet für den einzelnen nur statt, wenn er „da" ist, und es ist nichts
mehr da, wenn es vorbei ist; es ist eben nur Erlebnis. Der einzelne fragt diese
Leistung nach in der Illusion, angenehme und spannende Stunden zu verbringen, und er hat danach nichts weiter als die Erinnerung, eine angenehme
oder auch weniger angenehme Zeit verbracht zu haben. Was diese Erinnerung
bewirkt hat, kann aber sehr verschieden sein: Die Freude über das Ergebnis
des Spiels, der schwierig zu findende und obendrein zu teure und überfüllte
Parkplatz, der ungenügende Einsatz einzelner Spieler, das Zusammensein mit
Freunden, die Tatsache, daß viele Tore gefallen sind, das mehr oder weniger
attraktive Pausenprogramm, die Ausschreitungen von Fans: all dies bleibt
subjektiv, vage und unsicher, beeinflußt aber entscheidend das (künftige) Interesse an Sportereignissen.

Der Fan

Wenn über Zuschauer gesprochen wird, denkt man vor allem an die Fans
und assoziiert sie leicht mit Gewalt und Aggression im Sport; sie prägen offensichtlich – und zu unrecht – das Erscheinungsbild der Zuschauer. Auf dieses
Thema soll an dieser Stelle nicht weiter eingegangen werden, weil dies selbst
wiederum ein umfangreiches und eigenständiges Forschungsfeld bildet.[113]
Wie schwer es ist, gewalttätige Ausschreitungen zu verstehen und zu erklären,
soll lediglich an einem Beispiel gezeigt werden, nämlich an dem Versuch von
Smith (1983), die verschiedenen Ursachen von Zuschauerausschreitungen zu
identifizieren: *Smith* unterscheidet zunächst Ausschreitungen, mit denen ein
bestimmtes Ziel erreicht werden soll von jenen, die ohne ein Anliegen zu verfolgen, stattfinden. Die erste Gruppe trennt er wiederum in solche, die durch
strukturelle Gegebenheiten ausgelöst werden und jenen, die sich aus situativen Gegebenheiten ergeben. In diese erste Kategorie fallen (a) politische De-
monstrationen (etwa gegen Apartheid) und (b) Austragen gesellschaftlicher
Konflikte (etwa zwischen sozialen Klassen, Religionsgruppen, Nationen). Zu
den situativen Auslösern zählen die Verweigerung des Zugangs zum Stadion
sowie der Protest gegen falsche oder als parteiisch eingeschätzte Entscheidungen etwa von Schiedsrichtern. Zu den Ausschreitungen ohne konkretes
Anliegen zählt *Smith* karnevalähnliche Aktivitäten während der Pausen, bei
denen geltende Normen und Werte zeitweise außer Kraft gesetzt werden und
das Feiern des Sieges der eigenen Mannschaft.

**Soziologische Forschung stößt an ihre Grenzen, wenn sie allgemeingül-
tige Aussagen über eine in sich äußerst heterogene Personengruppe machen will. Zuschauer sind dafür ein Beispiel. Sie sind zu trennen in jene,
die in die Stadien gehen von denen, die sich das Ereignis im Fernsehen
anschauen; weiter gibt es – in der alters-, geschlechts-, bildungs-, schich-
ten- und regionalen Zusammensetzung – je nach Sportart Unterschiede;**

---

[113] Vgl. dazu den Überblicksartikel von *Pilz* (1989).

schließlich ist zu berücksichtigen, inwieweit der Zuschauer selbst diese Sportart aus eigener Praxis kennt oder nicht. Ebenso vielfältig sind auch die Präferenzen, die jede dieser Gruppierungen veranlaßt, ein Sportereignis zu verfolgen. Aussagen über den Zuschauer müssen daher auf hohem Abstraktionsniveau bleiben.

6.3 Mitglieder in Sportvereinen

Als ein führendes Mitglied des DSB in einer öffentlichen Diskussion zu einer Stellungnahme zu den übereinstimmenden Befunden zweier empirischer Untersuchungen gebeten wurde *(Heinemann/Schubert* 1994; *Opaschowski* 1987), wonach ca. 50% der Vereinsmitglieder passiv seien, antwortet er spontan und ohne lange zu überlegen: „Das stimmt nicht!". Er „wußte" es also besser als die Forscher, die dieses Ergebnis aus den repräsentativen Antworten von vielen Tausenden Vereinsvorsitzenden herausdestillieren konnten. Diese Reaktion des Sportfunktionärs schien auf den ersten Blick politisch sinnvoll; denn wie kann man noch staatliche Förderung und öffentliche Anerkennung des Sports bei einer so hohen Sportpassivität rechtfertigen? Aber bei genauerer Betrachtung bedeutet diese Zahl ja gerade, daß Mitglieder in den Vereinen sehr viel mehr suchen, als nur Sport treiben zu können, daß Mitglieder also nicht nur über den Sport mit ihrem Verein verbunden sind. So ist es notwendig, sich intensiver mit diesem Mitglied zu beschäftigen; denn hohe Sportpassivität kann letztlich auch eine positive Aussage über Bedeutung und Funktion des Vereins besitzen.

Die Zusammensetzung der Mitgliedschaft eines Vereins nach den Merkmalen Alter, Geschlecht, Familienstand und Schichtenzugehörigkeit ist nicht zufällig, sondern Ergebnis einer doppelten Selektion. Auf der einen Seite wird nur Mitglied in einem Verein, wer (a) hoffen kann, dort seine Interessen verwirklichen zu können und Gleichgesinnte zu finden und (b) über das „kulturelle Kapital" (vgl. S. 204) verfügt, das erforderlich ist, um sich in diesem Verein angemessen einbinden zu können und um von den anderen Mitgliedern akzeptiert zu werden.[114] Auf der anderen Seite können oft auch Vereine wählerisch sein, wenn sie neue Mitglieder aufnehmen. So können Vereine danach unterschieden werden, in welcher Form und nach welchen Kriterien sie Mitglieder gewinnen und auswählen. In einigen Vereinen ist es schwer, Mitglied zu werden. Sie nämlich verlangen hohe Aufnahmegebühren – wie etwa Segel-,

---

[114] Man denke an das Unbehagen und die Schwierigkeiten, denen sich ein Arbeiter vermutlich gegenübersieht, wenn er Mitglied in einem vornehmen Golfclub werden würde. Deshalb kennen viele Organisationen (nicht Sportvereine) eine Art Probezeit – etwa der „Fuchs" bei studentischen Verbindungen, das Noviziat in Klostern – während derer sich das neue Mitglied u. a. mit der Organisationskultur vertraut machen kann und die alten Mitglieder feststellen können, ob der Neue in die Gemeinschaft paßt.

Reit- und Golfklubs – oder sie schauen sorgfältig, ob das neue „Mitglied zu ihnen paßt".[115] Andere Vereine nehmen zwar jeden auf, suchen aber auch nicht aktiv nach neuen Mitgliedern. Sie warten, bis neue Mitglieder kommen, die dann meist aufgrund einer Mund-zu-Mund-Werbung innerhalb des Familien-, Freundes- und Bekanntenkreises zu einem Verein finden.[114] Wenn damit die Mitgliederzahl gehalten und die erforderlichen Ressourcen gesichert bleiben, kann diese Form der Rekrutierung sehr vernünftig sein: Es entstehen dem Verein keine besonderen Kosten; vor allem aber ist so am ehesten gesichert, daß die Struktur der Mitglieder homogen bleibt und der innere Zusammenhalt des Vereins nicht nur durch das Interesse am Sport erhalten wird. Aber dies bringt zwei Nachteile mit sich: Zum einen wird damit der Verein eher eine „geschlossene Gesellschaft"; zum anderen kann dadurch die Zahl der passiven Mitglieder ebenso wie die Fluktuation steigen.

Schließlich gibt es Vereine, die aktiv nach neuen Mitgliedern suchen. Dies gilt etwa für Sportvereine mit Mannschaftssportarten, die neue Mitglieder benötigen, um für ihre Mannschaften eine ausreichende Zahl von Sportlern zur Verfügung zu haben. Auch Vereine, die hohe Investitionen für neue Sportstätten oder ein Clubhaus getätigt haben, sind zur Sicherung der Finanzierung auf neue Mitglieder angewiesen. Neuerdings versuchen Vereine dadurch neue Mitglieder zu gewinnen, daß sie ihr Angebot ausweiten, also neue Sportarten anbieten oder ein Fitneßstudio einrichten. Dies kann u. U. insofern für einen Verein zum Problem werden, als Mitglieder mit anderen Interessen in den Verein hineinkommen, die sich nur schwer in die bestehende Vereinskultur einbinden lassen.

Diese Selektivität der Sportvereine kann mit folgenden Zahlen belegt werden:

- Der Anteil der weiblichen Mitglieder liegt in den alten Bundesländern lediglich bei 38,5%, in den neuen Bundesländern bei 32,4%. Dabei hängt die Selektivität von der Mitgliederzahl und vom Umfang der Sportangebote ab; denn je größer der Verein und je größer die Zahl der Abteilungen, desto höher ist der Anteil weiblicher Mitglieder.
- Auch die verschiedenen Altersgruppen sind nicht entsprechend ihres Anteils an der Gesamtbevölkerung Mitglieder der Sportvereine. Während Jugendliche überdurchschnittlich stark vertreten sind, bleiben Senioren (über 60 Jahren) deutlich unterrepräsentiert. Dabei sinkt die Fähigkeit gerade größerer Vereine, Jugendliche dauerhaft zu binden. Die unter Jugendlichen immer schon ausgeprägte Fluktuationsrate hat sich offensichtlich weiter erhöht, die Bereitschaft zu dauerhafter Bindung an den Verein sinkt *(Brettschneider/Bräutigam* 1990, 82).

Die Art, wie Vereine neue Mitglieder gewinnen, wirkt nicht nur auf die Struktur der Mitgliedschaft, sondern hat Folgen für die soziale Integration,

---

[115] Dies kann·in Vereinen mit Sportarten der Fall sein, die populär geworden sind und bei denen die Nachfrage das Angebot übersteigt, so daß Wartelisten aufgestellt werden.

die Engagementbereitschaft, die in einem Verein verfügbaren fachlichen Kompetenzen u. ä. Zwar konnten mit dem Wachstum der Zahl der Sportvereine, insbesondere aber aufgrund neuer Sportangebote im Freizeit- und Gesundheitssport, neue Mitgliedergruppen gewonnen werden. Dennoch zeigt die Sozialstruktur der Mitglieder deutliche Ungleichgewichte auf; viele Vereine bieten offensichtlich nicht „Sport für alle", sondern nur für in sich hochgradig homogene Gruppen an.

Sozial-statistische Merkmale der Mitglieder können insofern von Bedeutung sein, als für die verschiedenen Gruppen der Mitglieder unterschiedliche Möglichkeiten und Probleme der Einbindung bestehen.

Einbindung bezeichnet den Prozeß und das Ergebnis dieses Prozesses, durch den Personen (a) für den Verein gewonnen werden, (b) durch den die Mitglieder bereit sind, ihre Interessen und Wünsche in dem Verein wahrzunehmen, (c) bewirkt wird, daß die Mitglieder aktiv an der Gestaltung des Vereins und der Verwirklichung seiner Ziele und Aufgaben mitarbeiten und (d) sich Mitglieder mit ihrem Verein, seiner Tradition, Kultur und seinen Zielen identifizieren *(Türk* 1979).

Die Art der Einbindung ergibt sich daraus, in welcher Form das jeweilige Mitglied die Angebote des Vereins tatsächlich wahrnimmt. Formen der Einbindung illustriert Abb. 30.

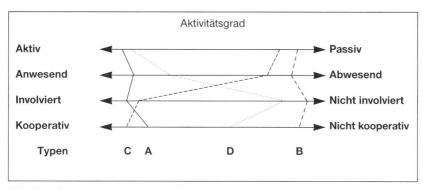

Abb. 30: Mitgliedertypen nach dem Grad ihrer Einbindung

Danach können vier Formen der Einbindung in einen Verein unterschieden werden:

1. *Umfang der Teilnahme am Sport:* Auf der einen Seite stehen jene Mitglieder, die regelmäßig – mindestens einmal die Woche – Sport treiben, also Tennis oder Golf spielen, regelmäßig trainieren, an Wettkämpfen teilnehmen etc. Auf der anderen Seite befinden sich jene Mitglieder, die nie Sport treiben, also die passiven Mitglieder. Sie zahlen zwar ihre Mitgliederbeiträge, nutzen jedoch nicht, wofür sie eigentlich bezahlen.

Passive Mitglieder stellen für den Verein ein besonderes Problem dar. Ein Verein tut also gut daran, in Erfahrung zu bringen, wie viele Mitglieder passiv sind und warum sie das Sportangebot des Vereins nicht wahrnehmen. Gründe für die Passivität können sein: (a) Das Sportangebot entspricht nicht (mehr) den Interessen dieser Mitglieder – etwa, weil sie nicht mehr in dem Umfang wie früher an Wettkämpfen teilnehmen möchten.[116] (b) Die Mitglieder sind zwar nicht (mehr) am Sport, wohl aber an den anderen Leistungen und Angeboten des Vereins interessiert. (c) Mitglieder können aus Prestigegründen in einem Verein bleiben. Dies gilt einmal für Mitglieder in Vereinen, die eine besondere Reputation haben oder für Vereine mit besonders prestigeträchtigen Sportarten (Golf, Tennis, Segeln). (d) Einzelne Mitglieder bleiben aus Solidarität ihrem Verein treu, weil sie sich über viele Jahre der Mitgliedschaft und Mitarbeit eng mit „ihrem" Verein verbunden fühlen. (e) Die Mitgliedschaft in einem Verein mit großer lokaler Bedeutung kann Ausdruck und Symbol des Gefühls der Zugehörigkeit zu einer Gemeinde oder einem Stadtteil sein. (f) Gelegentlich suchen einzelne Mitglieder auch direkte wirtschaftliche Vorteile: Man knüpft soziale Beziehungen an, die für das berufliche Fortkommen günstig sind, man baut Vertrauen auf, das eine wichtige Grundlage für den eigenen wirtschaftlichen Erfolg sein kann, man erhält Informationen, die in anderen Bereichen nützlich sein können. Um diese Vorteile zu erreichen, ist aktives Sporttreiben nicht unbedingt erforderlich.

Passive Mitglieder können für den Verein vorteilhaft sein: sie subventionieren den Sport der Aktiven. Sie zahlen Mitgliedsbeiträge, ohne die Sportanlagen etc. zu nutzen. Jene Mitglieder, die Sport treiben, profitieren von der Zurückhaltung der passiven Mitglieder. Würden alle Mitglieder auch Sport treiben, wären die Sportanlagen entweder hoffnungslos überfüllt, was viele Mitglieder veranlassen würde, den Verein zu verlassen oder es müßten die Kapazitäten ausgeweitet werden. Das hätte aber zur Folge, daß die Mitgliedsbeiträge deutlich erhöht werden müßten. Hinzu kommt, daß die Zahl der Mitglieder gegenüber Dritten, etwa der Gemeinde oder der Öffentlichkeit, Ausdruck von Bedeutung und Einflußpotential des Vereins ist – und dies hängt nicht davon ab, ob die Mitglieder Sport treiben oder nicht. So können etwa prominente Mitglieder mit ihrem Namen dem Verein öffentliche Reputation verleihen, selbst wenn diese „passiv" bleiben.

2. *Grad der Wahrnehmung zusätzlicher Leistungen:* Sportvereine sind nicht nur Anbieter von Gelegenheiten zum Sporttreiben. Vielmehr bieten sie (a) fest organisiert bzw. (b) informell vielfältige zusätzliche Leistungen an. Zu (a) zählen Feste, Ausflüge, Beratungen u. ä., zu (b) zählen Möglichkeiten sozialer Kontakte, der Kommunikation und Angebote der Vereinsgaststätte oder des Clubhauses. Vereine bieten eben auch die Vorteile kleiner, überschaubarer so-

---

[116] Es ist dabei ein interessantes Phänomen zu beobachten: Die Zahl passiver Mitglieder steigt oft dann, wenn der Verein dazu übergeht, die Mitgliedergebühren vom Bankkonto der Mitglieder abzubuchen. Dann nämlich muß das Mitglied aktiv seine Mitgliedschaft kündigen; früher genügte demgegenüber Nicht-Zahlen, also ein passives Verhalten, um den Austritt zu erreichen.

zialer Gruppen, die Möglichkeiten emotionaler Einbindung eröffnen; schließlich sind sie aufgrund der Selektion der Mitglieder in sich relativ homogen.[117]

3. *Grad der Teilnahme an demokratischen Entscheidungen:* Es ist zu trennen zwischen Mitgliedern, die in keiner Weise auf Entscheidungen in ihrem Verein Einfluß nehmen und den vereinspolitisch aktiven Mitgliedern. Diese aktiven Mitglieder sind wiederum zu unterscheiden nach jenen, die (a) zwar an Mitgliederversammlungen und Ausschußsitzungen teilnehmen, aber lediglich die Säle füllen, Beifall spenden, mit wählen; (b) die aktiv in die Diskussionen eingreifen und zur Entscheidungsfindung beitragen; (c) die ein Amt innehaben und in dieser Position z. B. in Vorständen oder Beiräten mitentscheiden.

4. Die vierte Dimension unterscheidet nach dem *Grad der freiwilligen, unbezahlten Mitarbeit.* Dabei ist wiederum zu unterscheiden, ob das Mitglied ein Amt im Verein innehat oder ohne an ein Amt gebunden zur (informellen) Mitarbeit bereit ist. Dieser Mitgliedstyp ist in jedem Verein unerläßlich; ohne ihn wäre passive Mitgliedschaft nicht möglich.

Nach der jeweiligen Ausprägung dieser vier Dimensionen lassen sich verschiedene Typen von Mitgliedern unterscheiden. Einige Beispiele illustriert Abb. 30. So ist der Typ A in allen Bereichen aktiv, der Typ B in allen Bereichen passiv. Der Typ D ist durch eine reine Konsumhaltung charakterisiert: Er treibt Sport, nimmt auch – wenn auch nicht besonders intensiv – am sozialen Leben des Vereins teil; darüber hinaus aber engagiert er sich in keiner Weise für die Belange des Vereins. Der Typ C schließlich nutzt kaum die vielfältigen Angebote des Vereins, setzt sich aber ehrenamtlich aktiv für die Belange des Vereins ein. Dies sind nur einige Beispiele für verschiedene Einbindungstypen. Viele weitere Kombinationen dieser Formen der Einbindung sind denkbar. Welche jeweils in einem Verein realisiert wird, ist letztlich eine Frage, die nur in einer empirischen Untersuchung geklärt werden kann. Dabei zeigen empirische Untersuchungen (vgl. etwa *Heinemann/Horch* 1991; *Heinemann/Schubert* 1994), daß Mitglieder durch eine Kombination vielfältiger materieller und immaterieller Anreize an den Verein gebunden werden. Für die Einbindung der Mitglieder ist also eine widersprüchliche Mischung aus sowohl überwiegend materiell zu verstehenden Leistungsangeboten – vor allem also die Möglichkeit zum Sporttreiben – einerseits und von nicht-materiellen Anreizen der Gemeinschaft und Identifikation andererseits typisch. Zugleich besteht ein ebenso widersprüchliches Nebeneinander von solidarischer Einstellung, hoher Partizipationsbereitschaft und Konsumentenhaltung der Mitglieder.

Dies bedeutet aber auch, daß die klassische Anreiz-Beitragstheorie wenig taugt, um die Mitgliedschaft in Vereinen zu erklären. Diese von *Barnard* (1970) vorgeschlagene Erklärung besagt, daß das Mitglied einer Organisation auf der einen Seite seinen Beitrag, den es in die Organisation einbringt – vor allem

---

[117] Das Problem dabei ist: Diese Selektivität verhindert zugleich soziale Integration. Wer nicht dazugehört bzw. wer sich nicht in dieser Form über Kameradschaft, Zugehörigkeit und „Klüngel" einbinden lassen möchte, bleibt möglicherweise aus vielen Aktivitäten der anderen Mitglieder ausgeschlossen.

seine Mitgliedszahlungen und die Zeit –, mit den Leistungen, die es dafür von der Organisation erhält, vergleicht. Dabei ist das Mitglied stets bemüht, eine ausgeglichene Bilanz zwischen seinen Beiträgen und den Leistungen der Organisation zu erzielen. Erstens aber ist fraglich, ob das Mitglied seine Mitgliedschaft in diesem Sinn stets als ökonomischen Tausch ansieht; zweitens läßt sich die Befriedigung vieler Bedürfnisse und Interessen in einem Verein überhaupt nicht als Tausch erfassen; schließlich ist die Mitgliedschaft meist auf Dauer angelegt und stabil. Innerhalb einer Toleranzzone bleibt der einzelne auch dann Mitglied, wenn Erwartungen enttäuscht und Interessen nicht immer erfüllt wurden *(Horch* 1983).

In keiner Organisation ist die Struktur der Mitgliedschaft ein getreues Abbild der Bevölkerungsstruktur; in jeder Organisation erfolgt eine Selektion – gewollt oder ungewollt – nach bestimmten Kriterien. Dies gilt in besonderem Maß für den Verein. Da aber die Mitgliedschaft in einem Verein freiwillig ist, also durch Ziele und Angebote motiviert wird, ist die Struktur der Mitglieder zugleich ein Indikator dafür, für wen der Aufforderungscharakter des Angebots besonders hoch ist. Dabei beschränkt sich das Angebot nicht auf die Gelegenheiten zum Sporttreiben. Geselligkeit im weitesten Sinn, Partizipation und ehrenamtliches Engagement sind weitere Klammern der Einbindung. Kenntnisse über die verschiedenen Formen der Einbindung können also helfen, Mitgliederfluktuation zu verringern oder neue Mitglieder zu gewinnen.

6.4 Ehrenamtliche Mitarbeiter

Ehrenamtliche Mitarbeit und Freiwilligenarbeit

> *Ehrenamtliche Mitarbeit* ist eine freiwillige, unentgeltliche Erstellung von Leistungen für und in Vereinen *(Badelt* 1985, 7).

Der Begriff ehrenamtliche Mitarbeit wird meist synonym mit den Begriffen „Freiwilligenarbeit" bzw. „freiwillige Mitarbeit" verwendet. Sie beruht – wie das Wort „freiwillig" anzeigt – auf einer typischen Art der Einbindung und Motivation: Die Mitglieder können nicht zur Mitarbeit gezwungen werden, und sie werden auch nicht durch Geld zur Mitarbeit motiviert. Ehrenamtliche Mitarbeit gehört normalerweise nicht zu den festen Anforderungen an die Mitglieder des Vereins; sie kann nicht durch physischen, rechtlichen oder ökonomischen Zwang erreicht werden; vor allem wird sie, wie der Begriff „unentgeltlich" ausdrückt, nicht bezahlt, sieht man von gelegentlich erstatteten Aufwandsentschädigungen ab. Damit aber stellt sich das Motivations- und Einbindungsproblem, das bereits für die Mitglieder ein besonderes Problem darstellt, für den Verein von neuem: Er muß besondere Anreize und Einbindungsmechanismen schaffen, um Mitglieder zur Mitarbeit zu motivieren.

Ehrenamtliche Mitarbeit hat folgende Erscheinungsformen:

1. *Grad der Institutionalisierung:* Es kann unterschieden werden zwischen formeller und informeller Freiwilligenarbeit. Von formeller Freiwilligenarbeit soll dann gesprochen werden, wenn sie an ein Amt, also an eine feste, dauerhafte Position gebunden ist, die man aufgrund einer Wahl, gelegentlich auch durch Delegation oder Ernennung übernommen hat. Formelle Freiwilligenarbeit ist ehrenamtliche Tätigkeit. Daneben finden sich informell erbrachte Arbeitsleistungen, die nicht an ein Amt gebunden sind, sondern durch individuelle Absprachen, spontanes Zupacken oder schnelle Hilfe übernommen werden. Dazu gehören etwa die vielfältigen Formen unbezahlter Dienste wie die Vorbereitung und Organisation von Festen und Wettkämpfen, Platz- und Gerätepflege etc.

2. *Kollektive und individuelle Leistungserstellung:* Im ersten Fall bedarf es des Zusammenwirkens aller oder doch eines großen Teils der Mitglieder, um ein Ziel zu erreichen. Dies gilt etwa für eine kollektive Interessendurchsetzung (z. B. in einem Streik oder Boykott). Im zweiten Fall kann die Leistung von einzelnen für den Verein erbracht werden wie etwa die des Kassierers, des Jugendwarts, des Trainers etc.

3. *Verpflichtungscharakter:* Freiwilligenarbeit ist zwar freiwillig; sie kann aber auch zu den Mitgliedsverpflichtungen gehören, denen der einzelne nachkommen muß, wenn er Sanktionen vermeiden will. Freiwilligkeit bezieht sich dann nur auf die Übernahme der Mitgliedschaft, nicht die aktive Mitarbeit.

4. *Art der Anbindung:* Bei freiwilligen Mitarbeiter kann getrennt werden zwischen Mitgliedern und Nicht-Mitgliedern. Vereine erhalten oft auch freiwillige Unterstützung von Nichtmitgliedern. Eltern leisten Fahrdienste und Betreuungen für die Jugendlichen eines Sportvereins; in vielen Fällen übernehmen Familienangehörige, auch Freunde und Kollegen Aufgaben für den Verein, ohne daß sie dessen Mitglied sind.

Man kann ehrenamtliche Mitarbeit unter zwei Perspektiven analysieren: Die des Mitglieds, also fragen, welche (Nutzen-)Erwartungen Mitglieder mit diesem Engagement verbinden und welche Nachteile sie dafür in Kauf nehmen – welchen Aufforderungscharakter also freiwillige Mitarbeit besitzt – und die des Vereins, also prüfen, welche Vorteile ehrenamtliche Mitarbeit – etwa gegenüber hauptberuflichen Mitarbeitern – besitzt und welche Kosten und Nachteile mit dieser Form der Aufgabenerfüllung verbunden sind. Unter diesen beiden Perspektiven wird im folgenden ehrenamtliche Mitarbeit betrachtet.

Ehrenamtliche Mitarbeit aus der Perspektive des Mitglieds

Erwerbswirtschaftliche Betriebe verfügen über vier Instrumente, um Mitarbeiter zu gewinnen und um ihre Anpassung an die Erfordernisse des Betriebs zu erzwingen: Besoldung, Auswahl entsprechend ihrer Eignung, soziale Kontrolle und Sozialisation. Diese Instrumente können jedoch in Vereinen nur beschränkt eingesetzt werden, denn Freiwilligenarbeit wird nicht besoldet; soziale Kontrolle und Sanktion scheiden aufgrund der Freiwilligkeit in Vereinen und des eher informellen Charakters der Sanktionen – etwa in Form von Achtung und Anerkennung, Mißachtung und Kritik – weitgehend aus (vgl. S. 108); Selektion ist wenig wirksam, da sich in der Regel (wenn es nicht gerade um einen attraktiven Präsidentenposten geht) nicht mehrere Mitglieder um eine Position bewerben und daher bei Wahlen Alternativen fehlen. So bleibt (a) die Anpassung der internen Strukturen des Vereins an Kompetenzen, Motivation und zeitliche Verfügbarkeit der Mitglieder, deren ehrenamtliches Engagement man wünscht und (b) Sozialisation. Um diese Möglichkeiten einsetzen zu können, ist es unerläßlich, Motive, die zur ehrenamtlichen Mitarbeit führen, zu kennen und zu berücksichtigen.[118] Folgende Motive können dabei in Betracht kommen:

1. *Altruismus:* Freiwilligenarbeit kann altruistisch motiviert sein. Der einzelne erlebt eine persönliche Befriedigung dann, wenn er anderen hilft und mit seiner Arbeit dem Wohl des anderen dient. Aus den Forschungen zum Altruismus wissen wir, daß Altruismus abhängig von der sozialen Distanz zwischen Spender und Empfänger ist. Er ist ausgeprägter, wenn die soziale Distanz gering ist – dies gilt etwa bei engen Verwandtschaftsmitgliedern, weniger bei Freunden, Bekannten, Nachbarn, unwahrscheinlich bei völlig Fremden. So wird auch die Bereitschaft zur Übernahme ehrenamtlicher Tätigkeiten von der sozialen Distanz, also etwa vom Grad der Anonymität zwischen den Mitgliedern, abhängen. Analoges gilt für die Größe der Gruppe. Zwar kann man sich „für alle" einsetzen, doch wird die Bereitschaft altruistischer Kooperation in kleineren Gruppen eher zunehmen, weil der Beitrag des einzelnen zum Erfolg des Ganzen leichter sichtbar und kalkulierbar ist. Deshalb ist die Bereitschaft zu ehrenamtlicher Mitarbeit in kleinen Vereinen höher als in großen Vereinen. Auch in Vereinen mit nur einer Sportart ist die ehrenamtliche Mitarbeit deutlich höher als in Vereinen mit mehreren Sportarten – selbst bei gleicher Größe. Dies bedeutet, daß ein Wachstum der Zahl der Mitglieder, eine Vergrößerung der Heterogenität der Zusammensetzung der Mitglieder und ihrer Interessen, die Höhe der Fluktuation immer auch mit der Gefahr einer Verringerung eines auf Altruismus basierenden ehrenamtlichen Engagements verbunden sind *(Heinemann/ Schubert* 1994).

2. *„Psychisches Einkommen":* Freiwilligenarbeit kann einen Wert in sich haben; der Nutzen einer solchen Tätigkeit wird also nicht aus den Wirkungen gewonnen, die bei anderen eintreten. Vielmehr wird eine Befriedigung aus der Tätigkeit selbst gezogen; sie kann unabhängig vom Ergebnis einen Nutzen stiften. Der ehrenamtliche Mitarbeiter erhält zwar keinen Lohn, wird aber ein „psychisches Einkommen" anstreben. Der Wert einer Tätigkeit kann damit erlebt werden, daß eine subkulturelle Einbindung in ein Gremium entsteht, das durch Gemeinsamkeiten der Werthaltungen, häufiges Zusammensein, Freundschaft und Sympathie gekennzeichnet ist; daß Anerkennung, Achtung, Pres-

---

[118] Die personalwirtschaftlichen Probleme ehrenamtlicher Mitarbeit, die sich daraus ergeben, sind bei *Horch* (1987) und *Heinemann* (1995) ausführlich dargestellt.

tige, Dank und Ehre bei den Mitgliedern erworben werden; daß Ausgleich für Enttäuschungen, unerfüllte Hoffnungen in Familie und Beruf gefunden wird; daß die Arbeit selbst Befriedigung vermittelt. Diese Befriedigung kann einmal daraus entstehen, daß man das Erreichen des Ziels des Vereins selbst für sinnvoll hält und das Gefühl erhält, etwas Sinnvolles und Nützliches geleistet zu haben; sie kann aber auch daraus resultieren, daß man Freude an der Leitung von Sitzungen hat, sich mit der Ordnung des Vereins identifiziert u. ä.

3. *Egoismus:* Freiwilligenarbeit kann in der Form egoistisch motiviert sein, daß man für seine Tätigkeit eine Gegenleistung erwartet. Dieser Egoismus kann in der Möglichkeit zum Ausdruck kommen, seine eigenen Vorstellungen über das Sporttreiben durchzusetzen, um damit Bedingungen des eigenen Sporttreibens zu verbessern; als Funktionsträger bessere Zugriffsmöglichkeiten auf die Ressourcen des Vereins zu erhalten, z. B. das Sportangebot besser nutzen zu können; materielle Gegenleistungen wie Einladungen, Aufwandsentschädigungen, Reisen wahrnehmen zu können etc.; Geschäftsbeziehungen bzw. politische Verbindungen, die dem eigenen Vorteil dienen, zu erlangen.

Um solche Vorteile zu erlangen, muß der ehrenamtliche Mitarbeiter u. U. folgende Nachteile in Kauf nehmen:

1. *Opportunitätskosten:* Für den einzelnen wird ehrenamtliche Mitarbeit zu einem Problem der sinnvollen Nutzung seiner Zeit. Wer in einer Präsidiumssitzung sitzt, kann in dieser Zeit nicht Tennis spielen oder segeln, wer eine Vorstandssitzung leitet, kann sich währenddessen nicht der Familie oder dem Gelderwerb widmen. Die Kosten ehrenamtlicher Tätigkeit liegen also in dem Nutzenentgang dieser nicht mehr realisierbaren Alternativen. In dem Maß, in dem die Optionen der Zeitverwendung – etwa in der Verwirklichung von Freizeitinteressen, Tätigkeiten im Haushalt und Beschäftigungen mit der Familie, Schwarzarbeit und Do-it-yourself-Tätigkeiten – zunehmen und in dem Maß, in dem durch fluktuierende Freizeitinteressen eine dauerhafte Bindung an den Verein nicht mehr entsteht, wird die Bereitschaft zu ehrenamtlichem Engagement sinken. Zeitknappheit ist eine Funktion der vorhandenen Alternativen. Je mehr Alternativen der Nutzung der Zeit geboten werden und je mehr der einzelne die (finanziellen) Möglichkeiten besitzt, diese Chancen auch wahrzunehmen, um so knapper erscheint die zur Verfügung stehende Zeit. Dies bedeutet nicht notwendigerweise, daß man nicht bereit ist, sich auch gelegentlich im Verein zu engagieren, also informelle Freiwilligenarbeit zu übernehmen. Aber man wird weniger bereit sein, sich durch ein Amt längerfristig zu binden, weil dies Optionen künftiger, alternativer Zeitnutzung einschränkt.

2. *Entscheidungs-, Durchsetzungs- und Kontrollkosten:* Freiwilligenarbeit ist mit Arbeit und Belastungen verbunden; es müssen in aufwendigen demokratischen Entscheidungsprozessen eigene Vorstellungen durchgesetzt und die angemessene Durchführung der Entscheidungen kontrolliert werden. Diese Kosten können hoch sein, weil die Autorität des Ehrenamtlichen kraft seines Amtes gering ist, er sich also mit der (gegenüber einer Amtsautorität labileren) Überzeugungskraft seiner Persönlichkeit und seiner Argumente durchsetzen muß; Vereinbarungen meist nur mündlich und informell getroffen werden, die im Konfliktfall nur sehr schwer einzufordern sind.

3. *Psychologische Kosten:* Ehrenamtliche Tätigkeit kann mit hohen Unsicherheiten belastet sein. Zunächst besteht eine Ambivalenz der Aufgabenzuweisung und der Verantwortung. Es ist ungewiß, wie weit man sich unvorhergesehenen und verschiedenartigen Aufgaben stellen muß und inwieweit die eigene Qualifikation, die zur Verfügung stehende Zeit und die persönliche Überzeugungskraft ausreichen, Erwartungen und Ansprüchen der Mitglieder gerecht zu werden. Unsicher bleibt auch das „psychische Einkommen", also inwieweit die Mitglieder dem Mitarbeiter jenen Dank, die Anerkennung und die Achtung zollen, die er sich erhofft hat.

4. *Qualifikationserfordernisse:* Sowohl im Leistungs- und Wettkampfsport als auch im Freizeit- und Breitensport werden Vereine immer stärker mit neuen Aufgaben und Herausforderungen konfrontiert, die eine rein ehrenamtliche Vereinsorganisation an die Grenze ihrer Leistungsfähigkeit führen. Die Arbeit im Verein kann immer weniger von Laien, sondern nur noch von Fachleuten mit Spezialkenntnissen geleistet werden.

Die altruistische Hilfe für andere, ein „psychisches Einkommen" und der Vorteil eines Tauschs, aber auch Kombinationen dieser drei Faktoren können der Nutzen sein, den eine ehrenamtliche Tätigkeit verspricht. Opportunitätskosten, Kosten der Entscheidungsfindung, -durchsetzung und -kontrolle ebenso wie psychische Belastungen und steigende Qualifikationserfordernisse stehen auf der Negativseite ehrenamtlicher Mitarbeit. Diese müssen mit den Vorteilen der Freiwilligenarbeit bilanziert werden, wenn ein Mitglied sich für oder gegen eine solche Tätigkeit entscheiden will. Kosten und Nutzen sind allerdings für den einzelnen nur mit Unsicherheiten kalkulierbar, da sie sich erst in der Zukunft aus einer Kette nicht vorhersehbarer und planbarer Handlungssituationen entwickeln. Fraglich ist allerdings, ob über die Übernahmen eines Amtes wirklich rational entschieden wird, also Kosten und Nutzen ehrenamtlicher Tätigkeit sorgfältig gegeneinander abgewogen werden.

Ehrenamtliche Mitarbeiter aus der Perspektive des Vereins

Der offensichtliche Nutzen freiwilliger Mitarbeit für den Verein besteht darin, daß sie unbezahlt ist. Sie sichert damit die Unabhängigkeit des Vereins von Ressourcen von Nicht-Mitgliedern. Sie ist oft, zumindest was das Engagement der Mitarbeiter betrifft, bezahlter Arbeit überlegen; sie stellt zudem – neben der Möglichkeit demokratischer Entscheidung – einen wichtigen Rückkoppelungsmechanismus dar, über den die Mitglieder die Arbeit des Vereins beeinflussen und kontrollieren können. Mit folgenden Punkten kann das Leistungspotential der Freiwilligenarbeit für den Verein belegt werden:

1. *Qualifikationspotential:* Vereine können auf vielfältige, berufliche Erfahrungen und Qualifikationen ihrer Mitglieder zurückgreifen. Der Rückgriff auf berufliche Qualifikationen wird ein durchgängiges Muster und entscheidender Leistungsvorteil der Vereine. Zusätzlich kommen in besonderem Umfang Eigenschaften der jeweiligen Persönlichkeit zum Tragen (psychische Stabilität,

Belastbarkeit, Kontaktfähigkeit, Einfühlsamkeit), die oft keinen Markt und daher keinen Marktpreis haben.

2. *Personalisierung der Erwartungen:* Positionen in einem Verein sind wenig differenziert und ihre Aufgaben kaum standardisiert; Rolle und Person sind kaum trennbar, d. h., Ansprüche der Mitglieder richten sich an die jeweilige Person, nicht an die Position. Dadurch wird Freiwilligenarbeit wesentlich von der Persönlichkeit des Inhabers, von seinen Fähigkeiten und Fertigkeiten, von seinem Engagement, von seinem Verständnis für die Belange des Vereins und seiner Mitglieder geprägt. In dieser Ambivalenz der Aufgabenzuweisung und der Verantwortlichkeit liegt ein Grund für die besondere Leistungsfähigkeit der ehrenamtlichen Mitarbeiter *(Luhmann* 1972, 151; *Geser* 1980, 227): Die Mitarbeiter sind nicht sicher, wie weit ihre Pflichten gehen, und dank der Tatsache, daß sie durch Aufgaben und Ziele des Vereins motiviert sind, werden sie sich auch neuen und unvorhersehbaren Aufgaben stellen.

3. *Flexibilität:* Ehrenamtliche Mitarbeit eröffnet eine hohe zeitliche, sachliche und soziale Flexibilität bei der Erfüllung der Aufgaben. Zeitlich insofern, als eine feste Arbeitszeit nicht (wie in einem Angestelltenverhältnis) vereinbart wird und sich der zeitliche Umfang des Engagements den Erfordernissen der jeweiligen Aufgabe anpassen kann; sachlich insofern, als für neue Aufgaben (etwa neue Sportangebote) auch neue Mitarbeiter mit den entsprechenden Qualifikationen gewonnen werden, wobei unflexible arbeitsrechtliche Regeln außer acht bleiben können; sozial insofern, als ehrenamtliche Mitarbeit nicht allein unter Effizienzgesichtspunkten erfolgt, sondern sie auch eine Möglichkeit sozialer Integration und Einbindung, der Vermittlung von Solidarität und Gemeinschaftssinn sein kann.

Dem stehen folgende Nachteile bzw. Strukturschwächen ehrenamtlicher Mitarbeit gegenüber; auch ehrenamtliche Mitarbeit ist nicht „kostenlos" zu erhalten:

1. *Strukturelle Unsicherheit:* Die Bereitschaft, Zeit zur Verfügung zu stellen, ist selbst freiwillig; sie ist keine Mitgliedschaftsverpflichtung. Sie ist daher oft unflexibel und nicht übertragbar, bleibt (mit Namen, Anwesenheit, Arbeitskraft und Beziehungen) an Personen gebunden. Die für den Verein zur Verfügung gestellte Zeit ist strukturell unsicher, d. h., man kann sie nicht in bezug auf Zeitpunkt, Dauer und Intensität des Einsatzes verläßlich kalkulieren; sie bleibt eine Ressource, die nicht generell zur Verfügung steht, sondern im Einzelfall mobilisiert werden muß. Da Freiwilligenarbeit Freizeit und damit meist Feierabendtätigkeit ist, wird die zeitliche Verfügbarkeit mitbestimmt durch die beruflichen Belastungen des einzelnen.

2. *Fehlende Sanktionsmechanismen:* Vereine besitzen keine hierarchische Gliederung der Über- und Unterordnung und daher keine klar geregelten Anweisungsbefugnisse und Ausführungsverpflichtungen. Abgestufte Kontroll- und Sanktionsmittel fehlen in der Regel. Nur die Drohung einer Nicht-Wiederwahl kann als Sanktion eingesetzt werden, die aber selten wirkt, da meist personelle Alternativen fehlen. Damit ist zum einen nicht nur die Dauer des Einsatzes unsicher, sondern auch die Qualität der Aufgabenerfüllung. Man kann zwar den Mitarbeiter bitten, eine Aufgabe angemessen zu erfüllen, ver-

pflichten aber kann man ihn nicht. Versagen im Amt ist individuell folgenlos. Zum anderen kann die (vgl. S. 237) als Vorteil beschriebene Offenheit der Aufgabenfestlegung auch zum Nachteil werden, und zwar dann, wenn der einzelne nicht die Risikobereitschaft und Innovationskraft mitbringt, diesen Freiraum zum Nutzen des Vereins auszuschöpfen.

3. *Begrenztes Qualifikationspotential:* Man ist, was die Qualifikation der Mitarbeiter anbelangt, zum einen auf die beruflichen Erfahrungen, zum anderen auf die Kenntnisse, die während der Vereinstätigkeit gewonnen wurden, angewiesen. Dies hat zwei Konsequenzen. Das Potential der Qualifikationen der Mitglieder, auf das man in einem Verein zurückgreifen kann, beschränkt die Qualifikationen, über die man bei der Besetzung der Ehrenämter verfügen kann. Wenn kein Steuerberater Mitglied ist, wird man eben auch keinen Steuerfachmann in den Vorstand wählen können. Dies wird zu einem strukturellen Nachteil für Vereine mit Sportarten, die von Mitgliedern unterer Sozialschichten bevorzugt werden, zum Vorteil von Vereinen, in denen sich vor allem Mitglieder oberer Sozialschichten einfinden.

4. *Probleme der Rekrutierung:* Die Rekrutierung freiwilliger Mitarbeiter erfolgt meist weder rational geplant, noch orientiert sie sich ausschließlich an sachbezogenen Kriterien. Für die Aufstellung der Kandidaten für ein Amt und die Wahl gibt es keine eindeutigen Kriterien etwa der erforderlichen Qualifikation. So müssen Hilfskriterien – Auftreten, Reputation, Charisma, rednerisches Geschick, Freundschaft oder Antipathie, Bekanntheitsgrad – angewandt werden. Deshalb besteht in bezug auf die fachliche Qualifikation ein hohes „Besetzungsrisiko" *(Winkler* 1981, 37).[119] Hinzu kommt, daß, da Aufgaben in einem Verein meist personenbezogen definiert, Ämter von ihrem Inhaber ganz individuell ausgestaltet werden, im Laufe der Zeit zunehmend die Vorstellung entsteht, daß der Amtsinhaber unersetzlich ist. Immer weniger findet sich jemand, der es genauso machen kann, noch weniger jemand, der bereit ist, es anders zu machen.

Es fällt schwer, Kosten und Nutzen von ehrenamtlicher Mitarbeit gegeneinander abzuwägen, vor allem, weil die nicht-monetären Belastungen und möglichen Effizienzverluste schwer quantifizierbar sind. Aber bereits M. *Weber*[120] vermutete, daß die ehrenamtliche Mitarbeit gegenüber haupt-

---

[119] Man hat gelegentlich den Eindruck, daß sich vor allem diejenigen zur Wahl stellen und dann auch gewählt werden, die nicht „Nein" sagen können. Dies braucht nicht notwendigerweise aus Charakterschwäche zu erfolgen; es kann auch Ausdruck von besonderer Solidarität und Verbundenheit mit dem Verein sein und aus einem besonderen Gefühl der Verpflichtung geschehen. Aber nicht notwendigerweise kommen so die Besten in die Vereinsführung.

[120] „Ehrenamtliche Tätigkeit ist Tätigkeit im Nebenberuf, funktioniert schon deshalb normalerweise langsamer, (ist) weniger an Schemata gebunden und formloser, daher unpräziser, uneinheitlicher, weil nach oben unabhängiger, diskontinuierlicher und schon in Folge der fast unvermeidlich unwirtschaftlicheren Beschaffung und Ausnutzung des Subalternen- und Kanzleiapparates auch oft faktisch sehr kostspielig (...). Kollegial organisierte Arbeit (...) bedingt Reibungen und Verzögerungen, Kompromisse zwischen kollidierenden Interessen und Absichten" (M. *Weber* 1956, 562).

amtlicher Arbeit die weniger effiziente und damit die teurere Alternative der Leistungserstellung ist.

6.5 Hauptamtliche Mitarbeiter

Vor einiger Zeit geschah in einem kleinen Segelverein folgendes: In jedem Frühjahr und in jedem Herbst wurden die Mitglieder zusammengerufen, um die Bootsstege zu pflegen und notwendige Reparaturarbeiten am Vereins- und Gerätehaus auszuführen. Aber vielen war dies zu lästig, so daß immer weniger die Arbeit für immer mehr Mitglieder machten. Daraufhin beschloß der Vorstand, einen Hafenmeister einzustellen, der diese Arbeit gegen Bezahlung übernehmen sollte. Alle schienen mit dieser Lösung zufrieden. Aber dann entwickelten sich die Dinge doch anders als erwartet: Zunächst mußte die Zahl der Mitglieder erhöht werden, damit der Hafenmeister bezahlt werden konnte; mehr Mitglieder aber bedeutete, daß die Beziehungen untereinander anonymer wurden; es bildeten sich Cliquen – wir „alten Mitglieder", die „founding fathers", die „Neuen". Vor allem aber fiel ein wichtiges sozial-integratives Element fort. Segler sind auf dem Wasser meist allein oder zu zweit. Da entsteht keine Gemeinschaft. Die Arbeitsdienste, besser die „Arbeitsparties", waren somit ein wichtiger und die Mitglieder verbindender Kristallisationspunkt des Vereinslebens, der nun fehlte. Der Verein hatte sich aufgrund nicht intendierter Konsequenzen gut gemeinter und von den meisten begrüßten Entscheidungen grundlegend verändert. Wäre es da nicht besser, wenn man auf hauptamtliche Mitarbeiter verzichtet?

Nun braucht man über solche Konsequenzen der Beschäftigung hauptamtlicher Mitarbeiter nicht allzu besorgt zu sein, denn die Zahl der Vereine, die einen hauptamtlichen Mitarbeiter fest eingestellt haben, ist äußerst gering – 1,6% der westdeutschen Vereine haben einen Geschäftsführer, 1,5% eine sonstige Verwaltungskraft, 5,5% einen Trainer/Übungsleiter, 4,6 % einen Platz- oder Hallenwart *(Heinemann/Schubert* 1994, 242). Aber dennoch besteht ein Professionalisierungsdruck in vielen Vereinen, so daß man sich über Bedeutung der Beschäftigung hauptamtlicher Mitarbeiter sorgfältig Gedanken machen muß.

Ziel dieses Kapitels ist es, (1.) deutlich zu machen, woraus der Druck in Vereinen entsteht, hauptamtliche Mitarbeiter einzustellen, (2.) soll auf die besonderen Anforderungen, die diese Arbeit mit sich bringt, aufmerksam gemacht werden, vor allem soll (3.) für (nicht intendierte) Veränderungen und Konsequenzen einer Professionalisierung sensibilisiert werden.

Professionalisierungsdruck

Die Beschäftigung hauptamtlicher Mitarbeiter in Vereinen hat verschiedene Ursachen. Sie liegen (1.) in den behandelten Strukturschwächen der Freiwilligenarbeit selbst; sie ergeben sich (2.) daraus, daß auch Freiwilligenarbeit nicht kostenlos ist, sondern auch für den Verein – wenn auch nicht notwendigerweise monetäre – Belastungen mit sich bringen kann; sie verstärken sich (3.) durch die steigenden Anforderungen, die an ehrenamtliche Mitarbeiter gestellt werden; dem steht (4.) eine sinkende Bereitschaft der Mitglieder entgegen, sich durch die Übernahme einer ehrenamtlichen Funktion an den Verein zu binden.

So entsteht ein Druck, hauptamtliche Mitarbeiter einzustellen; es müssen und können Personen von außen entsprechend ihrer fachlichen Kompetenz eingeworben werden; man ist bei der Rekrutierung nicht auf die Kompetenzen beschränkt, die die Mitglieder jeweils einbringen können. Die Besetzung kann aufgrund der auf dem Arbeitsmarkt angebotenen Qualifikation erfolgen; bei der Auswahl stehen fachliche Kriterien im Vordergrund. Das Besetzungsrisiko kann also gering sein, vorausgesetzt, man findet die gesuchten Qualifikationen im Arbeitsmarkt. Es ist sinnvoll, zwischen Verberuflichung und Professionalisierung zu unterscheiden.

Verberuflichung bedeutet (a) Ersatz freiwilliger, unbezahlter durch bezahlte Arbeit, (b) Ersatz nebenberuflich-gelegentlicher Freizeitarbeit durch hauptberuflich-kontinuierlicher Arbeit und (c) Ersatz von Laien- durch Facharbeit *(Streeck* 1981, 142; *Winkler/Karhausen* 1985).

Verberuflichung bedeutet also, daß eine Tätigkeit hauptberuflich, kontinuierlich und mit entsprechender fachlicher Kompetenz zur Sicherung des Lebensunterhalts ausgeübt wird; sie ist gleichzusetzen mit der Entstehung von Berufen und Arbeitsmärkten. Der Begriff Professionalisierung ist demgegenüber enger gefaßt.

Professionalisierung bedeutet eine Konsolidierung von Berufen in feste Berufsbilder, d. h. die Entwicklung eindeutig festgelegter Zugangsvoraussetzungen und formalisierter Qualifikationsanforderungen, klar definierter Karrieremuster und Aufstiegschancen, die Entstehung einer Standes- und Berufsorganisation (Berufsverband) und schließlich die Orientierung an gemeinsam akzeptierten Verhaltens- und Wertstandards und einem Standesbewußtsein (Berufsethos).

Hauptamtliche Mitarbeiter sind begrifflich, inhaltlich, wertmäßig abzugrenzen vom Laien oder Amateur. Dabei ist der Begriff Amateur insofern weiter gefaßt als ehrenamtlicher Mitarbeiter, als er auch die Sportler mit einbezieht, die zwar an Wettkämpfen auf den verschiedenen Leistungsebenen teilnehmen, dem Verein damit u. U. auch Einnahmen (Eintrittsgelder, Sponsorenzahlungen) verschaffen, aber dafür nicht honoriert werden. Nicht jeder Sportler, aber doch jene, die in dieser Form „für den Verein" an Wettkämpfen unentgeltlich teilnehmen, erfüllen die Begriffsmerkmale der Freiwilligenarbeit.

In seinem englischen Ursprung wurde als *Amateur* bezeichnet, wer eine Tätigkeit mit „disinterestedness", also nicht allzu ernsthaft ausübte; so sollte sich der Amateur „nicht zu lang und nicht zu ernsthaft einer Bemühung in einer einzigen Richtung hingeben; er durfte sich zwar auszeichnen, aber nicht nur in einer einzigen Tätigkeit als Folge langdauernder Übung; das wäre plebejisch" *(Moore* 1974, 558). Später war mit dem Amateur derjenige gemeint, dem es verboten war, als Sportler und für die Teilnahme an sportlichen Wettkämpfen Geld oder geldwerte Preise anzunehmen. Umgangssprachlich wird schließlich auch derjenige als Amateur bezeichnet, der eine Tätigkeit ohne fachliche Kompetenz und ohne aufgabenspezifische Qualifikation ausübt – der „Laie" also.

Die Barrieren, die gegen eine Professionalisierung aufgebaut wurden, betrafen vor allem den Athleten (vgl. S. 119–121). In diesem Kapitel geht es daher vor allem um die Beschäftigung hauptamtlicher Mitarbeiter im Bereich der Organisation des Vereins.

Leistungsanforderungen an hauptamtliche Mitarbeiter

Die Beschäftigung von hauptamtlichen Mitarbeitern in einem Verein ist durch folgende Besonderheiten gekennzeichnet:

1. *Engagementbereitschaft:* Meist wird von hauptamtlichen Mitarbeitern ein ähnliches Engagement und eine vergleichbare Identifikation mit dem Verein und seinen Zielen verlangt, wie dies Ehrenamtliche mitbringen müssen. So ist der Verein auf Personen angewiesen bzw. greift auf jene zurück, die die meist in einer langen Geschichte gewachsenen, vereinsspezifischen Werte und Grundnormen des Vereins billigen und mittragen *(Winkler* 1981, 36). So spielen Vertrautheit mit den Besonderheiten der jeweiligen Vereinskultur und persönliche Bekanntheit bei einer erfolgreichen Tätigkeit eine mindestens ebenso große Rolle wie die fachliche Qualifikation. Oft erfolgt daher der Einstieg in eine solche Tätigkeit über eine zuvor ausgeübte ehrenamtliche Tätigkeit oder aufgrund einer engen Verbundenheit mit dem Verein. Nicht selten wird eine solche Position von einem Verein geschaffen, weil sich in dem Verein jemand anbietet, der diese Aufgabe übernehmen möchte und kann *(Heinemann/Schubert* 1992).

2. *Anforderungsstruktur:* Hauptamtliche Mitarbeiter müssen besonderen Anforderungen gerecht werden. Dazu gehören die Fähigkeit im Umgang mit demokratisch gewählten, ehrenamtlichen Gremien ebenso wie die Bereitschaft, engen Kontakt zu den Mitgliedern mit ihren besonderen Interessen, Wünschen und Vorstellungen zu halten.

3. *Geringer Professionalisierungsgrad:* Die Positionen hauptamtlicher Mitarbeiter in einem Verein sind meist wenig professionalisiert. Es bestehen kaum eindeutige Zugangsvoraussetzungen und formalisierte Qualifikationsanforderungen. Diejenigen, die eine hauptamtliche Tätigkeit auch in vergleichbaren Positionen in unterschiedlichen Vereinen – z. B. als Geschäftsführer – innehaben, besit-

zen ganz unterschiedliche, berufliche Qualifikationen und Berufswege *(Winkler 1988)*. Es bestehen keine festen Karrieremuster und Aufstiegschancen, so daß auch der Berufsweg unsicher bleiben muß; es bestehen keine Berufs- und Standesorganisationen, die gemeinsame Interessen besser durchsetzbar machen.

4. *Autoritätsstrukturen:* Der Hauptamtliche ist Angestellter des Vereins und damit dem ehrenamtlichen Vorstand in seiner Aufgabenerfüllung untergeordnet. Dies kann Ausgangspunkt vielfältiger Probleme und Konflikte sein. Die Tatsache, daß der hauptamtlich Beschäftigte über ein besonderes Fach- und Dienstwissen verfügt, täglich anwesend ist und für den Verein arbeitet, daher oft bessere Informationen besitzt, Entscheidungen vorbereitet und für die Ausführung verantwortlich ist, kann zu Konflikten zwischen Sachkompetenz und Entscheidungskompetenz führen.

Strukturveränderungen durch Professionalisierung

Verberuflichung und Professionalisierung können mit weitreichenden Strukturveränderungen verbunden sein. Dies zeigen folgende Beispiele:

1. *Erweiterung der Arbeitsteilung:* Sie können eine Vergrößerung der Arbeitsteilung und Spezialisierung zur Folge haben. Diese Veränderungen sind oft gewünscht und meist ja schon der Grund dafür, daß hauptamtliche Mitarbeiter eingestellt werden. Es ist – wenn Mitarbeiter im sportpraktischen Bereich beschäftigt werden – ihre Aufgabe, neue Programme zu entwickeln, neue Talente zu entdecken, neue Mannschaften bzw. Abteilungen aufzubauen, zusätzliche Wettbewerbe zu organisieren, den Verein für neue Personengruppen attraktiv zu machen. Es ist, sofern hauptamtliche Mitarbeiter im administrativen Bereich eingesetzt sind, auch ihre Aufgabe, die Kommunikation nach innen, z. B. durch eine Vereinszeitung, zu verbessern, Marketingmaßnahmen durchzuführen, Arbeitsgruppen zu organisieren, neue Ressourcen zu erschließen.

Diese Ausdifferenzierung kann einen eigendynamischen Prozeß weiterer Professionalisierung auslösen: Aus dem Aufbau neuer Mannschaften bzw. Abteilungen, der Gestaltung neuer Wettbewerbe etc. können sich selbst wieder neue Aufgaben und Funktionen entwickeln, die die Einstellung weiterer Mitarbeiter erforderlich machen, die wiederum ausgebildet, vorbereitet, eingewiesen und betreut werden müssen.

2. *Formalisierung:* Verberuflichung kann zu größerer Formalisierung führen. Für die Erfüllung von Aufgaben und für die dazu erforderlichen Arbeitsabläufe werden zunehmend feste Regeln meist schriftlich erarbeitet, und zwar aus folgenden Gründen: Schon mit einer größeren Spezialisierung und Differenzierung kann der Koordinierungsbedarf steigen. Hinzu kommt, daß hauptamtliche Mitarbeiter entsprechend ihrer beruflichen Qualifikation und ihrer vorherigen beruflichen Tätigkeit Standards mitbringen, die sie auf ihre Arbeit im Verein übertragen.

Formalisierung bedeutet, daß Zuständigkeiten, Kompetenzen und Entscheidungsspielräume ebenso wie die zulässigen positiven und negativen Sanktionen genau festgelegt und abgegrenzt werden (z. B. in Form eines

> Dienstrechtes), schriftlich fixiert und damit unabhängig von einzelnen Personen nachvollziehbar und kontrollierbar sind.

Dabei sind die Möglichkeiten, solche Standards zu „importieren", aufgrund der Strukturbesonderheiten eines Vereins besonders groß. Das Verhalten in Vereinen ist im Prinzip in wesentlich geringerem Ausmaß als im Betrieb und in der Verwaltung durch festgelegte, bewußt auf Ziele ausgerichtete und rational geplante Regeln gesteuert. Damit entsteht für hauptamtliche Mitarbeiter die Neigung zu größerer Formalisierung ihrer Tätigkeit; denn sie belastet die Unbestimmtheit und Unschärfe der Aufgaben, Pflichten und Funktionen. Da sie Angestellte des Vereins sind, steht ihnen nicht die gleiche Autonomie zu, ihr Arbeitsfeld personenbezogen auszugestalten, wie dies ehrenamtlichen Mitarbeitern zugebilligt wird. Vor allem unter dem ständigen Druck, daß ehrenamtliche Positionen regelmäßig durch Wahlen neu besetzt werden und Personen mit neuen Konzepten und Ansprüchen in ein Amt kommen, wächst die Neigung, über Formalisierung stabile Arbeitsbedingungen zu schaffen.

Diese Neigung wird dadurch gefördert, daß hauptamtliche Positionen in einem Verein bisher kaum professionalisiert sind. Nun ist es eine bekannte Tatsache, daß eine Offenheit der Arbeitsbedingungen und nur auf persönlicher Leistung und Qualifikation begründete funktionale Autorität die Neigung zu Formalisierung und Bürokratisierung erhöht, um darüber die Absicherung der eigenen Position und ihrer (Amts-)Autorität zu erreichen. Dies kann Auslöser für vielfältige Konflikte zwischen ehrenamtlichen und hauptamtlichen Mitarbeitern sein, da Formalisierung die Offenheit und oft auch geringere Kontrollierbarkeit der Aufgabenaus- und -erfüllung ehrenamtlicher Mitarbeiter durch klare Festlegungen von Regeln, Pflichten, Verfahren, Richtlinien und durch Klärung ihrer Rollen eingrenzen kann.

Formalisierung kann durchaus auch als eine Möglichkeit von Ehrenamtlichen beschritten werden, ihre Kontrolle darüber, was in einem Verein geschieht, zu verbessern. So sind sich ehrenamtliche Mitarbeiter bewußt, daß „die Beschäftigung von Hauptamtlichen zu einem wesentlichen Einflußfaktor auf die Gestaltung der Sportpolitik werden kann und eine starke Herausforderung für die Kontrolle über das Geschehen durch den ehrenamtlichen Vorstand wird" *(Goldfarb* 1986, 3).

3. *Verschiebung von Einfluß:* Die Beschäftigung hauptamtlicher Mitarbeiter kann die Entscheidungsstruktur innerhalb eines Vereins verändern. Ehrenamtliche sind bestrebt, ihren Einfluß innerhalb der Organisation zu erhalten; dazu dienen ihnen die gegebenen Entscheidungsbefugnisse und die Möglichkeiten der Formalisierung und Kontrolle der Pflichten und Arbeitsweisen der Hauptamtlichen und die Bündelung der Entscheidungen auf den ehrenamtlichen Vorstand. Die Position wird untermauert durch die Betonung der (offiziellen) Ideologie der hohen Bedeutung der Ehrenamtlichkeit und der möglichen Gefahren, die die verstärkte Professionalisierung für dieses konstitutive Prinzip des Vereins und zugleich eines kulturellen Werts mit sich bringen kann. Dies

kann Strukturveränderungen innerhalb des Vereins zur Folge haben, die im Prinzip zu einer Zentralisierung der Entscheidungsbefugnisse führen.

Die hauptamtlichen Mitarbeiter sind aber aufgrund ihrer ständigen Präsenz, ihrer oft besseren Information, ihrer Möglichkeiten und ihrer Stellung im Kommunikationsnetzwerk des Vereins in der Lage, die Arbeitsabläufe und Entscheidungsprozesse mit zu beeinflussen *(Lincoln/Zeitz* 1980; *Herman/Tulipana* 1985, 395). Dabei birgt bereits die durch hauptamtliche Mitarbeiter bewirkte und getragene stärkere Arbeitsteilung, Differenzierung und Formalisierung die Chance besserer Information und höherer Entscheidungskompetenz. Dies hat eher eine Dezentralisierung der Entscheidungsstrukturen zur Folge. Die Konsequenz kann sein, daß mit einer Professionalisierung sowohl eine Konzentration von Einfluß als auch eine Dezentralisierung von Entscheidungskompetenz eintreten können. Wichtig ist dabei im Einzelfall, welches Vertrauen und welche Erwartungen Ehrenamtliche und Hauptamtliche einander entgegenbringen *(Hall* 1968; *Lincoln/Zeitz* 1980).

4. *Mitgliederengagement:* Verberuflichung und Professionalisierung in Sportvereinen können zu einer zunehmenden Passivität der Mitglieder führen. Der ehrenamtlich geführte Verein ist gekennzeichnet durch eine Identität der Rollen von Konsument, Produzent, Finanzier und Entscheidungsträger, durch eine hohe Bedeutung von ehrenamtlicher Mitarbeit und weiterer Ressourcen der Mitglieder und durch solidarische Einbindung und Motivation über nicht-materielle Anreize. Professionalisierung bedeutet eine stärkere Trennung der Mitglieder von der Organisation. Die sozial-integrative Wirkung der Freiwilligenarbeit wird nicht mehr wirksam.

Die Beschäftigung hauptamtlicher Mitarbeiter in einem Sportverein ist nicht folgenlos; sie belastet das Budget des Vereins und macht es erforderlich, daß neue Ressourcen erschlossen werden. Zunehmende Differenzierung, Formalisierung, Veränderungen in der Entscheidungsstruktur und eine Konsumentenhaltung der Mitglieder können oft als nicht-intendierte, aber weitreichende Folgen von Verberuflichung und Professionalisierung eintreten.

6.6 Die soziale Rolle der Trainer und Übungsleiter

Trainer scheinen einen der riskantesten Jobs zu haben, der vergeben werden kann: Täglich hören und lesen wir, daß ein „Trainerstuhl wackelt", daß Ablösung gesucht wird oder vor der Tür stehe, daß sich ein Verein von seinem Trainer getrennt hat, daß mit einem Punktgewinn die „Trainerfrage (vorerst) vom Tisch ist", daß sich mit einem neuen Trainer der lang erhoffte Erfolg einstellen soll. Ein Traumjob scheint der Trainerjob nicht zu sein. Was ist also das Besondere an einer Beschäftigung als Trainer, so lautet die zentrale Frage.

Ziel dieses Kapitels ist es, (1.) auf die spezifische Rollenproblematik des Trainers aufmerksam zu machen, (2.) die Probleme zu benennen, denen er sich gegenübersieht (3.) zu zeigen, wie diese Probleme gelöst werden (können).

Schließlich (4.) soll deutlich werden, daß zwischen hauptamtlichen Trainern vor allem im Leistungssport und Übungsleitern in Vereinen in Funktion und Aufgaben wesentliche Unterschiede bestehen.

> *Trainer* ist – in seiner Funktionsbeschreibung – jene Person, die aufgrund ihres fachlichen Wissens für die Vervollkommnung sportlicher Leistungsfähigkeit der ihr anvertrauten Athleten, für ihre Vorbereitung auf Wettkämpfe und die Betreuung und Beratung während des Wettkampfes verantwortlich ist. Der Trainer ist gekennzeichnet – unter dem Aspekt des Berufsbildes – durch spezifische Fachkenntnisse, die er meist in eigenen Trainings- und Wettkampferfahrungen, aufgrund besonderer Ausbildungsgänge und Abschlußprüfungen, in denen er seine Trainerlizenzen erworben hat und die Voraussetzung sind für seine Tätigkeit z. B. als haupt- oder nebenamtlicher Trainer in den Organisationen des DSB und in der Regel durch eigene Berufsorganisationen.

Eine Analyse der Trainerrolle ist deshalb schwierig, weil es eine einheitliche Rolle *des* Trainers nicht gibt. Trainer sind vielmehr in ihrer Aufgabe, in ihrem Berufsbild, in ihrem Status (z. B. also darin, ob sie ehrenamtlich, nebenamtlich oder hauptamtlich beschäftigt sind), ihrer Qualifikation, ihrem Tätigkeitsfeld, vor allem aber auch in Abhängigkeit von dem jeweiligen Sportmodell, in dem sie Verwendung finden, eine äußerst heterogene Gruppe (vgl. A. *Krüger* 1980).

Charakteristik der Trainerrolle

Betrachten wir zunächst das Netz sozialer Rollen, in das der Trainer eingebunden ist (vgl. Abb. 31):

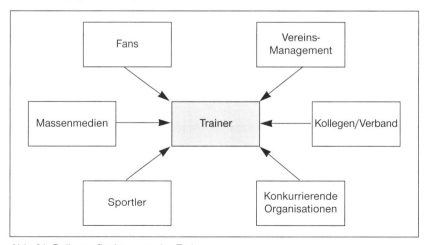

Abb. 31: Rollenverflechtungen des Trainers

Eine solche Darstellung ist uns bereits aus der Behandlung der sozialen Rolle des Sportlehrers (Kap. 3.1.2, S. 66) vertraut. So ist leicht zu erkennen, welchen Rollenbelastungen, aber auch welchen Konflikten der Trainer ausgesetzt ist, wenn er sich den vielfältigen Erwartungen der Sportler, des Vereinsmanagements (des Vorstands, des Geschäftsführers, der Mitglieder, des Sportarztes, des weiteren Personals), der konkurrierenden Organisationen (etwa der Schule, des Elternhauses, des Betriebs), der Kollegen (die möglicherweise nur auf den Mißerfolg warten), der Medien (die alles immer besser wissen) und der Zuschauer (die alles immer besser können) gegenübersieht, denen er gerecht werden soll. Darüber hinaus liegen in der Rolle des Trainers vier weitere Besonderheiten:

1. *Eindeutige Verantwortung:* Der Trainer sieht sich völlig eindeutigen Erwartungen (sowohl seines Auftraggebers, des Publikums, in der Regel auch des Sportlers selbst) in bezug auf das Ergebnis seiner Arbeit gegenüber. Seine primäre Aufgabe ist es, die Leistungsfähigkeit der von ihm betreuten Sportler bzw. Mannschaft zu optimieren und damit den Sieg im sportlichen Wettbewerb zu sichern; er soll Gewinne produzieren. Er wird für den Gewinn, vor allem aber auch für den Verlust der von ihm betreuten Sportler bzw. Mannschaften verantwortlich gemacht. Erfolg, vor allem aber Mißerfolg werden eindeutig der Kompetenz bzw. der Inkompetenz der Trainer zugeschrieben *(Edwards* 1973, 133 f., *Coakley* 1978, 216 f.). Verliert der Sportler, hat auch der Trainer versagt. Der Trainer ist eindeutig verantwortlich für Erfolg und Mißerfolg wobei Erfolg oder Mißerfolg objektiv meßbar sind und jedermann sichtbar und offenkundig.

2. *Weiterer Gestaltungsspielraum:* Die Trainerrolle ist durch eine geringe Prägnanz und Dichte formaler Rollenanforderungen, also durch geringe normative Regelungen, die die Art der Erfüllung seiner Aufgaben zum Inhalt haben und damit durch einen hohen Grad eigener Gestaltungsmöglichkeit und Leistungsfähigkeit geprägt. Die Rolle des Trainers ist in besonderem Maße persönlichkeitsbestimmt.

3. *Erfolgsunsicherheit:* Es besteht eine hohe Unsicherheit über den Erfolg seiner Entscheidungen und über die Konsequenzen, die sich für ihn daraus ergeben. Auf der einen Seite ist Sport grundlegend durch die Unsicherheit über den Ausgang des Wettkampfs charakterisiert, auf der anderen Seite ist es die Aufgabe des Trainers, diese Unsicherheit möglichst klein zu halten. Wie ihm dies gelingt, bestimmt zugleich sein Einkommen, seinen Status und sein berufliches Fortkommen. Aber (a) ist die Wirksamkeit etwa seiner Trainingsmethoden und Strategien in hohem Maße unsicher, (b) kann er nur in begrenztem Maße jene Faktoren, die das Ziel beeinflussen – etwa also den Spielablauf, die Tagesform des Sportlers, Beeinflussung durch Zuschauer und durch die Medien –, kontrollieren, und damit ist das Abschneiden des Sportlers nur begrenzt beeinflußbar, berechenbar und kalkulierbar, und schließlich besteht (c) Unsicherheit über die Konsequenzen eines Mißerfolgs z. B. für seine weitere berufliche Verwendung und Karriere.

4. *Ambivalente Orientierungen:* Diese Unsicherheiten in der Rolle des Trainers werden durch Ambivalenzen und Spannungen in der normativen Orientierung und durch widersprüchliche Erwartungshaltungen weiterer

Bezugsgruppen verstärkt. Zunächst wird man davon ausgehen müssen, daß der Trainer in seiner normativen Orientierung – und wir verwenden dabei ein System von Orientierungsalternativen des Handelns, das *Parsons* (1964) vorgeschlagen hat (vgl. auch *Edwards* 1973, 163) – (a) funktionsspezifisch-instrumentell ausgerichtet sein muß, also sein Entscheiden und Handeln primär dem sportlichen Erfolg unterworfen ist und die Beziehung zu den verschiedenen Bezugspersonen, etwa dem Sportler und dem Arbeitgeber, auf diesen Aspekt begrenzt ist, (b) affektiv-neutral sein muß, daß er also seine Entscheidungen frei von Emotionen, freundschaftlichen Bindungen, Loyalitätsverpflichtungen, ohne Sympathie oder Antipathie nach rein sachlichen Erwägungen trifft. Er muß (c) universalistisch eingestellt sein, etwa Sportler als austauschbar einschätzen und das System des Sports personen-, orts- und zeitunabhängig als soziale Institution erleben, (d) selbstorientiert entscheiden, also ausschließlich die Interessen der von ihm betreuten Sportler im Auge haben, ohne sich den Interessen Dritter (z. B. der Medien, der Werbeindustrie) zu beugen.

Jedoch ist diese normative Orientierung, die sich aus dem Auftrag des Trainers ableitet, in der Praxis schwer durchzusetzen. Dies liegt nicht nur daran, daß z. B. zwischen Trainer und Sportler oft freundschaftliche Beziehungen entstehen, die dem Trainer bei seinen Entscheidungen nicht gleichgültig sein können. Vielmehr werden – und dies ist damit kein „zufälliges" Phänomen emotionaler Bindungen zwischen Personen, sondern strukturell bedingt – zugleich normative Orientierungen vorausgesetzt, die sich aus Ethos und Legitimation des Sports, gesellschaftlichen Grundwerten, aber auch aus Erwartungen anderer Bezugsgruppen – z. B. Eltern, Schule, Freunde der Sportler – ergeben. So wird erwartet, daß der Trainer nicht nur die sportliche Entwicklung des Athleten im Auge behält, sondern sich zugleich für die gesamte geistige, psychische, soziale und körperliche Entfaltung z. B. von Jugendlichen verantwortlich fühlt; daß nicht nur Fitneß, Konkurrieren, Erreichen der Leistungsgrenzen und Gewinnen, sondern auch charakterliche Entwicklung, Altruismus, Loyalität gefördert werden sollten; daß zugleich auch die weitere berufliche Entwicklung und die Möglichkeiten einer sinnvollen Freizeitgestaltung nach Abschluß der sportlichen Karriere bedacht werden müßten, der Trainer also nicht sportliche, sondern auch pädagogische und moralische Verpflichtungen gegenüber dem Sportler habe und daher nicht stets ausschließlich das physiologische Leistungspotential ausschöpfe.

Hinzu kommen Erwartungen, die sich aus allgemein anerkannten Grundwerten des Sports ableiten: nicht nur Leistungsfähigkeit und Form, sondern etwa auch das Bemühen des Sportlers und seinen Einsatz im Wettkampf zu honorieren; die aus Loyalität erwachsene Erwartung der Mitspieler, einen Freund, auch wenn er keine Höchstleistungen bringt, im Gruppenverband zu lassen und mitspielen zu lassen; u. U. auch frühere Verdienste und Leistungen mitzubedenken. Schließlich wird erwartet, daß der Trainer auch die expressiven Werte des Sports zum Tragen bringt; denn „gewinnen ist nicht alles".

Diese Ambivalenz der Aufgabenzuweisung zeigt sich besonders deutlich bei der Frage, inwieweit der Trainer auch pädagogische Aufgaben und Verpflichtungen habe *(Patsantáras* 1994). Man müßte die Frage verneinen, wenn das Handeln im System „Sport" durch den Code „Sieg" – „Niederlage" seinen Sinn erhält, daß Erringen des sportlichen Erfolgs also die Hauptaufgabe des Trainers ist und der Trainer unter einem entsprechenden Erfolgsdruck steht. *Cachay/Gahai* (1989, 26) sehen demgegenüber keinen Gegensatz zwischen dieser Hauptaufgabe des Trainers und seiner Arbeit als Pädagoge; so müsse der Trainer stets bestimmte Persönlichkeitsmerkmale fördern, Beziehungskonflikte lösen helfen, zur Selbstbeschränkung erziehen, weil dies „geradezu Voraussetzung für die Einhaltung dieses systemspezifischen Codes ist".

Die Trainerrolle besitzt anomische Elemente; so bestehen auf der einen Seite zwar klare Erwartungen in bezug auf Verantwortung und Erfolg; auf der anderen Seite besitzt der Trainer große individuelle Gestaltungsmöglichkeiten bei gleichzeitig hoher Unsicherheit über die Wirksamkeit der Maßnahmen und einer geringen Kontrolle jener Faktoren, die das Ziel beeinflussen.

Problemlösungsstrategien

Um die Probleme, die sich aus dem Anomischen in seiner Rolle ergeben, bewältigen zu können, stehen dem Trainer mehrere Mechanismen zur Verfügung: Erwähnt werden sollen zunächst nicht-rationale Reaktionsformen, die bereits unter dem Begriff *coping* (vgl. Kap. 5.4, S. 175) behandelt wurden. Dazu gehören die vielfältigen Rituale, die die Funktion haben, Unsicherheiten und Spannungen zu reduzieren. Dazu gehören weiter inadäquate Interpretationen des Ausgangs eines Wettkampfes – etwa indem versucht wird, einem unfairen Publikum, einer unangemessenen Berichterstattung, dem Schiedsrichter, den Platzverhältnissen oder dem Wetter die Schuld an einem Versagen anzulasten; schließlich gehört dazu das Bemühen, unsichere Situationen zu kontrollieren, indem (z. T. ritualistisch) auch über jene Tatbestände entschieden wird, die keinen oder doch keinen kalkulierbaren Einfluß auf das Wettkampfergebnis haben – etwa Kleidung, Auftreten und äußeres Erscheinungsbild bis hin zum Privatleben und zur Freizeitgestaltung des Athleten. Dies weist auf den zweiten Typus (rationaler) Reaktionen:

1. *Autoritarismus:* Wir finden häufig in anomischen Situationen das Bedürfnis, trotz großer Unsicherheit die Situation kontrollieren zu können oder doch das Gefühl zu haben, auf das, was das Ergebnis bestimmen könnte, einen Einfluß zu haben. Typisch dafür ist Autoritarismus, also das Bestreben, möglichst weitgehende Entscheidungsbefugnis zu erhalten; autoritäre Selbständigkeit erscheint als angemessener Ersatz für mangelnde Kontrolle. Oft wird diese Selbständigkeit zur Bedingung für die Übernahme einer Trainerstelle gemacht und vertraglich zugesichert.

Umgekehrt sind Trainer relativ passiv, wenn es darum geht, Beziehungen anzuknüpfen bzw. persönliche Freundschaften zu entwickeln. Diese Orientierungen werden einheitlich in verschiedenen Untersuchungen bestätigt *(Hendry* 1974, 528; *Ogilvie/Tutko* 1970; *Sage* 1972, 1973; *Carron* 1978; *Scott* 1968). „Gemeinhin wird man bei Trainern solche finden die eher an Macht und

Beeinflussung und weniger an menschlichen Beziehungen interessiert sind. Sie bevorzugen Kontrolle und ungefragte Zustimmung zu ihrer Philosophie" *(Ogilvie/Tutko* 1970, 33). Dabei entspricht dieses Bild des Trainers dem Stereotyp vom „idealen Trainer", das Athleten besitzen, d. h., sie akzeptieren diese skizzierten Persönlichkeitsmerkmale und Verhaltensmuster des Trainers *(Carron* 1978, S. 52 f.). Es kann unbeantwortet bleiben, ob sich für die Übernahme einer Trainerrolle nur jene entscheiden, die die skizzierten Merkmale besitzen oder ob in der Ausbildung und in der Tätigkeit des Trainers eine Sozialisation in dieser Richtung erfolgt.

2. *Selektion sozialer Kontakte:* Eine weitere Möglichkeit der Bewältigung von Ambivalenzen, widersprüchlichen Erwartungen und Konflikten besteht darin, Personen, mit denen man in Beziehung steht, danach auszuwählen, wie weit man von ihnen Zustimmung und Unterstützung erhält, solche Kontakte aber vermeidet, bei denen widersprüchliche Erwartungen und nicht ohne weiteres akzeptierbare Verhaltenszumutungen betont werden könnten *(Goffman* 1959). Zwar fehlt das Material, das bestätigt, daß auch Trainer generell diesen Weg einschlagen, doch gibt es Hinweise, die dafür sprechen, daß die Strategie der Vermeidung von Kontakten etwa zu Eltern, zu Medien, zu Pädagogen, auch Wissenschaftlern, bei denen Fragen, Erwartungshaltungen und Probleme aufgeworfen werden könnten, die zu einer Auseinandersetzung mit der eigenen Position auffordern, verfolgt wird, je stärker der Zwang ist, zu gewinnen.

3. *Suche nach Unterstützung:* Wenn sich weder durch Autorität, Kontaktvermeidung oder Leugnen Konflikte bewältigen lassen, verlegt man sich auf die Kraft seiner Argumente und Überzeugung; man sucht für seine Aufgabe, seinen Trainingsstil, seine Strategie und Taktik Unterstützung bei anderen, indem man sie von seinem eigenen Vorgehen zu überzeugen versucht; man sucht Koalitionen bei Trainerkollegen, bei Vertretern der Presse, bei Verbandsfunktionären, bei denen man sich Unterstützung und Sicherheit erhofft.

Dabei baut der Trainer vielerlei Verteidigungsargumente und -schichten auf, die das Ziel haben, seine Entscheidungen nicht als (u. U. willkürliche) individuelle Maßnahmen, sondern als Folge objektiver Notwendigkeiten erscheinen zu lassen. Dazu gehört etwa, daß die Wettbewerbskomponente und das Leistungsprinzip im Sport besonders betont werden, weil damit leichter nicht funktionsadäquate Erwartungen und Zumutungen ausgeschaltet werden können – etwa der Ausschluß eines Spielers objektiv gerechtfertigt erscheint; dazu gehört das Betonen von Loyalität und Solidarität, weil damit nicht nur der Ausschluß eines Spielers, sondern auch die Besetzung weniger attraktiver Positionen erleichtert werden; dazu gehört schließlich die besondere Betonung der Bedeutung von Disziplin, weil sich damit Autorität einem allgemeinen Grundsatz unterordnen läßt *(Edward* 1973, 172).

Eine dementsprechende Charakteristik der Trainerrolle wurde von *Bette* (1984) unter systematischer Verbindung von Rollen- und Systemtheorie zur Kennzeichnung der Trainer im System des Hochleistungssports der Bundesrepublik Deutschland zugrunde gelegt. Die allgemeinen Strukturmerkmale der Trainerrolle im Hochleistungssport – also die Erfolgs- und Wettbewerbsorientierung, die Fristigkeit bei der Erfüllung der Aufgaben und die Öffentlichkeit

seiner Arbeit ebenso wie interne Abstimmungsprobleme innerhalb des Sport-
systems, die sich aus einer zunehmenden Ausdifferenzierung, der Spannung
zwischen zentraler und dezentraler Organisation des Hochleistungssports,
den Schwierigkeiten der Formalisierung der Erwartungsstrukturen und aus
den Problemen der Zuschreibung sportlicher Erfolge ergeben – lassen diese
Aufgabe keineswegs attraktiv erscheinen und begrenzen die Möglichkeiten
ihrer Professionalisierung. Begrenzte Mittel, Einfluß- und Sanktionsmöglichkeiten lassen – so die These von *Bette* – wenig Spielraum für eine erfolgreiche
Gestaltung der Arbeit von Bundestrainern.

**Der Eindeutigkeit des Auftrags, den der Trainer zu erfüllen hat und ein
objektiv meßbares und öffentlich sichtbares Ergebnis seiner Arbeit bei
gleichzeitig hoher Unsicherheit darüber, ob und mit welchen Mitteln sich
der gewünschte Erfolg einstellen wird, kennzeichnen die Arbeit des
Trainers. Dies sind Bedingungen, wie sie wohl in kaum einem anderen Beruf – etwa des Lehrers, des Wissenschaftlers, des Rechtsanwalts, selbst
nicht des Arztes, der seine Fehler eher begraben kann – in dieser harten
Form anzutreffen sind. Ambivalente Elemente und Konflikte in der Rolle
des Trainers bringen viele Probleme mit sich, die zum Teil durch nicht-
rationale Reaktionen – etwa durch Ritualismus und inadäquate Interpretation der Situation –, zum Teil durch rationale Reaktionen wie Autoritarismus, Kontaktvermeidung, Leugnen der Widersprüchlichkeiten und Verteidigungsargumente bewältigt werden.**

Charakteristik der Rolle des Übungsleiters

Übungsleiter, die in Vereinen, aber zunehmend auch bei kommerziellen
Sportbetrieben und anderen Institutionen, die Möglichkeiten des Sporttreibens in ihr Programm aufgenommen haben, im Freizeit- und Breitensport
tätig sind, besitzen zwischen dem jeweiligen Anbieter von Sport und dem
Nachfrager – etwa dem Vereinsmitglied oder dem Kunden kommerzieller
Sportbetriebe – eine strategische Stellung:[121] Sie sind auf der einen Seite
Vertreter des Sportkonzeptes der Institution, in der sie arbeiten; mit einem
wenn auch von Institution zu Institution unterschiedlichen Befolgungsdruck
obliegt es ihnen, jenen Sport zu vermitteln, den die Institution für sich als
spezifisch definiert hat und der etwa durch Rahmenrichtlinien und Wett-
kampfregeln, durch Sportselbstverständnis und Tradition, durch Verbands-
auflagen und räumlich-sachliche Vorgegebenheiten, durch Lehrpläne und Prü-
fungsbestimmungen inhaltlich fixiert ist. Der Übungsleiter befindet sich
zunächst in der Rolle des Vermittlers eines solchen Sportkonzeptes. Auf der
anderen Seite hat er auf die spezifischen Interessen, Bewegungsbedürfnisse,
Kompetenzen, Motive und Ansprüche an die didaktische Vermittlung der

---

[121] Vgl. dazu die empirische Untersuchung zum Übungsleiter von *Mrazek/Rittner*
(1991).

Sporttreibenden einzugehen und ihnen gerecht zu werden. Er sieht sich in der Rolle desjenigen, der Bewegungs- und Qualifikationsinteressen realisieren, zum Teil auch erst – vor allem bei einer eher diffusen und funktionsunspezifischen Nachfrage – wecken hilft. So sieht sich der Übungsleiter als „Person in der Mitte" zwei Erwartungen gegenüber, denen er mit seinem Sportunterricht und seinen sonstigen Tätigkeiten und Leistungen als Übungsleiter entsprechen muß. Diese Erwartungen muß er mit seinem eigenen Sportverständnis und seinem didaktischen Konzept in Einklang bringen, so daß sich möglicherweise der Übungsleiter im Spannungsfeld von zwei unterschiedlichen Ansprüchen und Sportkonzepten befindet.

Er wird dies nicht weiter als problematisch empfinden, soweit zwischen diesen Erwartungen und seinem Sport-Selbstverständnis keine wesentlichen Diskrepanzen entstehen bzw. ihm ein ausreichender Dispositionsspielraum für die Durchsetzung eigener Sportkonzepte belassen bleibt. Probleme treten auf, wenn die Nachfrager Erwartungen hegen, die dem Sportkonzept der Institution oder dem eigenen Sportverständnis widersprechen. Es entsteht ein Änderungsdruck, dessen Stärke abhängig ist vom Sanktionspotential der Institution bzw. der Nachfrager, von den Möglichkeiten der Wahrnehmung des jeweils vermittelten Sportkonzeptes und von dem Sportkonzept, das der Übungsleiter selbst präferiert.

Der Übungsleiter ist soziologisch zum einen deshalb von Interesse, weil er eine Schlüsselrolle im Prozeß der Professionalisierung des Sports einnimmt. Die Veränderungen des Sports im Fitneß- und Gesundheitsbereich, die Verbreiterung der Sportmotive und Erlebnisdimensionen und die größeren Erwartungshaltungen der auch in der Zusammensetzung geänderten Mitglieder stellen zunehmende Anforderungen an die fachliche und didaktische Qualifikation des Übungsleiters. Dies fördert Tendenzen zur Professionalisierung, allerdings mit dem Nachteil, daß es schwerer wird, Personen zu finden, die diese Aufgaben noch ehrenamtlich übernehmen können und dem weiteren Problem, daß – wie empirische Untersuchungen zeigen – die Vereins- und Sportbindung abnimmt.

Übungsleiter stehen in einem Spannungsfeld zwischen Erwartungen der Sporttreibenden, dem Sportkonzept der Institution, die sie beschäftigt und dem eigenen Sportverständnis. Dabei erweisen sie sich als eine treibende Kraft der weiteren Entwicklung des Sports in der Ausdifferenzierung verschiedener Modelle des Sports und seiner weiteren Professionalisierung. Auch für den Verein ergeben sich aus der Tätigkeit des Übungsleiters Probleme, die im wesentlichen dem entsprechen, die wir bereits grundsätzlich bei Ehrenamtlichen kennengelernt haben *(Mrazek/ Rittner* 1992): Da eine hohe innere Beteiligung und Ich-Präsenz bei der Aufgabenerfüllung beim Übungsleiter zu vermuten sind, da monetäre Anreize weitgehend fehlen und diese Aufgabe freiwillig übernommen wird, stellen sich für den Verein besondere Herausforderungen in der Pflege des Engagements und der Stimulierung der Motivation und eine besondere Rücksichtnahme auf die spezifische berufliche, biographische und familiäre Situation der Übungsleiter.

6.7 Der Schiedsrichter

Über den Schiedsrichter gibt es eigentümliche Methaphern: Der „einsamste Mensch auf dem Platz"; der „Mann in Schwarz", der „Parteiische Unparteiische", der „mit den Tomaten auf den Augen" etc. Dabei scheint uns auf den ersten Blick die Schiedsrichterrolle aus unserem Alltag wohl vertraut – etwa in Form des Vermittlers, des Richters oder des Schlichters. Aber der Schein trügt: Beim Vermittler liegen Austragung und Beendigung des Konflikts weiterhin in den Händen der beiden Parteien; bei Gerichtsverfahren liegt das Vertrauen auf eine gerechte Entscheidung in erster Linie beim Kläger, der Beklagte muß in den Prozeß eintreten, unabhängig davon, ob er von der Unparteilichkeit des Richters überzeugt ist oder nicht; der Schlichter (etwa bei Tarifkonflikten) kann nur schlichten, nicht richten, d. h., er muß nach Anhörung beider Parteien Vorschläge zur Konfliktlösung machen, die aber von beiden Parteien angenommen werden müssen, bevor sie gültig werden *(Simmel* 1968, 80). Was ist also das Besondere beim Schiedsrichter?

Der Wunsch nach strenger Beachtung der Regeln auf beiden Seiten und nach kalkulierbaren Sanktionen bei Regelverletzungen, also der Wille, den Wettkampf auf der Basis eines akzeptierten Regelwerks auszutragen, wird im Schiedsrichter Person. Die Teilnehmer am Wettkampf haben die abschließende Kontrolle und Entscheidung über die Beachtung der Regeln und das Aussprechen von Sanktionen bei einer Regelverletzung aus ihren Händen gegeben und sich dem Unparteiischen unterworfen. Wenn die beiderseitig anerkannten Regeln für den Wettkampf konstitutiv sind, erhält der Unparteiische eine zentrale Bedeutung für seine Durchführung. Als Repräsentant der den Wettkampf bestimmenden Normen und Regeln gegenüber der momentanen Kampfleidenschaft und dem Siegeswillen der beteiligten Mannschaften ist er jenes bremsende, aber auch antreibende Element, das dem Wettkampf und der Rivalität erst ihre Vollständigkeit verleiht. Die (Tatsachen-) Entscheidung des Schiedsrichters ist endgültig und unumstößlich. Dies ist zumindest in dieser absoluten Form im sozialen Leben ungewöhnlich.

Ziel dieses Kapitel ist es, (1.) mit den Besonderheiten der Schiedsrichterrolle vertrautzumachen und damit (2.) ein Beispiel für die Eigenheiten einer Dreierbeziehung zu geben, in der der Dritte nicht der lachende Dritte oder der Vermittler ist, sondern Unparteiischer, dessen Entscheidungen endgültig sind und die von allen anerkannt werden müssen.

Bestimmungsfaktoren des Schiedsrichtereinsatzes

Eine „Konfliktregelung durch einen Dritten" wird im allgemeinen dann als notwendig angesehen, wenn (a) große Interessengegensätze zwischen den Parteien bestehen, wie dies bei „Nullsummenspielen" meist der Fall ist, bei denen also die Interessen der Parteien diametral entgegengesetzt sind, der Gewinn des einen dem Verlust des anderen entspricht, Kompromisse also ausgeschlossen sind, gleichzeitig jedoch ein gemeinsames Interesse an der

Abb. 32: Der Schiedsrichter

Lösung des Konfliktes besteht, (b) daher die Bereitschaft, gegen diese Regeln zu verstoßen, verbreitet ist, (c) die normativen Grundlagen zur Regelung des Konfliktes zwar allgemein von den Parteien anerkannt werden, diese Normen und Regelungen jedoch einen beachtlichen Auslegungsspielraum eröffnen, so daß leicht Uneinigkeit über die Interpretation dieser Normen bei den Parteien entstehen kann *(Eckhoff* 1967, 243 f.).

Diese Bedingungen sind im Sport im Prinzip erfüllt. Zugleich geben diese drei Tatbestände zum einen Auskunft darüber, unter welchen Bedingungen ein Schiedsrichtereinsatz im Sport als besonders wünschenswert erscheint und in der Regel auch erfolgt. Zum anderen läßt sich aus ihnen ableiten, daß das Spielgeschehen und auch die Art, wie die Teilnehmer dieses Geschehen erleben, unter Umständen negativ beeinflußt werden können, wenn ein Schiedsrichter eingesetzt wird, auch wenn diese Voraussetzungen nicht erfüllt sind. Dies kann der Fall sein, wenn der Ausgang des Spiels für die Teilnehmer eine untergeordnete Bedeutung hat, ein fundamentaler Interessengegensatz zwischen den Parteien nicht empfunden wird (also z. B. Freude am Spiel wichtiger ist als Sieg oder Niederlage) und auch kein öffentliches Interesse am Spielausgang vorhanden ist.

Funktion und Bedeutung des Schiedsrichters

Bedeutung und Funktion des Schiedsrichters während des Wettkampfes müssen aus folgenden Tatbeständen abgeleitet werden:

1. *Bilanzieren zwischen Zwängen des Regelwerks und der Dynamik der Situation:* Sport ist, wie oben erläutert wurde (vgl. S. 62–64), sowohl institutionelle Ordnung als auch soziale Praxis. Sport als institutionelle Ordnung bedeutet, daß der Wettkampf dem Regelwerk der Sportart unterworfen ist. Diesem Regelwerk beugen sich die Spieler. Aber der Schiedsrichter muß ihr Geltung und Konstanz verleihen, damit der Wettkampf seine Identität behält. Sport als soziale Praxis bedeutet demgegenüber, daß der Wettkampf durch den Rahmen der Regeln in seiner Form zwar gebunden, aber erst durch die Spieler in seinem Inhalt gestaltet wird. Er ist mehr oder weniger spontanes, ursprüngliches, sich dynamisch entwickelndes Geschehen, das die ganze Persönlichkeit des Spielers mit einbezieht. Die Regeln wirken als Zwang, zumindest als ärgerliche Tatsache, die man verändern, brechen oder gar auflösen möchte. Mit dem Spielgeschehen entwickelt sich zugleich ein emotionaler Prozeß, der parallel mit dem Handlungsgeschehen auf den spielentscheidenden Erfolg gerichtet ist. Daraus entsteht das Spannungsfeld, aus dem sich die Problematik des Schiedsrichters ableitet: Zu rigide Beachtung der Regeln schafft Zwänge, die das spontane, dynamische Handlungssystem zurückdrängen; zu starke Berücksichtigung der dynamischen Wettkampfentwicklung bedroht das Regelwerk und damit die Identität des Spiels *(Elias/ Dunning* 1966, 123). Der Abbruch des Wettkampfgeschehens aufgrund zu enger Regelauslegung hat zugleich eine Unterbrechung des emotionalen Entwicklungsprozesses zur Folge, die wiederum die Dynamik des Handlungsgeschehens zerstören kann. Dies aber verursacht Spannungen, Unmut und

Frustrationen bei den Spielern, die sich auf den Schiedsrichter selbst richten können.

2. *Probleme verzerrter Wahrnehmung:* Die Situation des Schiedsrichters wird dadurch erschwert, daß das Wettkampfgeschehen von den an ihm beteiligten Parteien (und auch von den Zuschauern) je unterschiedlich erlebt und bewertet wird *(Heisterkamp* 1975 a, 58 f.; 1975 b, 243 f.). Ähnlich wie bei optischen Täuschungen, durch die z. B. geometrisch gleich lange Striche als unterschiedlich lang wahrgenommen werden, wenn sie in verschiedenen geometrischen Gebilden eingebunden sind, nehmen die an dem Wettkampf teilnehmenden Parteien das Spielgeschehen selektiv unterschiedlich wahr, bewerten und beurteilen es aus ihrer je eigenen Perspektive. Ob man als Heimmannschaft vor eigenem Publikum spielt oder als Gastmannschaft das fremde Spielfeld betritt, ob man auf eigenem Platz „auf Sieg" oder auswärts „auf Unentschieden" spielt, ob man vom Publikum unterstützt oder ob man von gellenden Pfiffen eingeschüchtert wird, ob der Ausgang des Wettbewerbs ungewiß oder durch den bisherigen Spielverlauf bereits entschieden ist, welche Konsequenzen Gewinn oder Verlust für die Mitglieder einer Mannschaft, für den Trainer oder den Verein besitzen, all dies führt zu unterschiedlichen Erlebniszentrierungen, zu unterschiedlicher Wahrnehmung des Geschehens auf dem Spielfeld, zu einseitiger Beurteilung des eigenen Verhaltens, des Verhaltens des Gegners und des Schiedsrichters. So kann man einen Regelverstoß dort erleben, wo der Schiedsrichter keinen feststellt, kann der Schiedsrichter ein Foul ahnden, das dem Spieler nicht bewußt ist. Unmut und Ärger, die daraus entstehen, können oft nur dadurch verarbeitet werden, daß man Können und Objektivität des Schiedsrichters in Zweifel stellt. Auch in diesem Spannungsfeld zwischen verschiedenen Erlebnisstrukturen und dem aus ihnen resultierenden Handlungsdruck steht der Schiedsrichter, der in seinem Erleben und Verhalten von Wahrnehmungsbildern der Spieler und Zuschauer unabhängig sein muß. „Da die Spielleiter von Amts wegen häufig andere Ordnungsgestalten des Erlebens durchsetzen müssen als die Spieler und Zuschauer, entwickeln sich aus dieser erlebnismäßigen Dissonanz die für die Schiedsrichtersituation so belastenden Auseinandersetzungen, die leicht zu dramatischen Macht- und Positionskämpfen eskalieren" *(Heisterkamp* 1975 a, 61). Die gängige Floskel (die auch in dem äußeren Erscheinungsbild – oft schwarze Kleidung, überaus korrektes Äußeres – zum Ausdruck kommt), daß der Schiedsrichter der einsamste Mann auf dem Spielfeld sei, symbolisiert diese spezifischen Anordnungs- und Auslegungsprobleme, die der Schiedsrichter zu bewältigen hat.

Fremdeinschätzung des Schiedsrichters

Welche Fremdeinschätzung der Schiedsrichter bei Publikum und öffentlichen Medien erfährt, läßt sich bereits aus dieser Interpretation der Schiedsrichterrolle ableiten und erklären. Solche Einstellungsstrukturen gewann *Heisterkamp* (1975 a, 48 f.) durch eine Auswertung von 306 Spielberichten in einer führenden Fußballsportzeitung zur Fußballbundesligasaison 1971/72 und aus 50 standardisierten Interviews mit spiel- und zuschauererfahrenen Fußballern eines Düsseldorfer Amateurvereins. Er stellte fest, daß

- der Schiedsrichter vorwiegend im Beachtungshintergrund bleibt. Nur 24% der Spielberichte nahmen Notiz vom Schiedsrichter, die meisten Schiedsrichter sind namentlich unbekannt; 75% der Nennungen fielen auf insgesamt neun Schiedsrichter;

- jene Spielberichte, die auf den Schiedsrichter eingehen, sich fast ausschließlich auf die Entscheidungsproblematik beziehen. „Sie heben hervor, daß die Einheitlichkeit des Beurteilungsmaßstabes nicht gewahrt wurde (Inkonsequenz), daß fällige Entscheidungen ausblieben (Unentschiedenheit) und getroffene Entscheidungen verfehlt (Fehlentscheidung) oder umstritten (Ambivalenz) waren" *(Heisterkamp* 1975a, 49);

- gleichzeitig hohe Erwartungen an die Spielleitung geknüpft werden, die mit der Befürchtung verbunden sind, daß sie diesen Anforderungen nicht gerecht werden könne. Zwar soll der Schiedsrichter klare und schnelle Entscheidungen treffen und energisch durchsetzen, jedoch wird ein flexible Regelauslegung gefordert, die dem Spielgeschehen entspricht und den Spielfluß wahrt. Auf keinen Fall jedoch soll sich der Schiedsrichter mit seiner Funktion in den Vordergrund schieben und sich selbstherrlich über die Spieler erheben.

Konsequenzen des Schiedsrichtereinsatzes

Welchen Einfluß hat nun der Schiedsrichter auf das Erleben der Teilnehmer an einem Wettkampf? Die Bedingungen des Schiedsrichtereinsatzes lassen vermuten, daß diese Einflüsse des Schiedsrichters von den situativen Gegebenheiten des Wettkampfs, also von der Bedeutung, die der Wettkampf für den einzelnen besitzt, von der „Ernsthaftigkeit" der Auseinandersetzung und von der sportlichen Kompetenz der Teilnehmer abhängt. Dies bestätigt eine empirische Ermittlung der Einstellungen von Mitgliedern von Leistungsmannschaften (Hochschulauswahlmannschaften im Fußball) und Mitgliedern einer gemischten Hochschulspielgruppe zur Spielregelung mit und ohne Schiedsrichter. Die Hochschulmannschaften schätzen ein Spiel ohne Schiedsrichter als hochgradig laut, unfair, zerfahren, konfliktreich, unterbrochen und aggressiv ein, beurteilen ein Spiel mit Schiedsrichter demgegenüber als hochgradig regelgerecht, geordnet, kooperativ, gerecht, ernst und kämpferisch. Demgegenüber erlebt die Hochschulspielgruppe ein Spiel mit Schiedsrichter als regelgerecht, geordnet, aggressiv, unterbrochen, ernst; ein Spiel ohne Schiedsrichter als regellos, gemeinschaftlich, freundschaftlich, kooperativ, sozial, hilfsbereit und fließend *(Pilz/Trebels* 1976, 142 f.). Aus diesen Befunden ergibt sich für *Pilz/Trebels* die Frage, „ob es nicht für den Bereich der Schule erforderlich ist, gezielt unterschiedliche Formen der Spielregelung zu vermitteln, um die Auswirkung einer Spielleitung durch einen Schiedsrichter und eines Spiels, das nicht durch einen Schiedsrichter geleitet wird, bewußt zu machen und damit diese unterschiedlichen Formen zur bewußten sozialen Erfahrung des Schülers" *(Pilz/Trebels* 1976, 145) werden zu lassen.

Die schwierige Aufgabe des Schiedsrichters besteht darin, sicherzu-
stellen, daß die Regeln beachtet und damit die Identität des Sports erhalten bleibt, ohne daß die Dynamik des Spielgeschehens dadurch allzu sehr
behindert wird. Aber es wird meist schwerfallen, die Leistungen des
Schiedsrichters selbst unparteiisch von außen zu beurteilen. Die individuellen selektiven und einseitig zentrierten Wahrnehmungen der Zuschauer,
aber auch die unterschiedlichen Erwartungen, wie die Spielleitung das
Spannungsverhältnis zwischen den Zwängen der institutionellen Ordnung
und der Dynamik der sozialen Praxis optimal reguliert, stehen dem entgegen.

7 Sport und Gesellschaften

Wenn die Öffentlichkeit durch gewalttätige Ausschreitungen randalierender Hooligans geschockt ist, wenn das harmonische Bild des Sports durch wilde Punks getrübt wird, wenn Doping-Skandale internationale Meisterschaften erschüttern, aber auch, wenn Spitzensportler exorbitant hohe Einkommen erzielen, dafür aber ihre Gesundheit aufs Spiel setzen, immer dann liest und hört man, der Sport sei eben doch nur ein Spiegelbild unserer Gesellschaft. Damit scheint nicht nur alles entschuldigt, sondern eben auch vieles erklärt. Wer die Logik der Gesellschaft durchschaut und die Gründe für vielerlei Auswüchse kennt, hat auch den Schlüssel zum Verständnis dessen in der Hand, was im Sport geschieht. Oder doch nicht?

Das Bild vom „Spiegel der Gesellschaft" ist eine der vielen häufig verwendeten Phrasen, mit denen nichts erklärt, aber viel verdeckt (und auch verdrängt) wird. Selbst wenn man im Bild bleibt – dieser Spiegel kann Hohlspiegel oder Zerrspiegel sein, aber auch eine der vielen anderen Formen haben, die wir im Spiegelkabinett auf den Jahrmärkten finden. Aber wie auch immer er geformt ist: Der Spiegel bildet nach physikalischen Gesetzen ab, was vor ihm steht. Aber wenn der Sport „nur" Spiegelbild der Gesellschaft ist, bedeutet dies letztlich, daß ernsthaft für jeden Rülpser im unpassenden Momenten „Gesellschaft" verantwortlich gemacht wird. Um wieviel komplizierter die Dinge sind, zeigte sich bereits bei der Darstellung der Probleme einer Soziologie des Sports (vgl. Kap. 2, S. 47–51): Dort wurden zwei unterschiedliche Blickwinkel erläutert, unter denen Sport betrachtet werden muß: Zum einen nach innen gerichtet, also auf seine institutionelle Ordnung, zum anderen nach außen, also auf die Verflechtungen von Gesellschaft – Sport – Gesellschaft. Damit wurde bereits deutlich, wie vielschichtig dieses Zusammenhänge sind. Dieses Kapitel nimmt nun diese zweite Perspektive ein, behandelt also verschiedene Aspekte des Zusammenhangs von Sport und Gesellschaft.

Ziel dieses Kapitels ist es, (1.) die vielfältigen Verflechtungen von Sport und Gesellschaft deutlich zu machen. Dabei soll (2.) gezeigt werden, daß der Sport zwar von der jeweiligen Verfassung der Gesellschaft geprägt wird, in der er sich entwickelt, daß aber die Verflechtung auf vielen Ebenen und in vielfältigen Austauschprozessen erfolgt, die selbst wieder institutionell geregelt sind, so daß jede „Abbildtheorie" verworfen werden muß.

7.1 Sport in vorindustriellen Gesellschaften

Grad sozialer Differenzierung

Verschiedene Gesellschaften lassen sich nach dem Grad sozialer Differenzierung ordnen, indem man von Gesellschaften geringer Differenzierung ausgeht und ermittelt, in welcher Form bei unterschiedlicher sozialer Differenzierung neue gesellschaftliche Tatbestände zentrale Bedeutung erlangen und die ursprünglichen Gegebenheiten verändern und überlagern. Dabei entstehen qualitative Brüche, die Gesellschaftstypen mit grundsätzlich verschiedener sozialer Organisation voneinander abgrenzen und für die sich die Bezeichnungen „archaische Gesellschaft", „hochkulturelle Gesellschaft" und „moderne Gesellschaft" eingebürgert haben *(Tenbruck 1972)*.

Soziale Differenzierung kann verstanden werden als eine Trennung von Individuum und System, dann eine Trennung von internen und externen Rollen. Durch sie werden die Rollen, die der einzelne in dem jeweiligen gesellschaftlichen Daseinsbereich einnimmt, von den übrigen Rollen abgegrenzt und in ihrer funktionalen Besonderheit definiert (vgl. *Schluchter* 1972; *Luhmann* 1972). Ausdifferenzierung ist eine Strategie zur Sicherung von interner und externer Arbeitsteilung und bestmöglicher Verwirklichung der gesetzten Ziele, um eine Leistungssteigerung dadurch zu erreichen, daß eine interne Organisation nach eigenen inneren Gesetzmäßigkeiten und sachlich gebotenen Notwendigkeiten möglich wird.

Zwei Beispiele können dies erläutern: Die Lebensbedingungen in vorindustriellen Gesellschaften waren meist geprägt durch das „ganze Haus". Dieses Bild bringt zum Ausdruck, daß unter einem Dach, unter dem die Familie lebte, eine Vielzahl von Funktionen zugleich erfüllt wurden: Kindererziehung, Kranken- und Altenfürsorge, soziale Sicherung, Arbeiten und Produktion, Kommunikation, soziale Integration und Geselligkeit, Freizeitgestaltung, Weitergabe der kulturellen Traditionen und des gesellschaftlichen Wissensbestandes. Mit der Entstehung der modernen Industriegesellschaft verliert das „ganze Haus" seine vielfältigen Funktionen: Die Arbeitsstätte wird in Fabriken verlagert und nach eigenen Sachnotwendigkeiten gestaltet; aus der Familie werden ökonomische, erzieherische, politische und wesentliche soziale Funktionen verdrängt, die nun ebenfalls in eigenständigen sozialen Systemen der Ausbildung, der sozialen Sicherung, der Altersfürsorge, der Kulturpflege usw. organisiert werden müssen.

Ein anderes Beispiel: Plätze, Wege und Höfe dienten früher nicht nur als Verkehrsadern zur Überwindung von Distanzen, sondern waren zugleich Spielplätze für die Kinder, Arbeits- und Handelsplätze, Erholungsort für die Familie, Freizeitraum für den Nachbarn, Stätte sozialer Begegnung, Medium sozialer Verbindung, Träger kommunaler Öffentlichkeit. Die spezifische Nutzung des öffentlichen Raums als Verkehrsader hat seine latenten Funktionen verdrängt. Sie fallen heute als zusätzliche und ihrerseits einzuplanende Bedürfnisse in neuer Form an, etwa als Spielplätze, Erholungsgebiete, Alten- und Jugendheime, Sportplätze, Ausflugslokale etc.

> Unter *vorindustriellen Gesellschaften* versteht man solche Gesellschaften, in denen einzelne Lebensbereiche und Funktionen noch nicht in eigenständigen, funktionsspezifisch organisierten Institutionen zusammengefaßt sind. Jeder gesellschaftliche Lebensbereich enthält alle Elemente, aus denen die Gesellschaft insgesamt zusammengesetzt ist. In einzelnen Institutionen sind familiäre und politische, religiöse und militärische Funktionen in verschiedenartigen Kombinationen miteinander verflochten.

Geringe soziale Differenzierung hat für die Einbindung des „Sports"[122] in seine jeweilige Gesellschaft folgende Konsequenzen:[123]

Institutionelle Verflechtung

Spiel und Sport sind in verschiedenartigen Kombinationen mit militärischen, politischen, religiösen und familiären Funktionen verflochten; sie sind oft organisatorisch verknüpft mit Festen, rituellen Handlungen, politischen Entscheidungen, militärischen Auseinandersetzungen. Für die Verflechtung von Mythos und Sport in einer Hochkultur liefert die Beschreibung des Ballspiels bei den Maja durch *Weis* (1976, 122) ein anschauliches Beispiel: „Tatsächlich hat im gesamten nordamerikanischen Raum das rituelle Ballspiel so grundsätzliche Probleme wie z. B. den Kampf des Lichtes gegen die Finsternis und des Tagesgestirns gegen das der Nacht dargestellt. Der Ball versinnbildlichte die Sonne, die nach in ganz Mittelamerika verbreiteter Ansicht den Bestand der Welt sicherte. Der Flug des Balls entsprach dem Lauf der Sonne, so durfte auch der Flug des Balls nicht unterbrochen werden. Entsprechend sind

---

[122] „Sport" muß in diesen Fällen in Parenthese geschrieben werden, um zum Ausdruck zu bringen, daß die in vorindustriellen Gesellschaften vorherrschenden Bewegungskulturen nicht mit dem Sport moderner Gesellschaften vergleichbar sind.

[123] Einen Versuch, soziale Differenzierung als ein Strukturmerkmal von Gesellschaften und die vorherrschenden Formen des Sports in Verbindung zu bringen, hat *Allardt* (1970) unternommen. Er klassifiziert Gesellschaften nach drei Merkmalen: (a) dem Grad der Arbeitsteilung; (b) der Stärke sozialer und politischer Zwänge; (c) der Härte im Gehorsamstraining während der Kindheit. Sportarten werden danach unterschieden, ob (a) die Sportart formalisierte Regeln hat oder nicht, ob sie (b) mehr körperliche Kraft als Technik erfordert oder umgekehrt, ob sie (c) als Mannschaftssportart oder als Individualsportart betrieben wird. Der Zusammenhang von nach diesen Merkmalen unterschiedenen Gesellschaften und verschiedenen Typen des Sports wird mit vier Hypothesen hergestellt: (1.) Je größer die Arbeitsteilung, desto formalisierter sind die Regeln der Sportarten; (2.) je stärker die sozialen und politischen Zwänge, desto wichtiger ist körperliche Kraft und desto unwichtiger ist technische Geschicklichkeit; (3.) je härter das Gehorsamstraining, desto aggressiver sind die Sportarten; (4.) je niedriger die Arbeitsteilung und je stärker die sozialen Zwänge, desto populärer sind Mannschaftssportarten; ebenso, je höher die Arbeitsteilung und je schwächer die sozialen Zwänge, desto populärer sind Individualsportarten.

die für jede Unterbrechung oder Bodenberührung erteilten Strafpunkte zu erklären. Das rituelle Ballspiel wurde so ernst genommen, daß zumindest manchmal die Verlierer oder ihr Mannschaftskapitän in der üblichen Art geopfert wurden, daß ihm bei lebendigem Leib die Brust geöffnet und das zuckende Herz den Göttern dargebracht wurde."

Dies ist ein Beispiel für die enge Verflechtung von Sport und Kultus, wie wir sie in vielen vorindustriellen Gesellschaften z. B. in Verbindung mit Opfern, Initiationsriten, Fruchtbarkeitszauber antreffen. Dies bedeutet jedoch nicht notwendigerweise, daß Leibesübung kultischen Ursprung hat. Die Bedeutung von Magie, Ritual und Kultus (nicht nur in Spiel und Sport archaischer Gesellschaften) bewirkt vielmehr, daß jeder Handlungsvollzug durch Kult legitimiert wurde, weiter, daß bei einer großen Abhängigkeit von überlegenen natürlichen und sozialen Zwängen, beim plötzlichen Hereinbrechen von Neuem, Unerhörtem, nie Dagewesenem, bei einer Ohnmacht gegenüber der Natur Riten, Kultus und Magie zu einer Strategie werden, um Unsicherheit und die Angst vor dem bedrohlichen Unbekannten zu meistern.

Aber Sport ist nicht nur mit Mythos und Kult verbunden, sondern zugleich mit anderen gesellschaftlichen Daseinsbereichen und Funktionen verflochten. Diese soziale Verflechtung stellt *Firth* am Beispiel des Speerspiels bei den Tikopiern heraus: „Die Mannschaft ist eine dauerhafte Institution mit einem Namen und einem bestimmten Platz in der Sozialorganisation, einem traditionellen Gegner und einer Vielzahl lokaler, historischer und mythologischer Assoziationen, die als stabilisierende Faktoren wirken. Das eben ist das grundlegende Charakteristikum des Spiels" (vgl. *Firth* 1976, 113). Beide Beispiele illustrieren die enge Abhängigkeit auch einzelner Regeln des Sports und der Organisation des Sports von den jeweiligen sozialen und mythologischen Gegebenheiten in vorindustriellen Gesellschaften.

Im Sport demonstrierte körperlicher Kraft war z. B. im antiken Griechenland ein hoher gesellschaftlicher Wert. Körperliche Tugenden hatten einen großen Einfluß auf das öffentliche Image eines Mannes, sie waren Voraussetzung für Führungspositionen, soziale Macht und hohen sozialen Rang. Wer seine physische Kraft, seine Wendigkeit, seinen Mut und seine Ausdauer im Wettkampf unter Beweis gestellt hat, dessen Aussichten waren groß, eine hohe soziale und politische Position zu erreichen. Das Äquivalent zu Sport, die „Körperkultur", war nicht so spezialisiert wie heute. In den Gesellschaften unserer Zeit ist der Boxer ein Spezialist. Wenden wir diesen Begriff auf diejenigen an, die in der Antike Ruhm als „Boxer" gewannen, so wird schon durch den bloßen Gebrauch dieses Begriffs eine ähnliche Vorstellung in uns wach. Tatsächlich aber hatten die Männer, die ihre physische Kraft, ihre Wendigkeit, ihren Mut und ihre Ausdauer durch Siege bei den großen Wettspielen und ganz besonders bei den berühmten Olympischen Spielen unter Beweis gestellt hatten, sehr gute Aussichten, eine hohe soziale und politische Position in ihrem Heimatort zu erreichen, sofern sie eine solche nicht schon innehatten *(Elias* 1975, 95 f.). Dies ist ein weiteres Beispiel für die hohe funktionale und institutionelle Verflechtung des Sports mit anderen gesellschaftlichen Daseinsbereichen.

Informelle Regelstruktur

Ein Vergleich der Regelstruktur von Spiel und Sport in vorindustriellen Gesellschaften mit der in modernen Gesellschaften zeigt (vgl. *Dunning* 1973, 215 f.), daß (a) Spiel und Sport in vorindustriellen Gesellschaften häufig nur eine informelle Organisation besitzen, die in der Regel nur auf lokaler Ebene, nicht aber auf nationalem oder gar auf internationalem Niveau zu einer Einheitlichkeit führt, (b) häufig nur einfache, ungeschriebene Regeln existieren, die mündlich überliefert sind und in der Anwendung relativ flexibel gehandhabt werden, jederzeit änderbar sind und immer wieder von neuem vereinbart werden können. So finden sich auch starke regionale Abweichungen z. B. in der Größe des Spielfeldes, der Bälle, der Spieldauer, der Zahl der Teilnehmer usw. Das Spiel selbst – sofern es sich um Mannschaftssportarten handelt – kennt nur eine geringe Rollendifferenzierung zwischen den Spielern und auch nicht zwischen Spielern und Zuschauern (vgl. S. 132–133). Schließlich wird (c) das Verhalten der Sportler durch die Regelstruktur weniger weitgehend festgelegt. Spontaneität, geringe Beschränkungen des Spielgeschehens, dafür der Einsatz hoher körperlicher Kraft statt Geschicklichkeit und körperlicher Fertigkeit sind typisch.[124]

In welchem Umfang Sport und einzelne Sportarten organisiert und reglementiert sind, wie weit festgelegt wird, welche Techniken verboten, welche als Foul zu gelten haben, wie lange der Kampf dauern darf, welche Pausen einzulegen sind, wie weit es stärker auf physische Kraft, spontane Kampfleidenschaft und Ausdauer ankommt, ist in verschiedenen Phasen der gesellschaftlichen Entwicklung und in den verschiedenen Gesellschaften unterschiedlich festgelegt. Dies soll beispielhaft anhand eines Vergleichs der Regelstrukturen im Ringkampf, wie ihn *Elias* in seinem Aufsatz „Die Genese des Sports als soziologisches Problem" vorgenommen hat, illustriert werden. „Heutzutage ist diese Sportart in hohem Maße organisiert und reglementiert, und zwar unter Leitung einer internationalen Ringer-Föderation mit Sitz in der Schweiz. Den Olympischen Regeln vom Januar 1967 gemäß gelten im Freistilringen bestimmte Techniken wie Würgegriffe, Doppelnelson mit direktem Herunterdrücken oder mit Beineinsatz als Foul, Faustschläge, Tritte, Kopfschläge sind verboten. Der Kampf dauert nicht länger als 9 Minuten und geht über drei Runden von je 3 Minuten Dauer mit jeweils einminütiger Pause; er wird von einem Ringrichter, 3 Punktrichtern und einem Zeitnehmer kontrolliert". Der Ringkampf der griechischen Antike kennt dieses hohe Maß an Organisation und Reglementierung nicht. „Es gab zwar einen Richter, aber keinen Zeitnehmer und keine zeitliche Beschränkung. Der Kampf dauerte so lange, bis einer der Gegner aufgab. Gekämpft wurde nach überlieferten, nicht schriftlich fixierten, undifferenzierten und in der Anwendung wahrscheinlich flexiblen Regeln. Traditionsgemäß scheint Beißen und Augenauskratzen verboten gewesen zu sein. Doch bevor der Richter die Kontrahenten in der Hitze des Gefechts

---

[124] Die fehlende Trennung zwischen Sportraum und Zuschauerraum, wie sie in Kap. 3.3.2 (vgl. S. 133) erläutert wurde, ist ein weiteres Beispiel.

schließlich trennen konnte, war der Schaden vermutlich schon passiert ... Man unterschied auch nicht zwischen verschiedenen Gewichtsklassen, die einzige Unterscheidung war die zwischen Knaben und Männern" *(Elias* 1975, 89 f.).[125]

Konfigurationen

Ob im Sport eher eine kooperative, eine wettbewerbsbezogene oder eine individualistische Grundhaltung vorherrscht, welche Konstellation von W_1, KO_1, I_1 und K_1 (vgl. Abb. 11, S. 72) typischerweise realisiert wird, ist unter anderem kulturell bestimmt, und das heißt auch, daß dieselbe Sportart entsprechend unterschiedlich in verschiedenen Gesellschaften „ausgelegt" wird. In welchem Umfang diese Bausteine von kulturellen Faktoren abhängig sind, hat vor allem *Mead* (1937, 17) in einer umfangreichen Untersuchung über „Kooperation und Wettbewerb bei archaischen Völkern" – mit dem Ergebnis belegt, daß „Wettbewerbsorientierung und kooperatives Verhalten (...) entscheidend geprägt sind durch die umfassenden sozialen Gegebenheiten einer Gesellschaft (...) und keine Antwort des Organismus auf äußere kulturell nicht definierte Situationen darstellt".

Ein gutes Beispiel für die kulturell unterschiedliche Gewichtung von Kooperation und Individualismus liefert die Untersuchung von *Allison* (1982) über unterschiedliche Verhaltensweisen bei den Navajo-Indianern und weißen Nordamerikanern. In der Kultur der Navajos ist Individualismus ebenso verpönt wie das individuelle Verfolgen eigener Interessen auch auf Kosten anderer und das Herausstellen individueller Leistungen. Navajos schätzen eher die Einbindung in ein Kollektiv und die harmonische Kooperation. In der Schule, in der sie zusammen mit Anglo-Amerikanern auch im Sport unterrichtet wurden, gerieten sie schnell in Konflikt mit der dominanten amerikanischen Kultur. Sie mußten diesen Konflikt verarbeiten; vor allem aber mußten sie mit der Scham fertig werden, die sich bei ihnen entwickelte, als Fotos von einzelnen herausragenden Spielern öffentlich in der Schule ausgehängt wurden.

Die Untersuchungen von *Tindall* (1976, 346 f.; 283 f.) konnten zeigen, daß Schüler angloamerikanischer Eltern und Schüler aus Indianerreservaten, die an einer Schule in den Vereinigten Staaten gemeinsam im Sport unterrichtet wurden, folgende Unterschiede aufwiesen: Für die (in dem Untersuchungsbereich der Mormonensekte nahestehenden) Angloamerikaner bedeutet Sport in erster Linie Mannschaftskooperation: Angestrebt wird der Gruppen-

---

[125] *Elias* gibt für diese Unterschiede in der Sensibilität gegenüber körperlicher Gewalt zugleich eine soziologische Erklärung: Danach hängt der Grad der Sensibilität für einen aggressiven Sport u. a. vom Entwicklungsstand der staatlichen Organisation ab: Je weiter sich staatliche Organisation etabliert habe und je mehr Gewalt von darauf spezialisierten Institutionen ausgeübt würde, um so geringer würde körperliche Gewalt allgemein honoriert. Die staatlichen Organisationen seien jedoch in der Gesellschaft des alten Griechenland weniger entwickelt und fest verankert als in modernen Gesellschaften. Schutz des einzelnen lag zunächst in der Hand der Familien und Clans.

erfolg; der individuelle Status kann erst aus dem Gruppenerfolg abgeleitet werden; Gruppensolidarität und Loyalität werden in besonderem Maße honoriert. Demgegenüber liegt das Schwergewicht bei den Indianern auf individueller Strategie; Mannschaftskooperation spielt eine untergeordnete Rolle. So entwickeln sich Spielformen, die individuelle Taktik, Anstrengung und Fähigkeit besonders betonen. Gruppenerfolg leitet sich aus dem individuellen Erfolg ab; wenn die Mannschaft gewinnt, bedeutet dies noch keine Verbesserung des individuellen Status des einzelnen, die Teilnahme am Spiel ist der persönlichen Entscheidung des einzelnen überlassen.

Aus archaischen Gesellschaften wissen wir, daß Sport in sehr unterschiedlicher Form zum Teil mit einem ausgeprägten Wettkampfmodus, zum Teil ohne Wettkampfelemente durchgeführt wird. So wird z. B. von den Pueblo-Indianern berichtet, daß Wettläufe gänzlich ohne Wetten und ohne Verkündung eines Siegers stattfinden. Von den Dani wissen wir, daß sie keinen Wettbewerb kennen und daß es so gut wie nie einen Sieger gibt. Bei Spielen werden keine Punkte gezählt, und die Kinder haben meistens genug davon, bevor eine Seite gewinnt. Dieses Fehlen eines direkten Wettbewerbs findet sich genauso bei den Erwachsenen. Es gibt kaum einen Maßstab für Leistung oder Ziele und Titel, nach denen Männer streben können, Geschicklichkeit und Zusammenarbeit sind wichtiger als jede Art von Wettbewerb, und zwar im Spiel genauso wie im Leben *(Gardner/Heider* 1969, 65).

Sport und Identität

Zwar hat der Sport generell für die Identitätsbildung Bedeutung, aber diese Identitätsvermittlung erfolgt in vorindustriellen Gesellschaften nicht auf der Ebene der Identität des einzelnen, sondern in der Vermittlung von Gruppenidentität, der Identität eines Dorfes, eines Stammes. Mit Spiel und Sport können Gruppenidentität, Identität eines Dorfes oder eines Stammes usw. aufgebaut werden. Hohe soziale Identifikation und soziale Kontrolle, Öffentlichkeit allen Tuns, direkte Kommunikation und eine durch umfassende soziale Normen und Traditionen geprägte Einheitlichkeit des Denkens und Handelns prägen die Form des Zusammenlebens vor allem in archaischen Gesellschaften und in der Volkskultur hochkultureller Gesellschaften. Die Funktion der Dokumentation und Festlegung der Identität des Gruppenverbandes leistet der Sport in vorindustriellen Gesellschaften gerade dann, wenn er in vielfältiger Form mit verschiedenen gesellschaftlichen Daseinsbereichen, die das soziale Leben bestimmen, verflochten ist.

Auf dieser Grundlage stellt *Ashworth* fest: „Obschon Spiele in vorindustriellen Gesellschaften üblich waren und in nichtwestlichen Gesellschaften jetzt noch sind, unterscheiden sie sich von modernen westlichen Spielen darin, daß es sich dabei nicht um Experimente im wissenschaftlichen, positivistischen Sinn handelt. Im feudalistischen Europa hätten zwei Dörfer selbst dort gegeneinander ‚Fußball gespielt‘, wo der Austragungsort des Spiels immer der einen Partei gegenüber der anderen Vorteile verschafft hätte, z. B. lag ein Dorf vielleicht höher als das andere oder hatte mehr Reitpferde für die Spieler zur Verfügung. Auch die Gegenspieler hätten sich nicht um diesen Sachverhalt gekümmert. Nur der moderne Mensch löst sich aus seinem sozialen Zusammenhang und aus den Bedingungen, die sein Leben geformt haben, wie sie waren. Sie konnten sich nicht ohne das Dorf, das „bergan" oder „talwärts" lag, begreifen. Der moderne westliche Mensch kann dies und besteht sogar darauf, dies zu tun, bevor er überzeugt ist, daß ein legitimer Vergleich zwischen ihm und dem anderen gemacht worden ist. Das neuerliche Aufbegehren und Interesse bezüglich der Sauerstoffknappheit bei den Olympischen Spielen in Mexico ist ein Beweis hierfür. Zweifel kamen auf, ob die ‚Sieger' gewisser Wettläufe ‚wirklich' gewonnen hätten. Ähnlich würden feudalistische Spiele dem modernen Menschen ‚unfair' vorkommen. Jedoch hätten die Leute jener Zeit auf der Basis ihrer unterschiedlichen Erkenntnisregeln, nach denen legitim Identität produziert wurde, ein Reitpferd als ‚fair' gern gesehen, auch wenn nur einer Pferd und Rüstung besaß und der andere nicht" *(Ashworth* 1975, 56 f.).

Es ist nicht möglich, unser Verständnis von „Sport" ohne weiteres auf vorindustrielle Gesellschaften zu übertragen. Der Sport in diesen Gesellschaften bestand kaum als eigenständiges soziales System. Vielmehr war er funktionell und institutionell mit anderen gesellschaftlichen Daseinsbereichen verflochten; auch fehlte eine festgeschriebene, allseits anerkannte Regel- und Organisationsstruktur. Erst die Ausdifferenzierung des Sports und seine Konstituierung als eigenständiges soziales System ermöglicht es, diesen Sport nach eigenen Regeln so zu organisieren, daß ein zeit- und raumunabhängiger Leistungsvergleich unter den Bedingungen der Gleichheit möglich wird.

7.2 Die Entwicklung des modernen Sports als Prozeß sozialer Differenzierung

Moderne Gesellschaften entstehen u. a., indem eine Vielzahl von Funktionen in eigenständige soziale Systemen ausgelagert und dort erfüllt werden. Diesem Prozeß der Ausdifferenzierung unterliegt auch der Sport, und zwar auf folgenden Ebenen:[126]
1. *Ausdifferenzierung auf der kulturellen Ebene:* Diese Ausdifferenzierung bedeutet, daß nicht jede einzelne sportliche Handlung und auch nicht jede Sportart gesamtgesellschaftlich verantwortet und durch moralische und religiöse Orientierungen abgesichert werden müssen; es genügt, wenn das System als Ganzes abgedeckt und gesellschaftlich legitimiert ist. Der Sport gibt sich seine eigene Ideologie, Philosophie, Ethik und Rechtfertigung; er gibt sich einen Sinn; er setzt die Werte, denen er sich verpflichtet fühlt, bestimmt

---

[126] Dieser Prozeß der Ausdifferenzierung, der von *Cachay* (1988) mit äußerster Akribie nachgezeichnet wurde, kann hier nur mit wenigen Punkten angedeutet werden.

Zweck und Auftrag des Sports und des Sporttreibens und seine soziale Verantwortung und Selbstverpflichtung gegenüber „der" Gesellschaft. Legitimation und Stabilisierung des Sports durch eine gesamtgesellschaftliche Moral können durch eine im Rahmen sportlicher Regeln und Werthaltungen erfolgende bestmögliche Nutzung sportlicher Chancen ersetzt werden. Dies bedeutet zugleich, daß der Gegner nicht nach moralischen Kategorien bewertet werden muß und die Einstellungen nicht normativ, sondern nur noch kognitiv bestimmt sind: Leistungsfähigkeit und -erfolg werden zur Kenntnis genommen, ohne sie moralisch zu bewerten, Verlierer werden also (in der Regel) nicht „geopfert" (wie z. B. bei den Mayas; vgl. S. 265).

2. *Ausdifferenzierung auf der sozial-strukturellen Ebene:* Sport wird nach eigenen inneren Notwendigkeiten organisiert und nach nur für den Sport geltenden Normen geregelt. Es entsteht sein „Eigenweltcharakter" (vgl. Kap. 3.1, S. 57). Sport wird aus dem jeweiligen sozialen Zusammenhang und aus den Bedingungen, die das Leben des einzelnen geformt haben, herausgelöst, ist diesen gegenüber also neutral. Der einzelne Sportler ist nicht zugleich Nachbar, Vorgesetzter, Familienmitglied, Mitglied einer Kirche, einer ethnischen Gruppe, eben weil er in anderen Systemen nicht Sportler ist, sondern weil er diese anderen Rollen ausfüllt und weil seine sportliche Leistung nicht zugleich politische, religiöse, militärische und familiäre Funktionen erfüllt.

Das System Sport wird in seiner Funktionsfähigkeit und Leistung gegenüber Struktur und Veränderung anderer gesellschaftlicher Daseinsbereiche eigenständig. Wie die Wirtschaft funktioniert, ob die Familie intakt ist, welche ethischen Werte die Kirche vermittelt, ist – im Gegensatz zu vorindustriellen Gesellschaften – für die Funktionsfähigkeit des Sports im Prinzip ohne Bedeutung; denn nur der Sport gibt sich die Regeln, nach denen er praktiziert wird.

3. *Ausdifferenzierung auf der personalen Ebene:* Diese Ausdifferenzierung des Sports ändert zugleich die Anforderung, die an den Sportler gerichtet werden: Er begegnet im Sport Mitgliedern anderer sozialer Schichten, des anderen Geschlechts, anderer ethnischer Gruppen, Personen mit sehr verschiedenartigen beruflichen Stellungen, mit unterschiedlichen sozialen Positionen, denen wir im täglichen Leben nach den Prinzipien sozialer Ungleichheit gegenüberstehen, unter Gleichheitsregeln. So muß er sich von gewohnten sozialen Beziehungen und ihren Bewertungen lösen und sich in einer Form verhalten, die in der Alltagswirklichkeit unerwünscht oder sogar unterdrückt wird. Zugleich muß er im Sport nach Regeln handeln, die im Alltag nicht gelten – dies gilt etwa für die „Entkriminalisierung" des Sports (vgl. S. 182) ebenso wie für die Tatsache, daß Rücksichtnahme und Toleranzregeln, die im Alltag selbstverständlich sind, im sportlichen Wettkampf nicht gelten, ihn u. U. gar zerstören können. Auf personaler Ebene fordert also Ausdifferenzierung zum einen ein Vermögen der Abstraktion von den sozialen Bedingungen, die das Zusammenleben im Alltag bestimmen, zum anderen die Fähigkeit des Rollenwechsels und der Übernahme unterschiedlicher Rollenanforderungen in eigenständig organisierten Daseinsbereichen; man muß in der Lage sein, sich

in andere Situationen und in die Situation anderer hineinzuversetzen. Dies ist ein Erfordernis, das als Notwendigkeit der Steigerung von Empathie charakterisiert werden kann.

7.3 Austauschbeziehungen zwischen Sport und Gesellschaft

Autonomie und Austausch

Ausdifferenzierung und institutionelle Autonomie des Sports bedeuten nicht Autarkie, Unabhängigkeit und Isolation von anderen gesellschaftlichen Daseinsbereichen. Vielmehr besteht zwischen Sport und anderen Bereichen wie Wirtschaft, Familie, Politik, Erziehungssystem und Wissenschaft eine Vielzahl von Austauschbeziehungen, durch die der Sport auf der einen Seite vielfältige Leistungen und Beeinflussungen erfährt, für die er umgekehrt wiederum Leistungen zur Verfügung stellt.

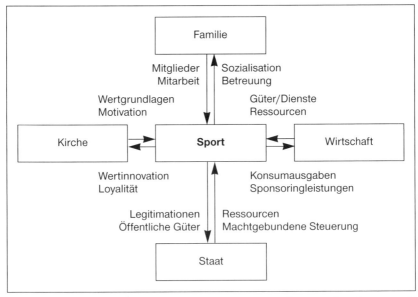

Abb. 33: Beispiele für Austauschbeziehungen zwischen Sport und anderen gesellschaftlichen Daseinsbereichen

Solche Austauschbeziehungen werden in Abbildung 33 an vier Beispielen illustriert. Sie ließen sich erweitern etwa auf „Sport und Schule", „Sport und Militär", „Sport und Gesundheitssystem", „Sport, Wissenschaft und Technik" etc. Einzelne Aspekte dieser Verflechtungen und Austauschbeziehungen wurden bereits erläutert – etwa das Verhältnis von Familie und Sport in Kap.

5.1 (S. 157), das Verhältnis von Sport und Religion (vgl. S. 219) oder im Kapitel 3.2 „Macht" (vgl. S. 112). Aber dies sind nur Bruchstücke; denn diese vielfältigen Austauschprozesse sind so umfangreich und kompliziert, daß sich daraus bereits eigene spezielle Disziplinen innerhalb der Sportforschung mit einer entsprechenden z. T. umfangreichen Literatur herausgebildet haben. Erwähnt seien „Ökonomie des Sports", „Sport und Politik" „Sport, Verein und Schule" oder Arbeiten zur wissenschaftlichen Beratung des Sports. Auf drei grundsätzliche Probleme wird in diesem Zusammenhang hingewiesen:

Typus der Beziehungen

Das Verhältnis zwischen Sport und anderen gesellschaftlichen Daseinsbereichen kann durch fünf verschiedene Typen sozialer Beziehungen geregelt sein, nämlich:

* *Transferbeziehungen,* die dadurch gekennzeichnet sind, daß materielle Leistungen – z. B. in Form von Geld (Subventionen, Steuereinnahmen, Konsumausgaben, Sponsorengelder), oder Zeit, (ehrenamtlicher Mitarbeit oder Humankapital z. B. Sportler, die durch die Familie eine Prägung in der Vorsozialisation erfahren haben) – fließen;
* *regulative Beziehungen,* die dann vorliegen, wenn die Verfassung einer Wirtschaftsordnung, gesetzliche Regelungen, die Ausgestaltung der Eigentumsrechte, Umweltschutzgesetze o. ä. regelnd und gestaltend in den Sport eingreifen bzw. umgekehrt der Sport erreichen kann, daß z. B. formale Qualifikationen für Übungsleiter/Trainer oder Sicherheitsvorschriften generell und nicht nur für den organisierten Sport verbindlich sind;
* *kooperative Beziehungen,* die dadurch gekennzeichnet sind, daß verschiedene Daseinsbereiche gemeinsame Interessen verfolgen und durchsetzen – so etwa, wenn Sportorganisationen und Gewerkschaften für eine Sicherung des Sports in den Berufsschulen kämpfen oder Sport und Kirche sich gegen die Wirtschaft für ein arbeitsfreies Wochenende einsetzen; verschiedene Verbände für (oder gegen) Umweltschutzmaßnahmen kämpfen;
* *ideologisch-wertorientierte Beziehungen,* die bestehen, wenn der Sport ideologische Rechtfertigungen, Fundierungen ethischer Grundwerte etwa von Staat oder Kirche erhält bzw. umgekehrt Denkmuster des Sports (Fairneß, Loyalität) in anderen Bereichen des Lebens Anerkennung finden;
* *funktionale Beziehungen,* die dann vorliegen, wenn ein Daseinsbereich Funktionen für einen anderen übernimmt, also die Aufgabe hat, zur Bewältigung von Problemen eines anderen Systems oder der Gesellschaft insgesamt beizutragen.[127]

Probleme der Abstimmung der Ansprüche verschiedener Daseinsbereiche

Bei der Regelung der Austauschbeziehungen geht es auch um Probleme der Abstimmung verschiedener, konkurrierender Ansprüche. Letztlich handelt

---

[127] Vgl. dazu die Erläuterungen sozialer Funktionen in Kap. 1.2, (S. 25–27).

es sich um die Regelung sozialer Konflikte. Dies soll an zwei Beispielen erläutert werden:

* *Koordination von Zeitansprüchen:* Zeitintensives Trainings- und Wettkampfprogramm führt zu Kollisionen mit konkurrierenden Ansprüchen der Zeitverwendung der Familie und den Erwartungen in bezug auf die schulische bzw. berufliche Ausbildung usw., der Wunsch nach sportlichen Erfolgen erschwert unter Umständen eine kontinuierliche berufliche Karriere und die Wahrnehmung anderer Freizeitangebote; eine starke Inanspruchnahme durch das Training führt unter Umständen zu Konflikten mit den Erziehungsvorstellungen von Elternhaus und Schule (vgl. *Neidhardt/Bette* 1978). Das System Sport muß also Mechanismen entwickeln, um eine Anpassung an die Anforderung der sozialen Umwelt und die verschiedenen Bezugsgruppen zu ermöglichen oder die entstehenden Konflikte und Spannungen einzugrenzen oder zu verringern. Drei unterschiedliche Lösungsmechanismen für dieses Abstimmungsproblem sind zu nennen: (1.) Vergrößerung der Autonomie, indem z. B. eine größere wirtschaftliche Unabhängigkeit durch verstärkte Eigenleistungen oder durch die Übernahme von Aufgaben, die bisher die Bezugsgruppe erfüllt hat, erfolgt. Beispiel für die eine Lösung ist der Verzicht des DSB auf die institutionelle Förderung durch den Staat und die Erhöhung der Mitgliederbeiträge; Beispiel für die zweite die Einrichtung von Sportinternaten, durch die die Autarkie des Sports vergrößert wird; (2.) interne Anpassung, also eine Verringerung des finanziellen Bedarfs, eine zeitsparende Organisation des Trainings, eine größere Anpassung des Trainings an den Zeithaushalt des Sportlers oder eine größere Effizienz des Trainings; (3.) Arrangement mit den Bezugsgruppen, indem man entweder Konzessionen mit den Anforderungen der Bezugsgruppe vereinbart oder – z. B. durch Appelle an die Solidarität – Leistungen der Bezugsgruppe erhält, ohne zu vergleichbaren Gegenleistungen genötigt zu sein.

* *Erhalt der Autonomie:* Der organisierte Sport muß daran interessiert sein, daß seine Autonomie im Interesse der Mitglieder unangetastet bleibt, der Staat daran, daß die Funktionen, um derentwillen er Subventionen gewährt, erfüllt werden. Solche Abstimmung ist gelungen, wenn die Autonomie der Partner erhalten bleibt. Das betrifft im engeren Sinne die Autonomie des Vereins als Organisation, im weiteren Sinne aber auch den eigenständigen Charakter des Vereins als freiwillige Vereinigung. Die Frage lautet also, ob der Verein durch externe Ressourcengeber seine Identität und d. h. auch seine Funktion verliert, Interessen seiner Mitglieder zu verfolgen. Ein hartes Kriterium für die Autonomie eines Vereins von einem externen Finanzier ist daher, ob der Verein/Verband ohne diese Finanzierung überleben kann, ob er auf die Finanzen verzichten, sie selbst ersetzen oder bei alternativen Gebern beschaffen kann *(Heinemann/Horch* 1991).
Aber auch der Verein/Verband verfügt über eine Vielzahl von Möglichkeiten, den Einfluß externer Geber abzublocken, auszugleichen oder zu begrenzen. Typisch für Vereine/Verbände dürften die Einflußmittel Sachinformation, Solidarität, Beziehungen zu Nichtmitgliedern und Bindung an die speziellen

Werte des organisierten Sports bzw. den Eigenwert der Art der Organisation sein, für den Konzepte wie Subsidiarität, Selbstbestimmung, Altruismus, Dezentralisierung, Pluralismus usw. stehen. Wie groß der Einfluß des organisierten Sports im Vergleich zu dem des externen Gebers ist, hängt von der Wichtigkeit der Funktionen ab, welche Sport bzw. Staat füreinander erfüllen und davon, welche alternativen Partner und funktionalen Äquivalente hierzu existieren.

Institutionalisierung der Austauschbeziehungen

Die beschriebenen Austauschbeziehungen sind nicht zufällig, sondern unerläßlich für den Erhalt der Funktionsfähigkeit der jeweiligen sozialen Systeme; es handelt sich daher auch nicht um Beziehungen zwischen Personen, sondern um eine Kommunikation zwischen Systemen mit unterschiedlichen Organisationsformen, Funktionsweisen und Aufgaben. Deshalb ist meist die Regelung solcher Austauschbeziehungen selbst wieder institutionalisiert. Eine solche Institutionalisierung kann etwa über personelle Verflechtungen erfolgen – typisch dafür ist das Bundesinstitut für Sportwissenschaft, in dessen Gremien der DSB laut Satzung Mitglieder entsendet – oder durch gemeinsame Koordinationsgremien – typisch dafür ist die frühere Deutsche Sportkonferenz (DSK), in der Vertreter des organisierten Sports und des öffentlichen Sektors vertreten sind und die der Abstimmung von öffentlicher und privater Sportpolitik dienen soll.

Das System „Sport" befindet sich in einem vielschichtigen Spannungsverhältnis zwischen Autonomie und Umweltabhängigkeit: Ausdifferenzierung bedeutet zwar, daß es seine Angelegenheiten eigenständig regelt und legitimiert. Aber seine Ziele kann es nur verwirklichen, wenn es Leistungen von außen erhält und dafür anderen Daseinsbereichen Leistungen zur Verfügung stellt. Diese Austauschbeziehungen müssen selbst wieder eigenständig geregelt werden, und zwar nicht als Beziehung zwischen Personen, sondern als Überschreiten von Grenzen zwischen sozialen Systemen.

Die Metapher von den Austauschverhältnissen assoziiert ein zu schematisches, durch ökonomisches Denken angeregtes Bild. Daß diese Verflechtungen von Sport und Gesellschaft weiter und tiefer reichen, wird in den beiden folgenden Kapiteln gezeigt.

7.4 Die Vergesellschaftung des Sports

In vielen Büchern über die Entstehung des modernen Sports wird behauptet, „Sport" sei ein englischer Begriff, weil dieser Sport seinen Ursprung in England hatte. Dieser Begriff „Sport" wird von den meisten europäischen Sprachen – mit gelegentlich lokalen Modifizierungen wie etwa „deporte" in Spanien – übernommen. Folgen wir dieser Interpretation, so hat im vorigen

Jahrhundert eine Kolonialisierung Kontinentaleuropas durch den englischen Sport stattgefunden. Zwar habe es vor allem in Deutschland Zellen der Resistenz gegen eine solche Kolonialisierung gegeben. Diese konnten aber dann doch gebrochen werden *(Guttmann* 1994). Nach dieser These können wir davon ausgehen, daß sich letztlich in allen Gesellschaften ein einheitliches Bild des Sports entwickelt hat, dem dieses „Urmodell" des englischen Sports zugrunde liegt. Eine auf die jeweiligen Gesellschaften bezogene Analyse des Sports würde sich demnach erübrigen. Oder doch nicht?

Ziel dieses Kapitel ist es, (1.) zu zeigen, daß sich Sport in den verschiedenen Ländern nicht allein aus dem Modell des englischen Sports entwickelt hat, sondern in vielfältigen Prozessen der Vergesellschaftung unterschiedlicher Grundideen des Sports sich in jeder Gesellschaft eine eigenständige Sportkultur gebildet hat; (2.) wird an Beispielen belegt, daß diese Sportkulturen trotz aller Globalisierungstendenzen weiterhin bestehen.

Globalisierung

Globalisierung ist wohl die am häufigsten verwendete Metapher, mit der die tiefgreifenden Veränderungen in modernen Gesellschaften der letzten Jahre gekennzeichnet werden. Angesprochen werden damit in erster Linie die Konsequenzen aus der Tatsache, daß „durchlässige Gesellschaften, frei zugängliche Märkte und flexible institutionelle Strukturen zu den wichtigsten Voraussetzungen wirtschaftlichen Erfolgs" gehören *(Olson* 1985).

Globalisierung meint zunächst die steigende Durchlässigkeit politischer Grenzen und die Entwicklung frei zugänglicher Märkte für Kapital, Produkte, Arbeitskräfte und Ideen und damit die Angleichungen der industriellen Arbeitsbedingungen und des Wohlstandes; daraus folgt, daß sich Lebensverhältnisse, Lebensstile, Konsumgewohnheiten und Freizeitmuster der Menschen in den verschiedensten Gesellschaften immer mehr aneinander anpassen; kulturelle Unterschiede werden abgeschliffen, bis wir schließlich in einer einheitlichen Weltgesellschaft leben.[128]

Nun wird behauptet, daß diese Globalisierung auch die Entwicklung des Sports bestimmt, und zwar in zweifacher Hinsicht: Sport ist immer schon ein globales Phänomen, weil

---

[128] In welchem Umfang bereits eine Angleichung von Lebensstilen und Konsumgewohnheiten erfolgt sei, glaubt *Ohamae* (1985) in seiner Untersuchung über Homogenisierung der materiellen Zivilisation gezeigt zu haben. Die Unterschiede in Lebensgefühl, Konsumgewohnheiten, Freizeitverhalten, Zielen und Wünschen der jüngeren Generation in Nordamerika, Japan und Europa seien – so seine Befunde – geringer als die zwischen der jüngeren und älteren Generation in den jeweiligen Ländern; die „horizontale Lücke" zwischen den Ländern sei kleiner als die „vertikale Lücke" zwischen den Generationen.

- stets gleiche Sportarten überall auf der Welt nach gleichen Regeln ausgeübt werden;
- im Sport schon immer auf allen Ebenen internationale Wettkämpfe durchgeführt wurden, der Sport selbst Ausgangspunkt vielfältiger Kulturbegegnungen, zwischengesellschaftlichen Handelns, gegenseitiger Wahrnehmung und Orientierung war und ist und damit als Kristallisationspunkt für Integration und wechselseitige Übernahme von Kulturmustern wirkt;
- die nationalen Sportorganisationen ihren internationalen Verbänden die Aufgabe übertragen haben, Zusammenarbeit und Austausch zwischen den Sportlern, Mannschaften und Verbänden der verschiedenen Länder zu fördern und durch verbindliche Regeln zu erleichtern und so ein viele Gesellschaften und Staaten umfassendes und durchdringendes, relativ einheitliches Organisations-, Regel- und Wettkampfsystem entstanden ist.

Zusätzlich wirken auch im Sport die Kräfte einer Globalisierung: Die unbeschränkte, weltweite Übertragung von Sportveranstaltungen in den Massenmedien, die unbegrenzte Möglichkeit zu reisen und an allen Sportereignissen teilnehmen und überall selbst Sport ausüben zu können, vor allem auch die länderübergreifende Produktion und weltweite Distribution standardisierter, uniformer Sportartikel, weiter die stereotype Nutzung des Sports als Werbeträger durch multinationale Unternehmen, schließlich auch der internationale Arbeitsmarkt für Berufssportler – all dies führt auch zu einer weltweiten Vereinheitlichung des Sports und seiner Organisation.

Gesellschaft und Vergesellschaftung

Der Begriff *„Gesellschaft"* bezeichnet meist die für ein Land gemeinsam geltenden, kulturellen Werte und Leitvorstellungen, die Institutionalisierungen von Verhaltensformen und die Regelungen ihrer sozialen Kontrollen, die Ausgestaltung sozialer Grundformen des Zusammenlebens (etwa in Familien, Betrieben, Vereinen, staatlichen Institutionen), das Netzwerk der Organisationen und die schichtenspezifische Gliederung von Personengruppen. Zugleich ist Gesellschaft gekennzeichnet durch ein (Wir-)Gefühl, Gefühle der Zusammengehörigkeit und der sozialen Identität (oft als Nationalbewußtsein beschrieben). In diesem Sinne spricht man von der „deutschen", der „spanischen", der „französischen" etc. Gesellschaft. Dieser Gesellschaftsbegriff besitzt enge Konnotationen mit „Land", „Volk", „Staat" und „Nation".

Allerdings führt dieses Verständnis von Gesellschaft zu einer perspektivischen Verengung. Berücksichtigt werden lediglich die „Innenlagen" eines Landes; es wird ein „Ein-Gesellschafts-Modell" unterstellt. Damit werden die vielfältigen Prozesse der wechselseitigen Durchdringung, die stets zwischen den Gesellschaften erfolgen, übersehen; es bleiben die „Außenlagen" unberücksichtigt und damit jene querlaufenden Vergesellschaftungen, die sich aus vielfältigen, sich kreuzenden, komplementären oder konkurrierenden

Kulturkontakten entwickeln. „Gesellschaft" ist nie ein autonomes, separates Gebilde mit fest umrissenen Strukturen. Vielmehr ist von umfassenderen Vergesellschaftungskonzepten auszugehen. Die „Gesellschaft" eines Landes ist immer ein Element in einem umfangreicheren Beziehungs- und Kräftefeld, in dem die gesellschaftlichen Besonderheiten eines Landes als individuelle Ausprägungen inmitten großräumiger Formationen erscheinen *(Tenbruck 1992).*

Dieses Konzept der Vergesellschaftung steht im Widerspruch zu der erläuterten Idee der Globalisierung. Sie wird nämlich so verstanden, daß sich ein „Ein-Gesellschafts-Modell" in allen Ländern durchsetzt. Dies ist jedoch nicht der Fall. Vielmehr entstehen in dieser multikulturellen Verflechtung wiederum neue „Mehr-Gesellschafts-Modelle". Auch bei zunehmender Globalisierung behalten Gesellschaften ihr individuelles Profil, das sich aus der Vermengung von Innenlagen und Außenlagen immer wieder neu entwickelt.[129] Außenlagen werden immer selektiv adaptiert und in die bestehende Kultur eingepaßt.

So betrachtet ist „Globalisierung" ein Phänomen, das mindestens so alt ist wie die europäischen Kulturen – und auch diese Kulturen haben sich nicht autonom entwickelt, sondern sind erst im Austausch etwa mit den babylonischen, semitischen, ägyptischen und anderen Kulturen entstanden.[130] Es ist gerade das Besondere europäischer Kulturen, daß sie sich erst in der ständigen (durch Kriege, Handel, Bevölkerungswanderungen und Kulturaustausch forcierten) wechselseitigen Penetration, also aufgrund quer laufen-

---

[129] So ist schon gegenüber der allgemeinen Globalisierungsthese Skepsis geboten, wie folgende Überlegungen zeigen: Wir beobachten allenthalben auch in Europa ein Erstarken nationaler Kräfte oder zumindest doch die intensive Suche nach räumlich abgegrenzter kultureller Identität; nicht ohne Grund entstehen (nur scheinbar paradox) mit der europäischen Integration in vielen europäischen Ländern starke nationalistische und auch separatistische Bewegungen als Gegenreaktion auf einen (drohenden) Verlust kultureller, sozialer und ökonomischer Eigenständigkeit – und wie jüngste Beispiele zeigen, werden diese Konflikte oft mit äußerster Gewalt ausgetragen oder bergen ein beachtliches Spaltmaterial. Im kleinen Maßstab und nicht immer ganz so konfliktreich wiederholt sich jene Suche und Profilierung von Möglichkeiten nationaler und kultureller Identifikation auch in Europa, die *Huntington* (1993) im weltweiten Maßstab ausgemacht hat. *Huntington* macht darauf aufmerksam, daß die wesentlichen weltweiten Konflikte nach Beendigung des kalten Krieges nicht primär ideologisch und wirtschaftlich, sondern kulturell und zivilisatorisch begründet sind. Sie verlaufen vor allem zwischen der westlichen Zivilisation auf der einen Seite und den Kulturen des Islams und Konfuzianismus auf der anderen. Diese kulturellen und zivilisatorischen Spannungen greifen sogar tiefer als die wirtschaftlichen und ideologisch-politischen. Dabei sind es gerade jene Kräfte, die eine Globalisierung forcieren, die zugleich Sensibilität und Bewußtsein für kulturelle Unterschiede steigern und die dazu führen, daß das Bedürfnis, neue (nationale, religiöse und kulturelle) Identifikationsquellen zu suchen und zu profilieren, enorm ansteigt.

[130] Weder unser Zeitbewußtsein, noch unser Zahlensystem, noch unser Kalender sind europäisch/indogermanischen Ursprungs – und wer ist sich schon darüber im klaren, daß er beim Kartenspielen einen altägyptischen Kalender in der Hand hat?

der Vergesellschaftungen entwickelt haben – sich also als eine Mischung kulturell eigenständiger Identität und Übernahme fremder Kulturelemente darstellen.

Vergesellschaftungen des Sports

Der historische Prozeß der Vergesellschaftung des Sports in verschiedenen Ländern mit ihren je spezifischen sozialen, kulturellen, wirtschaftlichen und politischen Eigenheiten ist ein Paradebeispiel dieser querlaufenden Verflechtung von Innenlagen und Außenlagen. Auch der Sport als Teil einer jeden Gesellschaft entsteht aus dieser Verflechtung von Innenlagen, also der je spezifischen historisch gewachsenen Bewegungs- und Körperkultur – und Außenlagen, also der Übernahme und Adaptation von Elementen anderer Gesellschaften bzw. der Einbindung in übernationale (z. T. organisierte) Netzwerke. Erst aus der Kenntnis dieses Prozesses wird verständlich, was „Sport" in verschiedenen Gesellschaften bedeutet, welcher Sport wie betrieben wird, welche Funktionen er hat, wie er mit Staat und anderen gesellschaftlichen Daseinsbereichen verknüpft ist etc. Dies soll im folgenden begründet werden (vgl. dazu *Heinemann* 1998 b):

Wenn man die Entwicklung des Sports und die Sportkulturen in den verschiedenen europäischen Ländern angemessen beschreiben und erklären will, muß man davon ausgehen, daß sich der europäische Sport aus drei Quellen speist: Die erste Quelle ist der englische Sport. Er ist gekennzeichnet durch Leistungsvergleich im Wettkampf und durch das Streben nach Rekorden. Prinzip ist, daß zwei Parteien gegeneinander antreten; sie werden zu Beginn des Wettkampfes als gleich, am Ende aufgrund von Sieg und Niederlage als ungleich definiert. Die zweite Quelle ist das sich zeitgleich und in bewußter Abgrenzung zum englischen Sport entwickelnde „Turnen" in Deutschland, (vgl. S. 90). Die dritte Säule entstand in Schweden als schwedische Gymnastik. Diese schwedische Gymnastik ist am ehesten mit einem Maschinenmodell vergleichbar. Sie zerlegte die menschliche Bewegungen in Einzelkomponenten und forderte ihre stereotype Wiederholung zum Training einzelner Körperteile und Muskeln.

Aus diesen drei Quellen haben die verschiedenen Gesellschaften in unterschiedlicher Form geschöpft und ihr nationales Profil des Sports geformt. So wie man aus gleichen chemischen Elementen ganz unterschiedliche Substanzen bilden kann, sind in der nationalen Anpassung dieser Quellen des Sports eigene, nationale Sportkulturen entstanden. Dies soll an einigen Beispielen für einige Länder illustriert werden:

• In Frankreich hat es Mitte des vorigen Jahrhunderts vor allem im Süden eine Sportbewegung gegeben, die auf der Grundlage der schwedischen Gymnastik vor allem den traditionellen Sport modernisieren wollte. Diese Gymnastik wurde später Ausgangspunkt einer „Sport für alle"-Bewegung in Frankreich. Nach dem verlorenen Krieg gegen Deutschland 1871 wurde dann aber das deutsche Turnen propagiert, weil man meinte, die Deutschen hätten diesen Krieg gewonnen, da Turnen sie wehrtüchtiger gemacht hätte. Für eine erneute kriegerische Auseinandersetzung wollte

[handwritten margin notes: deutsche Orient. / Fechten Reiten / engl. orientiert]

[handwritten top note: nach Krieg 1871, wegen Niederlage]

man besser gerüstet sein. Der englische Sport war stets als anglophil eher negativ stigmatisiert.

- In Spanien hat es schon früh eine eigene „bodenständige" Bewegungskultur der „excursionistas" gegeben. Dabei ging es zum einen um die Pflege der Volkssportarten, zum andern um die Erschließung der Natur vor allem in Wandervereinen; schließlich spielten aristokratische Sportarten wie Fechten und Reiten eine bedeutsame Rolle. Die Wende kam, als die ersten Fabrikanten – in erster Linie der Textilindustrie – aus Katalonien ihre Söhne zur Ausbildung nach England schickten. Sie haben dann den englischen Sport und auch die Idee des demokratisch-ehrenamtlich geführten Vereins nach Spanien gebracht. Dieser Sport wurde als Form des demonstrativen Konsums einer neuen Bürgerschicht betrieben. So wollte man sich von der Volkskultur und von der Aristokratie abheben und ein neues Standesbewußtsein demonstrieren. Turnen und Gymnastik haben demgegenüber keine Rolle gespielt.

- In Italien war die Entwicklung des Sports Teil politischer Auseinandersetzung; Sport war und ist in Italien eine politische Arena: Der englische Sport wurde von jenen gefördert, die die politische Einheit Italiens 1861 herbeigeführt hatten. Hauptsächlich die liberale Mittelschicht förderte den englischen Sport; er entsprach dem angestrebten englischen parlamentarischen politischen System; mit ihm erhoffte man sich eine verbesserte Ausgangslage im Kampf um einen Ausbau des kolonialen Systems; man favorisierte Sportarten wie Reiten, Tennis und vor allem Fußball. Die Aristokratie, die sich für einen nationalistischen, militaristischen und autoritären Staat einsetzte, erwies sich als der besondere Förderer des „preußischen Paradigmas" des Sports, wie er im wesentlichen durch das Turnen inspiriert wurde.

- Belgien setzte demgegenüber vor allem auf die schwedische Gymnastik – was heute noch an der in größerer Zahl vorhandenen nach diesen Grundsätzen gebauten Gymnastikhallen zu erkennen ist, während englischer Sport und deutsches Turnen nur zögernd übernommen wurden.

Mit der „Konstruktion der nationalen Sportkultur" in einem Land verband sich zugleich der Wunsch nach nationaler Identifikation; sie war Teil eines „nation building". Darüber hinaus diente Sport der Förderung einer Gruppenidentität etwa von Arbeitern bzw. einer neu entstandenen Bürgerschicht. Die Nutzung der drei genannten Quellen war abhängig davon, wie Nationen sich bildeten, welche nationale Identität bereits bestand, wie sich soziale Klassen konstituierten und welche sozialen Spannungen und Konflikte zwischen ihnen existierten.

Ursachen der Vergesellschaftung des Sports

Mit dem Sport und seiner Organisation erhalten wir ein anschauliches Beispiel für jene allgemein gekennzeichneten querlaufenden Vergesellschaftungen, die sich in einem dreiseitigen Kräfteverhältnis vollziehen: Politische Grenzen können immer leichter durchquert werden als kulturelle. Nicht, daß sie nicht auch durchlässig sind. Aber kulturelle Eigenheiten wirken – um mit Max *Weber* zu sprechen – als „Weichensteller" einer selektiven Aufnahme und kulturspezifischen Umformung. „Interessen (materielle und ideelle) nicht: Ideen beherrschen unmittelbar das Handeln der Menschen. Aber die ‚Weltbilder' welche durch Ideen geschaffen wurden, haben oft als Weichensteller die Bahnen bestimmt, in denen die Dynamik der Interessen das Handeln fortbewegt" (M. *Weber* 1956, 252).[131] Dies bedeutet: Allgemeine Wertorientierungen, wie sie von M. *Weber* im Protestantismus identifiziert wurden, werden in je unterschiedliche Formen des Sports gegossen, aus denen dann jedes Land in selektiver Übernahme und Mischung seine je eigene Sportkultur formte.

Deshalb kann festgehalten werden: Globalisierung bedeutet nicht die Entstehung eines „Ein-Gesellschafts-Modells", auch nicht im Sport, sondern die (Weiter-)Entwicklung je eigenständiger Sportkulturen in einer Fülle sich kreuzender, komplementärer und auch konkurrierender Prozesse der Vergesellschaftung.

Es kann an dieser Stelle kein theoretisches Konzept einer solchen länderumspannenden Vergesellschaftung des Sports entworfen werden. Aber Fragen, die mit einem solchen theoretischen Konzept zu beantworten wären, werden sichtbar: Wie wirken die kulturellen und sozialen Eigenheiten eines Landes auf die kulturspezifische Vergesellschaftung des Sports? Welche Ideen, Wertorientierungen und Weltbilder fördern diese Vergesellschaftung? Welche Bilder des Sports entstehen im Prozeß querlaufender Vergesellschaftung und wechselseitiger Penetration?

Zur Beantwortung solcher Fragen ist zunächst auf die landschaftliche und klimatische Vielfalt des europäischen Raums hinzuweisen, die immer schon die Entstehung regionaler Besonderheiten und Spezialisierungen begünstigt hat. Weiter zu bedenken sind Rechts- und Organisationsstrukturen als institutionelle Verfestigungen von Ideen. „Am zugänglichsten sind solche Ideen, die eine dogmatische oder rechtliche Konkretion erfahren, also Ideen in sozial verfaßten (...) Verbänden und im Rechtssystem" *(Lepsius* 1990, 32). Man kann damit zum einen konstatieren, daß sich in der Organisation des Sports die politische Struktur eines Landes widerspiegelt.[132] Aber diese einfache Abbildtheorie reicht keinesfalls aus, um die organisatorischen Besonderheiten des jeweiligen Landes angemessen erfassen zu können. Dazu ein Beispiel: Obwohl die drei westeuropäischen Länder, die eine Diktatur erlebt haben – nämlich Italien, Spanien und Deutschland – nach der Diktatur dem Sport jeweils eine neue organisatorische Verfassung gaben, haben sie in unterschiedlicher Form aus den Erfahrungen der Diktatur gelernt: Deutschland etwa, in dem es zwar dem föderalen Aufbau des Landes folgte, aber dennoch eine vom Staat organisatorisch und finanziell unabhängige Organisation mit

---

[131] Ähnliche Vorstellungen entwickelt *Zündorf* (1994) für wirtschaftliche Verflechtungen im Anschluß an *Lepsius* (1990).

[132] Ich denke etwa an den föderativen und zugleich autonomen Aufbau des organisierten Sports in Deutschland und die staatlich hegemonistische Sportverfassung in Spanien.

dem Dachverband des DSB aufbaute; gleichzeitig erfolgte eine Trennung des DSB von dem für die Olympischen Sportarten zuständigen Nationalen Olympischen Komitee. Italien, das die unter der Mussolini-Diktatur geschaffene, semi-staatliche Organisation (CONI) des Sports beibehielt und gleichzeitig Sport-organisation und Olympisches Komitee unter einem Dach belieẞ; daneben hat Uisp (die italienische „Sport-für-alle-Organisation") mit starker Bindung an linke politische Parteien stärker die Verantwortung für einen Freizeitsport für alle übernommen. Auch Spanien hat die Erfahrung einer Diktatur gemacht; die Franco-Diktatur hat jedoch den Sport nicht radikal mißbraucht und politisch instrumentalisiert, wie dies etwa durch die Hitler-Diktatur in Deutschland der Fall war. So war generell die Kritik an der Franco-Diktatur nicht, daß der Staat zu großen Einfluß genommen hatte, sondern, daß dieser Einfluß nicht effizient genug gestaltet wurde. Nach dem Tod Francos ging es also weniger um einen Rückzug des Staates aus dem Sport, sondern um eine wirkungsvollere Gestaltung seines Einflusses. So war auch nach der Franco-Diktatur im Übergang zur demokratischen Rechtsordnung das Leitbild einer sozialen Hegemonie des Staates bestimmend. Im Gegensatz zu Deutschland mit seinem Ideal der Autonomie des Sports ist Spanien zumindest in den ersten Jahren nach Franco durch die Vorstellung eines weitreichenden Interventionismus geprägt.

Man kann nicht von einem einheitlichen, in sich geschlossenen Bild des Sports in Europa ausgehen. Vielmehr hat sich in jedem Land eine eigene Sportkultur herausgebildet, in der sich Elemente der drei Säulen des modernen Sports – das deutsche Turnen, der englische Sport, die schwedische Gymnastik – ebenso wie die kulturellen, institutionellen und politischen Eigenheiten eines Landes miteinander vermengen. Auch auf längere Sicht werden diese kulturellen Eigenheiten erhalten bleiben.

7.5 Sport in der modernen Gesellschaft

Wenn man hört, wie Soziologen versuchen, das Charakteristische unserer Gesellschaften auf einen Begriff zu bringen, ist oft Verwirrung die Folge: „Spätindustrielle Gesellschaft" meinen die einen, von „Leistungsgesellschaft" sprechen die anderen; andere setzen auf „postmaterielle Gesellschaft"; „Erlebnisgesellschaft" wird als Gegenangebot gemacht; „Risikogesellschaft" wird zu einem weiteren Schlüsselbegriff erkoren; aber auch von „spätkapitalistischer Gesellschaft", von „Wohlstandsgesellschaft", „pluralistischer Gesellschaft", „postmoderner Gesellschaft", „nivellierter Mittelstandsgesellschaft" oder „Massengesellschaft" wird gesprochen. Offenkundig herrscht babylonische Soziologenverwirrung.

Wir müssen jedoch bedenken, daß jeder dieser Begriffe eine bestimmte Perspektive der Betrachtung und der Rekonstruktion der gesellschaftlichen Wirklichkeit bezeichnet – gleichsam verschiedene, von Soziologen erstellte Röntgenaufnahmen, die das je Unterschiedliche dieser Gesellschaft auf immer wieder neuen Folien abbilden. In jeder dieser Rekonstruktionen erscheint auch der Sport in einer je unterschiedlichen Perspektive. Es gibt also nicht *das* Verhältnis von Sport und Gesellschaft; vielmehr werden unterschiedliche Verflechtungen von Sport und Gesellschaft sichtbar, je nachdem, auf welche Folie der Rekonstruktion von Gesellschaft man sich bezieht. Dies soll an einigen Beispielen deutlich gemacht werden:

Ziel dieses Kapitels ist es zu zeigen, daß unter den verschiedenen Perspektiven, unter denen Soziologen das Typische moderner Gesellschaften rekonstruieren, zugleich einzelne Besonderheiten des Sports und seiner Entwicklung verständlich werden. Es zeigt sich, das es nicht „das" Verhältnis von Sport und Gesellschaft gibt, sondern daß wir dieses Verhältnis nur in den unterschiedlichen Rekonstruktionen von Gesellschaft beschreiben können, die uns Soziologen liefern.

Spätindustrielle Gesellschaft

Unter *industrieller Gesellschaft* versteht man eine Gesellschaft, in der alle Lebensbereiche, wie z. B. Familie, Freizeitgestaltung, Lebensstile, Konsumverhalten, Ausbildung, durch die Art hochtechnisierter Massenproduktion von Gütern und Diensten in Fabriken und bürokratisch strukturierten Betrieben und Verwaltungen geprägt werden. „Spät" meint dabei, daß diese Produktion zunehmend automatisiert erfolgt und sich eine Verlagerung der Produktion von Gütern zu einer Erstellung von Dienstleistungen vollzieht. Dies führt zugleich zu einer Steigerung der Bedeutung technischer Intelligenz und wissenschaftlicher Kompetenz.

Die ersten Soziologen, die sich mit Sport befaßten, gingen davon aus, daß die Arbeits- und Lebensbedingungen der Industriegesellschaft auch die Entwicklung des Sports und das Sportengagement mitbestimmten (vgl. S. 39–41). Mit der Veränderung der Formen und Bedingungen industrieller Produktion in einer spätindustriellen Gesellschaft löst sich dieser Zusammenhang zwischen Lebensweise und industrieller Produktion zwar auf; aber dies bedeutet nicht, daß die Organisation von Arbeit und Beruf nicht weiterhin auf die Lebensgestaltung des einzelnen und damit auch auf seine Freizeit und seinen Sport ausstrahlt. Dies soll am Beispiel einer neuen Zeitkultur, der das Leben unterworfen ist, begründet werden. Die damit angesprochenen Zusammenhänge illustriert Abb. 35:

1. *Veränderungen in der Zeitsouveränität:* Zeitsouveränität bedeutet Entscheidungsfreiheit (a) über den Umfang der Zeit, den man für eine Aktivität (Arbeit, Freizeit mit der großen Zahl verfügbarer Optionen) verwenden will und (b), wann auf der Zeitachse man diese jeweilige Aktivität ausüben möchte. Der Wert der Zeit ist um so größer, je flexibler man über diese beiden Tatbestände entscheiden und damit seine Zeit der Zeitstruktur der Verwendungsalternativen anpassen kann. Je größer die eigene Zeitsouveränität und je größer die Zeitsouveränität der Partner, mit denen zusammen man

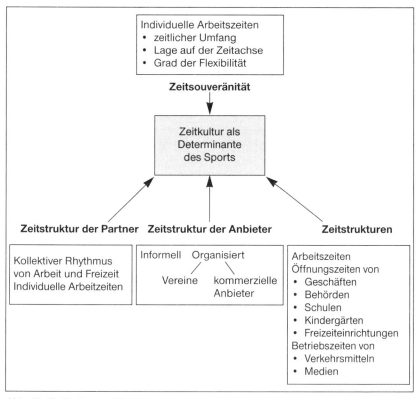

Abb. 35: Zeitkultur und Sportengagement

seine Zeit verbringen möchte, um so größer ist die Chance, die vielfältigen Optionen, die in festen, z. T. sozial normierten Zeitblöcken angeboten werden, auch wahrzunehmen.

2. *Zeitstrukturen:* Die hohe Standardisierung des Arbeits- und Freizeitrhythmus bis in die 80er Jahre hinein war wichtige Voraussetzung für gemeinsames Sporttreiben und Vereinsengagement, denn nur so wurde erreicht, daß alle gleichzeitig Zeit dafür hatten. Es sind nun Veränderungen zu konstatieren, die zu einer deutlichen Einschränkung der Zeitsouveränität und damit des Wertes der (freien) Zeit führen können. Je mehr die Zeitstruktur durch flexible Arbeitszeiten, Feierabend, Urlaubszeiten, Schulferien, Öffnungszeiten von Behörden und Geschäften oder durch die Verpflichtungen im Haushalt geprägt ist, je geringer also die Zeitsouveränität ist, um so geringer ist der individuelle Wohlfahrtswert der Zeit. Je geringer die Zeitsouveränität, um so schwieriger wird es, sich der Zeitstruktur der Anbieter und derjenigen, mit denen man Sport treiben möchte, anzupassen. Schichtarbeiter haben bekanntermaßen beson-

dere Schwierigkeiten.[133] Die allenthalben angestrebte Flexibilisierung der Arbeitszeit wird diese Probleme für viele vergrößern. Stückelung und Lage der freien Zeit werden zunehmend durch wirtschaftliche Zwänge – z. B. durch Maschinenlaufzeiten, Marktlagen und Steuergesetzgebung – bestimmt. Eine durch ökonomische Erfordernisse diktierte „Zeitpolitik" verringert zunehmend für viele die Zeitsouveränität und damit den Wert der Zeit, selbst wenn man in der Summe mehr Freizeit hat. Es wird immer schwerer, gemeinsam mit anderen fest kalkulierbar etwas zu unternehmen.[134]

Fehlt diese Zeitsouveränität, muß man u. U. Engpässe (Warteschlangen, Verkehrsstauungen) oder knappheitsbedingte Mehrkosten (Saisonzuschläge) in Kauf nehmen oder gar damit rechnen, daß dann, wenn man freie Zeit hat, das gewünschte Angebot bzw. die gewünschten oder benötigten Partner nicht zur Verfügung stehen *(Offe/Heinze* 1990, 40). So kann etwa auch die sog. Sozialzeit, also jene Zeit, die man mit anderen verbringen kann, abnehmen, die Singulärzeit, also die Zeit, die man allein verbringt, zunehmen.

Eine Verkürzung der Arbeitszeit führt daher nicht notwendigerweise zu einer Verbesserung der Chancen, Sport zu treiben, wenn die zusätzliche Zeit nicht mit einer entsprechenden Verfügbarkeit über Lage und Verteilung der erwerbsfreien Zeit verbunden ist bzw. die freie Zeit nicht mit der Zeitstruktur der Anbieter oder derjenigen, mit denen man Sport treiben möchte, kompatibel ist. So machen *Offe/Heinze* (1990, 41) darauf aufmerksam, daß auf der einen Seite hoher sozialer Status und lange Arbeitszeiten verbunden jedoch mit einer größeren Kontrolle über deren Lage und Verteilung, also weniger freie Zeit, aber zugleich hohe Zeitsouveränität, oft zusammenfallen, während auf der anderen Seite viele Arbeitnehmer zwar über relativ viel freie Zeit verfügen, diese jedoch „zugeteilt" bekommen und dies u. U. auch zu Zeiten und in Stückelungen, die lediglich wenig(er) attraktive Verwendungsmöglichkeiten zulassen.

3. *Zeitstruktur und Familienorganisation:* Zeitsouveränität kann sich aus einer innerfamiliären Arbeitsteilung ergeben. Traditionell übernahmen Frauen in der Familie eher Arbeiten, die in ihrem Zeitrhythmus schwerer zu kalkulieren waren bzw. nur einen geringen zeitlichen Dispositionsspielraum beließen. Damit aber wurde dem Mann in der Familie der „Rücken freigehalten", also eine größere Zeitsouveränität ermöglicht, um z. B. regelmäßig Sport zu treiben oder sich ehrenamtlich zu engagieren. Diese innerfamiliäre Arbeitsteilung wird (schon aufgrund der steigenden Erwerbstätigkeit der Frauen) durch zunehmend gleiche Pflichten und Rechte der Partner abgelöst, und damit ändern sich auch Voraussetzungen für Sport und Vereinsarbeit.

Vermutlich ist die gestiegene Nachfrage nach informellen Formen des Sporttreibens und vor allem auch der Erfolg kommerzieller Sportanbieter u. a.

---

[133] Nicht zufällig ist im Ruhrgebiet mit einem hohen Anteil von Schichtarbeitern Taubenzucht eines der beliebtesten Hobbys, weil man damit weitgehend unabhängig von der gesellschaftlichen Tagesordnung und der Zeitordnung anderer wird.

[134] Daß dies kein marginales Problem ist, zeigt die Tatsache, daß immerhin 76% der Beschäftigten eine von der Norm abweichende Arbeitszeit haben *(Garhammer* 1994).

darauf zurückzuführen, daß dort der Koordinationsbedarf in diesen Dimensionen vergleichsweise gering ist und sich somit Sport flexibler in die Tagesplanung des einzelnen einbinden läßt. Dies zeigte sich z. B. in der Untersuchung über kommerzielle Sportanbieter *(Dietrich/Heinemann/Schubert* 1990), in der sich ergab, daß die besondere Attraktivität dieses Angebots vor allem für Frauen auf diesen geringen Koordinationsbedarf zurückzuführen ist.

In dem Maß, in dem die Zeitsouveränität eingeschränkt wird, verstärkt sich eine Tendenz zu individualisierten Konsum- und Freizeitformen. Man praktiziert mehr Sportarten, bei denen eine geringere Zeitkoordination mit anderen nötig ist – also z. B. Individualsportarten –, man bevorzugt Sportanbieter, die keine starren Angebotszeiten haben – also erwerbswirtschaftliche Anbieter oder informelles Sporttreiben –, und man wird ein ehrenamtliches Engagement mit zeitlicher Dauerbindung eher meiden.

Postmaterielle Gesellschaft

Eine *postmaterielle Gesellschaft* ist dadurch gekennzeichnet, daß Beruf und Arbeit nicht mehr vorrangig und sinnstiftend für die Lebensgestaltung des einzelnen sind; das Streben nach materieller Sicherheit verliert an Bedeutung. Langfristige Leistungs- und Erfolgsorientierung wird abgelöst durch den Wunsch, gegenwartsbezogene Bedürfnisse und Emotionen auszuleben und die Lebensqualität unabhängig von steigendem Wohlstand zu erhöhen.

Dieses Bild einer postmateriellen Gesellschaft ist erstmals von *Ingelhard* (1977) auf der Grundlage einer empirischen Untersuchung über den Wertewandel entworfen worden. *Ingelhard* fand heraus, daß die traditionellen Arbeitswerte wie berufliches Leistungsstreben, Fleiß, Disziplin, langfristige Lebensplanung zunehmend an Bedeutung verlieren und abgelöst werden durch den Wunsch nach Selbstverwirklichung, Ungebundenheit, Lebensgenuß und Selbstbestimmung. Die konventionelle Leistungsethik verliert an Einfluß, man orientiert sich zunehmend an Wertemustern, deren Bezugspunkte außerhalb der Arbeitswelt liegen *(Digel* 1986, 20). Diese These ist nicht unumstritten geblieben. Zwar hat man in anderen Untersuchungen zum Wertewandel (vgl. z. B. Klages 1981) eine Auflösung traditioneller Werthaltungen konstatiert, nicht jedoch, daß diese durchgängig durch eine neue, postmaterielle Lebensorientierung ersetzt werden.

Das Bild der Werte und Lebensorientierungen wird eher widersprüchlich und uneinheitlich: Auf dem Hintergrund der Ausweitung der individuellen Dispositionsspielräume vollziehen sich Entwicklungen, die mit den Begriffen Individualisierung und Differenzierung der Lebensstile beschrieben werden können. Gesellschaftlich vorgegebene Verhaltensmuster, oft an die Zugehörigkeit an eine soziale Schicht, an eine berufliche Gruppe, an Merkmale des Geschlechts und des Alters geknüpft, verlieren an bindender Kraft; Religion,

Tradition, Familie und Beruf büßen ihre sinnstiftenden Funktionen ein. Dies führt zu vielfältigen Umbrüchen und Veränderungen der individuellen Lebenssituation. Der einzelne ist in der Ausgestaltung seines Lebens- und Statusentwurfs sehr viel stärker auf sich selber verwiesen, kann seine Identität nach eigenen Vorstellungen und Bedürfnissen entwickeln. Dies geschieht nicht unabhängig von anderen, aber eben auch nicht nach von außen vorgegebenen Verhaltensmustern und klassischen Sinnstiftungen. Sichtbar wird diese Entwicklung an pluralen und differenzierten Lebensstilen und Formen der Selbstwahrnehmung vor allem im Freizeitbereich, in dem eine durch möglichst vielfältige Erlebnisse und Erfahrungen gestützte Identität gesucht wird. Weil Daseinssicherung durch bürokratische Großorganisationen und durch den Stand der Gewohnheiten gewährleistet ist, wird eine Individualisierung der Lebensstile innerhalb dieses Standards möglich. Je mehr Dispositionsfreiheit dem einzelnen zur Verfügung steht, desto mehr steht – auch im Sport – der Wunsch nach einer Thematisierung der eigenen Bedürfnisse, der Verwirklichung eigener Vorstellungen, nach individueller Interessenverfolgung, Freiheit von Bindung und Verpflichtung, nach Spontaneität und Selbstentfaltung im Vordergrund.

Dies schließt nicht aus, daß traditionelle Leistungsethik und Erfolgsorientierung mit postmateriellen Lebensorientierungen nebeneinander bestehen, daß auch eine postmaterielle Gesellschaft zugleich Leistungsgesellschaft ist. Vor allem in der Arbeitswelt hat sich die Geltung des Leistungsprinzips eher noch verstärkt.

Leistungsgesellschaft bezeichnet eine Gesellschaft, in der die erbrachte Leistung gesellschaftliches Verteilungs- und Ordnungsprinzip ist. Gratifikationen werden entsprechend der jeweils erbrachten und bewerteten Leistung verteilt. Statuszuweisung, Prestige, Zugangschancen und damit die Gestaltung der sozialen Hierarchie innerhalb einer Gesellschaft oder einzelner gesellschaftlicher Daseinsbereiche erfolgen über die individuell erbrachte Leistung. Das Leistungsprinzip ist also ein Legitimationsbegriff, indem er soziale Ungleichheit aus formaler Gleichheit (jeder hat formal die gleichen Chancen) und individueller Freiheit (jeder hat alle Möglichkeiten) rechtfertigt.[135]

So wie die Wertorientierungen in modernen Gesellschaften ihr in sich geschlossenen Profil verlieren, löst sich die Einheitlichkeit des Sports auf. Die Darstellung der verschiedenen Modelle des Sports (vgl. S. 35–37) machte dies deutlich. Diese Auflösung zeigt sich darin, daß die Erscheinungsbilder des Sports ebenso wie die Motive, die zum Sporttreiben führen, in sich widersprüch-

---

[135] Dies kommt dann in Sprüchen zum Ausdruck wie: „Jeder ist seines Glückes Schmied" oder „Jeder hat den Marschallstab im Tornister"

lich werden. Wir finden einerseits den Wunsch nach Individualität und Selbstbestimmung, z. B. das Bedürfnis, Bedingungen, Formen und Zeitpunkt des
Sporttreibens selbst festzulegen; entsprechend steigt auch die Zahl der
„selbstbestimmten" Organisationsformen des Sports (Kneipenmannschaften,
„wilde Ligen" etc.). Andererseits nimmt auch die Bereitschaft zu, vorgeplante
und fest organisierte Sportangebote mit intensiver Anleitung, Ausbildung und
Animation wahrzunehmen. Man pflegt eine hohe Eigenständigkeit, Kreativität
und Originalität seines Sporttreibens; es steigt die Bedeutung von Spiel- und
Bewegungsformen, die nicht regelgebunden und wettkampforientiert sind und
damit außerhalb der traditionellen Sportartengliederung liegen. Diese Entwicklung zeigt sich besonders in den „never-never-games".[136] Aber es steigt ebenfalls die Bedeutung von Wettkampfsportarten, auch im Breitensport. Wir
stellen auch eine Zunahme von Bewegungs- und Spielformen fest, die der
Entspannung, Erholung und Ruhe dienen sollen. Zugleich aber steigt die
Bedeutung extremer Ausdauersportarten (Marathon, Triathlon, 100-km-Läufe),
aber auch von Krafttraining und harten Fitneßprogrammen. Einerseits haben
vielfältige, oft modischen Wellen folgende Sport- und Bewegungsformen
rapiden Zulauf: Spiel und Bewegungsformen aus anderen Kulturen – z. B.
Aikido, Tai-Chi, ostasiatische Kampfsportarten, Bauchtanz, Flamenco; Möglichkeiten einer intensiven Selbsterfahrung wie autogenes Training, Eutonie,
Eurythmie; die Einbeziehung alter Darstellungskünste in den Sport wie Akro-
batik, Jonglieren, Pantomime; die hohe Akzeptanz neuer Sportformen wie
Surfen, Windgliding, Beachball, Snowboardfahren oder Inlineskating sind
Beispiele für solche Entwicklungen. Andererseits aber erleben auch viele traditionelle Sportarten einen Boom – wie wir dies am Beispiel von Tennis, Segeln
und Golf sehen können.

   Sport bleibt eine leistungsorientierte und wettkampfbezogene Freizeitak-
tivität der Jugendlichen; aber zugleich wird er immer weniger mit dem Leitbild
des jugendlichen Menschen verbunden. Entspannung und Erleben, Körperformung und Fitneß treten in den Vordergrund. Es wird immer mehr einen
Freizeitsport für die Gruppe der „junggebliebenen Erwachsenen" geben, für
die bereits jetzt Sport zum selbstverständlichen Bestandteil der Lebensgestaltung geworden ist. Gerade diese Unübersichtlichkeit und Widersprüchlich-
keit ist das Spezifische der neuen Sportkultur; dabei ist es oft wahrscheinlich,
daß diese gegensätzlichen Formen des Sportengagements bei ein und demselben Sportler feststellbar sind.

---

[136] Damit sind Spiele gemeint, die aufgrund ihrer Regelungebundenheit, der geforderten Kreativität und Spontaneität der Bewegungsabläufe und des sozialen Be-
ziehungsnetzes nur einmalig vollzogen werden, also in der gleichen Form und vor
allem als Wettkampf nicht wiederholt werden können, die auch in bezug auf Sportstätten und Sportgeräte weniger stark gebunden sind, sich vielmehr in unterschiedlichen, nicht standardisierten Räumen mit immer wieder neuartigen Geräten
verwirklichen lassen und in denen die Rolle des Trainers eine Funktionsverlagerung
in Richtung auf den Animateur erfährt.

Wohlstandsgesellschaft

Eine *Wohlstandsgesellschaft* ist durch hohen wirtschaftlichen Lebensstandard, durch rasche Zunahme der Freizeit, Ausweitung der Ausbildungs- und Bildungsmöglichkeiten, Expansion der Vielfalt von Konsum- und Freizeitangeboten, Auflösen starrer biographischer Muster und damit durch eine permanente Steigerung von Möglichkeiten gekennzeichnet.

Für viele, die in Armut leben und nicht wissen, ob morgen noch etwas im Suppentopf ist, mag es höhnisch klingen, von postmaterieller Gesellschaft zu sprechen. Aber Konzepte postmaterieller Gesellschaften können nur entstehen, wenn die materielle und soziale Sicherheit auf hohem Niveau garantiert ist; die postmaterielle Gesellschaft entsteht in Verbindung mit einer Wohlstandsgesellschaft. Deshalb kommen zu den Rahmenbedinungen für die Entwicklung des Sports weitere hinzu:

1. *Wandel der Bedeutung der Freizeit:* Die Arbeitszeit – sowohl gemessen an der durchschnittlichen Wochenarbeitszeit, der Jahresarbeitszeit als auch der Lebensarbeitszeit – geht immer weiter zurück. Zugleich steigt die durchschnittliche Lebenserwartung. Immer weniger werden die Menschen durch die Bedingungen und Anforderungen der Berufsausübung und der beruflichen Arbeitswelt belastet. Der einzelne kann über immer mehr freie Zeit verfügen. Die Bestimmung der individuellen Lebensgestaltung durch die Arbeitswelt verringert sich, es steigt die Notwendigkeit und Möglichkeit, seine Freizeit eigenverantwortlich zu gestalten.

Freizeit und Sport werden in zunehmendem Maße von den Arbeitsbelastungen unabhängige Interessen des einzelnen. Diese Möglichkeiten ergeben sich nicht nur daraus, daß wir über immer mehr freie Zeit verfügen, sondern vor allem auch aus der Tatsache, daß technische Neuerungen die Belastungen am Arbeitsplatz soweit verringern, daß die physischen und psychischen Kräfte des einzelnen immer weniger in Anspruch genommen werden und die freie Zeit die Funktion verliert, der Regeneration der Arbeitskraft oder des Ausgleichs negativer Erfahrungen in Beruf und Arbeit zu dienen. So wird es dem einzelnen eher möglich, sich außerhalb der Arbeit von der Arbeit zu lösen, sich neue Handlungsräume und Erfahrungen zu erschließen und diesen neu gewonnenen Spielraum autonom zu nutzen. Auch Sport und Spiel können gleichsam von den Anforderungen der Arbeit und der Welt der Nützlichkeitserwägungen abgekoppelt werden.

2. *Verbesserung der wirtschaftlichen Lage:* Mit dieser Steigerung unserer Freizeit läuft ein wachsender Wohlstand parallel, durch den erst die Freiheit eröffnet wird, Verwendungsmöglichkeiten wachsender Freizeit wahrzunehmen. Wir befinden uns in einer Situation, in der ein großer Teil der Bevölkerung ein beachtliches Vermögen aufgebaut hat. Die „Infrastruktur des täglichen Bedarfs" – Haus bzw. Wohnung und Wohnungsausstattung sind in vielen Fällen beschafft und in der Regel finanziert; die Liquidität der Haushalte steigt; im übrigen wird durch Vererbung jenes Vermögens, das nach dem Krieg auf-

gebaut wurde, weiteres Kapital akkumuliert – man spricht in diesem Zusammenhang bereits von der „Erbengeneration". Immer größere Teile des Ein-
kommens können für freie Zwecke – etwa Urlaubs- und Freizeitgestaltung –
verwendet werden.

3. *Erweiterte Freizeitoptionen:* Typisch für eine Wohlstandsgesellschaft ist
die Zunahme von Möglichkeiten aktiver und passiver Freizeitgestaltung. Ob mit
starker oder schwacher Zeitbindung, ob organisiert oder nicht organisiert, ob
mit anderen oder allein, ob außer Haus oder im Haus, überall zeigt sich eine
Vervielfältigung der Optionen verbunden mit einer Verringerung von Obligatio-
nen *(Gross* 1994). Die an den Kiosken angebotene, kaum noch übersehbare
Vielfalt von sport- und freizeitorientierten Zeitschriften ist dafür ein deutlicher
Beleg. Die technologische Entwicklung erweitert zusätzlich die Zahl der Optionen (vgl. S. 123–128). Besonders zeigt sich diese Optionsvielfalt in der steigenden Auffächerung und Differenzierung der Sportarten. Es entstehen in schneller Folge neue Sportarten, die – oft nur kurzfristig – Popularität erhalten:
Surfen, Squash, Aerobic, Paragliding, Beachball sind nur einige Beispiele. Das
Bundesinstitut für Sportwissenschaft unterscheidet mittlerweile 150 verschiedene Sportarten, die bei der Sportstättenplanung zu berücksichtigen seien. In
einer Befragung der Sportvereine in Deutschland *(Heinemann/Schubert* 1994)
zu diesem Thema wurden insgesamt 240 verschiedenen Sportarten genannt,
die Vereine anbieten.

Erlebnisgesellschaft

Für die *Erlebnisgesellschaft* ist das „Projekt des schönen Lebens" typisch
(Schulz 1992, 35). Erlebnisorientierung richtet sich darauf, daß etwas
„schön" sein soll und „Spaß" macht. Der gemeinsame Nenner ist eine „Erlebnisrationalität", die aus der Vielzahl sich bietender Optionen das aus-
wählt, was das schönste Erleben verspricht. Situationen werden zu Erleb-
niszwecken instrumentalisiert.

Symptomatisch für diese und ähnliche Entwicklungen ist die „Karriere", die
der Begriff „Spaß" in den letzten Jahren durchlaufen hat. Die selbstverständliche Belegung unseres Handelns mit dem Begriff Spaß – fast schon aus sozialer Verpflichtung, nicht notwendigerweise als Ausdruck unserer tatsächlichen
Erlebnisform – ist Beleg dafür, daß nicht mehr zukunftsorientiertes Leisten,
sondern gegenwartsbezogene Selbstbeglückung Sinnorientierung des Menschen in unserer Zeit zu sein hat.

Der einzelne wird empfänglich für Sportausübung nach Lust und Laune. Der
Sport wird zum Erlebnismarkt. Auffällig ist in diesem Zusammenhang eine Entwicklung, die als eine „Ästhetisierung des Erlebnisses" bezeichnet werden
kann. Funktionalität und Nützlichkeit werden zum Accessoire, modisches
Design, Produktimage, Verpackung, Markenbezeichnung und Ästhetik zur
Hauptsache; sie nämlich begründen die unmittelbare Erlebnisfunktion der Produkte. Neue Produkte verdrängen die alten, auch wenn sie funktionell noch

nicht veraltet sind. Wir wissen: Das letzte Design, die neuesten Errungenschaften und Trends werden nicht die letzten sein; man muß also vorbereitet sein auf das Nachfolgende *(Schulz* 1992). Entsprechend ist die Gestaltung der Infrastruktur: Schwimmbäder werden zu Badelandschaften, Fitneßstudios zu Erlebniswelten, Komfort und Luxus werden stilisiert, die Vielzahl technischer Geräte dokumentiert Modernität, individuelle Betreuung und persönliche Atmosphäre finden besondere Aufmerksamkeit. Geboten wird nicht mehr die Turnhallenatmosphäre bzw. die genormte Schwimmhalle, sondern anspruchsvolle Ausstattung und ein Ambiente mit Teppichboden und Spiegel, Whirlpool und Sauna, Solarium und Massage, Clubsessel und Cafeteria *(Rittner* 1989).

Sportgeräte und Sportkleidung werden nicht nur funktionell immer weiter ausdifferenziert, sondern auch ästhetisch. Nicht mehr (allein) die Nützlichkeit, sondern ästhetischer Erlebniswerte werden erwartet. Damit erfolgt eine rapide Erweiterung des Möglichkeitsraums ästhetischer Auffächerung: Skier in einer unübersehbaren Vielfalt des Designs, Stiefel in allen Farbvarianten, Sportkleidung für jeden Geschmack und Geldbeutel, Zerstreuung für jede Lebenslage, trickreiches elektronisches Gerät mit unbegrenztem Leistungspotential.

In diese Entwicklung passen Veränderungen im Verhältnis zum eigenen Körper: Ganze Bewegungen entstehen, die das Ziel haben, den eigenen Körper, seine Empfindungen und Bedürfnisse wieder zu entdecken; Körperhaltungen und Bewegungen werden freier und ungezwungener. Es entstehen zunehmend Sportarten, in denen Körperthematisierung, nicht mehr Leistung und Wettbewerb im traditionellen Sportverständnis vorrangig sind. Sport wird für viele zur Möglichkeit von Körperwahrnehmung und Körpererleben und damit ein wichtiger Bereich, in dem sich eine Aufwertung des Körpers verwirklichen und dokumentieren kann.[137] Wir konstatieren eine Entwicklung, die als gleichzeitige Steigerung von Körperaufwertung und Körperverdrängung in modernen Gesellschaften beschrieben werden kann *(Bette* 1987, 600; *Rittner* 1983, 233). Der Entkörperlichung in modernen Gesellschaften überlagert sich eine gestiegene Wertschätzung des Körpers; es steigt die Bedeutung „körperbetonter sozialer Systeme" *(Rittner* 1983), es entstehen neue Idealbilder des (jugendlichen) Körpers, körperliches Wohlbefinden wird zum Eigenwert, Identität wird zunehmend über den Körper erfahren und vermittelt. Wir erleben eine Reaktivierung des Körpers durch Tanz, Therapie, Sport, körperbezogene Freizeitgestaltung, Jugend- und Alternativkultur. Es wird zunehmend außeralltägliches, Psyche und Körper stimulierendes Erleben außerhalb der Städte gesucht. Der Körper – so hofft man – signalisiere Unmittelbarkeit, permanentes Vorhandensein, Gegenwärtigkeit. Im Sport, in Selbsthilfe- und Therapiegruppen erhofft man sich wieder Natürlichkeit, Personenhaftigkeit und Authentizität, die in einer entkörperlichten Industriegesellschaft verlorengegangen sind.

---

[137] *Rittner* (1986) spricht in diesem Zusammenhang von einem „Körperempfindungssport", *Klein* (1984) beschreibt das Entstehen ganzheitlicher Körper-Deutungsmuster.

Die Bilder, die Soziologen von modernen Gesellschaften entwerfen, sind auf den ersten Blick verwirrend vielfältig. Genau gesehen besteht zwischen ihnen aber ein enger Zusammenhang. Erst in einer postindustriellen Gesellschaft ist jener hohe Lebensstandard gesichert und wird jene Vielfalt der Optionen der Konsum- und Freizeitgestaltung geboten, die für eine Wohlstandsgesellschaft bestimmend sind. Auf dieser Grundlage können postmaterielle Werte ein größeres Gewicht erhalten, weil materielle Daseinssicherung für einen großen Teil der Bevölkerung nicht mehr das zentrale Problem darstellt. Daß diese postmaterielle Lebensorientierung in einer Erlebnisrationalität verwirklicht wird, ist eine Interpretation, die vor allem *Schulz* dieser Gesellschaft gegeben hat. Parallelen zu diesen gesellschaftlichen Entwicklungen können im Sport aufgezeigt werden. Damit ist zwar nicht bewiesen, daß diese neuen Bilder des Sports ihre Ursache in den beschriebenen Eigenheiten moderner Gesellschaften haben. Aber seine Veränderungen passen in eine gesamtgesellschaftliche Situation, die mit vielen unterschiedlichen Metaphern beschrieben wird.

8 Was leistet die Soziologie des Sports?

Erkenntnisse der Sportwissenschaft sollen – so wird immer wieder gefordert – der Praxis dienen; sie sollen helfen, Sportler besser auf den sportlichen Wettkampf vorzubereiten; sie sollen es dem Sportlehrer erleichtern, seinen Sportunterricht gut zu gestalten; sie sollen Vereins- und Verbandsfunktionäre bei der Bewältigung ihrer Managementprobleme unterstützen; sie sollen Sportpolitiker von der Begründung politischer Entscheidungen entlasten. Solche und ähnliche Forderungen richten sich auch an die Sportsoziologie. So wird die Sportsoziologie nicht selten auch daran gemessen, inwieweit sie solchen Anforderungen der Praxis gerecht werden kann. Zeigt sich, daß sie diesen Erwartungen nicht entsprechen kann, gerät sie schnell ins Abseits.

Ziel dieses Kapitels ist es, (1.) deutlich zu machen, daß die Sportsoziologie nur in sehr begrenztem Umfang unmittelbar einer „Praxis" dienen kann und damit (2.) zu zeigen, daß die Sportsoziologie eine Vielzahl von Funktionen erfüllt, die für sachadäquates Entscheiden und Handeln im Sport unerläßlich sind.

Sportsoziologie und Praxis

Eine kurze Zusammenfassung wichtiger Gedankengänge dieser Einführung macht deutlich, daß die Möglichkeiten der Anwendung von Erkenntnissen der Sportsoziologie in „der Praxis" vergleichsweise gering sind. Diese Einführung in die Soziologie des Sports

- brachte einen Überblick über Gegenstand und Problemstellungen der Sportsoziologie und macht damit auf die vielfältigen soziologischen Probleme aufmerksam, die mit dem Sport, der uns oft selbstverständlich, einfach und unproblematisch erscheint, verbunden sind;
- informiert über die Vielzahl der Einflußfaktoren, die die Teilnahme am Sport und das Verhalten im Sport beeinflußt, indem sie (1.) die (sozial bestimmten und damit soziologisch relevanten) Anforderungen, die der Sport an den einzelnen stellt, behandelt, (2.) die Handlungsmöglichkeiten, über die der einzelne verfügt bzw. verfügen muß, um diesen Anforderungen gerecht zu werden, untersucht und (3.) prüft, welchen Aufforderungscharakter Sport besitzt, d. h., welche Nutzenerwartungen Sportler mit dem Sport verbinden und welche Funktionen ihm zugeschrieben werden. Damit werden nicht nur die Gründe verständlich, warum das Interesse am Sport in verschiedenen sozialen Gruppierungen und sozialen Schichten unterschiedlich ist, sondern auch, daß (auch der gleiche) Sport für verschiedene Personengruppen Unterschiedliches bedeuten und bewirken kann, je nachdem, welche Wert- und Deutungssysteme mit dem Körper verbunden sind, welchen Einfluß der Sport auf die (z. B. geschlechtsspezifische) Identität besitzt, in welchem

Umfang Fähigkeit und Bereitschaft, Sport oder eine bestimmte Sportart zu treiben, im Prozeß der Sozialisation geprägt wurden;

• vermittelt einen Eindruck von den sozialen Strukturen, sozialen Situationen und Interaktionen im Sport in ihrer quantitativen Bestimmtheit. Damit sind nicht nur die verschiedenartigen Anforderungen angesprochen, an die sich der einzelne anpassen muß, wenn er Sport treibt; es sind nicht nur die Bedingungen aufgezeigt, unter denen ein Leistungspotential aktiviert werden kann; es werden auch die engen Verflechtungen vieler uns zunächst als unabhängig erscheinender Tatbestände sichtbar. Dies gilt z. B. für die Zusammenhänge zwischen sozialer Konfiguration, Gruppenstruktur, Organisationsform des Sports und Leistungsniveau; dies gilt auch für die einzelnen Besonderheiten verschiedener Organisationen des Sports und dem Sportengagement. Damit kann zugleich die Sensibilität dafür vergrößert werden, daß die Veränderung einzelner Strukturgegebenheiten – z. B. eine zunehmende Professionalisierung in einem Verein oder seine Kommerzialisierung – weitreichende Konsequenzen für die gesamte Organisationsstruktur dieses Vereins hat, aber auch für die Bereitschaft der Mitglieder, aktiv an der Bewältigung der Aufgaben eines Vereins mitzuwirken;

• behandelt die vielfältigen Abhängigkeiten von Sport und Gesellschaft bzw. einzelner gesellschaftlicher Daseinsbereiche; sie zeigt, wie Legitimationen und funktionalistische Interpretationen des Sports das Geschehen im Sport bestimmen; sie gibt Auskunft über den Grad der Autonomie des Sports als eigenständiges soziales System in verschiedenen Gesellschaften. So wird deutlich, daß Sport Ausdruck einer spezifischen gesellschaftlichen Entwicklung ist, der erst durch die Beziehung zur Gesellschaft bewahrt, verändert und gestaltet wird.

Aber solche Einsichten sind weniger als das, was Trainer, Sportlehrer, Sportpolitiker oder Vereinsvorsitzende von einer Sportsoziologie erwarten, denen es darum geht, z. B. das Leistungsniveau einer Mannschaft zu heben, die Schüler im Sportunterricht besser zu motivieren, mehr Mittel für den Sport zu rechtfertigen, mit dem Sportangebot den Wünschen der Mitglieder eines Vereins gerecht zu werden.

Zur Bewältigung der konkreten Aufgaben, die sich in verschiedenen Praxisfeldern des Sports stellen, kann die Soziologie des Sports nur wenig beitragen. Sie kann nur in geringem Umfang unmittelbar der Praxis dienen; sportsoziologische Forschung ist nur begrenzt durch Probleme der Praxis bestimmt. Der Wert einer Soziologie des Sports ist also auch nicht daran zu bemessen, in welchem Umfang sie „social engineering" im Sport sein kann.

Dies hat seinen Grund nicht immer darin, daß in der Sportsoziologie zu wenig durch empirische Forschung abgesichert wäre, so daß man oft unbeschwert von unbequemen Fakten spekulieren könnte. Vielmehr sind „Praxis", „Praxisbezug der wissenschaftlichen Ausbildung und Forschung", „Praxisfelder" lediglich konsensfähige Leerformeln; aus ihnen sind schon deshalb keine konkreten Anleitungen für die inhaltliche Bestimmung und Organisation der Forschung ableitbar, weil es außerordentlich schwierig ist, zu definieren und zu beschreiben, was „Praxis" im einzelnen ist. Selbst wenn wir verschiedene Tätigkeitsfelder und unterschiedliche Praxisbezüge voneinander abgrenzen, hilft dies nicht weiter; denn in den verschiedenen Handlungsbereichen stellt sich eine unübersehbare Fülle von Ansprüchen und Fragen, und zwar für verschiedene betroffene Gruppen, ja oft für jede Person in unterschiedlicher Form und Intensität.

Schwerwiegender ist aber, daß hinter der Forderung, Sportsoziologie habe der Praxis zu dienen, oft ein triviales und damit falsches Konzept von Wissenschaft und des Verhältnisses von Wissenschaft und „Praxis" steht. Sportsoziologie und Sportpraxis werden in ein triviales Verhältnis von Zweck und Mittel gesetzt, wenn Praxisrelevanz gefordert wird. Ein solches Verständnis löst das Problem der Anwendung wissenschaftlicher Erkenntnisse nur auf der Ebene rationalen Handelns und Entscheidens: Wissenschaft ist danach ein Instrument, das dazu beitragen soll, Probleme der Praxis zu bewältigen. Solche Vorstellungen vernachlässigen jedoch die Tatsache, daß das Verhältnis von Sportwissenschaft und Praxis das Verhältnis zwischen Institutionen ist, die auf verschiedenen Prinzipien basieren; sie verdecken die soziale Körperschaft dieser beiden Systeme, die sich von außen nicht ohne weiteres modellieren läßt. Wissenschaft ist ein institutionell autonomes Teilsystem, das wissenschaftliche Erkenntnisse – losgelöst von politischen oder wirtschaftlichen Interessen, Loyalitätsverpflichtungen und politischen Zwängen – nach eigenen, inneren Notwendigkeiten und Gesetzmäßigkeiten erstellt – und zwar allein nach dem Kriterium, ob Erkenntnisse „wahr" oder „nicht-wahr" sind und jederzeit von jedermann empirisch überprüft und kontrolliert werden können. Sie löst sich bei der Wahl ihrer Probleme, der angewendeten Methoden und der erzielten Ergebnisse von Interessen, die außerhalb von Wissenschaft liegen.

Probleme des Verhältnisses von Wissenschaft und Praxis sind also Probleme des sozialen Verkehrs zwischen Institutionen; sie entstehen u. a. daraus, wie Wissenschaft ihre Erkenntnisse produziert und unter welchen Bedingungen Anwendungssysteme Entscheidungen treffen. Die Schwierigkeiten der Anwendung sozialwissenschaftlicher Erkenntnisse sind weniger Probleme richtigen Entscheidens und Handelns unter Verwendung der Erkenntnisse der Wissenschaft. Sie ergeben sich vielmehr aus dem Verhältnis des Systems Wissenschaft zu anderen gesellschaftlichen Daseinsbereichen, die als Anwendungssysteme wissenschaftliche Erkenntnisse benötigen, sind also Probleme der Abstimmung unterschiedlicher interner Systemerfordernisse. So kann es nicht darum gehen, „die sich daraus ergebenden Unterschiede möglichst klein zu halten, sondern darum, wie Diskrepanzen kommunikativ überbrückt werden können, ohne daß Wissenschaftsanwendung zunächst Sache des Zufalls ist" *(Luhmann* 1970, 20).

Die Überbrückung solcher Diskrepanzen setzt Klarheit darüber voraus, welche Unterschiede sich im einzelnen aus der verschiedenartigen institutionellen Verfassung von Wissenschaft und Anwendungssystemen ergeben. Dazu dienen folgende Argumente:

1. Ansprüche und Fragen der Praxis, also der Alltagswirklichkeit, besitzen einen grundlegend anderen Charakter als jene Probleme, die die Wissenschaft

untersucht. Fragen sind Ansprüche der Alltagswirklichkeit, sie sind unübersehbar wirklich; wir müssen auf sie mit unserem Verhalten reagieren. Fragen begegnen uns in der Regel, ohne daß wir etwas dafür können: Ob ich mir abends lieber eine Sportsendung oder einen Krimi ansehe, ob ich auf dem Trimmpfad noch etwas Schweiß verliere oder lieber ein Bier trinke; wie ich mich als Lehrer gegenüber Schülern, die nicht am Sportunterricht teilnehmen wollen, verhalte; wie ich reagiere, wenn mir ein Posten in meinem Verein angetragen wird – solche und viele andere Fragen sind „da". Sie müssen beantwortet werden, und selbst wenn ich vor ihnen weglaufe, beantworte ich sie, d. h., „unser Verhalten ist in jedem Fall eine bestimmte Antwort auf die Herausforderung der Frage" *(Dahrendorf* 1977, 17). Wissenschaftliche Probleme dagegen werden gemacht, genauer: Der Wissenschaftler macht sie als Wissenschaftler. Sie enthalten schon in ihrer Stellung ein aktives Moment. Sie werden vom Wissenschaftler geschaffen, um sie zu lösen. Sie sind Konstrukte der Wissenschaft. Warum ist die Sportbeteiligung in oberen Sozialschichten und bei Männern größer als in unteren Sozialschichten und bei Frauen? Gibt es auch in Sportvereinen eine Tendenz zur Bürokratisierung und Oligarchisierung? Welche gesellschaftlichen Funktionen haben Nationalsportarten? Dies sind keine Fragen, die die Alltagswirklichkeit an uns stellt. Dies sind Konstrukte der Wissenschaft, mit Willkür behaftet, vor allem aber abweisbar, wie keine Frage es ist. „Man kann Probleme liegenlassen, vergessen, beiseite legen, aufschieben ... Fragen betreffen den gesunden Menschenverstand; kein Mensch kann sich ihnen entziehen und jeder ist ausgerüstet mit den Werkzeugen zu ihrer anständigen Bewältigung. Probleme dagegen betreffen die Wissenschaft; man muß nicht Wissenschaft betreiben wie man auch Probleme nicht zu lösen braucht. Fragen sind exoterisch, Probleme esoterisch" *(Dahrendorf* 1977,17). Dies kommt schon in der Formulierung zum Ausdruck, daß uns in der Alltagswirklichkeit „soziale Probleme" begegnen, die Soziologie jedoch „soziologische Probleme" erforscht.

2. Es existiert eine Vielzahl von Möglichkeiten, die neben den Ansprüchen und Fragen der Alltagspraxis Anstöße für die Formulierung wissenschaftlicher Probleme geben kann. Das theoretische, zweckgebundene, wissenschaftliche Interesse, eine Forschungstradition, Finanzierungsmöglichkeit, die Routine des einzelnen Forschers, das vorhandene Forschungsinstrumentarium, die Aktualität des Themas in der öffentlichen Diskussion – dies sind einige Beispiele für Auslöser zur Formulierung wissenschaftlicher Probleme, die alle gleich fruchtbar sind und gleichberechtigt nebeneinander stehen (vgl. *Heinemann* 1998). Es ist unnötig und möglicherweise eine gefährliche Verengung, sich auf „Praxis" als Auslöser für den Forschungsprozeß zu beschränken. Für die Formulierung des Problems selbst, für den Problemlösungsprozeß, also für die eigentliche wissenschaftliche Forschung ebenso wie für die Vielzahl der Verwendungsmöglichkeiten wissenschaftlicher Erkenntnisse ist der Auslöser und der Prozeß der Problemfindung – zumindest theoretisch – irrelevant.

Was auch immer die Ursprünge der Forschungsfrage sein mögen, die Ergebnisse können gleichwohl zur Lösung praktischer Probleme höchst wertvoll sein (oder auch nicht); praxisbezogene Probleme können zu theoretisch höchst bedeutsamen Befunden führen. Die Genese des Problems sagt also nichts über die Relevanz der Ergebnisse.

3. Unterschiede zwischen Theorie und Praxis entstehen weiter dadurch, daß wissenschaftliche Erkenntnisse in der Regel oft nicht zu dem Zeitpunkt vorliegen, zu dem sie „praktisch" benötigt werden; dies liegt zum einen daran, daß mit der institutionellen Trennung die Problemwahl der Sportforschung nicht mehr zwingend den Auskunftserwartungen der Abnehmer folgt, zum anderen, weil Entscheidungen entweder so schnell vollzogen werden, daß wissenschaftliche Forschung, ja nicht einmal eine begleitende Forschung möglich ist oder weil in kurzlebiger politischer Opportunität oder schnell sich wandelnder öffentlicher Aktualität ein Thema ausgekühlt ist, bevor wissenschaftliche Ergebnisse vorliegen.

4. Diskrepanzen entstehen daraus, daß die Strukturierung des Wissens wissenschaftsintern erfolgt und nicht der Relevanz und Problemstruktur der Auskunftserwartungen verschiedener Praxisfelder entspricht. So ist zunächst die Gliederung der Sportforschung in ihre Teildisziplinen, in ihrer Systematik und der Anbindung an andere Disziplinen (oft als „Mutterdisziplinen" bezeichnet), von dem, was in der Praxis benötigt wird, unabhängig. Dabei ist auch keineswegs sicher, welche Theorie oder welche Disziplin etwa bei der Entscheidung zur Lösung von Dopingproblemen oder von Problemen einer Mobilisierung zusätzlicher Geldmittel dienlich sind. Diese Differenzen in der Typik von Sportwissenschaft und der sachlichen Relevanz wird man zwar zum Teil durch Beziehungen von Personen überbrücken. Man weiß, wer Fachmann für den Sport an berufsbildenden Schulen, für die Probleme des Vereins, für den Sport mit Behinderten oder Gastarbeitern ist, und hier bilden sich Kooperationen. Aber je stärker Sportforschung theoriegesteuert wird, um so geringer wird die Kontaktnähe zu spezifischen Abnehmern wissenschaftlicher Erkenntnisse.

5. Sportsoziologie hat es mit einem Gegenstand zu tun, zu dem nicht nur im Alltag, sondern oft auch in der Sportpraxis bereits vielfältige Meinungen, Erklärungen und rudimentäre Theorien bestehen, die sich aus in der Praxis gewonnenen Einsichten entwickelten. Welche Funktionen der Sport hat, wie eine Sportorganisation, z. B. der Verein, arbeitet, warum Frauen ein anderes Verhältnis zum Sport haben als Männer, „weiß man" – zunächst natürlich ohne und später immer noch „besser" als die Sportwissenschaft. Sportwissenschaft in der Beratung der Praxis hat also oft nicht Unwissen durch Wissen, sondern möglicherweise falsche Deutungen, Kausalitätsvermutungen usw. durch wissenschaftlich erwiesene Erklärungen zu ersetzen; sie hat Irrtümer aufzuklären und Vorurteile abzubauen. Daran aber kann Sportpraxis nur interessiert sein, wenn dadurch ihre eigene Handlungsfähigkeit verbessert, also eigene Interessen durchgesetzt, Konflikte reguliert, Fehlinvestitionen vermieden, Wirkungen politischer Entscheidungen kalkulierbarer werden. So kann es nicht ausbleiben, daß die Sportwissenschaft unter einen hohen Selektionsdruck gerät, in dem Prozesse, Aktionsfelder und Dispositionsrahmen des politischen Anwendungssystems in die Produktion oder zumindest doch in die Präsentation wissenschaftlichen Wissens eingehen.

6. Selbst wenn man diese Bedenken überwinden könnte, bleibt als größtes Hindernis, daß der Erklärungshorizont von Wissenschaft oft über den therapeutischen Horizont des Anwenders hinausreicht. Daß das geringe Sportengagement z. B. von Frauen durch das Sportangebot der Vereine – etwa durch die starke Betonung einer Wettbewerbs- und Leistungskomponente im Sport, die Auswahl der angebotenen Sportarten, die vorrangige Besetzung der Vorstandsämter mit Männern usw. – mit bedingt wird, ist nicht nur eine richtige Interpretation, sondern eine auch für sportpolitische Entscheidungen sinnvolle Aussage, weil sie im Rahmen der therapeutischen Kapazitäten sportpolitischer Entscheidungsgremien liegt. Die ebenso richtigen Einsichten, daß die durch die Sozialisation schon früh geprägte Geschlechtsidentität, die Leistungsmotivation, die Körpereinstellung, aber auch die Belastungen im Haushalt ebenso entscheidend das geschlechtsspezifische Sportengagement bestimmen, bleiben entweder unbeachtet, weil sie die Handlungskapazität selbst bei systematischer Überschätzung der Möglichkeiten übersteigen, oder sie dienen lediglich zur Legitimation dafür, daß in dieser Sache Wirksames bisher nicht geleistet werden konnte. Bei der Beantwortung der Frage, warum Vereine zunehmend eine Werbung am Mann durchsetzen, warum sich Professionalisierung und Kommerzialisierung im Sport ausbreiten, kann nicht – selbst wenn dies richtig wäre – etwa auf die Eigentumsfrage, das Funktionieren marktwirtschaftlicher Ordnungen oder ähnliches Bezug genommen werden, eben weil damit der Dispositionsrahmen der Sportpolitik überschritten wird.

Ohne Zweifel sind Ergebnisse wissenschaftlicher Forschung, also auch der Sportsoziologie, für verschiedene Praxisfelder von Bedeutung; jedoch muß die Umsetzung und Anwendung wissenschaftlicher Erkenntnisse für verschiedene, genau definierte Praxisfelder und für interessierte Wissensabnehmer selbst wieder organisiert und institutionalisiert werden. Dies geschieht z. B. in Form des wissenschaftlich-technischen Beraters, des wissenschaftlichen Journalisten, des wissenschaftlichen Experten für die Beratung und durch verschiedene Organisationen; das Bundesinstitut für Sportwissenschaft muß darin z. B. eine zentrale Aufgabe erfüllen.

Funktionen einer Sportsoziologie

Der Wert einer Soziologie des Sports darf nicht an ihrem unmittelbaren Wert für die „Praxis" des Sports beurteilt werden, sondern daran, inwieweit sie die folgenden Funktionen erfüllt:

1. Eigene Kenntnisse, Anschauungen und Erfahrungen reichen in unserer Gesellschaft immer weniger aus, das zu erklären, was dem einzelnen widerfährt und darüber zu entscheiden, wie Wünschenswertes erreicht werden kann; es ist nicht mehr ohne weiteres möglich, aus unmittelbarer Erfahrung die notwendigen Informationen zu erhalten und ein handlungsrelevantes Situationsverständnis zu entwickeln, um trotz unübersichtlicher Realität entscheidungs- und handlungsfähig zu bleiben. Hierzu einige Beispiele: Auch erfahrene Lehrer gehen immer wieder davon aus, daß der Zusammenhang

zwischen schulischer Leistung und Sportnote negativ ist, während empirische Untersuchungen das Gegenteil beweisen. In einer Untersuchung in einer Stadt, in der ein ausgesprochenes Spannungsverhältnis zwischen Einheimischen und Zugezogenen bestand, ließ man bei empirischen Erhebungen die Befragungsperson den Anteil der Ortsgebürtigen an der erwachsenen Bevölkerung schätzen; die Schätzwerte streuten bei einem Mittel von 68% zwischen 50% und 80%. Die aus der Einwohnermeldekartei ermittelte Quote der ortsgebürtigen Erwachsenen betrug jedoch nur 27,3%. Personalchefs, denen in einer Befragung 112 Fragen aus ihrem unmittelbaren Arbeitsbereich z. B. über Fluktuationsraten, Krankheitsfälle, Zahl der Verheirateten bzw. Ledigen usw. vorgelegt wurden, konnten kaum eine der Fragen korrekt, dem tatsächlichen Sachverhalt entsprechend beantworten. Diese Beispiele zeigen, wie wenig Informationen durch bloße Zugehörigkeit zu einem gesellschaftlichen Daseinsbereich gewonnen werden können und damit ein Situationsverständnis trotz unübersichtlicher Realität möglich ist. Wenn Realität unübersehbar und nicht mehr ohne weiteres vom einzelnen abschätzbar ist, dann hängt die Verfügbarkeit des Wissens nicht mehr vom Umfang eigener Erfahrungen und Einsichten ab, sondern eher von der Chance, sich jeweils eingeweihter Instanzen bedienen zu können. Als solche Instanz schafft Wissenschaft eine sekundäre Wirklichkeit, die den unmittelbaren Erfahrungsumfang des einzelnen überschreitet; sie produziert die Tatsachen für unser Bewußtsein, auf denen in einer modernen Gesellschaft z. B. das soziale, wirtschaftliche und politische Geschehen und seine Gesetzmäßigkeiten beruhen:

2. Für die Sportsoziologie bedeutet dies, daß sie Hinweise darauf geben kann, wo Probleme im einzelnen liegen und welcher Art sie sind. So kann Sportsoziologie z. B. über die Problemgruppen in unserer Gesellschaft informieren, die vom Sport bislang weitgehend ausgeschlossen sind, auf Probleme verweisen, die sich daraus ergeben, daß das Alter derer, die zum Hochleistungssport kommen, in vielen Disziplinen zunehmend geringer wird und damit langfristig psychische und soziale Fehlentwicklungen eintreten können, auf Veränderungen in der industriellen Arbeitswelt und Anforderungen am Arbeitsplatz aufmerksam machen, auf die der Sport zu reagieren hat, auf soziale Probleme in unserer Gesellschaft hinweisen, zu deren Lösung der Sport einen Beitrag leisten kann, auf Schwierigkeiten und Defizite in der Organisation des Sports verweisen, die zu überwinden sind. Weiter kann Sportsoziologie darüber Auskunft geben, ob Entscheidungen ein angemessenes Bild der Realität zugrunde liegt. Sie dient der Diagnose z. B. der Struktur des Sportengagements und der Sportorganisationen, informiert über die Gründe, warum einzelne Personengruppen in unserer Gesellschaft ein geringes Interesse am Sport haben, über die soziale und psychische Verfassung der Mitglieder von Randgruppen, für die Sport eine Bedeutung bekommen soll, über die Situation des Sports in einzelnen Ausbildungsinstitutionen. Sie kann damit die Gefahr verringern, daß Maßnahmen sich als verfehlt erweisen, weil sie auf einer falschen Einschätzung der Lage beruhen oder weil sich die Verhältnisse, auf die die Entscheidung ursprünglich gemünzt war, geändert haben. Dazu gehören auch Prognosen, wie z. B. über die langfristige Entwicklung im Frei-

zeit- und Konsumverhalten, die Entstehung neuer Freizeitinteressen, über den Wandel des Umweltbewußtseins, über die Veränderung der Bereitschaft der Bevölkerung, Mitglieder freiwilliger Vereinigungen zu werden, über die Entwicklung sozialer Probleme, auf die der Sport reagieren muß.

3. Sportsoziologie dient der Relativierung unserer Vorstellungen und Kenntnisse über das Phänomen Sport. Sie kann einer Verabsolutierung und Verdinglichung unserer Einstellung entgegenwirken und damit die Fähigkeit schulen, Alternativen zum Bestehenden zu sehen. Sie kann gegen Ethnozentrismus wirken. Gerade eine interkulturell vergleichende Soziologie des Sports kann die hohe Variabilität des Zusammenhangs von Sport und Gesellschaft deutlich machen und zeigen, daß sehr unterschiedliche Formen der Einbindung von Spiel und Sport in andere gesellschaftliche Daseinsbereiche und völlig andere Binnenstrukturen des Sports entstehen können als jene, die wir aus unserer Gesellschaft kennen.

4. Sportsoziologische Forschung dient – wie Wissenschaft überhaupt – der Regulierung gesellschaftlicher Konflikte und Interessengegensätze. In dem Maße, in dem für die verschiedenen Funktionen im Bereich von Wirtschaft, Politik oder Freizeit autonome Teilsysteme entstehen, in dem Maße zugleich, in dem die Lebensbedingungen als gestaltbar und veränderbar und Gesellschaft als Potential vielfältiger Möglichkeiten erscheinen und eine Vielzahl von Ansprüchen, normativen Wertdispositionen, Erwartungen und Zielsetzungen miteinander konkurrieren, wird die organisierte Vertretung von Interessen zu einem zentralen Muster moderner Gesellschaften. Diese organisierte Vertretung von Interessen macht es notwendig, daß die einzelnen Gruppen ihre Ansprüche und Ziele gegenüber anderen durchsetzen und sie damit artikulieren, begründen und legitimieren müssen. Wissenschaft übernimmt in dieser Situation widerstreitender Interessen die Funktion, Forderungen, Werte und Ziele mit wissenschaftlichen Argumenten zu untermauern und damit auf die Ebene der Tatsachenzusammenhänge zu projizieren, so daß nicht mehr unterschiedliche Interessen und Werte unvereinbar und unvergleichbar gegenüberstehen, sondern die Kontrahenten gezwungen werden, in der Auseinandersetzung auf der Basis wissenschaftlicher Argumente Kompromisse zu finden. Um die eigenen Interessen gegenüber anderen durchsetzen zu können, wird es notwendig, die Stellung und den Beitrag der eigenen Gruppe innerhalb der Gesellschaft oder für andere in einer für alle akzeptierbaren Form und das heißt in wissenschaftlicher Neutralität nachzuweisen und dabei gleichzeitig zu begründen, daß im Vergleich zu diesen gesellschaftlichen Leistungen die (z. B. materielle) Unterstützung unzureichend ist. So wird z. B. für den Sport eine „angemessene Einordnung in den Kulturbereich" gefordert „aber nur mit Hilfe der Universitäten und Hochschulen wird es gelingen (...) die Bedeutung des Sports und der Leibeserziehung nachzuweisen" (Charta des Deutschen Sports). Entsprechend richtet sich das besondere Interesse der verschiedenen Organisationen des Sports auch auf eine Sportsoziologie, die Funktionen und Bedeutung des Sports in unserer Gesellschaft wissenschaftlich belegen soll, um z. B. die Förderungswürdigkeit des Sports untermauern zu können. Wissenschaft wird damit nicht Vertreterin von Interessen; vielmehr versucht sie ge-

rade in der Unabhängigkeit von einzelnen Interessen die wirtschaftlichen, sozialen, politischen, physischen und psychischen Voraussetzungen und Konsequenzen von Interessenentscheidungen deutlich zu machen und damit Interessengegensätze zu versachlichen und die Konsequenzen (sport-)politischer Entscheidungen zu verdeutlichen.

5. Eine der vornehmsten Aufgaben der Sozialwissenschaften ist es, auf nicht-intendierte Effekte und Konsequenzen des Handelns aufmerksam zu machen. Ziele und Motive unseres Handelns können abweichen von den Konsequenzen, die es tatsächlich hervorruft. Zwar geht es dabei auch in diesem Fall letztlich um die Ermittlung von Ursachen-Wirkungs-Zusammenhängen. Dabei sind jedoch die Wirkungen nicht beabsichtigte Folgen, deren Ursachen im Entscheiden und Handeln liegen. Ein Beispiel kann dies verdeutlichen: In einer Untersuchung zur Finanzsoziologie der Vereine wurde die These vertreten und empirisch überprüft, daß Veränderungen in der Ressourcenstruktur der Vereine – etwa also die Vergrößerung des Anteils kommerzieller bzw. staatlicher Einnahmen am Gesamtbudget – ungewollt, aber irreversibel konstitutive Merkmale des Vereins wie den Umfang ehrenamtlicher Mitarbeit, den Grad demokratischer Partizipation, die Art und Inszenierung des angebotenen Sports – mit verändert. Dies sind Thesen, die u. a. die nicht-intendierten Folgen der Kommerzialisierung des Sports bzw. der Vereine zum Gegenstand haben *(Heinemann/Horch* 1991). Mit der Untersuchung solcher Zusammenhänge wird die Sensibilität für nicht-intendierte Konsequenzen, die als Kosten, aber auch als Vorteile einer Entscheidung in Rechnung gestellt werden müssen, erhöht.

6. Die Sportsoziologie kann einen Beitrag zur Entwicklung der sozialen Identität von Sportorganisationen leisten; das Gleichbleibende, die Kontinuität des Selbsterlebens und des dauerhaften Sich-Selbst-Gleichseins, die sich in der Geschichte und Tradition des sozialen Subjektes Sportorganisation und des Verständnisses seines Gegenstandes, des Sports, entwickelt, wird äußerstes Ziel und als Satz von Formeln, Handlungsprämissen und Regeln sozial evident bei der Wahrnehmung und Bewertung des Sports als politische Materie. Wenn soziale Identität Hintergrund organisationspolitischen Handelns ist, wird es die Rolle der Sportwissenschaft vor allem in ihren historischen und sozialwissenschaftlich orientierten Disziplinen sein, diese Identität von Sportorganisationen und Sport verbal präsent zu machen, zu vergegenwärtigen und zu reflektieren und damit die historische und soziale Identifizierung der eigenen Existenz zu erleichtern *(Lübbe* 1969, 19). Dies muß unter Berücksichtigung dessen geschehen, was Mitglieder einer Organisation unter Sport verstehen, der historisch gewachsenen Organisation des Sports, der tradierten und kulturell geprägten Aufgaben und Funktionen des Sports ebenso wie der politischen, sozialen, ökonomischen Einbindung des Sports und seiner Organisationen.

Sicher ist eine solche Bestimmung nicht unproblematisch. Dies ist nicht nur deshalb der Fall, weil sich in die Identifikation sportspezifischer Bedeutungsinhalte Bewertungen einschleichen können, die selbst in ihrer Substanz und in ihrem normativen Gehalt unscharf und schwer bewertbar sind. Hinzu kommt, daß eine einheitliche Identität von Sport in der Vielfalt sportlicher Praxis und Organisationen und in der Differenziertheit des Sports oft nur noch in Spurenelementen auszumachen ist und weil deshalb die Gefahr, daß Sportsoziologie eigene Wertvorstellungen und Programmatik durchsetzt und als Identität des Sports ausgibt oder sich als Gralshüter überkommener Traditionen und Werte stilisiert, besonders groß ist. So wird sich die Tragfähigkeit dieser Position erst in ihrer problemspezifischen Konkretisierung bewähren. Dabei geht es vor allem darum, auf langfristige Nebeneffekte von Entscheidungen aufmerksam zu machen und die Sensibilität für solche Folgen zu vergrößern, die den Sport verändern und ungewollt in eine Entwicklung drängen, die der gemeinten Identität nicht mehr entspricht. Dies geschieht etwa, wenn auf die vielfältigen psychischen, sozialen und pädagogischen Konsequenzen einer Werbung am Mann oder des Dopings aufmerksam gemacht und damit die Diskussion aus einer nur ökonomischen (wie z. B. der Werbung) oder zu engen medizinischen Betrachtung (wie am Beispiel des Dopings) herausführt; wenn auf die Konsequenzen aufmerksam gemacht wird, die eine zu weitreichende Verwissenschaftlichung und die damit zwangsläufig verbundene Professionalisierung des Sports mit sich bringt; wenn die Probleme einer einseitigen Instrumentalisierung des Sports, herausgestellt werden; wenn die Konsequenzen, die mit den steigenden fachlichen Anforderungen an die Führung von Vereinsämtern, mit der zunehmenden Verrechtlichung und Reglementierung, der Übernahme kommerzieller, betriebswirtschaftlicher Verfahren in der Vereinsführung oder der Einstellung hauptamtlicher Mitarbeiter verbunden sind, betont werden.

7. Die Soziologie des Sports untersucht einen Gegenstand, der im Alltag oft als selbstverständlich und einfach gilt und generell akzeptiert wird; dies macht bereits die oft selbstverständliche Verbindung des Sports mit „Gesundheit" und „Natürlichkeit" und eine häufige Idealisierung des Sports deutlich. Die Soziologie des Sports aber stellt Selbstverständlichkeiten in Frage; sie versucht, Vorurteile und Tabus aufzuheben; sie deckt als Ideologie und Legitimation auf, was oft als Aussage über die Sache erscheint. Sie ersetzt das Bild vom selbstverständlichen und einfachen Sport durch eine Reihe von Sportmodellen, mit denen eine Vielzahl soziologischer Fragen verknüpft ist; sie macht deutlich, daß die ideologische, instrumentell-funktionalistische Legitimation des Sports selbst wieder eine soziale Funktion hat. Soziologie des Sports bewirkt eine „fruchtbare Desorientierung"; sie bedroht die Schutzfunktion des Nichtwissens, die stabilisierende Wirkung, die der Glaube an das Funktionieren einer als selbstverständlich erachteten Ordnung besitzt. Aber gerade damit macht sie die Energien für eine zwar kritische, aber durch ständige Neugierde vorangetriebene und für Probleme sensible sozialwissenschaftliche Erforschung des Sports immer wieder von neuem frei.

Literaturverzeichnis

Allardt, E.: Basic approaches in comparative sociological research and the study of sport. In: *Lüschen, G.* (Hrsg.): The cross-cultural analysis of sport and games. Champaign/Illinois 1970.

Allison, M. T.: Basketball – wie ihn die Anglo-Amerikaner verstehen und die Navajo ihn spielen. Ein kulturspezifisher Zugang zur Sportsozialisation. In: *Becker, P.* (Hrsg.): Sport und Sozialisation, Reinbek bei Hamburg 1982, 115–132.

Artus, H. G.: Jugend und Freizeitsport, Ergebnisse einer Befragung. Gießen 1974.

Ashforth, B. I. / R. H. Humphrey: Emotion in the workplace: A reappraisal. In: Human Relations 48/2 (1995), 97–127.

Ashworth, C. E.: Sport als sympolischer Dialog. In: *Hammerich, K./Heinemann, K.* (Hrsg.): Texte zur Soziologie des Sports. Schorndorf 1975.

Bach, L.: Sports without sports facilities – some remarks on the use of urban spaces by informal sport. In: International Review of the Sociology of Sport 28/2–3 (1993).

Bach, L.: Sports without Facilities: The Use of Urban Spaces by Informal Sport. In: International Review for the Sociology of Sport 28/2 (1993).

Bachleitner, R.: Soziale Schichtung im Sport – eine tatsächliche Determinante? In: *Kornexl, E.* (Hrsg.): Spektrum der Sportwissenschaft. Wien 1987.

Bachleitner, R.: Soziale Schichtung im Sport. In: Sportwissenschaft 18 (1988) 3.

Badelt, Chr.: Politische Ökonomie der Freiwilligenarbeit. Frankfurt/Main 1985.

Bale, J. / Philo, C. (Hrsg.): Body cultures – Essays on sport, space and identity. London/New York 1998.

Bale, J.: Sports geography. London/New York 1989.

Bale, J.: Sport, space and the city. London / New York 1993a.

Bale, J.: The spatial development of the modern stadium. In: International Review for the Sociology of Sport 28/2–3 (1993b).

Banton, M.: Role. An indroduction to the study of social relations. London 1965.

Barnard, C. L.: Die Führung großer Organisationen, Essen 1970.

Baudrillard, J.: The Transparency of Evil. London 1993.

Baur, J.: Körper- und Bewegungskarrieren. Dialektische Analysen von Körper- und Bewegung im Kindes- und Jugendalter. Schorndorf 1989.

Baur, J. / Bös, K. / Singer, R. (Hrsg.): Motorische Entwicklung – Ein Handbuch. Schorndorf 1994.

Baur, J. / Koch, U. / Telschow, S.: Sportvereine im Übergang – Die Vereinslandschaft in Ostdeutschland. Aachen 1995.

Bausenwein, I. / Hoffmann, A.: Frau und Leibesübungen. Mülheim 1967.

Becker, W.: Consequences of different kinds of parental discipline. In: *Hoffman, L. / Hoffman, L.* (Hrsg.): Review of Child Development Research 1 (1964).

Beisser, A.: The madness in sports. New York 1967.

Berger, P. A.: Stabilität und Instabilität als Aspekte ungleicher Lebenslagen. In: *Berger, P. A. / Hradil, S.* (Hrsg.): Lebenslagen, Lebensläufe, Lebensstile. In: Soziale Welt 7/1990.

Berger, P. L. / Luckmann, Th.: Die gesellschaftliche Konstruktion der Wirklichkeit. Frankfurt/Main 1971.

Bernett, H.: Sport history: sport and national socialism – a focus of contempory history. In: *Haag, H. / Grupe, O. / Kirsch, A.* (Hrsg.): Sport Science in Germany. Berlin/Heidelberg/New York 1992.

Bernett, H.: Zum Problem der Fremdbestimmung und Instrumentalisierung des Sports. In: Sportwissenschaft 7 (1977).

Bernett, H.: Zur medialen Inszenierung von Sportereignissen – dargestellt am Beispiel der Leichtathletik. In: *Dietrich, K. / Heinemann, K.* (Hrsg.): Der nicht-sportliche Sport. Schorndorf 1989.

Bette, K.-H.: Die Trainerrolle im Hochleistungssport. Sankt Augustin 1984.

Bette, K.-H.: Strukturelle Aspekte des Hochleistungssports. Sankt Augustin 1984a.

Bette, K.-H.: Wo ist der Körper? In: *Baecker, D. / Markowitz, R.* et al. (Hrsg.): Theorie als Passion. Niklas Luhmann zum 60. Geburtstag. Frankfurt 1987.

Bette, K.-H.: Körperspuren. Zur Semantik und Paradoxie moderner Körperlichkeit. Berlin / New York 1989.

Bette, K.-H. / Hoffmann, G. / Kruse, D. / Meinberg, E. / Thiele, J. (Hrsg.): Zwischen Verstehen und Beschreiben – Forschungsmethodologische Ansätze in der Sportwissenschaft. Köln 1993.

Boltanski, L.: Die soziale Verwendung des Körpers. In: *Kamper, D. / Rittner, V.* (Hrsg.): Zur Geschichte des Körpers. München 1976.

Bolte, K. M. / Hradil, S.: Soziale Ungleichheit in der Bundesrepublik Deutschland. Opladen 1985.

Bourdieu, P.: Die feinen Unterschiede. Kritik der gesellschaftlichen Urteilskraft. Frankfurt/M. 1982.

Breivik, G.: Doping games – a game theoretical exploration of doping. In: International Review of the Sociology of Sport 27/3 (1992).

Brettschneider, W. D. / Bräutigam, M.: Sport in der Alltagswelt von Jugendlichen. In: Kultusministerium Nordrhein-Westfalen (Hrsg.): Materialien zum Sport 27. Frechen 1990.

Brullet, C.: Roles e identidades de género: una construcción social. In: *Garcia de Leon, M. / Garcia de cortazar, M. / Ortega, F.* (Hrsg.) : Sociología de las mujeres españolas, Madrid 1996.

Buchheimer, W. / Zieschang, K.: Sportökonomen in Beruf und Studium. Schorndorf 1992.

Bühler, W.: Funktionale Vereinsanalyse. In: *Bühler u. a.* (Hrsg.): Lokale Freizeitvereine. St. Augustin 1978, 114–142.

Cachay, K.: Sport und Gesellschaft. Schorndorf 1988.

Cachay, K. / Dahai, E.: Brauchen Trainer Pädagogik? In: Leistungssport 19/5 (1989).

Calléd, J.-P.: Basque pelota in the european space: towards a sociological use of the notions of sporting evolution and diffusion. In: International Review for the Sociology of Sport 28/2 (1993).

Camy, J. / Adamkiewics, E. / Chantelat, P.: Sporting uses of the city: urban anthropology applied to the sports practices in the agglomeration of Lyon. In: International Review for the Sociology of Sport 28/2 (1993).

Carron, A. V.: Role behavior and the coach athlete interaction. In: International Review of Sport Sociology 13 (1978).

Coakley, J. J.: Sport in society, issues and controversies. St. Louis 1978, 4. Aufl. 1994.

Coch, L. / French, J. R. P.: Overcoming Resistance to Change. In: *Cartwright, D. / Zander, A.* (Hrsg.): Group Dynamics. Evanston / Illinois 1953.

Colburn, K.: Honor, ritual and violence in ice-hockey. In: Canadian Journal of Sociology 10/2 (1985).

Cratty, B. J.: Social dimensions of physical activity. Englewood Cliffs 1967.

Crum, B.: Zur Entwicklung sportpädagogischer Forschung. In: Sportwissenschaft 18/2 (1988).

Csikszentmihalyi, M.: Body and Behavior: A New Lock at the Mind-Body Problem. In: *Landry, F. / Orban, W. A. R.* (Eds.): Physical activity and human well-being – The International Congress of Physical Activity Sciences. Miami 1978, Bd. 1.

Dahrendorf, R.: Der Weg der Erfahrungswissenschaft. In: *Dahrendorf, R.* (Hrsg.): Pfade aus Utopia. München 1977.

Dahrendorf, R.: Gesellschaft und Demokratie in Deutschland. München 1968.

Dahrendorf, R.: Homo sociologicus. Ein Versuch zur Geschichte, Bedeutung und Kritik der sozialen Rolle. Opladen 1972[11].

Deitersen-Wieber, A.: Einführungs- und Lehrbücher zur Sportsoziologie – Eine vergleichende Betrachtung und Standortbestimmung. Münster/Hamburg 1994.

Dewar, A.: Would all the generic women in sport please stand up? Challenges facing feminist sport sociology. In: Quest 45 (1993).

Diem, C.: Zum Amateurbegriff, In: Leibesübung 5/6 (1927).

Dietrich, K. / Heinemann, K.: (Hrsg.): Der nicht-sportliche Sport. Schorndorf 1989.

Dietrich, K. / Heinemann, K. / Schubert, M.: Kommerzielle Sportanbieter – eine empirische Studie zu Nachfrage, Angebot und Beschäftigungschancen im privaten Sportmarkt. Schorndorf 1990.

Digel, H.: Sprache und Sprechen im Sport. Eine Untersuchung am Beispiel des Hallenhandballs. Schorndorf 1976.

Digel, H.: Über den Wandel der Werte in Gesellschaft, Freizeit und Sport. In: *Heinemann, K. / Becker, H.* (Red.): Die Zukunft des Sports. Schorndorf 1986.

Douglas, M.: Ritual, Tabu und Körpersymbolik – Sozialanthropologische Studien in Industriegesellschaft und Stammeskultur. Frankfurt 1974.

Dreitzel, H. P.: Die gesellschaftlichen Leiden und das Leiden an der Gesellschaft. Stuttgart 1968.

Duncan, M.: Sport photos and sexual difference: images of men and women in the 1984 und 1988 Olympics. In: Sociology of Sport Journal 7/1 (1990).

Dunkelmann, H.: Lokale Öffentlichkeit. Stuttgart / Berlin / Köln / Mainz 1975.

Dunning, E. / Rojek, C. (Hrsg.): Sport and Leisure in the Civilizing Process. London 1992.

Dunning, E. / Sheard, K.: Barbarians, gentlemen and players. London 1979.

Dunning, E.: The Structural-functional properties of folk-games and modern sports. In: Sportwissenschaft 3 (1973).

Durkheim, E.: Die Regeln der soziologischen Methode. Neuwied 19652.

Eckhoff, T.: Die Rolle des Vermittelnden, des Richtenden und des Anordnenden bei der Lösung von Konflikten. In: *Hirsch, E. E. / Rehbinder, M.* (Hrsg.): Studien und Materialien zur Rechtssoziologie. Köln-Opladen 1967.

Edwards, H.: Sociology of sport. Homewood / Illinois 1973.

Eibl-Eibesfeldt, I.: Grundriß der vergleichenden Verhaltensforschung – Ethnologie. München 19692.

Eichberg, H.: Spielverhalten und Relationsgesellschaft in West-Sumatra – Probleme des interkulturellen Vergleichs und Transfers von Leibesübungen in Südostasien. In: Arena, Zeitschrift für Geschichte des Sports und der Körperkultur 1 (1975).

Eichberg, H.: Leistungsräume: Sport als Umweltproblem. Münster 1988.

Eichberg, H.: Der Weg des Sports in die industrielle Zivilisation. Baden-Baden 1973.

Eichberg, H.: New Spatial Configurations of Sport? Experiences from Danish Alternative Planning. In: International Review for the Sociology of Sport 28/2 (1993),

Eisenstadt, S. N.: Von Generation zu Generation. Altersgruppen und Sozialstruktur. München 1966.

Elias, N.: Was ist Soziologie. München 1970.
Elias, N.: Die Genese des Sports als soziologisches Problem. In: *Hammerich, K. / Heinemann, K.* (Hrsg.): Texte zur Soziologie des Sports. Schorndorf 1975.
Elias, N.: Über den Prozeß der Zivilisation. Frankfurt/M. 1977.
Elias, N.: Die Gesellschaft der Individuen. Frankfurt/M. 1987.
Elias, N. / Dunning, E.: Die Dynamik von Sportgruppen. In: *Lüschen, G.* (Hrsg.): Kleingruppenforschung und Gruppe im Sport. Sonderheft 10 der Kölner Zeitschrift für Soziologie und Sozialpsychologie. Opladen 1966.
Elias, N. / Dunning, E.: Quest for excitement: sport and leisure in the civilizing process. Oxford 1986.
Emrich, E.: Zur Soziologie der Olympiastützpunkte. Niederhausen 1996. Ethnology 1 (1962).
Faucault, F.: Überwachen und Strafen. Frankfurt 1987
Fiedler, F. E.: Assumed similarity measures as predictors of team effectiveness. In: Journal of Abnormal and Social Psychology 49 (1954).
Firth, R.: Ein Speerspiel in Tikopia. Zur Soziologie des primitiven Sports. In: *Lüschen, G. / Weis, K.* (Hrsg.): Die Soziologie des Sports. Darmstadt-Neuwied 1976.
Franke, E.: Imagebildung und Sozialisation im Wettkampfsport – ein idealtypischer oder extremer Vorgang zur Alltagswelt? In: Sportwissenschaft 6 (1976).
Franke, E.: Theorie und Bedeutung sportlicher Handlungen. Schorndorf 1978.
Frick, B. / Klaeren, R.: Die Anreizwirkungen leistungsabhängiger Entgelte – Theoretische Überlegungen und empirische Befunde aus dem Bereich des professionellen Sports. In: Zeitschrift für Betriebswirtschaftslehre 67/11 (1997).
Frogner, E.: Lebenslanger Sport. Stuttgart 1991.
Gallmeier, C. P.: Putting on the game face: the staging of emorions in professional hockey. In: Sociology of Sport Journal 4 (1987).
Gardner, R. / Heider, K. G.: Leben und Tod der Steinzeitmenschen Neuguineas. Wiesbaden 1969.
Garfinkel, H.: Conditions of successful degradation ceremonies. In: American Journal of Sociology 61 (1956).
Garhamer, M.: Balanceakt Zeit – Auswirkungen flexibler Arbeitszeit auf Alltag, Freizeit und Familie. Berlin 1994.
Gebauer, G.: Körper und Einbildungskraft. Berlin 1988.
Gehlen, A.: Der Mensch. Stuttgart 1940.
Gerstein, H.: Studierende Mädchen. München 1965.
Geser, H.: Kleine Sozialsysteme. Strukturmerkmale und Leistungskapazitäten. In: Kölner Zeitschrift für Soziologie und Sozialpsychologie 32 (1980).
Gilovich, T. / Medvec, V.-H.: What might have been. Mahwah 1996.
Gieseler, K.-H. / Grupe, O. / Heinemann, K.: Menschen im Sport 2000. Dokumentation des Kongresses „Menschen im Sport 2000". Berlin, 5.–7. 11. 1987. Schorndorf 1988.
Gluchowski, P.: Freizeit und Lebensstile. Erkrath 1988.
Gmelch, G.: Magic in professional baseball. In: *Stone, G. P.* (Hrsg.): Games, sport, and power. New Brunswick 1972.
Goffman, E.: On cooling the mark out: some aspects of adaptation to failure. In: Psychiatry, Journal of the Study of Interpersonal Processes 15 (1952).
Goffman, E.: Encounters – Two studies in the sociology of interaction. 1961, deutsche Ausgabe: Interaktion – Spaß am Spiel. Rollendistanz. München 1973.
Goffman, E.: The Presentation of Self in Everyday Life. New York 1959.
Goldfarb, C.: The State of Volunteer-Professional Relationship in Amateur Sport in Canada. A Research Report for the Canadian Olympic Association 1986.
Goleman, D.: Emocional Intelligence, New York 1995.

Goodfellow, D. W.: Grundzüge der ökonomischen Soziologie. Zürich/Stuttgart 1954.

Goslin, D. A.: Handbook of socialization, theory and research. Chicago 1969.

Granovetter, M.: Economic Action and Social Structure – the Problem of Embeddedness. In: American Journal of Sociology 91/3 (1985).

Greendorfer, S. L.: Sport socialisation. In: *Horn, K.* (Hrsg.): Advances in sport psychology. Champain/Ill. 1992.

Grieswelle, D.: Sportsoziologie. Stuttgart 1978.

Gross, P.: Multioptionsgesellschaft. Frankfurt/M. 1994.

Grupe, O. / Mieth, D. (Hrsg.): Lexikon der Ethik im Sport. Schorndorf 1998.

Güldenpfennig, S.: Grenzen der bürgerlichen Sportpädagogik – Zum Gesellschaftsbegriff. In: Didaktik der Leibeserziehung und Sportcurriculum. Köln 1973.

Guttmann, A.: Games & empires – Modern sport and cultural imperialism. New York 1994.

Guttmann, A.: Vom Ritual zum Rekord – Das Wesen des modernen Sports. Schorndorf 1979.

Haag, H. / Heinemann, K. (Hrsg.): Berufsfeld Sport. Schorndorf 1987.

Habermas, J.: Soziologische Notizen zum Verhältnis von Arbeit und Freizeit. In: *Funke, G.* (Hrsg.): Konkrete Vernunft (Festschrift Rothacker), Bonn 1958

Hackfort, D. / Schlattmann, A.: Funktionen der Emotionspräsentation beim sportlichen Handeln". In: *Hackfort, D.* (Hrsg.): Funktionen von Emotionen im Sport. Analysen unter besonderer Berücksichtigung „positiver" Emotionen. Schorndorf 1991.

Hahn, A.: Kultische und säkulare Riten und Zeremonien in soziologischer Sicht. In: Anthropologie des Kults. Freiburg/Basel/Wien 1978.

Hahn, A.: Kann der Körper ehrlich sein? In: *Gumbrecht, H. / Pfeiffer, K. L.* (Hrsg.): Materialität der Kommunikation. Frankfurt 1987.

Hammerich, K.: Berufskarrieren von Spitzensportlern. In: Sportwissenschaft 2 (1972).

Hammerich, K. / Heinemann, K. (Hrsg.): Texte zur Soziologie des Sports. Schorndorf 1979[2].

Hampden-Turner, C. / Trompenaars, A.: The seven cultures of capitalism. London 1993.

Hargreaves, J.: Sport, power and culture. Oxford 1986.

Hargreaves, J.: Sporting females. London 1994.

Hartmann-Tews, I. / Mrazek, J.: Der berufliche Werdegang von Diplom-Sportlehrerinnen und Diplom-Sportlehrer. Köln 1994.

Hartmann-Tews, I.: Sport für alle!? – Strukturwandel europäischer Sportsysteme im Vergleich: Bundesrepublik Deutschland, Frankreich, Großbritannien. Schorndorf 1996.

Heinemann, K.: Wissenschaftliche Beratung der Sportpolitik. In: Sportwissenschaft 10 (1980).

Heinemann, K. / Becker, H. (Red.): Die Zukunft des Sports. Materialien zum Kongreß „Menschen im Sport 2000". Schorndorf 1986.

Heinemann, K.: Sind Einheit und Selbstbestimmung des Sports in Gefahr? In: *Gieseler, K. / Grupe, O. / Heinemann, K.* (Hrsg.): Menschen im Sport 2000 – Dokumentation des Kongresses „Menschen im Sport 2000". Schorndorf 1988.

Heinemann, K.: Sport Sociology: Fundamental Aspects. In: *Haag, H. / Grupe, O. / Kirsch, A.* (Hrsg.): Sport Science in Germany, Berlin/Heidelberg 1992.

Heinemann, K.: El deporte como consumo. In: Apunts – Educación Física y Deporte 37 (1994).

Heinemann, K.: Einführung in die Ökonomie des Sports. Schorndorf 1995.

Heinemann, K.: Staatliche Sportpolitik und Autonomie des Sports. In: *Lüschen, G. / Rütten, A.* (Hrsg.): Sportpolitik – Sozialwissenschaftliche Analyse. Stuttgart 1996.

Heinemann, K.: Einführung in die Methoden und Techniken empirischer Forschung im Sport. Schorndorf 1998 a.

Heinemann, K. (ed.): Sport clubs in various European countries. Schorndorf 1998 b.

Heinemann, K. / Dietrich, K. / Schubert, M.: Akademikerarbeitslosigkeit und neue Formen der Erwerbstätigkeit. Weinheim 1990.

Heinemann, K. / Horch, H. D.: Soziologie der Sportorganisation. In: Sportwissenschaft 11 (1981).

Heinemann, K. / Horch, H. D.: Strukturbesonderheiten des Sportvereins. In: *Digel, H.* (Hrsg.): Sport im Verein und im Verband. Schorndorf 1988.

Heinemann, K. / Horch, H. D.: Elemente einer Finanzsoziologie freiwilliger Vereinigungen. Stuttgart 1991.

Heinemann, K. / Schubert, M.: Wer zahlt was für wen wofür? In: Sportwissenschaft 24/1 (1995).

Heinemann, K. / Schubert, M.: Ehrenamtlichkeit und Hauptamtlichkeit im Sportverein – eine empirische Studie zur Professionalisierung. Schorndorf 1992.

Heinemann, K. / Schubert, M.: Der Sportverein – Ergebnisse einer empirischen Untersuchung, Schorndorf 1994.

Heinemann, K. / Schubert, M.: Sport clubs in Germany. In: *Heinemann, K.* (Hrsg.): Sport clubs in European countries. Schorndorf 1998 b.

Heisterkamp, G.: Psychologische Überlegungen zum „Heimschiedsrichter"-Phänomen. In: Sportwissenschaft 2 (1975) (a).

Heisterkamp, G.: Die Psychodynamik von Kampfspielen – am Beispiel der Beziehung zwischen Schiedsrichtern und Zuschauern. Schorndorf 1975 (b).

Helanko, R.: Sports and socialization. In: Acta Sociologica 2 (1957).

Hendry, L. B.: The coaching stereotype. In: *Whiting, H. T. A.:* Readings in Sport Psychology. London, Kempton, 1972.

Herman, L. B. / Tulipana, P. F.: Board-staff relations and percieved effectiveness in nonprofit-organisations. In: Journal of Voluntary Action Research 14 (1985).

Hess, R. D. / Handel, G.: The family and the psychological organization. In: *Handel, G.* (Hrsg.): The Psychological Interior of the Family. Chicago 1967.

Heyland, D.: Philosophy of sport. New York 1991.

Hikert, K.: Groups and organizations. Beltmont 1958.

Hochschild, A. R.: Das gekaufte Herz – Zur Kommerzialisierung der Gefühle. Frankfurt 1990.

Hoffman, M. L.: Power assertion by the parents and its impact on the child. In: Child Development 34 (1960).

Hofstätter, P. R.: Gruppendynamik – Kritik der Massenpsychologie. Reinbek 1963.

Honer, A.: Bodybuilding als Sinnsystem. In: Sportwissenschaft 15 (1985) 2.

Horch, H. D.: Strukturbesonderheiten freiwilliger Vereinigungen. Frankfurt 1983.

Horch, H. D.: Personalwirtschaftliche Aspekte ehrenamtlicher Mitarbeit. In: *Heinemann, K.* (Hrsg.): Betriebswirtschaftliche Grundlagen des Sportvereins. Schorndorf 1987.

Horch, H. D.: Sociological Research on Sport Organizations in the Federal Republic of Germany. In: International Review of the Sociology of Sport 24 (1989) 3.

Horch, H. D.: Geld, Macht und Engagement in freiwilligen Vereinigungen. Berlin 1992.

Horch, H. D.: Besonderheiten einer Sport-Ökonomie. Ein neuer bedeutender Zweig der Freizeitökonomie. In: Freizeitpädagogik: Forum für Kultur, Medien und Tourismus 16/3 (1994).

Houlston, D. R.: The occupational mobility of professional athletes. In: International Review of Sportssociology 17/2 (1982).

Huntington, S. P.: The clash of civilization. In: Forein Affairs 72 (1993).

Hurrelmann, K.: Einführung in die Sozialisationstheorie. Weinheim 1986.

Jordana, J.: Organizaciones d'interessos i xarxes de polítiques: cap a una resituació del paper de l'Estat. Document de Trabell núm. 93/5 Barcelona: IES-Universitat Pomeu Fabra 1993.

Kew, F.: Sport – Social problems and issues. Oxford 1997.

Klein, M. / Christiansen, G.: Gruppenkomposition, Gruppenstruktur und Effektivität von Basketballmannschaften. In: *Lüschen, G.* (Hrsg.): Kleingruppenforschung und Gruppe im Sport. Opladen 1966.

Klein, M.: „Social Body", persönlicher Leib und der Körper im Sport. In: *Klein, M.* (Hrsg.): Sport und Körper. Reinbek 1984.

Klein, M. L. / Pfister, G.: Goldmädel, Rennmiezen und Turnküken. Die Frau in der Sportberichterstattung der Bildzeitung. Berlin 1985.

Klein, M. L.: Frauensport in der Tagespresse – ein Untersuchung zur sprachlichen und bildlichen Präsentation von Frauen in der Sportberichterstattung. Bochum 1986.

Krappmann, L.: Soziologische Dimensionen der Identität. Stuttgart 1969.

Krockow, C. v.: Sport und Industriegesellschaft. München 1972.

Kröner, S. / Pfister, G. (Hrsg.): Frauen-Räume – Körper und Identität im Sport. Pfaffenweiler 1992.

Krüger, A.: Das Berufsbild des Trainers im Sport. Schorndorf 1980.

Krüger, A.: Körperkultur und Nationalbildung. Die Geschichte des Turnens in der Reichsgründung – eine Detailstudie über die Deutschen. Schorndorf 1996.

Krüger, A.: Zur Bedeutung der Prozeß- und Figurationstheorie für Sport und Sportwissenschaft. In: Sportwissenschaft 27/2 (1997).

Krüger, M.: Ritual. In: *Grupe, O. / Mieth, D.* (Hrsg.): Lexikon der Ethik im Sport. Schorndorf 1998.

Kurz, D.: Was suchen die Menschen im Sport? – Erwartungen und Bedürfnisse der Zukunft. In: *Gieseler, K. / Grupe, O. / Heinemann, K.* (Hrsg.): Menschen im Sport 2000 – Dokumentation des Kongresses „Menschen im Sport 2000", Schorndorf 1988.

Kutsch, T./Wiswede, G. (Hrsg.): Sport und Gesellschaft: Die Kehrseite der Medaille. Königstein 1981.

Landers, D. M. / Lüschen, G.: Team performance outcome and the cohesiveness of competitive coacting groups. In: International Review of Sport Sociology 9 (1974).

Lenk, H.: Maximale Leistung trotz innerer Konflikte. In: *Lüschen, G.* (Hrsg.): Kleingruppenforschung und Gruppe im Sport. Opladen 1966.

Lenk, H.: Konflikt und Leistung in Spitzensportmannschaften. In: Soziale Welt 15 (1964).

Lenk, H.: Leistungssport: Ideologie oder Mythos? Stuttgart 1972 (a).

Lenk, H.: Materialien zur Soziologie des Sportvereins. Ahrensburg 1972 (b).

Lenk, H. / Pilz, G. A.: Das Prinzip Fairneß, Osnabrück 1989.

Lepsius, R.: Interessen, Ideen und Institutionen, Opladen 1990.

Lerch, S. H.: Athletic retirement as a social death: an overview. In: *Theberge, N. / Donnelly, P.* (Hrsg.): Sport and sociological imagination, Fort Worth 1984.

Lever, J: Fußball in Brasilien. In: *Lüschen, G. / Weis, K.* (Hrsg.): Zur Soziologie des Sports. Darmstadt-Neuwied 1976.

Lincoln, J. R. / Zeitz, G.: Organisational properties from aggregate data. In: American Journal of Sociology 45 (1980).

Linde, H. / Heinemann, K.: Leistungsengagement und Sportinteresse. Schorndorf 1968.

Lorenz, K.: Über tierisches und menschliches Verhalten. Aus dem Werdegang der Verhaltenslehre, Bd. I–II. München 1965.

Loy, J. W.: Social psychological characteristics of innovators. In: American Sociological Review 35 (1969).

Loy, J. W. / McElvogue, J. F.: Racial segregation in american sport. In: International Review of Sport Sociology 5 (1970).

Lübbe, H.: Zur politischen Theorie der Technokratie. In: *Scholz, K.* (Hrsg.): Die Rolle der Wissenschaft in der modernen Gesellschaft. Berlin 1969.

Luckmann, T.: Persönliche Identität in der modernen Gesellschaft. In: *Gadamer, H. G. / Vogler, P.* (Hrsg.): Neue Anthropologie, Bd. 3. Stuttgart 1972.

Lüdtke, H.: Lebensstile als Dimension handlungsproduzierter Ungleichkeit. In: *Berger, P. H. / Hradil, S.* (Hrsg.): Lebenslagen, Lebensläufe, Lebensstile. In: Soziale Welt, Sonderheft 7. Göttingen 1990.

Luhmann, N.: Funktionen und Folgen formaler Organisation. Berlin 1972[2].

Luhmann, N.: Theoretische und praktische Probleme der anwendungsbezogenen Sozialwissenschaften. In: Wissenschaftszentrum Berlin (Hrsg.): Interaktion von Wissenschaft und Politik. Frankfurt / New York 1977.

Luhmann, N.: Politische Theorie im Wohlfahrtsstaat, München/Wien 1981.

Lüschen, G.: Der Leistungssport in seiner Abhängigkeit vom soziokulturellen System. In: Zentralblatt für Arbeitswissenschaft 16 (1962).

Lüschen, G.: Soziale Schichtung und soziale Mobilität bei jungen Sportlern. In: Kölner Zeitschrift für Soziologie und Sozialpsychologie 15 (1963).

Lüschen, G.: The Sociology of Sport: A Trend Report and Bibliography. Paris / Den Haag 1967.

Lüschen, G.: The Cross-Cultural Analysis of Sport and Games. Champaign / Illinois 1970.

Lüschen, G.: Kooperation und Assoziation im sportlichen Wettkampf. In: *Hammerich, K. / Heinemann, K.* (Hrsg.): Texte zur Soziologie des Sports. Schorndorf 1979.

Lüschen, G.: Sociology of sport: development, present state, and prospects. In: Annual Review of Sociology 6 (1980).

Lüschen, G. / Hammerich, K.: Soziologische Grundlagen von Leibeserziehung und Sport. In: *Grupe, O.* (Hrsg.): Einführung in die Theorie der Leibeserziehung. Schorndorf 1968.

Lüschen, G. / Sage, G. H. (Hrsg.): Handbook of Social Sciences of Sport. Champaign / Ill. 1981.

Lüschen, G. / Weis, K. (Hrsg.): Die Soziologie des Sports. Darmstadt-Neuwied 1976.

Maguire, J.: Preliminary observations on globalisation and the migration of sport labour. In: Society & Leisure 16 (1994), 293–322.

Maguire, J. / Stead, D.: Far pavilions?: cricket migrant, foreign sojours and contested identities. In: International Review for the Sociology of Sport 31 / 1 (1996), 1–24.

Martens, R.: Social psychology of physical activity. New York 1975.

Martens, R. / Peterson, J.: Group cohesiveness as a determinant of success and member satisfaction in team performance. In: International Review of Sport Sociology 6 (1971).

Mauss, M.: Le technique du corps. In: Mauss, M.: Sociologie et Anthropologie. Paris 1950, wieder abgedruckt in: *König, R./Schmalfuß A.* (Hrsg.): Kulturanthropologie. Düsseldorf/Wien 1972.

Mayntz, R.: Die Parteigruppen in der Großstadt. Köln 1959.

Mayo, E.: The human problems of an industrial civilization. Boston 1933.

McGrath, J. E.: The Influence of Positive Interpersonal Relations on Adjustment and Effectiveness in Rifle Teams. In: Journal of Abnormal and Social Psychology 65 (1962).

McPherson, B. D. / Curtis, J. E. / Loy, J. E.: The social significance of sport, Champain / Illinois 1989.

Mead, K.: Der Wetteifer, seine Struktur und sein Ausmaß. In: Zeitschrift für Psychologie 15 (1920).

Mead, G. H.: Mind, self and society. Chicago 1934.

Mead, M.: Cooperation and competition among primitive peoples. New York / London 1937.

Merton, R. K.: Social theory and social structure. New York 1957[2].

Messing, M. / Emrich, E.: Sozialphilosophie des Sports. In: *Haag, H.* (Hrsg.): Sportphilosophie – ein Handbuch. Schorndorf 1996.

Messing, M. / Lames, M.: Zur Sozialfigur des Sportzuschauers. Niederhausen 1996.

Messner, M. A.: Power at play. Boston 1992.

Metcalfe, A.: The development of sporting facilities: a case study of East Northumberland, England, 1950–1914. In: International Review for the Sociology of Sport 28/2 (1993).

Michels, R.: Zur Soziologie des Parteiwesens in der modernen Demokratie. Untersuchungen über die oligarchischen Tendenzen des Gruppenlebens. Stuttgart 1970.

Moen, O.: Från Bollplan til Sportcentrum. Göteburg 1992.

Moore, B.: Soziale Ursprünge von Diktatur und Demokratie. Frankfurt/Main 1974.

Moragas, M.: Los Juegos de la Communicación. Madrid 1992.

Moragas, M. / Rivenburgh, N.: Television in the Olympics. London 1996.

Mrazek, J. / Rittner, V.: Übungsleiter und Trainer im Verein. Bd. 1: Personen und Gruppen. Schorndorf 1991.

Münch, R.: Die Kultur der Moderne. Bd. 1. Frankfurt/Main 1986.

Myers, A.: Team competition, success, and the adjustment of group members. In: Journal of Abnormal and Social Psychology 65/1962. Deutsche Übersetzung: Mannschaftswettbewerb, Erfolg und die Anpassung der Gruppenmitglieder. In: *Hammerich, K. / Heinemann, K.* (Hrsg.): Texte zur Soziologie des Sports. Schorndorf 1979.

Neale, W. C.: Die eigenartige Ökonomie des Profi-Sports. In: *Hammerich, K. / Heinemann, K.* (Hrsg.): Texte zur Soziologie des Sports. Schorndorf 1979.

Neidhardt, F.: Die junge Generation – Jugend und Gesellschaft in der Bundesrepublik. In: *Bolte, K. M. / Neidhardt, F. / Holzer, H.* (Hrsg.): Deutsche Gesellschaft im Wandel, Bd. 2. Opladen 1970.

Neidhardt, F.: Sozialisation im Sport. Diskussionsbeitrag beim 6. ADL-Kongreß. In: ADL (Hrsg.): Sozialisation im Sport. Schorndorf 1974.

Neidhardt, F.: Zeitknappheit, Umweltspannungen und Anpassungsstrategien im Hochleistungssport. In: Sportwissenschaft 8 (1978).

Nixon, H. L.: Sport and social organization. Indianapolis 1976.

Offe, C. / Heinze, R. G.: Organisierte Eigenarbeit. Das Modell des Kooperationsring. Frankfurt/Main 1990.

Ogilvie, B. C. / Tutko, T. A.: Self perceptions as compared with measured personality of selected male physical educators. In: *Kenyon, G. S.:* Contemporary Psychology of Sport. Chicago. The Athletic Institute 1970.

Ohamae, K.: Macht der Triade. Die neuen Formen wirtschaftlichen Wettbewerbs. Wiesbaden 1985.

Ohlson, M.: The logic of collective action. London 1971.

Olson, M.: Aufstieg und Niedergang der Nationen. Tübingen 1985.

Opaschowski, H. W.: Sport in der Freizeit. Mehr Lust als Leistung. Auf dem Weg zu einem neuen Sportverständnis. In: Schriftenreihe zur Freizeitforschung des BAT Freizeit-Forschungsinstitut (Bd. 8). Hamburg 1987.

Opaschowski, H. W.: Neue Trends im Freizeitsport. Analysen und Prognosen vom BAT Freizeit-Forschungsinstitut. Hamburg 1994.

Page, T. H.: Pervasive sociological themes in the study of sport. In: _Talamini, T. / Page, T. H._ (Hrsg.): Sport and Society, an Anthology. Boston/Toronto 1973.

Parsons, T.: Social structure and personality. Glencoe 1964 (a).

Parsons, T.: The Social System. London 1964 (b).

Patsantáras, N.: Der Trainer als Sportberuf – Entwicklung und Ausdifferenzierung einer Profession mit einem Rückblick auf das altgriechische olympische Ideal, Schorndorf 1994.

Perrow, C.: Members as resources in voluntary organizations. In: _Rosengren, W. R./Lefton, M._ (ed.): Organizations and clients. Columbus 1970.

Pfetsch, F. R.: Leistungssport und Gesellschaftssystem. Sozio-politische Faktoren im Leistungssport. Die Bundesrepublik Deutschland im internationalen Vergleich. Schorndorf 1975.

Pflaum, R.: Die Vereine als Produkt und Gegengewicht sozialer Differenzierung. In: _Wurzbacher, G. / Pflaum, R._ (Hrsg.): Das Dorf im Spannungsfeld industrieller Entwicklung. Stuttgart 1954, 151–182.

Piaget, J.: Das moralische Urteil beim Kind. New York 1954.

Pilz, G. A.: Sport und Gewalt. Schorndorf 1982.

Pilz, G. A. (Hrsg.): Sport und Verein. Reinbek 1986.

Pilz, G. A.: Gewalt / Aggression im Sport. In: _Haag, H./Stauss, B./Heinze, B._ (Hrsg.): Theorie- und Themenfelder der Sportwissenschaft. Schorndorf 1989.

Pilz, G. A.: Sportsoziologie. In: _Kerber, H. / Schmieder, A._ (Hrsg.): Spezielle Soziologien, Reinbek 1994.

Pilz, G. / Trebels, A. H.: Aggression und Konflikt im Sport – Standortbestimmung der Aggressions- und Konfliktforschung im Sport und Diskussion aus erziehungswissenschaftlicher Sicht. Ahrensburg 1976.

Pilz, G. A. / Wewer, W.: Erfolg oder Fair Play? München 1988.

Plessner, H.: Die Stufen des Organischen und der Mensch. Berlin 1928.

Plessner, H.: Soziologie des Sports – Stellung Bedeutung des Sports in der modernen Gesellschaft. In: Deutsche Universitätszeitung 7 (1952).

Plessner, H.: Die Funktion des Sports in der industriellen Gesellschaft. In: Wissenschaft und Weltbild 9 (1956).

Plessner, H.: Philosophische Anthropologie. Lachen und Weinen. Das Lächeln. Anthropologie der Sinne. Frankfurt 1970.

Rail, G.: Physical contact in women's basketball: a phenomenological construction and contextualization. In: International Review for the Sociology of Sport 27/1 (1992).

Rammert, W.: Techniksoziologie. In: _Kerberka, H. / Schmieder, A._ (Hrsg.): Spezielle Soziologien. Reinbek 1994, 75–98.

Richter, J. (Hrsg.): Die vertrimmte Nation oder Sport in rechter Gesellschaft. Reinbek 1972.

Richter, R.: Soziokulturelle Dimensionen freiwilliger Vereinigungen. München 1985.

Rigauer, B.: Sport und Arbeit. Frankfurt 1969.

Rigauer, B.: Warenstrukturelle Bedingungen leistungssportlichen Handelns. Lollar 1979.

Rittner, K.: Sport und Arbeitsteilung. Hamburg 1976.

Rigauer, B.: Sportsoziologie. Reinbek 1982.

Rittner, V.: Zur Konstitutionsproblematik der Sportwissenschaft. In: Sportwissenschaft 4 (1974).

Rittner, V.: Zur Soziologie körperbetonter sozialer Systeme. In: _Neidhardt, F._ (Hrsg.): Gruppensoziologie – Perspektiven und Materialien, Kölner Zeitschrift für Soziologie und Sozialpsychologie. Sonderheft 25 (1983).

Rittner, V.: Sportvereine und gewandelte Bedürfnisse. In: *Pilz, G. A.* (Hrsg.): Sport und Verein. Reinbek 1986.

Rittner, V.: Sport als ökonomisches Interessenobjekt. In: *Digel, H.* (Hrsg.): Sport im Verein und Verband. Schorndorf 1988.

Rittner, V.: Körperbezug, Sport und Ästhetik. Zum Funktionswandel der Sportästhetik in komplexen Gesellschaften. In: Sportwissenschaft 19/4 (1989), 359–377.

Roberts, K./Brodie, D. A.: Innercity Sport. Culemburg 1992.

Rosaborough, M. E.: Experimental studies of small groups. In: Psychological Bulletin 50 (1953).

Rose, E. M.: Some functions of voluntary association. In: *Glaser / Sills* 1966, 57 f.

Rossi, P. H.: Voluntary associations in an industrial city. In: *Glaser, W. A. / Sills, D. L.* (ed.): The government of associations. Toronto/New York 1966.

Sage, G. H.: Occupational Socialization and Value Orientation of Athletic Coaches. In: Research Quarterly 3 (1973).

Sarbin, T. R.: Role theory. In: Handbook of Social Psychology, Bd. I. London 1954.

Schilling, G.: Aggression im Sport: Ergebnisse aus Verhaltensbeobachtungen. In: *Grupe, O.* (Hrsg.): Sport in unserer Welt – Chancen und Probleme. Berlin/Heidelberg 1973.

Schimank, U.: Die Entwicklung des Sports zum gesellschaftlichen Teilsystem. In: *Mayntz, R. / Rosewitz, B. / Schimank, U. / Stichweh, R.* (Hrsg.): Differenzierung und Verselbständigung. Zur Entwicklung gesellschaftlicher Teilsysteme, Frankfurt/M. 1988.

Schimank, U.: Die Autonomie des Sports in der modernen Gesellschaft. Eine differenzierungstheoretische Problemskizze. In: *Winkler, J. / Weiß, K.:* Soziologie des Sports – Theorieansätze, Forschungsergebnisse und Forschungsperspektiven, Opladen 1995.

Schlagenhauf, K.: Rückblick auf die Kompensationstheorie – über den Versuch, ein nicht existierendes Phänomen zu erklären. In: *Lenk, H.* (Hrsg.): Handlungsmuster Leistungssport, Karl Adam zum Gedenken. Schorndorf 1977 (a).

Schlagenhauf, K.: Sportvereine in der Bundesrepublik Deutschland. Teil 1: Strukturelemente und Verhaltensdeterminanten im organisierten Freizeitbereich. Schorndorf 1977 (b).

Schluchter, W.: Aspekte bürokratischer Herrschaft. München 1972.

Schmädel, D.: Schichtungsspezifische Unterschiede im Gesundheits- und Krankheitsverhalten der Bevölkerung der Bundesrepublik Deutschland. In: *Ritter-Röhr, D.* (Hrsg.): Der Arzt, sein Patient und die Gesellschaft. Frankfurt/Main 1975 (a).

Schmädel, D.: Soziale Normen im Bereich des Krankheitsverhaltens. In: *Ritter-Röhr, D.* (Hrsg.): Der Arzt, sein Patient und die Gesellschaft. Frankfurt/Main 1975 (b).

Schmitz, N. J.: Sport und Leibeserziehung zwischen Spätkapitalismus und Frühsozialismus. Schorndorf 1974.

Schoene, W.: Die soziale Funktion und soziale Problematik des Gesundheitsideals. In: Soziale Welt 14 (1963).

Schulz, G.: Erlebnisgesellschaft – Kultursoziologie der Gegenwart. Frankfurt/Main 1992.

Scott, M.: The Racing Game. Chicago 1968.

Seppanen, P.: Die Rolle des Leistungssports in den Gesellschaften der Welt. In: Sportwissenschaft 2 (1972).

Sheard, K./Dunning, E.: The rugby football club as a type of „male preserve". In: International Review of Sport Sociology 8/3 1973.

Sherif, C. W.: Intergroup conflict and competition. In: Sportwissenschaft 3 (1973).

Sherif, M.: A study of some social factors in perception. In: Archives of Psychology 1987 (1935).

Shore, B.: Marginal play: sport or the borderlands of time and space. In: International review for the Sociology of Sport 29/4 (1994).

Sills, D. L.: Voluntary associations. sociological aspects. In: International Encyclopedia of the Social Sciences, Bd. 16. New York 1968, 362–379.

Simmel, G.: Philosophie des Geldes. Berlin 1958.

Simmel, G.: Soziologie – Untersuchungen über die Formen der Vergesellschaftung. Berlin 1908; 1968[5].

Smith, M. D.: The legitimation of violence: hockey players „perceptions of their reference groups" sanctions for assault. In: Canadian Review of Sociology and Anthropology 12 (1975).

Smith, M.: Violence and Sport. Toronto 1983.

Sneyder, E. D.: Emotion and sport: A case study of collegiate women gymnasts. In: Sociology of Sport Journal 7 (1990), 254–270.

Stogdill, R. M.: Team achievement under high motivation. In: Business Research Monograph. Vol. XIII 1963.

Streek, W.: Gewerkschaftliche Organisationsprobleme in der sozialstaatlichen Demokratie. Königstein 1981.

Svoboda, B.: Socialisation – scientific review. In: Committee for the Development of Sport – councel of Europe Press (Hrsg.): The significance of sport for society – health, socialisation, economy. Straßburg 1995.

Tannenbaum, A. S. / Kahn, R. L.: Organizational control structure. In: Human Relations 10 (1957).

Tenbruck, F. H.: Geschichtserfahrung und Religion in der heutigen Gesellschaft. In: *Tenbruck, F. H.* u. a.: Spricht Gott in der Geschichte? Freiburg 1971.

Tenbruck, F. H.: Gesellschaft und Gesellschaften: Gesellschaftstypen. In: Die moderne Gesellschaft. Freiburg / Basel / Wien 1972.

Tenbruck, F. H.: Was war der Kulturvergleich, bevor es den Kulturvergleich gab? In: *Matthes, J.* (Hrsg.): Zwischen den Kulturen – Soziale Welt, Sonderheft 8 1992

Timm, W.: Sportvereine in der Bundesrepublik Deutschland, Teil II. Schorndorf 1979.

Tindall, B. A.: Organizing physical education for change: An Anthropological Perspective. In: *Hart, M.* (Hrsg.): Sport in the social-cultural process. Dubuque/Iowa 1976.

Tofahrn, K. W.: Soziale Schichtung im Sport – eine theoretische und empirische Reflexion. Frankfurt/M 1997.

Toman, W.: The family constellation. New York 1961.

Türk, K.: Soziologie der Organisation. Eine Einführung. Stuttgart 1979.

Türk, K.: Politische Ökonomie der Organisation. In: *Kieser, A.* (Hrsg.): Organisationstheorie. Stuttgart 1993.

Vaal, M.: Das Problem der Partizipation in freiwilligen Organisationen. In: *Matthes, J.* (Hrsg.): Soziologie und Gesellschaft in den Niederlanden. Neuwied / Berlin 1965.

Vinnai, G. (Hrsg.): Sport in der Klassengesellschaft. Frankfurt 1972.

Vögeli, A.: Ziele, Mittel und Aufgaben des Frauenturnens. In: Sportärztlicher Zentralkurs. Bern 1943.

Voigt, D. / Gries, S.: Sportsoziologie. In: *Korte, H./Schäfer, B.* (Hrsg.): Einführung in spezielle Soziologien. Opladen 1993.

Voigt, D.: Sportsoziologie. Soziologie des Sports. Frankfurt/M. 1992.

Voigt, D. / Thieme, F.: Zum Entwicklungsstand der Sportsoziologie in Deutschland. In: Soziologie 2/93

Volkamer, M.: Zur Aggressivität in konkurrenzorientierten sozialen Systemen. In: Sportwissenschaft 1 (1971).

Weber, M.: Geschäftsbericht. In: *Deutsche Gesellschaft für Soziologie (Hrsg.):* Verhandlungen des ersten Deutschen Soziologentages vom 19. bis 22. Oktober 1910 in Frankfurt a. M. Tübingen 1911.

Weber, M.: Wirtschaft und Gesellschaft. Tübingen 1956[4].

Weber, W. et al.: Die wirtschaftliche Bedeutung des Sports. Schorndorf 1995.

Weinberg, S. K. / Arond, H.: The Occupational Culture of the Boxer. In: American Journal of Sociology 57 (1952).

Weis, K.: Die Funktion des Ballspiels bei den alten Maya – vom Kulturspiel einer steinzeitlichen Hochkultur. In: *Lüschen, G. / Weis, K.* (Hrsg.): Die Soziologie des Sports. Darmstadt-Neuwied 1976.

Winkler, J. / Karhausen, R. R.: Verbände im Sport. Eine empirische Analyse des Deutschen Sportbundes und ausgewählter Mitgliederorganisationen. Schorndorf 1985.

Winkler, J.: Ehrenamtliche Funktionsträger in Sportverbänden: Probleme der Rekrutierung und Selektion. In: *Kutsch, T. / Wiswede, G.* (Hrsg.): Sport und Gesellschaft: Die Kehrseite der Medaille. Königstein 1981.

Winkler, J.: Das Ehrenamt. Schorndorf 1988.

Winkler, J.: Zum Stand der Soziologie des Sports in der Bundesrepublik Deutschland. In: *Winkler, J. / Weis, K. (*Hrsg.): Soziologie des Sports. Opladen 1995.

Womak, M.: Why athletes need rituals – a study of magic among professional atheltes. In: *Hoffmann, S. J.* (Hrsg.): Sport and Religion. Urbana / Champain 1994.

Zimmer, A.: Vereine – Basiselemente der Demokratie – Eine Analyse aus Dritte-Sektor-Perspektive. Opladen 1996.

Zündorf, L.: Weltwirtschaftliche Vergesellschaftung – Perspektiven einer globalen Wirtschaftssoziologie. In: *Lange, E.* (Hrsg.): Die Wirtschaft im Wandel – Soziologische Perspektiven. Berlin 1994.

Sachregister*

* Fettgedruckte Seitenangaben verweisen auf die Definition des entsprechenden Begriffs